Götzenberger · Der gläserne Steuerbürger

**Ihr Doppelnutzen:
Online-Mehrwert inklusive!**

**Nutzen Sie den Inhalt dieses Produktes zusätzlich kostenlos
in fabilon, Ihrer Online-Fachbibliothek von NWB.**

In fabilon recherchieren Sie bequem und gezielt in **allen** digitalen Inhalten aus dem NWB Verlagsprogramm. Mit nur einer einzigen Abfrage bis in einzelne Dokumente.

**Ihr Vorteil:** Als Nutzer können Sie in der Ergebnisliste Ihrer Suche auch sehen, welche Dokumente Sie bereits besitzen und diese natürlich kostenlos direkt aufrufen. Jedes Ihrer NWB Produkte mit fabilon-Hinweis können Sie dafür ganz einfach freischalten. So wird fabilon nach und nach zu Ihrer ganz persönlichen Online-Fachbibliothek.

**Mit dieser Buchstaben-Kombination füllen Sie Ihr digitales Bücherregal:**

**Ihr Freischaltcode: BDAHAWOPPBFXWQFT**

Götzenberger, Der gläserne Steuerbürger

So einfach geht's:

1. Rufen Sie unsere Homepage www.nwb.de auf.
2. Wählen Sie im Login-Bereich auf der rechten Seite „Produkt freischalten" aus.
3. Geben Sie jetzt Ihren Freischaltcode ein und folgen Sie dem Anmeldedialog.

Mehr Informationen über fabilon erhalten Sie unter www.nwb.de/fabilon.

NWB-Ratgeber Steuerrecht

# Der gläserne Steuerbürger

Kontenabrufverfahren
Kontrollmitteilungen
Zinssteuer-Kontrollnetz
Rentenbezugsmitteilungen
Telefonüberwachung
Internet als Daten- und Informationsquelle
EU-Bargeld-Grenzkontrollen
Zusammenfassende Jahresbescheinigungen

Von
Steuerberater Dipl.-Betriebswirt
Anton-Rudolf Götzenberger

ISBN-13: 978-3-482-55281-6 (online)
ISBN-10: 3-482-55281-9 (online)

ISBN-13: 978-3-482-**56951**-7 (print)
ISBN-10: 3-482-**56951**-7 (print)

© Verlag Neue Wirtschafts-Briefe GmbH & Co. KG, Herne/Berlin, 2006
www.nwb.de

Alle Rechte vorbehalten.
Dieses Buch und alle in ihm enthaltenen Beiträge und Abbildungen sind urheberrechtlich geschützt. Mit Ausnahme der gesetzlich zugelassenen Fälle ist eine Verwertung ohne Einwilligung des Verlages unzulässig.

Satz und Druck: Griebsch & Rochol Druck GmbH & Co. KG, Hamm

# Vorwort

„Hervorragend bewährt" haben sich die seit April 2005 eingerichteten automatisierten Kontenabfragen für die deutsche Finanzverwaltung. So äußerte sich Finanzminister Steinbrück in der Presse ein Jahr nach der Einführung der neuesten 'Schnüffelmöglichkeit' für die Finanzbehörden. Gleichzeitig soll von einem „gläsernen Steuerbürger" keine Rede sein, heißt es im Fragen-Antworten-Katalog des BMF zur Einführung der Kontenabfragemöglichkeit der Finanzbehörden vom 15.2.2005. Das Finanzamt müsse schließlich auch bei Durchführung eines Kontenabrufs den Sachverhalt ermitteln und bekommt die Daten nicht „frei Haus" geliefert.

Dies mag im Einzelfall sicherlich so sein. Diese Sichtweise verhehlt jedoch, dass verfassungsrechtlich gesicherte Grundrechte zwischen Staat und Bürger in steuerlichen Ermittlungsverfahren immer mehr in den Hintergrund treten. Art. 10 GG, der die Unverletzlichkeit des Brief-, Post- und Fernmeldegeheimnisses regelt, knüpft Beschränkungen dieser Geheimhaltungspflichten an den Schutz der freiheitlichen demokratischen Grundordnung oder des Bestandes oder der Sicherung des Bundes oder eines Landes. Nur wenn dieser Schutz gefährdet erscheint, kann ein Gesetz bestimmen, dass dem Betroffenen nichts von der Bekanntgabe der unter dieses Geheimnis fallenden Informationen mitgeteilt werden muss.

Diese Vorgaben aus dem Grundgesetz finden beim automatisierten Kontenabruf sowie bei der zunehmenden Telekommunikationsüberwachung kaum mehr Beachtung, obgleich auch der II. Senat des BVerfG in dem Urteil vom 9.3.2004 zur Verfassungsmäßigkeit von Spekulationseinkünften für die Jahre 1997 und 1998 den voraussetzungslosen Ermittlungen bei Kreditinstituten einen Riegel vorgeschoben hat. So dürfe es Ermittlungen ins Blaue hinein und ohne hinreichenden Anlass nicht geben; ein hinreichender Anlass sei vielmehr eine wichtige „Schutz- und Sicherungsfunktion zugunsten der Steuerpflichtigen", meinen die Verfassungsrichter. Unerheblich aber scheint, dass dem Steuerbürger im Zeitalter des automatisierten Kontenabrufes eine solche Schutz- und Sicherungsfunktion nicht mehr zukommt. Ab August 2007 sollen nach einer Einigung des Bundeszentralamtes für Steuern und der Bundesanstalt für Finanzdienstleistungsaufsicht alle technischen Voraussetzungen für voll automatisierte Kontenabfragen geschaffen werden. Dann sollen pro Tag bis zu 11.000 Abfragen möglich sein.

In der Praxis haben insbesondere das Wertpapierhandels- und das Geldwäschegesetz dazu geführt, dass es für spezifische Meldungen und besonders für heimliche Verdachtsmeldungen nicht mehr auf eine Gefahr für den Schutz der freiheitlichen demokratischen Grundordnung ankommt. Personenbezogene Daten wertet die Finanzverwaltung stattdessen in präventiver Weise aus; eine Gefahrenlage bzw. ein Verdacht auf Steuermanipulationen wird insoweit synthetisiert; für den Steuerbürger ein durchaus bedauerlicher Zustand. Das BMF beruft sich im Einführungsschreiben vom 15.2.2005 zum automatisierten Kontenabruf auf die Rechtsprechung des BVerfG. Nach dieser muss jeder Bürger Einschränkungen seines Rechts auf informationelle Selbstbestimmung im überwiegenden Allgemeininteresse hinnehmen.

Die neuen aufsehenerregenden Kontenabrufe in Deutschland und anderen EU-Mitgliedstaaten sind noch lange nicht alles aus der Trickkiste der Finanzverwaltung. In geradezu bedrohlicher Weise und für den Normalbürger unbemerkt streckt der Bundesadler inzwischen seine Fänge nach dem Steuerbürger aus. Die Methoden sind dabei vielfältig; die in diesem Buch aufgezeigten Ausforschungsmöglichkeiten der Finanzbehörden über steuerrelevante Aktivitäten deutscher Steuerbürger auf nationaler und internationaler Ebene können daher nicht abschließend sein; sie sind aber ohne Zweifel abschreckend.

Der Leser mag es nach eingehender Lektüre der nachfolgenden Seiten wohl nicht wahrhaben: Dennoch ist das der Sicherung des Steueraufkommens dienende Kontrollmitteilungssystem in Deutschland im Vergleich zu anderen Ländern nur unvollkommen ausgebaut. In den USA sind z.B. Kontrollmitteilungen bei Veräußerung/Erwerb von Autos, Yachten, Flugzeugen oder Auslandsreisen zu schreiben. Das „US-Steuerrecht" kennt eine ganze Reihe von Kontrollmitteilungen, sog. „information returns", welche den „gläsernen Steuerbürger" auch in den USA längst zur Realität werden ließen.

Das Finanzamt der Zukunft wird sich alsbald vom Steuerpflichtigen selbst keinerlei Informationen mehr holen müssen und auch bei der Steuerfestsetzung nicht mehr auf die Angaben in der Steuererklärung des Steuerpflichtigen angewiesen sein. Das Finanzamt der Zukunft kann vielmehr alle steuerlich relevanten Daten von außen beziehen. Wie die Informationsbeschaffung der Finanzbehörden schon heute zum Großteil ohne den Steuerbürger funktioniert, soll dieses Buch zeigen.

*Vorwort*

Der Inhalt dieses Buches ist nach bestem Wissen und nach sorgfältiger Recherche erstellt worden. Dennoch kann von Seiten des Verfassers keine Haftung übernommen werden. Für Hinweise und Anregungen aus dem Kreis der Leser bin ich dankbar (E-Mail: anton.goetzenberger@steueroffice-goetzenberger.de, www.steueroffice-goetzenberger.de).

München, im September 2006    Anton-Rudolf Götzenberger

## Inhaltsverzeichnis

|  | Seite |
|---|---|
| Vorwort | 5 |
| Abkürzungsverzeichnis | 20 |

**Teil I: Ausforschung steuerrelevanter Aktivitäten und der privaten Vermögensverhältnisse eines deutschen Steuerbürgers auf nationaler Ebene** ... 23

1. Ein deutsches „Bankgeheimnis" gibt es nicht ... 24
   - 1.1 Allgemeines ... 24
   - 1.2 Die Vorschrift „Schutz von Bankkunden" in der deutschen Abgabenordnung ... 25
     - 1.2.1 Allgemeines ... 25
     - 1.2.2 § 30a AO im Einzelnen ... 25
2. Der Steuerbürger selbst als Daten- und Informationsquelle ... 28
   - 2.1 Allgemeine Anzeige-, Auskunfts- und Mitwirkungspflichten ... 28
   - 2.2 Besondere Anzeige- und Mitwirkungspflichten bei internationalen Steuerfällen und bei Auslandsinvestitionen ... 29
3. Elektronische Ordnungsmerkmale zur computergestützten Identifikation und Nachverfolgung (Steuerzahler- und Wirtschafts-Identifikationsnummern) ... 30
4. Banken als Daten- und Informationsquelle ... 36
   - 4.1 Übersicht ... 36
   - 4.2 Vorbemerkung: Das Subsidiaritätsprinzip ... 37
   - 4.3 Auskunftspflichten inländischer Banken im Besteuerungsverfahren ... 38
   - 4.4 Der automatisierte Kontenabruf ... 40
     - 4.4.1 Allgemeines ... 40
     - 4.4.2 Der automatisierte Kontenabruf in Kombination mit europaweiten Kontenabfragen ... 43
     - 4.4.3 Verfahrensrechtliche Voraussetzungen für den automatisierten Kontenabruf ... 43

| | | |
|---|---|---|
| 4.4.4 | Bedeutung der verfahrensrechtlichen Voraussetzungen für das Abrufverfahren in der Praxis | 45 |
| | 4.4.4.1 Automatisierter Kontenabruf im Ermessen der Finanzbehörden | 45 |
| | 4.4.4.2 Ungeklärte Herkunft von Geldmitteln, Existenz eines Wertpapierdepots oder Nichtvorlage der Jahresbescheinigung rechtfertigen Kontenabruf | 48 |
| | 4.4.4.3 Auch Treuhand- und Anderkonten von Berufsgeheimnisträgern betroffen | 49 |
| 4.4.5 | Festsetzungsverjährung und rückwirkender Kontenabruf | 50 |
| | 4.4.5.1 Grundsätzliches zur rückwirkenden Steuerfestsetzung | 50 |
| | 4.4.5.2 Automatisierte Kontenabrufe rückwirkend bis 1999 | 53 |
| 4.4.6 | Wann der Steuerbürger mit einem Abruf seiner Konten rechnen muss | 54 |
| | 4.4.6.1 Allgemeines | 54 |
| | 4.4.6.2 Automatisierter Kontenabruf nach unausgeglichener Vermögenszuwachsrechnung | 55 |
| 4.4.7 | Gestaltungsempfehlungen bei drohendem oder bereits erfolgtem Kontenabruf | 56 |
| | 4.4.7.1 Allgemeine Hinweise | 56 |
| | 4.4.7.2 Rechtsmittel gegen den Kontenabruf | 57 |
| | 4.4.7.3 Selbstanzeige nach einem erfolgten Kontenabruf | 58 |
| 4.4.8 | Automatisierter Kontenabruf für nichtsteuerliche Zwecke | 60 |
| | 4.4.8.1 Allgemeines | 60 |
| | 4.4.8.2 Beispiele (Nicht-Steuerfälle) | 60 |

| | | |
|---|---|---|
| 4.5 | Prüfungen der Finanzbehörden nach § 50b EStG, insbesondere der zusammenfassenden Jahresbescheinigungen .......................... | 61 |
| 4.5.1 | Allgemeines ............................. | 61 |
| 4.5.2 | Zusammenfassende Jahresbescheinigungen (§ 24c EStG) ............................ | 62 |
| 4.6 | Kontrollmeldungen im Zusammenhang mit einem vom Steuerbürger erteilten Freistellungsauftrag ........... | 64 |
| 4.7 | Erweiterte Auskunfts- und Meldepflichten nach dem Wertpapierhandelsgesetz ........................ | 66 |
| 4.8 | Systematische Einzahlungen auf Cash-Kreditkartenkonten ........................ | 67 |
| 4.9 | Anzeigepflichten beim Tod eines inländischen Kontoinhabers ................................ | 69 |
| **5.** | **Sonstige Dritte als Daten- und Informationsquelle** ........ | 70 |
| 5.1 | Energieversorger .............................. | 70 |
| 5.2 | Anzeigepflichten der Versicherungen bei der Auszahlung von Lebensversicherungen bei Zuwendungen unter Lebenden ....................................... | 71 |
| **6.** | **Behörden als Daten- und Informationsquelle und die Vernetzung der Finanzbehörden mit anderen Behörden** ... | 72 |
| 6.1 | Amtshilfe der Gerichte und Behörden zur Sicherung des Steueraufkommens ............................. | 72 |
| 6.2 | Mitteilungsverordnung und Mitteilungen der Rundfunkanstalten ............................ | 73 |
| 6.3 | Mitteilungen und Anzeigepflichten der Gemeinden ..... | 75 |
| 6.4 | Mitteilungen der Zulassungsbehörden ............... | 76 |
| 6.5 | Rentenbezugsmitteilungen an die Zentrale Zulagenstelle für Altersvermögen (ZfA) ........................ | 77 |
| 6.5.1 | Allgemeines ........................... | 77 |
| 6.5.2 | Exkurs: Ausforschung steuerlich relevanter Einkommens- und Vermögensverhältnisse deutscher Rentenbezieher für die Steuerjahre vor 2005 ............................... | 79 |
| 6.6 | Anzeigepflichten der Notare im Zusammenhang mit Kapitalgesellschaften ............................ | 82 |

| | | |
|---|---|---|
| 6.7 | Anzeigepflichten der Gerichte, Behörden und Notare bei Grundstücksgeschäften | 82 |
| 6.8 | Anzeigepflichten der Gerichte und Notare in Todesfällen; Totenlisten der Standesämter | 83 |
| 6.9 | Anzeigepflicht der Gerichte, Notare und sonstiger Urkundspersonen bei Schenkungen | 85 |
| 6.10 | Anzeigepflichten sonstiger Genehmigungsbehörden | 86 |
| 6.11 | Sonstige Informationsübermittlungen und Datenabgleiche zwischen Finanzbehörden und Sozialleistungsträgern | 86 |
| 6.12 | Auswertung des Datenbestandes beim Kraftfahrt-Bundesamt für Steuerzwecke | 86 |
| **7.** | **Die Vernetzung der Finanzbehörden untereinander** | **88** |
| 7.1 | Zusammenarbeit der Bewertungs-/Erbschaftsteuerstellen mit dem Veranlagungs-/Wohnsitzfinanzamt des Steuerbürgers | 88 |
| 7.2 | Kontrollmitteilungen der Erbschaftsteuerstellen an Wohnsitzfinanzämter | 88 |
| 7.3 | Kontrollmitteilungen anderer Finanzämter an die Erbschaftsteuerstellen | 89 |
| | 7.3.1 Allgemeine Mitteilungspflichten | 89 |
| | 7.3.2 Einrichtung von Gemeinschaftskonten und -depots unter Eheleuten | 90 |
| **8.** | **Druckmedien als Daten- und Informationsquelle** | **91** |
| 8.1 | Chiffre-Anzeigen | 91 |
| 8.2 | Aufgebote | 94 |
| **9.** | **Kommunikationseinrichtungen als Daten- und Informationsquelle** | **95** |
| 9.1 | Strafprozessuale Überwachungsmaßnahmen steigen stetig | 95 |
| 9.2 | Recht auf informationelle Selbstbestimmung schützt Telekommunikationsverbindungsdaten | 95 |
| 9.3 | Vom Mythos der abhörsicheren Digitaltechnik | 97 |
| | 9.3.1 Kleiner Exkurs in die ISDN-Technik | 97 |
| | 9.3.2 Moderne „Intelligence Systeme" zur Filterung signifikanter Schlüsselwörter | 98 |

| | | |
|---|---|---|
| 9.4 | Rechtliche Voraussetzungen, Straftatenkatalog und abfragbare Telefonverbindungsdaten | 99 |
| 9.5 | Datensammlung und Datenabruf im telefonischen Überwachungsverkehr | 101 |
| 9.6 | Automatisiertes Auskunftsverfahren auch bei der Telekommunikationsüberwachung | 103 |
| 9.7 | Ausblick: Finanzminister wollen Telefonüberwachung künftig verstärkt nutzen | 103 |
| **10.** | **Das Internet als Daten- und Informationsquelle** | **104** |
| 10.1 | Allgemeines | 104 |
| 10.2 | Intelligente Internet-Recherchesoftware „Xpider" | 105 |
| 10.3 | Die eigene Internet-Präsenz als Informationsquelle | 107 |
| 10.4 | Mit dem Website-Watcher Aktivitäten von Steuerpflichtigen überwachen | 107 |
| 10.5 | Im Web den Scheinrechnungen auf der Spur: der Bankleitzahlen-Research | 108 |
| **11.** | **Daten- und Informationsgewinnung durch die digitale Betriebsprüfung** | **108** |
| 11.1 | Allgemeines | 108 |
| 11.2 | Größenklassen bei der digitalen Betriebsprüfung | 110 |
| 11.3 | Der Zugriff auf elektronische Daten und neue Auswertungsmöglichkeiten durch die digitale Betriebsprüfung | 111 |
| | 11.3.1 Allgemeines | 111 |
| | 11.3.2 Neue Abgleichmethoden und Plausibilitätsprüfungen mit elektronischen Daten | 113 |
| |     11.3.2.1 Allgemeines | 113 |
| |     11.3.2.2 Statistische Methoden zur Aufdeckung von Datenmanipulationen (Benfordsches Gesetz) | 115 |
| |     11.3.2.3 Der graphische Zeitreihenvergleich | 120 |
| 11.4 | Datenabgleich mit der Spezial-Prüfsoftware „IDEA" | 121 |
| | 11.4.1 Allgemeines | 121 |
| | 11.4.2 Anwendungsbeispiele zum EDV-gestützten Datenabgleich mit IDEA | 123 |

## 12. Durchleuchtung des Steuerbürgers durch die Steuerfahndung ... 126

- 12.1 Allgemeines ... 126
- 12.2 Der hinreichende Anlass zum Tätigwerden ... 130
- 12.3 Erforschung von Steuerstraftaten und Ermittlung der Besteuerungsgrundlagen ... 131
- 12.4 Die Aufdeckung und Ermittlung unbekannter Steuerfälle (Vorfeldermittlungen) ... 132
- 12.5 Durchsuchungshandlungen beim Steuerbürger ... 134
- 12.6 Durchsuchungshandlungen bei Kreditinstituten des Steuerbürgers ... 135
- 12.7 Das EDV-Suchsystem „Bingo" zum Aufspüren, Abgleichen und Zusammenführen spezifischer Bankdaten ... 137

## 13. Erkenntnisse über steuerrelevante Aktivitäten und Vermögensverhältnisse durch die Auswertung von Geldwäscheverdachtsanzeigen ... 139

- 13.1 Geldwäsche und Steuerhinterziehung: Zwei unterschiedliche Straftatbestände wachsen zusammen ... 139
- 13.2 Datenerhebungsvolumen, Identifizierungs- und Aufzeichnungspflichten im Rahmen der Geldwäschebekämpfung ... 143
  - 13.2.1 Kreditinstitute ... 143
  - 13.2.2 Versicherungsunternehmen ... 145
  - 13.2.3 Spielbanken ... 145
  - 13.2.4 Sonstige Gewerbetreibende, insbesondere Juweliere ... 146
  - 13.2.5 Private Vermögensverwalter ... 146
  - 13.2.6 Rechtsanwälte, Steuerberater und Wirtschaftsprüfer ... 146
  - 13.2.7 Immobilienmakler ... 147
- 13.3 Verpflichtung zur Anzeige von Geldwäscheverdachtsfällen ... 147
- 13.4 Die Verwendung von Geldwäscheverdachtsanzeigen für steuerliche Zwecke ... 149

## 14. Sonstige inländische Auskunfts- und Datenquellen ........ 150
14.1 Fahr- und Kontrolldaten mautpflichtiger Fahrzeuge ..... 150
14.2 Leistungsbescheinigungen der Sozialleistungsträger .... 155
14.3 Lohnsteuer-Vollständigkeitskontrollen .............. 155
14.4 JobCard-Verfahren und elektronischer Einkommensnachweis (ELENA) .................. 157
14.5 Spontanauskünfte und anonyme Anzeigen ........... 158
14.6 Aufspüren der Inhaber von Namensaktien in Deutschland 159
14.7 Der private Personal Computer und IP-Adresse als Identifikationsmerkmal ......................... 160

**Teil II: Ausforschung steuerrelevanter Aktivitäten und der privaten Vermögensverhältnisse eines deutschen Steuerbürgers auf internationaler Ebene** ............ 162

1. **Allgemeines** ....................................... 162
2. **Aufspüren von Bargeldtransfers des Steuerbürgers** ....... 164
   - 2.1 Bargeld-Grenzkontrollen durch deutsche Zollbehörden .. 164
     - 2.1.1 Allgemeines ........................... 164
     - 2.1.2 Die Bargeldkontrollen im Einzelnen .......... 165
     - 2.1.3 Verhaltensregeln für Zollbehörden bei Bargeldkontrollen ...................... 167
     - 2.1.4 Übermittlung der Erhebungsdaten an die Finanzverwaltung ....................... 169
   - 2.2 Europaweite Überwachung von Bargeldtransfers und Kontrolle von Bargeldbewegungen nach der EU-Verordnung 1889/2005 vom 26.10.2005 .......... 170
     - 2.2.1 Allgemeines ........................... 170
     - 2.2.2 Die neuen EU-Bargeldkontrollen im Detail ..... 171
   - 2.3 Meldungen im internationalen bargeldlosen Zahlungsverkehr ............................... 173
3. **Meldepflichten der rechtlich unselbständigen ausländischen Niederlassungen deutscher Kreditinstitute im Todesfall** .... 174
4. **Anzeigepflichten der Auslandsstellen** .................. 175
5. **Kontrollmeldesystem zur Erfassung von Auslandskonten und -depots sowie grenzüberschreitender Zinszahlungen (EU-Zinsrichtlinie)** ................................ 176

| | | |
|---|---|---|
| 5.1 | Allgemeines | 176 |
| 5.2 | Anwendung der EU-Zinsrichtlinie in Ländern außerhalb der EU sowie den abhängigen und assoziierten Gebieten | 179 |
| 5.3 | Das automatisierte Meldeverfahren/Informationssystem im Einzelnen | 180 |
| 5.3.1 | Allgemeines | 180 |
| 5.3.2 | Das standardisierte Meldeverfahren | 183 |
| 5.3.3 | Besonderes Meldeverfahren in Verbindung mit Zahlstellen kraft Vereinnahmung | 184 |
| 5.3.4 | Das Richtlinienformular zur Auskunftserteilung | 186 |

**6. Ausforschung ausländischer Bankkonten und der Vermögensverhältnisse eines deutschen Steuerbürgers im Wege der internationalen Amts- und Rechtshilfe** ......... 191

| | | |
|---|---|---|
| 6.1 | Allgemeines | 191 |
| 6.2 | Zwischenstaatliche Amtshilfe durch Auskunftsaustausch | 191 |
| 6.2.1 | Überblick | 191 |
| 6.2.2 | Internationaler Auskunftsverkehr durch den Informationsaustausch in Doppelbesteuerungsabkommen | 194 |
| 6.2.2.1 | Allgemeines | 194 |
| 6.2.2.2 | Auskunftsarten | 199 |
| 6.2.2.3 | DBA Luxemburg | 200 |
| 6.2.2.4 | DBA-Österreich | 202 |
| 6.2.3 | Bilaterale Rechts- und Amtshilfevereinbarungen am Beispiel Österreich | 204 |
| 6.2.4 | Grundzüge des EG-Amtshilfe-Gesetzes | 207 |
| 6.2.5 | Auskunftsaustausch im Rahmen international koordinierter Außenprüfungen (zeitlich abgestimmte Simultanprüfungen) | 212 |
| 6.2.6 | Zusammenarbeits-Verordnung und das Mehrwertsteuer-Informations-Austauschsystem MIAS | 212 |
| 6.3 | Zwischenstaatliche Rechtshilfe durch Auskunftsaustausch | 214 |

# Inhaltsverzeichnis

| | | | |
|---|---|---|---|
| 6.4 | Europaweite Bankkontenabfragen durch Finanzbehörden nach dem Protokoll vom 16.10.2001 zu dem Übereinkommen über die Rechtshilfe in Strafsachen zwischen den EU-Mitgliedstaaten | | 217 |
| | 6.4.1 | Allgemeines | 217 |
| | 6.4.2 | Europaweite Bankkontenabfragen in Ergänzung zum nationalen automatisierten Kontenabruf | 218 |
| | 6.4.3 | Das dreistufige Eingriffsverfahren | 221 |
| | 6.4.4 | Rechtliche Voraussetzungen für den europaweiten Kontenabruf | 226 |
| | | 6.4.4.1 Allgemeines | 226 |
| | | 6.4.4.2 Anwendung des europaweiten Kontenabrufs bei Steuerhinterziehung im Rechtshilfeverkehr mit Österreich | 229 |
| | | 6.4.4.3 Anwendung des europaweiten Kontenabrufs bei Steuerhinterziehung im Rechtshilfeverkehr mit Luxemburg | 231 |
| 6.5 | Zusammenfassende Übersichten | | 234 |
| | 6.5.1 | Anwendung des EG-Amtshilfe-Gesetzes sowie der Doppelbesteuerungsabkommen | 234 |
| | | 6.5.1.1 Staaten mit großem Auskunftsaustausch | 234 |
| | | 6.5.1.2 Staaten mit kleinem Auskunftsaustausch | 235 |
| | 6.5.2 | Abkommen auf dem Gebiet der Amts- und Rechtshilfe | 236 |
| | | 6.5.2.1 Geltende Abkommen | 236 |
| | | 6.5.2.2 Künftige Abkommen und laufende Verhandlungen | 240 |
| 7. | Der Ermittlungsdienst OLAF gegen Steuerhinterzieher | | 241 |
| 8. | Die Informationszentrale Ausland im Bundeszentralamt für Steuern | | 241 |

**Teil III: Jagd nach Steuersündern und die Bekämpfung schädlicher Steuerpraktiken durch die OECD** ....... 244

| | | |
|---|---|---|
| 1. | Allgemeines | 244 |
| 2. | Der Steuer-Informationsaustausch nach Standard „OECD 2002" | 246 |

| | | |
|---|---|---|
| 2.1. | Allgemeines | 246 |
| 2.2 | Die wesentlichen Inhalte im Überblick | 247 |

**Teil IV: Begünstigte Geldanlageplätze für den gläsernen Steuerbürger** ... 253

1. **Allgemeines** ... 253
2. **Ausgewählte diskrete Geschäftsbanken in den österreichischen Zollausschlussgebieten Kleinwalsertal/Jungholz und dem Fürstentum Liechtenstein** 255
   - 2.1 Kleinwalsertal/Jungholz ... 255
   - 2.2 Liechtenstein ... 257
3. **Geldanlagen im Mantel einer Liechtensteinischen Lebensversicherung** ... 258

**Anhang** ... 259

1. Grundstücks-Veräußerungsanzeige der Notare an die Finanzverwaltung ... 259
2. Formular zum automatisierten Kontenabruf ... 260
3. Auskunftsersuchen: Ersuchen im zwischenstaatlichen Amtshilfeverkehr ... 263
4. Auskunftsersuchen: Ersuchen im steuerlichen Auskunftsaustausch über Zahlungen aus deutschen Quellen ... 264
5. Auskunftsersuchen: Ersuchen im steuerlichen Auskunftsaustausch über Steuern auf Versicherungsprämien ... 266
6. Auskunftsersuchen: Ersuchen im deutsch-österreichischen Auskunftsverkehr ... 270
7. Spontanauskünfte: Mitteilung über Zahlungen aus deutschen Quellen ... 271
8. Spontanauskünfte: Mitteilung über Vergütungen aus unselbständiger Arbeit ... 273
9. Spontanauskünfte: Mitteilung über Zahlungen aus deutschen Quellen durch Geschäftsbeziehungen zu deutschen Kreditinstituten ... 275
10. Spontanauskünfte: Mitteilung über unentgeltliche Vermögensübertragungen ... 277
11. Spontanauskünfte im deutsch-österreichischen Auskunftsverkehr ... 279

12. Protokoll zum Übereinkommen von 2000 über die Rechtshilfe in Strafsachen zwischen den Mitgliedstaaten der Europäischen Union .......................................... 280

**Stichwortverzeichnis** ................................. 285

## Abkürzungsverzeichnis

| | |
|---|---|
| a.a.O. | am angegebenen Ort |
| Abb. | Abbildung |
| ABl | Amtsblatt |
| ABMG | Autobahnmautgesetz |
| Abs. | Absatz |
| Abschn. | Abschnitt |
| AEAO | Anwendungserlass zur Abgabenordnung |
| AFBG | Aufstiegsfortbildungsförderungsgesetz |
| AO | Abgabenordnung |
| Art. | Artikel |
| Az. | Aktenzeichen |
| BaFin | Bundesanstalt für Finanzdienstleistungsaufsicht |
| BAföG | Bundesausbildungsförderungsgesetz |
| BAO | Bundesabgabenordnung |
| BB | Betriebsberater (Zeitschrift) |
| BErzGG | Bundeserziehungsgeldgesetz |
| BFH | Bundesfinanzhof |
| BGBl | Bundesgesetzblatt |
| BGH | Bundesgerichtshof |
| BKA | Bundeskriminalamt |
| BMF | Bundesministerium der Finanzen |
| BpO | Betriebsprüfungsordnung |
| BStBl | Bundessteuerblatt |
| BT-Drucks. | Bundestags-Drucksache |
| Buchst. | Buchstabe |
| BVerfG | Bundesverfassungsgericht |
| BWpVerwG | Bundeswertpapierverwaltungsgesetz |
| bzgl. | bezüglich |
| BZSt | Bundeszentralamt für Steuern (bis 31.12.2005 BfF) |
| DBA | Doppelbesteuerungsabkommen |
| DStRE | Deutsches Steuerrecht Entscheidungsdienst |
| EGAHiG | EG-Amtshilfe-Gesetz |
| ErbStG | Erbschaftsteuergesetz |
| EStDV | Einkommensteuer-Durchführungsverordnung |
| EuRHÜK | Europäische Übereinkommen über die Rechtshilfen in Strafsachen |

## Abkürzungsverzeichnis

| | |
|---|---|
| EU-RL | EU Zinsrichtlinie 2003/48/EG |
| FinStrG | Österr. Finanzstrafgesetz |
| FIU | Financial Intelligence Unit |
| gem. | gemäß |
| GG | Grundgesetz |
| ggf. | gegebenenfalls |
| GrEStG | Grunderwerbsteuergesetz |
| GwG | Geldwäschegesetz |
| i.d.F. | in der Fassung |
| i.d.R. | in der Regel |
| i.H.v. | in Höhe von |
| i.S. | im Sinne |
| i.V.m. | In Verbindung mit |
| IZA | Informationszentrale für steuerliche Auslandsbeziehungen |
| JStG | Jahressteuergesetz |
| KraftStDV | Kraftfahrzeugsteuer-Durchführungsverordnung |
| KESt | Kapitalertragsteuer |
| KStG | Körperschaftsteuergesetz |
| KWG | Kreditwesengesetz |
| MV | Mitteilungsverordnung |
| Nr. | Nummer |
| n.F. | neue Fassung |
| OECD-MA | OECD-Musterabkommen |
| OLG | Oberlandesgericht |
| RL | Richtlinie |
| RHAbgV | Vertrag über Rechtsschutz und Rechtshilfe in Abgabensachen |
| rkr. | rechtskräftig |
| S. | Seite |
| SGB | Sozialgesetzbuch |
| StPO | Strafprozessordnung |
| sog. | so genannte |
| TKG | Telekommunikationsgesetz |

| | |
|---|---|
| Tz. | Textziffer |
| Urt. | Urteil |
| u.a. | unter anderem |
| u.U. | unter Umständen |
| usw. | und so weiter |
| Vgl. | Vergleiche |
| VwGH | Verwaltungsgerichtshof |
| VZR | Vermögenszuwachsrechnung |
| WoFG | Wohnraumfördergesetz |
| WoGG | Wohngeldgesetz |
| WpHG | Wertpapierhandelsgesetz |
| ZfA | Zentrale Zulagenstelle für Altersvermögen |
| Ziff. | Ziffer |
| ZollVG | Zollverwaltungsgesetz |
| ZPO | Zivilprozessordnung |

# Teil I: Ausforschung steuerrelevanter Aktivitäten und der privaten Vermögensverhältnisse eines deutschen Steuerbürgers auf nationaler Ebene

Nationale Ausforschungs- und Ermittlungsmöglichkeiten der Steuerbehörden (die Zahlen beziehen sich auf die nachfolgenden Abschnitte im Buch)

- Steuerbürger selbst (2.)
- Elektronische Ordnungsmerkmale (E-TiN) (3.)
- Banken (4.)
    - Auskunftspflichten umfassend (4.3)
    - Automatisierter Kontenabruf (4.4)
        - Europaweite Kontenabfrage (Teil II, 6.4)
    - Prüfungsrechte der Jahresbescheinigungen (4.5)
    - Kontrollmeldung bei Freistellungsauftrag (4.6)
    - Meldepflichten nach WpHG (4.7)
    - Meldungen bei Tod des Kontoinhabers (4.9)
- Energieversorger (5.1)
- Versicherungen (5.2)
- Mitteilungsverordnung (6.2)
- Zulassungsstellen (6.4)
- Telekommunikationseinrichtungen (9.)
    - ISDN-Technik (9.3)
    - Datensammlung Datenabruf (9.5)
    - Automatisiertes Auskunftsverfahren (9.6)
- Internet (10.)
    - Xpider (10.1)
    - Web-Watcher (10.3)
- Digitale Betriebsprüfung (11.)
    - Benford`s Law (11.3.2.2)
    - Graphischer Zeitreihenvergleich (11.3.2.3)
    - IDEA (11.4)
- Steuerfahndung (12.)
- Geldwäscheverdachtsanzeige (13.)
- Rentenbezugsmitteilungen (6.5)
- Jobcard und ELENA (14.4)
- Elektronische Lohnsteuervollständigkeitskontrolle (14.3)
- Lohnersatzleistungsvollständigkeitskontrolle (14.2)
- Toll Collect Lkw-Mautdaten (14.1)

▪ Geschlossene Kette von Ermittlungsmöglichkeiten zum Einblick in die Bankkonten des gläsernen Steuerbürgers.

▪ Geschlossene Kette von Kontroll- und Überwachungsmöglichkeiten für Einkommens- und Arbeitgeberdaten abhängig beschäftigter Steuerbürger und Ruheständler.

# 1. Ein deutsches „Bankgeheimnis" gibt es nicht

## 1.1 Allgemeines

Bankgeheimnisse fallen unter die Kategorie der Berufsgeheimnisse. Berufsgeheimnisse sind Kenntnisse über Tatsachen eines Dritten, die einem Geheimnisträger aufgrund seiner beruflichen Tätigkeit anvertraut worden sind. Beim Berufsgeheimnis sind Geheimnisherr und Geheimnisträger verschiedene Personen; Geheimnisherr ist der Bankkunde, Geheimnisträger die Bank. Die Allgemeinen Geschäftsbedingungen der deutschen Banken definieren das Bankgeheimnis als „kundenbezogene Tatsachen und Wertungen", von denen die Bank Kenntnis erlangt hat.

Geheimnispflichten deutscher Geschäftsbanken sind im deutschen Handels-, Bank- und Börsenrecht weder gesetzlich verankert noch definiert und damit rein „privatrechtlicher" Natur. Nur die Verschwiegenheitspflichten der Bediensteten der Bundesschuldenverwaltung stehen im Gesetz: Das *Schuldbuchgeheimnis*. Das Schuldbuchgeheimnis ist das „Bankgeheimnis" der Bundesschuldenverwaltung. Es ist im Bundeswertpapierverwaltungsgesetz (BWpVerwG)[1] verankert und untersagt die Erteilung von Auskünften über den Inhalt des Bundesschuldbuchs an andere als die eingetragenen Berechtigten, ihre Vertreter oder Rechtsnachfolger. Nach § 9 Abs. 4 BWpVerwG dürfen Mitteilungen über Veränderungen in den Einzelschuldbuchforderungen nur aufgrund eines Auftrags des Gläubigers oder durch Gesetz oder einer aufgrund Gesetzes, Rechtsgeschäfts, gerichtlicher Entscheidung oder vollstreckbaren Verwaltungsaktes hierzu berechtigten Person erfolgen. Doch der Steuerbürger, der ein Schuldbuchkonto unterhält, wird für die Finanzbehörden dadurch nicht undurchsichtig. Denn die Bundeswertpapierverwaltung erteilt staatlichen Stellen, die aufgrund eines Gesetzes auskunftsberechtigt sind, Bescheinigungen und Auskünfte über alle Eintragungen und Veränderungen auf dem Schuldbuchkonto (§ 9 Abs. 5 BWpVerwG).

Finanzbehörden sind gegenüber Banken und auch der Bundesschuldenverwaltung auskunftsberechtigt. Das auf dem privaten Kontovertrag des Kunden mit der Bank basierende Bankgeheimnis in Deutschland geht nicht so weit, dass sich Kreditinstitute bzw. die Bundesschuldenverwaltung ihren gesetzlichen Aufklärungs-, Warn-, Mitteilungs-, Melde- oder Beratungspflichten entziehen könnten. Die Vorrangigkeit des Gemeinwohls, das pri-

---

[1] Vom 11.12.2001, BGBl 2001 I S. 3519.

vate Interessen hinter das allgemeine öffentliche Interesse stellt, kommt überall dort zum Ausdruck, wo zwingendes Recht der Bank gesetzliche Offenbarungs-, Mitwirkungs- oder Aussagepflichten auferlegt. Gegenüber Steuerbehörden besteht eine Offenbarungspflicht im Besteuerungsverfahren nach §§ 90, 92 und 93 AO.[1]

### 1.2 Die Vorschrift „Schutz von Bankkunden" in der deutschen Abgabenordnung

#### 1.2.1 Allgemeines

Führt man sich die verführerische Überschrift „Schutz von Bankkunden" vor Augen, unter der sich ein § 30a AO tummelt, könnte man darunter soetwas wie ein *steuerrechtliches Bankgeheimnis* vermuten und glauben, die Vorschrift hindere die Finanzbehörden an einer Ausforschung privater Vermögensverhältnisse. Tatsächlich ist in dieser Vorschrift allerdings nichts anderes zu sehen als eine Art „Selbstbeschränkung der Finanzverwaltung" in ihren Ermittlungsbefugnissen, welche sich überwiegend in bloßen „formellen Kleinigkeiten" erschöpft, die im Übrigen auch an anderer Gesetzesstelle gefordert werden.

Die Vorschrift lässt Einzelauskunftsersuchen gegen Banken im Besteuerungsverfahren ausdrücklich zu (§ 30a Abs. 5 AO), so dass deutsche Banken wie „andere Personen" zur Auskunft herangezogen werden können, wenn der Sachverhalt allein durch Mitwirkung des Steuerpflichtigen nicht ausreichend geklärt werden kann. Der auf Vertrauensschutz bzgl. seiner Privatsphäre hoffende deutsche Bankkunde wird sich zudem besonders verständnislos zeigen, wenn er erfährt, dass die Steuerfahndung im Rahmen von „Vorfeldermittlungen" auch dann uneingeschränkt tätig werden kann, wenn es um die Erforschung privater Bankkonten und Depots eines Steuerpflichtigen geht, welche im Wege des automatisierten Kontenabrufs ermittelt worden sind.[2]

#### 1.2.2 § 30a AO im Einzelnen

§ 30a Abs. 1 AO (Vertrauensverhältnis Kunde und Kreditinstitut):

---

1 Vgl. dazu Teil I Abschn. 4.3, Auskunftspflichten inländischer Banken im Besteuerungsverfahren.
2 Vgl. Teil I Abschn. 4.4, Der automatisierte Kontenabruf.

„*Bei der Ermittlung des Sachverhalts (§ 88) haben die Finanzbehörden auf das Vertrauensverhältnis zwischen den Kreditinstituten und deren Kunden besonders Rücksicht zu nehmen.*"

§ 30a Abs. 1 AO spiegelt Bankkunden eine Art finanzbehördliches Bankgeheimnis vor und zielt im Grunde auf das Vertrauen, Guthabenkonten und Depots seien vor Ermittlungsmaßnahmen der Finanzbehörden geschützt. In der Tat dürfen nach § 30a Abs. 1 AO Auskünfte von Banken über deren Kunden erst dann verlangt werden, wenn Umstände vorliegen, die zu der Annahme berechtigen, dass die Angaben in der Steuererklärung des Steuerpflichtigen falsch sind. Auf den ersten Blick deutet dies auf eine ungerechtfertigte Bevorteilung von Bankkunden hin. Bei näherer Betrachtung stellt Abs. 1 durch Bezug auf § 88 AO nur eine deklaratorische Wiedergabe des Untersuchungsgrundsatzes dar[1], welcher einerseits schon an anderer Stelle genannt ist und andererseits für jedermann gilt.

§ 30a Abs. 2 AO (Kontomitteilungen):

„*Die Finanzbehörden dürfen von den Kreditinstituten zum Zwecke der allgemeinen Überwachung die einmalige oder periodische Mitteilung von Konten bestimmter Art oder bestimmter Höhe nicht verlangen.*"

Abs. 2 hat nur deklaratorische Bedeutung. Er richtet sich gegen Ermittlungen ins Blaue hinein; wobei die Vorschrift nur dasjenige verbietet, was auch ohnehin nicht erlaubt wäre. Abs. 2 verwehrt den Finanzbehörden im Rahmen der allgemeinen Überwachung – d.h. soweit keine besonderen Anhaltspunkte für ein Auskunftsersuchen i.S. von § 93 AO vorliegen – von den Kreditinstituten Mitteilungen über Konten zu verlangen. Liegen dagegen die Voraussetzungen der §§ 93 (Auskunftsersuchen) und 208 Abs. 1 Nr. 3 AO (Vorfeldermittlung) vor, dürfen die Finanzbehörden Auskünfte – auch Sammelauskünfte – bei den Kreditinstituten einholen.[2]

§ 30a Abs. 3 AO (Kontrollmitteilungen):

„*Die Guthabenkonten oder Depots, bei deren Errichtung eine Legitimationsprüfung nach § 154 Abs. 2 vorgenommen worden ist, dürfen anlässlich der Außenprüfung bei einem Kreditinstitut nicht zwecks Nachprüfung der ordnungsmäßigen Versteuerung festgestellt oder abgeschrieben werden. Die Ausschreibung von Kontrollmitteilungen soll insoweit unterbleiben.*"

---

1 AEAO Ziff. 1 und 2 zu § 88 AO.
2 Zu Auskunftsersuchen und Vorfeldermittlung siehe Teil I Abschn. 4.3, Auskunftspflichten inländischer Banken im Besteuerungsverfahren sowie Abschn. 12, Durchleuchtung des Steuerbürgers durch die Steuerfahndung.

## 1. Ein deutsches „Bankgeheimnis" gibt es nicht

Abs. 3 wendet sich gegen das Abschreiben von Kundenkonten und Wertpapierdepots und soll dem schutzwürdigen „Bank-Kunde-Verhältnis" Rechnung tragen. Bereits aus dem eindeutigen Wortlaut des Satzes 2 („soll") ergibt sich aber auch für den Laien, dass § 30a Abs. 3 AO kein generelles – ausnahmsloses – Verbot zur Ausschreibung von Kontrollmitteilungen statuiert. Der vorausgehende Satz 1 des § 30a Abs. 3 AO steht diesem Ergebnis nicht entgegen, sondern bezieht sich mit seinem absoluten Verbot („dürfen nicht") lediglich auf solche Maßnahmen des Außenprüfers, die stichprobenweise, d.h. ohne hinlänglichen Anlass, getroffen werden. Somit hindert § 30a Abs. 3 AO nicht die Fertigung und Auswertung von Kontrollmitteilungen anlässlich einer Außenprüfung bei Kreditinstituten, wenn hierfür ein hinlänglicher Anlass oder gar ein Verdacht auf Steuerverkürzung besteht.

§ 30a Abs. 4 AO (Angabe von Kontonummern und Wertpapierdepots):

*„In Vordrucken für Steuererklärungen soll die Angabe der Nummern von Konten und Depots, die der Steuerpflichtige bei Kreditinstituten unterhält, nicht verlangt werden, soweit nicht steuermindernde Ausgaben oder Vergünstigungen geltend gemacht werden oder die Abwicklung des Zahlungsverkehrs mit dem Finanzamt dies bedingt."*

Auch Abs. 4 hat lediglich rechtsbestätigenden Charakter. Die Vorschrift verbietet den Finanzbehörden, auf Steuerformularen Angaben über Konten und möglicherweise angeschlossene Wertpapierdepots zu erfragen. Die Nummern von Bankkonten und Depots sind für die Besteuerung grundsätzlich unerheblich und deshalb nicht aufklärungsbedürftig. Ist die Nummer eines Bankkontos oder Depots ausnahmsweise besteuerungsrelevant und besteht deshalb im Einzelfall ein hinlänglicher Anlass zur Ermittlung dieser Nummer, so steht die – im Übrigen lediglich als Sollvorschrift statuierte – Regelung des § 30a Abs. 4 AO einem Informationsverlangen der Finanzbehörden nicht im Wege.

§ 30a Abs. 5 AO (Pflicht zur Einhaltung des Subsidiaritätsprinzips bei Auskunftsersuchen an Kreditinstitute):

*„Für Auskunftsersuchen an Kreditinstitute gilt § 93. Ist die Person des Steuerpflichtigen bekannt und gegen ihn kein Verfahren wegen einer Steuerstraftat oder einer Steuerordnungswidrigkeit eingeleitet, soll auch im Verfahren nach § 208 Abs. 1 Satz 1 ein Kreditinstitut erst um Auskunft und Vorlage von Urkunden gebeten werden, wenn ein Auskunftsersuchen an den Steuerpflichtigen nicht zum Ziele führt oder keinen Erfolg verspricht."*

Spätestens jetzt dürfte auch der letzte deutsche Bankkunde und Steuerbürger erkannt haben, dass er gegenüber Finanzbehörden keinen Geheimnisschutz genießt. Satz 1 der Vorschrift betont deutlich, dass bei Auskunftsersuchen an Kreditinstitute § 93 AO gilt und stellt damit klar, dass das schutzwürdige Vertrauensverhältnis zwischen Bank und Kunde nicht so weit führt, dass Kreditinstitute in Besteuerungsverfahren ihrer Kunden die gestellten Auskunftsersuchen nicht beantworten müssen.

§ 30a Abs. 5 Satz 2 AO stellt klar, dass das „Subsidiaritätsprinzip"[1] auch für die Steuerfahndung bei Vorfeldermittlungen (Verfahren nach § 208 Abs. 1 Satz 1 Nr. 3 AO) gelten soll. Die Vorschrift betrifft Fälle, in denen der Steuerpflichtige namentlich bekannt ist, nicht aber der steuerliche Sachverhalt. § 30a Abs. 5 Satz 2 AO schränkt die Kompetenzen der Fahndungsbeamten dergestalt ein, dass auch diese den Steuerpflichtigen zuerst befragen sollen, bevor sie sich an seine Hausbank wenden. Satz 2 ist aber lediglich eine Sollvorschrift und behindert in keiner Weise die Maßnahmen der Steuerfahndungsstellen im Rahmen der allgemeinen Steueraufsicht (Erforschung von Steuerstraftaten und Steuerordnungswidrigkeiten oder die Aufdeckung und Ermittlung unbekannter Steuerfälle).[2]

## 2. Der Steuerbürger selbst als Daten- und Informationsquelle

### 2.1 Allgemeine Anzeige-, Auskunfts- und Mitwirkungspflichten

Der Gesetzgeber hat dem Steuerpflichtigen selbst umfassende Anzeige-, Auskunfts- und Mitwirkungspflichten auferlegt, durch die er sich quasi bereits „selbst" zum gläsernen Steuerbürger qualifiziert. So ist der Steuerbürger als „Beteiligter" im Besteuerungsprozess „zur Mitwirkung bei der Ermittlung des Sachverhaltes verpflichtet". Diesen Mitwirkungspflichten hat der Steuerbürger insbesondere dadurch nachzukommen, dass er die für die Besteuerung erheblichen Tatsachen vollständig und wahrheitsgemäß offenlegt und entsprechende Beweismittel vorlegt (§ 90 Abs. 1 AO).

§ 90 AO als die zentrale Vorschrift über Mitwirkungspflichten eines Steuerpflichtigen wird um § 200 AO, die zentrale Vorschrift für die Mitwirkungspflichten bei der Ermittlung der wesentlichen Besteuerungsgrundlagen im Rahmen einer Steuerprüfung (Betriebsprüfung/Außenprüfung) er-

---

1 Vgl. Teil I Abschn. 4.2, Vorbemerkung: Das „Subsidiaritätsprinzip".
2 Vgl. Teil I Abschn. 12, Durchleuchtung des Steuerbürgers durch die Steuerfahndung.

## 2. Der Steuerbürger als Daten- und Informationsquelle

gänzt. Danach muss der Steuerbürger bei der Feststellung aller Sachverhalte im Rahmen von Steuerprüfungen mitwirken. Diese Mitwirkungspflichten sind besonders ausgeprägt, seit die Außenprüfungspraxis von einer sog. „papierlosen Buchführung" ausgeht. Dies bedeutet für den einzelnen Steuerbürger, dass er über die bisherigen Pflichten hinaus auch noch das notwendige EDV-Know-How vorhalten muss, um der Finanzverwaltung die erforderliche Einsicht in die gespeicherten Daten zu ermöglichen und das EDV-System zur Prüfung dieser Unterlagen zu nutzen (§ 200 Abs. 1 Satz 2 i.V.m. § 147 Abs. 6 AO). Hierbei kann der Betriebsprüfer vom Steuerpflichtigen verlangen, entweder einen unmittelbaren Datenzugriff zu erhalten (Einsicht in die gespeicherten Daten und Nutzung des DV-Systems zur Datenprüfung) oder ihn zur technischen Mithilfe auffordern, so dass die Daten nach Vorgaben des Prüfers vor Ort im EDV-System maschinell ausgewertet werden.

Der Unterschied zwischen beiden Methoden ist schnell erklärt: Im ersten Fall filtert und sortiert der Prüfer selbst, im zweiten Fall sortiert und filtert der Steuerpflichtige, selbstverständlich nach Vorgabe des Betriebsprüfers. Schließlich kann die Finanzverwaltung auch noch verlangen, die gespeicherten Unterlagen und Aufzeichnungen auf einem maschinell verwertbaren Datenträger zur Verfügung gestellt zu bekommen.[1]

### 2.2 Besondere Anzeige- und Mitwirkungspflichten bei internationalen Steuerfällen und bei Auslandsinvestitionen

Weil, wie in Teil II noch festzustellen sein wird, sowohl die Ermittlungsbefugnisse als auch das eigene inländische Informationsnetz der deutschen Finanzverwaltung an der Staatsgrenze enden,[2] obliegen dem Steuerbürger in steuerrelevanten Auslandsfällen umfassende Sachaufklärungs-, Beweismittelbeschaffungs- und Beweisvorsorgepflichten (§ 90 Abs. 2 AO). Diese Mitwirkungspflichten sind allumfassend. Es reicht hier z.B. nicht, Beweismittel bloß zu benennen; der Steuerbürger muss sie auch beschaffen. Hierzu muss er alle tatsächlichen und rechtlichen Möglichkeiten ausschöpfen;

---

1 Näheres zur digitalen Betriebsprüfung und den neuen technischen Ermittlungsmöglichkeiten in Teil I Abschn. 11, Daten- und Informationsgewinnung durch die digitale Betriebsprüfung.
2 Zur zwischenstaatlichen Amts- und Rechtshilfe vgl. Teil II Abschn. 6, Ausforschung ausländischer Bankkonten und der Vermögensverhältnisse eines deutschen Steuerbürgers im Wege der internationalen Amts- und Rechtshilfe.

bei der Gestaltung steuerrelevanter Sachverhalte ist insoweit bereits Beweisvorsorge zu treffen. Doch damit nicht genug, was die Ausschöpfung der Steuerbürger als Daten- und Informationsquelle betrifft: Steuerbürger mit Wohnsitz im Inland, die Auslandsinvestitionen tätigen, namentlich

- im Ausland einen Betrieb erwerben oder eine Betriebstätte gründen (eine Meldepflicht gilt auch dann, wenn ein Betrieb/Betriebsstätte vom Inland in das Ausland verlegt wird);
- sich an ausländischen Personengesellschaften beteiligen, die Beteiligungsquote ändern oder die Beteiligung aufgeben,
- Beteiligungen an ausländischen Kapitalgesellschaften begründen, wenn damit unmittelbar eine Beteiligung von mindestens 10 % oder mittelbar eine Beteiligung von mindestens 25 % am Kapital oder am Vermögen einer solchen ausländischen Kapitalgesellschaft erreicht wird,
- oder wenn die Summe der Anschaffungskosten aller Beteiligungen mehr als 150.000 € beträgt,

sind verpflichtet, den Finanzbehörden über den Beteiligungserwerb, über Beteiligungsänderungen bzw. -aufgabe Mitteilung zu erstatten (§ 138 Abs. 2 AO). Die Vorschrift will die steuerliche Überwachung von Auslandsbeziehungen erleichtern. Der Steuerpflichtige ist hier sozusagen gezwungen, die Finanzbehörden – sofern zutreffend – auf einschlägige steuerrelevante Sachverhalte wie die Gründung von Basisgesellschaften in Steueroasen-Ländern hinzuweisen. Eine Verletzung dieser Meldepflichten gilt als Ordnungswidrigkeit. Eine Auswertung der Mitteilungen erfolgt u.a. auch durch die Informationszentrale Ausland des Bundeszentralamtes für Steuern.[1]

## 3. Elektronische Ordnungsmerkmale zur computergestützten Identifikation und Nachverfolgung (Steuerzahler- und Wirtschafts-Identifikationsnummern)

Mit dem Steueränderungsgesetz 2003 wurden für die meisten Steuerbürger unbemerkt neue Vorschriften in die AO integriert: §§ 139a bis 139d. Ge-

---

[1] Zur IZA siehe Teil II Abschn. 8, Die Informationszentrale Ausland im Bundeszentralamt für Steuern.

## 3. Elektronische Ordnungsmerkmale

mäß den neuen Vorschriften teilt das Bundeszentralamt für Steuern jedem Steuerpflichtigen „zum Zwecke der eindeutigen Identifizierung im Besteuerungsverfahren" ein einheitliches und dauerhaftes Identifikations- bzw. Ordnungsmerkmal zu. Das Bundeszentralamt für Steuern ist jene Bundesoberbehörde, zu deren Aufgabenbereich auch die Erforschung von Auslandssachverhalten zählt (Informationszentrale Ausland) und der auch die Vornahme der automatisierten Kontenabrufe bei der Bundesanstalt für Finanzdienstleistungsaufsicht im Auftrag der Finanzämter[1] obliegt.

Ziel dieser neuen Maßnahme ist selbstverständlich eine bessere Identifikation eines jeden Steuerpflichtigen: Die vom Bundeszentralamt für Steuern zugeteilten Ordnungsmerkmale werden dauerhaft vergeben, haften also einem deutschen Steuerpflichtigen „ein Leben lang" an und sind von diesem bei allen Anträgen, Erklärungen, Mitteilungen und sonstigem Schriftverkehr mit den Finanzbehörden zu verwenden. Die zugeteilten Ordnungsmerkmale werden auch im Melderegister dauerhaft gespeichert.

Wie die neuen Identifikationsmerkmale aussehen sollen, ist derzeit noch offen. Fest steht, dass diese Identifikationsmerkmale aus einer Ziffernfolge bestehen sollen, die nicht aus anderen Daten über den Steuerpflichtigen gebildet oder abgeleitet werden dürfen. So sind im Gegensatz zur Sozialversicherungsnummer, in der u.a. das Geburtsdatum eines jeden abgebildet ist, beim Identifikationsmerkmal keine Rückschlüsse über die Person des Steuerpflichtigen möglich. Die letzte Stelle soll eine Prüfziffer sein (§ 139a Abs. 1 AO).

Vergeben wird:

- eine Identifikationsnummer für natürliche Personen, die nicht wirtschaftlich tätig sind (also insbesondere nicht selbständig tätige Arbeiter und Angestellte);

- eine Wirtschafts-Identifikationsnummer für wirtschaftlich Tätige (das sind selbständig tätige natürliche Personen, juristische Personen und Personenvereinigungen (Personengesellschaften);

Die Unterscheidung wird damit begründet, dass es bei einem wirtschaftlich Tätigen aufgrund der Vertragsfreiheit Möglichkeiten zur Veränderung des zu erfassenden Subjekts gibt. Mit den neuen Identifikationsmerkmalen werden im Einzelnen beim Bundeszentralamt für Steuern gespeichert:

---

1 Vgl. Teil I Abschn. 4.4, Der automatisierte Kontenabruf.

- Zu natürlichen Personen – also im Zusammenhang mit einer *Identifikationsnummer* – speichert die Behörde gem. § 139b Abs. 3 AO:
  - Identifikationsnummer,
  - Wirtschafts-Identifikationsnummern,
  - Familienname,
  - frühere Namen,
  - Vornamen,
  - Doktorgrad,
  - Ordensnamen/Künstlernamen,
  - Tag und Ort der Geburt,
  - Geschlecht,
  - gegenwärtige oder letzte bekannte Anschrift,
  - zuständige Finanzämter, sowie den Sterbetag. Diese Aufzählung ist abschließend, um dem verfassungsrechtlichen Gebot der Normenklarheit nachzukommen.

- Im Zusammenhang mit einer *Wirtschafts-Identifikationsnummer* speichert die Behörde zu *natürlichen Personen*, die wirtschaftlich tätig sind, folgende Daten (§ 139c Abs. 3 AO):
  - Wirtschafts-Identifikationsnummer,
  - Identifikationsnummer,
  - Firma (§§ 17 ff. HGB) oder der Name des Unternehmens,
  - frühere Firmennamen oder Namen des Unternehmens,
  - Rechtsform,
  - Wirtschaftszweignummer,
  - amtlicher Gemeindeschlüssel,
  - Anschrift des Unternehmens, Firmensitz,
  - Handelsregistereintrag (Registergericht, Datum und Nummer der Eintragung),
  - Datum der Betriebseröffnung oder der Zeitpunkt der Aufnahme der Tätigkeit,
  - Datum der Betriebseinstellung oder der Zeitpunkt der Beendigung der Tätigkeit,
  - zuständige Finanzämter.

## 3. Elektronische Ordnungsmerkmale

- Im Zusammenhang mit einer *Wirtschafts-Identifikationsnummer* speichert die Behörde zu *juristischen Personen* folgende Daten (§ 139c Abs. 4 AO):
  - Wirtschafts-Identifikationsnummer,
  - Identifikationsmerkmal der gesetzlichen Vertreter,
  - Firma (§§ 17 ff. HGB),
  - frühere Firmennamen,
  - Rechtsform,
  - Wirtschaftszweignummer,
  - amtlicher Gemeindeschlüssel,
  - Sitz gem. § 11 AO, insbesondere Ort der Geschäftsleitung,
  - Datum des Gründungsaktes,
  - Handels-, Genossenschafts- oder Vereinsregistereintrag (Registergericht, Datum und Nummer der Eintragung),
  - Datum der Betriebseröffnung oder der Zeitpunkt der Aufnahme der Tätigkeit,
  - Datum der Betriebseinstellung oder der Zeitpunkt der Beendigung der Tätigkeit,
  - Zeitpunkt der Auflösung,
  - Datum der Löschung im Register,
  - verbundene Unternehmen,
  - zuständige Finanzämter.
- Im Zusammenhang mit einer *Wirtschafts-Identifikationsnummer* speichert die Behörde zu *Personenvereinigungen* folgende Daten (§ 139c Abs. 5 AO):
  - Wirtschafts-Identifikationsnummer,
  - Identifikationsmerkmal der gesetzlichen Vertreter,
  - Identifikationsmerkmale der Beteiligten,
  - Firma (§§ 17 ff. HGB) oder der Name der Personenvereinigung,
  - frühere Firmennamen oder Namen der Personenvereinigung,
  - Rechtsform,
  - Wirtschaftszweignummer,
  - amtlicher Gemeindeschlüssel,
  - Sitz gem. § 11 AO, insbesondere Ort der Geschäftsleitung,

- Datum des Gesellschaftsvertrags,
- Handels-Partnerschaftsregistereintrag (Registergericht, Datum und Nummer der Eintragung),
- Datum der Betriebseröffnung oder der Zeitpunkt der Aufnahme der Tätigkeit,
- Datum der Betriebseinstellung oder der Zeitpunkt der Beendigung der Tätigkeit,
- Zeitpunkt der Auflösung,
- Zeitpunkt der Beendigung,
- Datum der Löschung im Register,
- verbundene Unternehmen,
- zuständige Finanzämter.

Laut Gesetzesvorgaben dürfen diese Daten nur verwendet werden,

- um sicherzustellen, dass Ordnungsmerkmale nicht zweimal vergeben werden,
- zur Feststellung der vergebenen Ordnungsmerkmale,
- um festzustellen, welche Finanzämter zuständig sind und um diesen die Erfüllung ihrer Aufgaben zu ermöglichen,
- und außerdem für die innerstaatliche Amts- und Rechtshilfe (§§ 139b Abs. 4, 139c Abs. 6 AO).

Steuerbürger, die auch den Teil III aufmerksam lesen[1] erkennen schnell, dass sich diese Identifikationsmerkmale sehr gut zur Verifizierung deutscher Steuerbürger eignen, die im Ausland Geldanlage-Aktivitäten entfalten. So empfiehlt die Organisation für wirtschaftliche Zusammenarbeit und Entwicklung (OECD) schon seit geraumer Zeit den Einsatz so genannter TINs (Taxpayer Identification Numbers) zur Bekämpfung von Steuerbetrug und Schwarzgeld. Schwedische Banken melden beispielsweise die Steuernummern amerikanischer Kunden an die amerikanischen Steuerbehörden. Für die europäische Klientel gelten diesbezügliche Meldepflichten bis dato zwar (noch) nicht. Die OECD spricht jedoch davon, dass schwedische Banken verpflichtet werden sollen, bei Eröffnung eines Kontos

---

1 Teil III: Jagd nach Steuersünder und die Bekämpfung schädlicher Steuerpraktiken durch die OECD.

## 3. Elektronische Ordnungsmerkmale

durch nichtansässige EU-Bürger nach deren Steuernummern bzw. TIN zu fragen.[1] Bislang melden schwedische Banken lediglich jene im Rahmen der EU-Zinssteuer für nichtansässige EU-Bürger zu übermittelnden Daten (Wohnsitzadressen sowie bestimmte Kapitalerträge).[2]

Für kritische Beobachter sind die neuen Identifizierungsmerkmale ein weiterer Schritt zum gläsernen Steuerbürger. Dass sich ein umfassendes Kontrollnetz mittels steuerlicher Ordnungsmerkmale effizient praktizieren lässt, zeigt auch das seit Inkrafttreten des gemeinsamen EU-Binnenmarktes installierte Mehrwertsteuer-Informations-Austauschsystem MIAS. Dieses System verwendet in erster Linie die Umsatzsteuer-Identifikationsnummer, die an jeden am innergemeinschaftlichen Handel teilnehmenden Unternehmer vergeben wird und mittels welcher der Unternehmer und seine getätigten Lieferungen eindeutig identifizierbar und aufspürbar sind.[3]

Nach den gegenwärtigen Planungen der Bundesregierung wird die Vergabe der neuen Identifikationsmerkmale im Laufe des Jahres 2007 beginnen und soll zum 31.12.2007 abgeschlossen sein. Danach müssen auch die Rentenbezieher unter den gläsernen Steuerbürgern mit der praktischen Umsetzung des Rentenbezugsmitteilungsverfahrens rechnen.[4]

---

1 Quelle: The Progress Report Improving Access to bank information for tax purposes 2003, S. 14.
2 Zur EU-Zinssteuer vgl. Teil II Abschn. 5, Kontrollmeldesystem zur Erfassung von Auslandskonten und -depots sowie grenzüberschreitender Zinszahlungen (EU-Zinsrichtlinie).
3 Zu MIAS vgl. Teil II Abschn. 6.2.6, Zusammenarbeits-Verordnung und das Mehrwertsteuer-Informations-Austauschsystem MIAS.
4 Vgl. BT-Drucks. 16/1056 v. 27.3.2006, zu den Rentenbezugsmitteilungen vgl. Teil I Abschnitt 6.5, Rentenbezugsmitteilungen an die Zentrale Zulagenstelle für Altersvermögen (ZfA).

## 4. Banken als Daten- und Informationsquelle
### 4.1 Übersicht

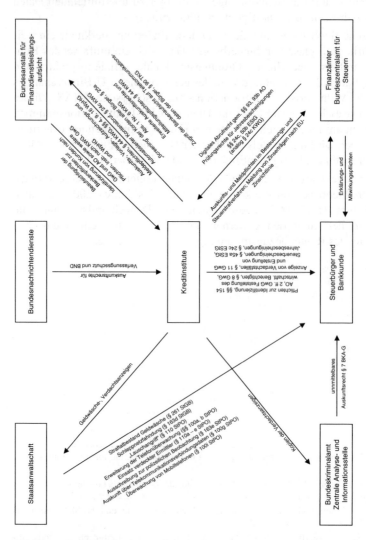

Abbildung 1: Kreditinstitute als Daten- und Informationsquelle für Finanzämter und andere Behörden

## 4.2 Vorbemerkung: Das Subsidiaritätsprinzip

In Sachen Mitwirkungs- und Auskunftspflichten eines Steuerbürgers und der Mitwirkungs- und Auskunftspflichten Dritter gegenüber den Finanzbehörden gilt das sog. „Subsidiaritätsprinzip". Dieses besagt, dass, sofern der Bankkunde bekannt und gegen ihn kein Verfahren wegen einer Steuerstraftat oder -ordnungswidrigkeit eingeleitet ist, das Kreditinstitut erst dann um Auskunft und Vorlage von Urkunden gebeten werden soll, wenn ein Auskunftsersuchen an den Steuerpflichtigen *nicht zum Ziel führt* (also gescheitert ist) oder *keinen Erfolg verspricht*. Diese in § 93 Abs. 1 Satz 3 AO enthaltene Beschränkung ist als Schutzvorschrift für alle am Auskunftsverfahren Beteiligten anzusehen. In erster Linie schützt das Subsidiaritätsprinzip die Interessen des Bankkunden, indem es verhindert, dass den Finanzbehörden steuerrelevante Bankdaten unnötigerweise bekannt gegeben werden. Der Subsidiaritätsgrundsatz soll aber auch die auskunftspflichtigen anderen Personen vor einer unnötigen Inanspruchnahme und den damit verbundenen Unannehmlichkeiten bewahren.

In der Praxis erweist sich das Subsidiaritätsprinzip hingegen als bloße Formvorschrift. Denn die Sachaufklärung durch den Steuerbürger hat schon dann nicht zum Ziel geführt, wenn sie zwar versucht, aber letztlich nicht gelungen ist. Unerheblich ist dabei, ob der Kontoinhaber den Sachverhalt nicht aufklären konnte oder wollte. Es reicht somit, wenn die Finanzverwaltung einen Versuch unternommen hat. Ist der Versuch gescheitert, etwa weil der Steuerbürger die erforderlichen Bankbelege nicht vorlegen kann (dass private Bankbelege nicht aufbewahrungspflichtig sind, ist dabei unerheblich), kann sogleich der automatisierte Kontenabruf gestartet und die das ermittelte Konto führende Bank um Auskunft ersucht werden.

Gleiches gilt, wenn die Sachaufklärung durch den Steuerbürger nach den Umständen des Einzelfalles oder nach den bisherigen Erfahrungen der Finanzbehörde mit dem Steuerpflichtigen nicht zu erwarten ist oder aufgrund konkreter Umstände von vorneherein als unwahr zu werten wäre. Auch dann kann die Finanzverwaltung ebenfalls einen automatisierten Kontenabruf starten und sich sofort an das betreffende Kreditinstitut des Steuerbürgers wenden.

Die Frage, ob ein erstes Auskunftsersuchen beim Steuerbürger Erfolg versprechend ist oder nicht, ist stets eine Frage der vorweggenommenen Beweiswürdigung; diese Würdigung ist Sache der Finanzbehörden. Schließlich ist das Subsidiaritätsprinzip auch nur dann anwendbar, wenn feststeht, welcher Steuerbürger betroffen ist. Wird gegen Unbekannt ermittelt, ist es vereinbar, dass die Finanzbehörden Inlandsbanken als Daten- und Informationsquelle direkt heranzieht.[1] Zwar sind Auskunftsersuchen „ins Blaue hinein" unzulässig. Darum kann es sich aber niemals handeln, wenn dem Auskunftsersuchen eine Kontoabfrage vorangegangen ist und diese zum „Erfolg" geführt hat.

### 4.3 Auskunftspflichten inländischer Banken im Besteuerungsverfahren

Führt eine durch den Steuerbürger angebotene Sachverhaltsaufklärung nach Meinung der Finanzverwaltung nicht zum Ziel, können Kreditinstitute im Rahmen des § 93 AO als „andere Personen" zur Auskunft und zur Vorlage von Urkunden angehalten werden. Darüber hinaus kann die Finanzbehörde nach § 92 Satz 2 Nr. 1 AO nach pflichtgemäßem Ermessen „Auskünfte jeder Art von den Beteiligten und anderen Personen einholen".

Die Anwendung des § 93 AO ist in § 30a Abs. 5 Satz 1 AO (der Rechtsgrundlage für den „Schutz von Bankkunden"[2]) ausdrücklich erwähnt. Die Auskunftspflichten bestehen nicht nur im Steuerermittlungsverfahren (Besteuerungsverfahren), sondern auch im Rahmen einer Außenprüfung (§§ 90 Abs. 1, 93 Abs. 1, 97, 200 Abs. 1 AO) und auch im Vollstreckungsverfahren.

Um den Auskunftsbegehren der Steuerverwaltung und anderer Behörden entsprechen zu können, müssen die Banken besondere organisatorische Pflichten erfüllen. Hierzu gehören :

- eine ordnungsgemäße Geschäftsorganisation, die die Einhaltung der von den Instituten zu beachtenden gesetzlichen Bestimmungen gewährleistet (§ 25a Abs. 1 Nr. 1 KWG);
- ein angemessenes internes Kontrollverfahren, das aus einem internen Kontrollsystem und einer internen Revision besteht (§ 25a Abs. 1 Nr. 2 KWG);
- angemessene Regelungen, anhand derer sich die finanzielle Lage des Instituts jederzeit mit hinreichender Genauigkeit bestimmen lässt (§ 25a Abs. 1 Nr. 3 KWG);

---

1 Vgl. Teil I Abschn. 4.8, Systematische Einzahlungen auf Cash-Kreditkartenkonten.
2 Vgl. Teil I Abschn. 1, Ein deutsches „Bankgeheimnis" gibt es nicht.

## 4. Banken als Daten- und Informationsquelle

- angemessene Sicherheitsvorkehrungen für den Einsatz der elektronischen Datenverarbeitung (§ 25a Abs. 1 Nr. 4 KWG);
- eine vollständige Dokumentation der ausgeführten Geschäfte, die eine lückenlose Überwachung durch die Bundesanstalt für ihren Zuständigkeitsbereich gewährleistet (§ 25a Abs. 1 Nr. 5 KWG)[1] sowie
- angemessene, geschäfts- und kundenbezogene Sicherungssysteme gegen Geldwäsche und gegen betrügerische Handlungen zu Lasten des Instituts; bei Sachverhalten, die aufgrund des Erfahrungswissens über die Methoden der Geldwäsche zweifelhaft oder ungewöhnlich sind, hat es diesen vor dem Hintergrund der laufenden Geschäftsbeziehung und einzelner Transaktionen nachzugehen (§ 25a Abs. 1 Nr. 6 KWG)

Die Vorschrift des § 25a Abs. 1 Nr. 6 KWG liest sich für den Laien zunächst als wenig beachtlich, verdient aber eine gewisse Aufmerksamkeit. Denn die aus der Bekämpfung der Geldwäsche heraus erforderliche Notwendigkeit der Schaffung „angemessener Sicherheitsvorkehrungen" erfordert, dass die Banken ihre Kundenkonten auf bestimmte Verhaltensmuster „durchrastern" müssen. Ergeben sich bestimmte Auffälligkeiten (z.B. wenn die Höhe der Einlagen nicht im Verhältnis zu den äußeren Lebensumständen des Kontoinhabers passt oder bisher inaktive Konten plötzlich aktiv werden oder Überweisungen in sog. „Risikoländer" getätigt werden), müssen diese herausgefiltert („gescreent") werden und bei Verdacht auf Geldwäsche erfolgen regelmäßig Geldwäscheverdachtsanzeigen. Das Kontenscreenig wird in Abschn. 13 noch näher dargestellt. Selbstverständlich spielt es sich „hinter den Kulissen" der Geschäftsbanken und für den Bankkunden unbemerkt ab.

Das Auskunftsrecht der Finanzbehörden ist grundsätzlich nicht auf diejenigen Fälle beschränkt, in denen bereits konkrete Anhaltspunkte für die Annahme vorliegen, dass wahrscheinlich eine Steuerschuld entstanden ist und die betreffenden Steuern verkürzt worden sind. Das Auskunftsersuchen muss aber zeitlich angemessen sein. So hat der BFH[2] zur Frage der Zulässigkeit eines Auskunftsersuchens an eine Sparkasse bei hohen Entnahmen zur Überprüfung privater Kontenbewegungen das Vorlageverlangen eines Finanzamts bzgl. der Auszüge eines privaten Bankkontos über einen Zeitraum von vier Jahren für unzulässig erklärt. Das Finanzamt hätte sich vielmehr mit der Vorlage sämtlicher Kontoauszüge zunächst über einen Zeit-

---

[1] Vgl. insbesondere nachfolgend Teil I Abschn. 4.4, Der automatisierte Kontenabruf.
[2] Urt. v. 23.10.1990 VIII R 1/86, BStBl 1991 II S. 277.

raum von höchstens einem Jahr begnügen müssen und erst dann, wenn sich aus der Sichtung der Kontoauszüge weitere Indizien hinsichtlich nicht erklärter Vermögensbildung ergeben hätten, den Untersuchungszeitraum auf mehrere Jahre ausweiten dürfen.

Andererseits können die Finanzbehörden von Banken schon dann Auskünfte einholen, wenn sie im Rahmen ihrer – sei es aufgrund konkreter Momente oder aufgrund allgemeiner Erfahrung getroffenen – Prognoseentscheidung zu dem Ergebnis gelangen, dass die Auskünfte zur Aufdeckung steuererheblicher Tatsachen führen können. Die Anforderung von Auskünften setzt also nicht voraus, dass bereits eine lückenhafte oder zu Zweifeln Anlass gebende Steuererklärung vorliegt. Ein Auskunftsersuchen ist nach diesen Grundsätzen nur dann unzulässig, wenn jedwede Anhaltspunkte für steuererhebliche Umstände fehlen, wie etwa bei Rasterfahndungen oder Ermittlungen „ins Blaue hinein".

Sind Kontounterlagen und sonstige für die Besteuerung relevante Dokumente bei dritten Personen auffindbar, steht einem Auskunfts- und Vorlageersuchen nicht entgegen, dass der Steuerbürger als „Privatmann" selbst nicht aufzeichnungs- und aufbewahrungspflichtig ist. Entscheidend ist, dass der Steuerbürger der an ihn gerichteten Vorlageaufforderung nicht nachgekommen ist, obwohl er dieser hätte folgen können (da er über die angeforderten Unterlagen verfügt). Die Finanzbehörde kann von der Bank aufgrund der Ermächtigung in § 92 AO auch (wiederum nach pflichtgemäßem Ermessen) die Vorlage von Büchern, Aufzeichnungen, Geschäftspapieren und anderen Urkunden zur Einsicht und Prüfung verlangen. Die Inanspruchnahme eines Kreditinstituts ergibt sich hier insbesondere aus § 97 Abs. 1 Satz 1 AO.

Natürlich kann die Finanzbehörde ein deutsches Kreditinstitut nur dann zur Auskunft anhalten, wenn es weiß, dass der Steuerbürger dort ein Konto bzw. ein Wertpapierdepot usw. führt. Hierzu dient den Finanzbehörden der nachfolgend näher dargestellte automatisierte Kontenabruf. Durch den Kontenabruf erlangen die Ermittlungsmöglichkeiten bei Banken ihre absolute Effizienz.

### 4.4 Der automatisierte Kontenabruf

#### 4.4.1 Allgemeines

Zur Aufspürung von Geschäfts-, Privat-, Anlage- und Wertpapierkonten deutscher Steuerpflichtiger steht den deutschen Finanzbehörden seit dem

## 4. Banken als Daten- und Informationsquelle

1.4.2005 ein automatisiertes Verfahren zum Abruf von Konteninformationen zur Verfügung. Die Finanzverwaltung machte sich dabei eine Regelung aus dem Kreditwesengesetz (KWG) zunutze, welche im Rahmen des 4. Finanzmarktförderungsgesetzes zum 1.7.2002 in Deutschland in Kraft getreten ist und Kreditinstitute seither verpflichtet, grundlegende Informationen zu ihren Kunden (Kontoinhabern) zum automatisierten Online-Abruf durch die Bundesanstalt für Finanzdienstleistungsaufsicht (BaFin) bereitzuhalten.

§ 24c Abs. 1 Satz 1 KWG bestimmt dazu, dass ein Kreditinstitut eine Datei zu führen hat, in der folgende Kontostammdaten (jedoch keine Kontobewegungen oder Kontostände) zu speichern sind:

– Namen und Geburtsdatum des Kontoinhabers (bei natürlichen Personen) und ggf. eines Verfügungsberechtigten,

– Name und Anschrift eines abweichend wirtschaftlich Berechtigten (gem. § 8 Abs. 1 des Geldwäschegesetzes),

– Nummer eines legitimierten Kontos oder eines Depots,

– Tag der Errichtung und der Auflösung des Kontos oder Depots.

Seit April 2005 ist nun neben der BaFin und dem Bundeskriminalamt (BKA)[1] auch das Bundeszentralamt für Steuern (BZSt) ermächtigt, auf Ersuchen der für die Besteuerung zuständigen Finanzbehörden – also der jeweiligen Wohnsitzfinanzämter der Steuerbürger – diese Kontodaten bei den Kreditinstituten im automatisierten Verfahren abzurufen und sie an die ersuchende Finanzbehörde zu übermitteln. Zwar kann die Finanzverwaltung bereits seit Jahren über das Kontrollverfahren für Freistellungsaufträge von der Existenz des Kontos eines Steuerbürgers Kenntnis erlangen.[2] Der automatisierte Kontenabruf ist für den Steuerbürger aber gefährlicher und für die Finanzverwaltung viel effizienter, da er nicht vom Erklärungsverhalten des Steuerbürgers abhängt. Der Steuerbürger hat es somit beim Kontenabruf nicht mehr in der Hand, sich den Kontrollmechanismen des Fiskus durch Nichterteilung eines Freistellungsauftrages zu entziehen.

Die Finanzbehörden können mit dem automatisierten Kontenabruf keine Informationen über Kontostände und Kontoumsätze erlangen, da solche In-

---

1 Gemäß § 24c Abs. 3 Satz 1 Nr. 2 KWG erteilt die BaFin „den für die Leistung der internationalen Rechtshilfe in Strafsachen sowie im Übrigen für die Verfolgung und Ahndung von Straftaten zuständigen Behörden oder Gerichten" entsprechende Auskünfte.

2 Zum Kontrollverfahren bei Freistellungsaufträgen vgl. Teil I Abschn. 4.6, Kontrollmeldungen im Zusammenhang mit einem vom Steuerbürger erteilten Freistellungsauftrag.

formationen wie gesehen gem. § 24c KWG nicht zum Abruf bereitgehalten werden müssen. Die Wohnsitzfinanzämter können jedoch feststellen lassen, bei welchem Kreditinstitut ein deutscher Steuerbürger Bankverbindungen unterhält bzw. über welche Bankkonten dieser wirtschaftlich berechtigt ist.[1]

Der Kontenabruf ermöglicht damit weitere Ermittlungen um „hinreichende Tatsachen" für „belastende Maßnahmen" aufzufinden, wie der BFH festgestellt hat.[2] Abrufbar sind jeweils die aktuellen Datenbestände inklusive einer Datenhistorie von drei Jahren. Steuerbürger, die also in 2006 sämtliche Inlandskonten kündigen, erscheinen noch bis Ende 2009 im Datenpool der BaFin und sind für die Finanzverwaltung abrufbar. Für den einzelnen Steuerbürger ist es daher nicht mehr möglich, sich dem Kontenabruf zu entziehen.

Bislang erfolgt der Datenabruf noch im schriftlichen Verfahren mittels dafür vorgesehener Vordrucke.[3] Nach Angaben des BMF sollen bis März 2006 15.464 Kontenabfragen durchgeführt und beantwortet worden sein.[4] Die Bundesanstalt für Finanzdienstleistungsaufsicht (BaFin) soll in 2005 62.410 Anfragen nach § 24c KWG bearbeitet haben. Insgesamt wurden in 2005 nach Angabe des BMF 71.099 Anfragen bearbeitet.[5] In Einzelfällen konnten die Finanzbehörden durch Vollstreckung mehrere 100.000 € einnehmen.

Ab August 2007 sollen nach einer Einigung des Bundeszentralamtes für Steuern (BZSt) und der Bundesanstalt für Finanzdienstleistungsaufsicht (BaFin) alle technischen Voraussetzungen für voll automatisierte Kontenabfragen auf dem elektronischen Weg geschaffen sein. „Um das Verfahren – sowohl bei der BaFin als auch beim BZSt – künftig effektiver zu gestalten und die Anforderungen des BFH an eine ausreichende Verifikationsmöglichkeit zu gewährleisten, soll die Zahl der je Arbeitstag technisch

---

1 Als „wirtschaftlich Berechtigter" wird der eigentliche Eigentümer der auf dem Konto verwalteten Vermögenswerte bezeichnet. Der „wirtschaftlich Berechtigte" ist regelmäßig gegenüber dem Kontoinhaber im Innenverhältnis weisungsbefugt.
2 Vgl. Urt. v. 29.11.2005 IX R 49/04.
3 Vgl. Anhang Nr. 2
4 Handelsblatt v. 6.4.2006.
5 Vgl. Fragen und Antworten zur aktuellen Kritik am steuerlichen Kontenabrufverfahren des BMF v. 9.2.2006, Frage 6.

*4. Banken als Daten- und Informationsquelle* 43

möglichen Abrufe auf eine vierstellige Höhe ausgebaut werden", heißt es aus dem BMF.[1]
Die Kreditwirtschaft rechnet pro Tag mit bis zu 11.000 Abfragen. Spätestens im vollautomatisierten papierlosen Abfragebetrieb wird der Steuerbürger erst dann Kenntnis von einem *bereits erfolgten* Kontenabruf erlangen, wenn ihm dies im Zuge der Ermittlungen mitgeteilt wird.[2] Ob und inwieweit sich hier der effektive Rechtsschutz des Steuerbürgers[3] rückwirkend realisieren lässt, bleibt abzuwarten.

### 4.4.2 Der automatisierte Kontenabruf in Kombination mit europaweiten Kontenabfragen

Der automatisierte Kontenabruf bietet den deutschen Finanzbehörden in Kombination mit einer das gesamte Gebiet der EU-Mitgliedstaaten umfassenden Bankkontenabfragemöglichkeit eine geschlossene Kette von Ermittlungsmöglichkeiten. Der europaweite Kontenabruf, welcher im zweiten Teil ausführlich erläutert wird, ist seit Inkrafttreten des Gesetzes zum Protokoll vom 16.10.2001 zu dem Übereinkommen über die Rechtshilfe in Strafsachen zwischen den Mitgliedstaaten der Europäischen Union zum 2.2.2006 möglich.[4]

### 4.4.3 Verfahrensrechtliche Voraussetzungen für den automatisierten Kontenabruf

Auch im automatisierten Kontenabrufverfahren soll das *Subsidiaritätsprinzip*[5] zur Anwendung kommen. So „verspricht" es zumindest das BMF.[6] Danach steht ein Kontenabruf im Ermessen der Finanzbehörde und kann nur anlassbezogen und zielgerichtet erfolgen. Außerdem sollen bei der Ausübung des Ermessens die Grundsätze der Gleichmäßigkeit der Besteuerung, der Verhältnismäßigkeit der Mittel, der Erforderlichkeit, der Zumut-

---

1 Vgl. Fragen und Antworten v. 9.2.2006, Frage 7.
2 Siehe dazu Teil I Abschn. 4.4.7, Gestaltungsempfehlungen bei drohendem oder bereits erfolgtem Kontenabruf.
3 Der effektive Rechtsschutz des Steuerbürgers setzt seine Kenntnis von dieser Maßnahme voraus.
4 Vgl. Ausführungen Teil II Abschn. 6.4, Europaweite Bankkontenabfragen durch Finanzbehörden nach dem Protokoll v. 16.10.2001 zu dem Übereinkommen über die Rechtshilfe in Strafsachen zwischen den EU-Mitgliedstaaten.
5 Siehe oben Abschn. 4.2, Vorbemerkung: Das „Subsidiaritätsprinzip".
6 BMF-Schreiben v. 10.3.2005, IV A 4 – S 0062 -1/05.

barkeit, der Billigkeit und von Treu und Glauben sowie das Willkürverbot und das Übermaßverbot zu beachten sein. Diese von der Finanzverwaltung entwickelten Selbstbeschränkungen widersprechen jedoch der von der Finanzverwaltung verlangten Zugriffskapazität von mehreren Tausend Abfragen pro Tag. Der Drang der Finanzverwaltung, den Kontenabruf zur Massenabfrage werden zu lassen, zeigt vielmehr, dass das Ziel des Kontenabrufverfahrens eine Rasterfahndung ist.

„Die Finanzbehörde soll außerdem zunächst dem Beteiligten Gelegenheit geben, Auskunft über seine Konten und Depots zu erteilen und ggf. entsprechende Unterlagen (z.B. Konto- oder Depotauszüge, Jahresbescheinigungen nach § 24c EStG) vorzulegen", heißt es aus dem BMF.[1] Hierbei soll auch bereits darauf hingewiesen werden, dass die Finanzbehörde einen Kontenabruf durchführen lassen kann, wenn die Sachaufklärung durch den Beteiligten nicht zum Ziel führt. Nur wenn der Ermittlungszweck durch eine vorhergehende Information des Steuerbürgers gefährdet erscheint oder sich aus den Umständen des Einzelfalles ergibt, dass eine Aufklärung durch den Beteiligten selbst nicht zu erwarten ist, kann unmittelbar an die betreffenden Kreditinstitute herangetreten werden bzw. können andere erforderliche Maßnahmen ergriffen werden. In diesen Fällen soll der Steuerbürger aber nachträglich über die Durchführung des Kontenabrufs zu informieren sein.

Glaubt man dies, sollten vom Kontenabrufverfahren nur in Deutschland Steuerpflichtige (wegen der Erforderlichkeit des Abrufes zur Festsetzung oder Erhebung von Steuern) und „Auskunftsunwillige" betroffen sein, die ein vorhergehendes Auskunftsersuchen ihres Wohnsitzfinanzamtes nicht oder unglaubwürdig beantwortet haben. Die Finanzbehörde soll nämlich bei entsprechendem Anlass dem Steuerbürger immer zunächst selbst Gelegenheit geben, Auskunft über seine Konten und Depots zu erteilen. Diese Aufforderung zur Selbstauskunft soll dabei einen „dezenten" Hinweis darüber enthalten, dass die Finanzbehörde einen Kontenabruf durchführen lassen kann, wenn die Sachaufklärung durch den Beteiligten nicht zum Ziel führt. Wer hier genau liest, stellt fest, dass es sich bei all diesen Regelungen lediglich um eine „Sollvorschrift", also eine Art Selbstbeschränkung der Finanzverwaltung handelt. Eine gesetzliche Verpflichtung, den Steuerbürger über einen beabsichtigten oder bereits erfolgten Kontenabruf zu informieren, besteht nicht. Schließlich ist auch unklar und das BMF er-

---

1 BMF-Schreiben v. 10.3.2005, a.a.O, Tz. 2.6.

# 4. Banken als Daten- und Informationsquelle

läutert auch nicht, in welchen Fällen eine vorhergehende Mitteilung an den Steuerbürger den Ermittlungszweck gefährden soll. Konkrete Fälle dieser Art sind auch kaum vorstellbar. Der Steuerbürger kann vor einer Kontenabfrage weder auf die Bankdaten zugreifen noch kann er diese fälschen, verändern oder löschen.

### 4.4.4 Bedeutung der verfahrensrechtlichen Voraussetzungen für das Abrufverfahren in der Praxis

#### 4.4.4.1 Automatisierter Kontenabruf im Ermessen der Finanzbehörden

Um Unsicherheiten auszuräumen, hat das Finanzministerium Mecklenburg-Vorpommern in einer Pressemitteilung unter dem Titel „Kontenabfragen nur nach vorgeschriebenem Verfahren – keine Routine-Angelegenheiten"[1], bekannt gegeben, wie das Kontoabrufverfahren „üblicherweise ablaufen wird":

- Abgabe der Steuererklärung durch den Steuerpflichtigen. Sie enthält Name, Geburtsdatum und zumindest die Kontonummer, auf die der Steuerpflichtige etwaige Steuererstattungen überwiesen haben möchte.
- Der zuständige Sachbearbeiter im Finanzamt hat bei der Überprüfung möglicherweise Zweifel an einigen Angaben in der Steuererklärung (Zinseinkünfte, Einkünfte aus Vermietung und Verpachtung usw.). Er hält weitere Auskünfte für erforderlich.
- Also fordert er den Steuerpflichtigen auf, seine Angaben zu diesen Punkten zu vervollständigen. Dabei weist er ihn auf die Möglichkeit des automatisierten Kontenabrufs hin.
- Äußert sich der Steuerpflichtige dazu nicht oder nicht hinreichend, wird die Kontenabfrage eingeleitet.
- Das Finanzamt wendet sich dazu an das Bundeszentralamt für Steuern.
- Von dort wird die automatische Kontenabfrage durchgeführt, das Finanzamt bekommt folgende Informationen über Konten- und Depotverbindungen: Nummern von Konten und/oder Depots, Tag der Einrichtung und Tag der Auflösung dieser Konten und/oder Depots, Name des Inhabers und/oder des Verfügungsberechtigten und ggf. Name und Anschrift eines anderen wirtschaftlich Berechtigten.

---

1 Nr. 17/05 v. 16.3.2005.

Die automatisierte Kontenabfrage soll danach also „kein Blick in die Konten des Steuerbürgers – schon gar nicht in die des ehrlichen Steuerbürgers" sein.

Die Praxis belehrt bekanntlich eines Besseren. Der Landesbeauftragte für Datenschutz und Informationsfreiheit Nordrhein-Westfalen führte bei Finanzbehörden diverse Informations- und Kontrollbesuche durch.[1] Zweck der Prüfung war, ob die datenschutzrechtlichen Anforderungen bei Durchführung von Kontenabrufersuchen eingehalten werden und insbesondere den im Anwendungserlass des BMF[2] konkretisierten Anforderungen genügen. Unter anderem ergaben sich in den gesichteten Steuerakten zum Teil erhebliche Zweifel, ob der Erforderlichkeitsgrundsatz gewahrt wurde. Die Prüfer fanden keine Hinweise in Form von Aktennotizen, Besprechungsvermerken o.Ä., nach denen Ermessenserwägungen angestellt wurden.

Der Steuerbürger muss hierzu wissen, dass die Durchführung eines Kontenabrufs im „Ermessen" der Finanzbehörden steht. Bei der Ausübung eines Ermessens muss die Finanzbehörde zwar die Grundsätze der Gleichmäßigkeit der Besteuerung, der Verhältnismäßigkeit der Mittel, der Erforderlichkeit, der Zumutbarkeit, der Billigkeit und von Treu und Glauben sowie das Willkürverbot und das Übermaßverbot beachten. In den vom Datenschutz untersuchten Vorgängen war nicht ersichtlich, ob in diesen Fällen das behördliche Ermessen auch tatsächlich ausgeübt wurde oder ob die jeweiligen Entscheidungen, Kontenabrufe zu veranlassen, schematisch und nach möglicherweise sachfremden Erwägungen getroffen wurden, wie aus dem Prüfbericht zu entnehmen ist. In keinem der Fälle war es daher nachvollziehbar, ob dem bei der Verarbeitung personenbezogener Daten zu beachtenden Erforderlichkeitsgrundsatz genügt worden ist.

Die Beispiele zeigen, dass obige Grundsätze der Gleichmäßigkeit, Verhältnismäßigkeit usw. in der Ermessensausübung in der Praxis vielfach nur eine theoretische Rolle spielen, zumal die Erforderlichkeit, die von der Finanzbehörde im Einzelfall im Wege einer Prognose zu beurteilen ist, keinen begründeten Verdacht auf steuerrechtliche Unregelmäßigkeiten voraussetzt. Ein Kontenabruf kann demzufolge schon dann erfolgen, wenn auf-

---

1 Landesbeauftragte für Datenschutz und Informationsfreiheit Nordrhein-Westfalen: Informations- und Kontrollbesuch am 12.12.2005 bei dem Finanzamt Münster-Innenstadt zu den datenschutzrechtlichen Erfordernissen bei der Durchführung von Kontenabrufersuchen gemäß § 93 Abs. 7 und Abs. 8 i.V.m. § 93b AO, Prüfbericht Az.: 71.4.1.2 – 2428/05, 1.2.2006.

2 Vgl. Teil I Abschn. 4.4.2, Der automatisierte Kontenabruf in Kombination mit europaweiten Kontenabfragen.

## 4. Banken als Daten- und Informationsquelle 47

grund konkreter Momente oder aufgrund allgemeiner Erfahrungen ein Auskunftsersuchen angezeigt ist. Ein Bankgeheimnis steht der Auskunftspflicht nicht entgegen, ein solches gibt es in Deutschland gegenüber den Finanzbehörden wie eingangs erwähnt nicht.

Die Finanzbehörden sind beim automatisierten Kontenabruf zur Einhaltung des Subsidiaritätsprinzips[1] verpflichtet. Wie die Untersuchungen des Landesbeauftragten für Datenschutz und Informationsfreiheit Nordrhein-Westfalen zeigten, wurden Kontenabrufe vielfach mit „Erfolglosigkeit eigener Ermittlungen" begründet. Detaillierte Darlegungen, weshalb Nachfragen beim Kontoinhaber keinen Erfolg versprechen, waren nicht erfolgt. Ein Kontoabruf wurde mit der Erfolglosigkeit eigener Ermittlungen begründet, die aus der unterbliebenen Reaktion eines Kontoinhabers auf die zugrunde liegende Anfrage der Finanzbehörde hergeleitet wurde. Auch eine Unterrichtung des Steuerbürgers über die Möglichkeit eines Kontenabrufs, so wie es das Finanzministerium Mecklenburg-Vorpommern unter Ziffer 3 beschreibt, ist in keinem der gesichteten Steuervorgänge erfolgt. „Es bleibt deshalb grundsätzlich datenschutzrechtlich bedenklich, dass die Steuerpflichtigen vor Stellung der Kontenabrufe uninformiert geblieben sind und ihnen keine Gelegenheit gegeben wurde, ggf. selbst der Finanzverwaltung bisher nicht mitgeteilte Konten oder Depots zu benennen".[2]

Nicht anders verhielt es sich im Übrigen in anderen Finanzämtern: In Köln wurden von 46 Kontenabrufersuchen 7 Stichproben geprüft, in 6 Fällen bestanden Zweifel an der Erforderlichkeit des Kontenabrufersuchens. Eine Unterrichtung von Betroffenen gab es nur in einem Fall nachträglich und nur in einem Fall wurden die Gründe für die Erforderlichkeit des Kontenabrufs dokumentiert. In Aachen untersuchten die Datenschützer von 144 Abrufen 8 Stichproben. In 6 Fällen bestanden Zweifel an der Erforderlichkeit des Abrufersuchens. Eine Information der Betroffenen über erfolgte Abrufe gab es nicht. Nur in einem Fall war dokumentiert, aus welchen Gründen der Abruf erforderlich war.

Das BVerfG hat im März 2005 einen Antrag, mittels einstweiliger Anordnung die Inkraftsetzung des automatisierten Kontenabruf zu verhindern, u.a. mit der Begründung abgelehnt, dass der Datenabruf der verfassungsmäßig gebotenen gleichmäßigen Erhebung von Steuern und Sozialabgaben diene und dass der effektive Rechtsschutz des Steuerbürgers durch die Re-

---

1 Vgl. Teil I 4.2, Vorbemerkung: Das „Subsidiaritätsprinzip".
2 Vgl. Prüfbericht, a.a.O., Tz. 2.1.3.

gelungen in dem einschlägigen BMF-Schreiben[1] nicht gefährdet sei.[2] Letzteres begründet das BVerfG in der Anordnungsentscheidung damit, dass aufgrund dieser Verwaltungsanweisungen grundsätzlich eine vorherige, jedenfalls aber eine nachfolgende Information des Steuerbürgers sichergestellt ist. Die abschließende Hauptsacheentscheidung des BVerfG über die Verfassungsmäßigkeit (oder Verfassungswidrigkeit) des automatisierten Kontenabrufs steht derzeit noch aus.

Der BFH hat indessen dem automatisierten Kontenabruf eine weitgehende Legitimation erteilt. Der Kontenabruf sei notwendig und legitimiert sogar die Besteuerung von Spekulationsgewinnen (privaten Veräußerungsgeschäften) aus dem Wertpapierhandel ab dem Jahre 1999.[3] Zwar schließt sich der BFH den Vorgaben des BVerfG an, indem er bestätigt, dass die Finanzbehörden Kontenabrufe nicht routinemäßig oder stichprobenartig durchführen dürften. Gleichzeitig aber relativiert der BFH dieses Erfordernis zugunsten der Finanzverwaltung, indem er bestimmt, dass ein begründeter Verdacht auf Steuerhinterziehung nicht erforderlich sei. Vielmehr sei ein hinreichender Anlass für Ermittlungsmaßnahmen schon dann erreicht, wenn aufgrund konkreter Anhaltspunkte oder aufgrund allgemeiner Erfahrungen, die Möglichkeit einer Steuerverkürzung in Betracht kommt. Insbesondere bezüglich der Hinterziehung von Einkünften aus privaten Veräußerungsgeschäften (Spekulationsgewinne) dürfte dies unbestritten der Fall sein. Hier dürfte es dann auch keine Rolle spielen, ob sich die Finanzverwaltung an das Subsidiaritätsprinzip hält und sich vor dem Kontenabruf tatsächlich an den Steuerbürger selbst wendet oder nicht.[4]

### 4.4.4.2 Ungeklärte Herkunft von Geldmitteln, Existenz eines Wertpapierdepots oder Nichtvorlage der Jahresbescheinigung rechtfertigen Kontenabruf

Nach Auffassung des BFH rechtfertigt bereits eine ungeklärte Herkunft von Geldmitteln einen Kontenabruf. Gleiches gilt, wenn der Steuerpflichti-

---

1 BMF-Schreiben v. 10.3.2005, a.a.O.
2 BVerfG v. 22.3.2005 1 BvR 2357/04, 1 BvQ 2/05, DStRE 2005 S. 482.
3 BFH, Urt. v. 29.11.2005 IX R 49/04, vgl. auch Teil I Abschn. 4.4.5.2, Automatisierte Kontenabrufe rückwirkend bis 1999.
4 Jedenfalls enthält das Urteil v. 29.11.2005 keine diesbezügliche explizite Einschränkung oder einen Hinweis, dass eine Beachtung des Subsidiaritätsprinzips geboten wäre.

## 4. Banken als Daten- und Informationsquelle 49

ge die von der Depotbank ausgestellte Jahresbescheinigung[1] nicht vorlegt. Zwar gelangen die Finanzbehörden nur dann in den Besitz der alle relevanten Daten aus allen Wertpapierdepots und Konten des Steuerbürgers enthaltenen Bescheinigung, wenn diese der Steuerbürger dem Finanzamt vorlegt (wobei hierzu keine gesetzliche Verpflichtung besteht). Der BFH sieht allerdings bereits in der Weigerung der Vorlage dieser Bescheinigung einen ausreichenden Anlass für einen Kontenabruf („tut er das nicht, bleibt dem Finanzamt nur der Weg über den Kontoabruf").[2] Die Nichtvorlage der Jahresbescheinigung gilt somit als Ermittlungsanlass.

Dass die „Messlatte" für einen legitimierten Kontenabruf von der höchstrichterlichen Rechtsprechung sehr niedrig angesetzt wird, zeigt sich unzweifelhaft auch daran, dass nach Ansicht des BFH bereits das (jahrelange) Halten eines Wertpapierdepots bei einer inländischen Geschäftsbank für einen Kontenabruf genügt, wenn der Steuerbürger keine Spekulationsgewinne in seiner Steuererklärung deklariert. Auch den Fall der Geltendmachung von Verlusten aus der Veräußerung von Wertpapieren, die der Steuerbürger in Folgejahren geltend macht, reicht zur Verifikation. „Das Finanzamt kann dann einen Kontenabruf starten."[3]

### 4.4.4.3 Auch Treuhand- und Anderkonten von Berufsgeheimnisträgern betroffen

Der automatisierte Kontenabruf macht auch vor Treuhand- und Anderkonten nicht halt, die von Berufsgeheimnisträgern als Kontoinhaber unterhalten werden. Das deutsche BMF[4] genehmigt den automatisierten Kontenabruf auch, um Konten oder Depots zu ermitteln, hinsichtlich derer der Steuerpflichtige zwar nicht Verfügungsberechtigter, aber wirtschaftlich Berechtigter ist. Begründet wird dies damit, dass ein Kontenabruf bei dem betreffenden Kreditinstitut erfolgt, und nicht bei dem Berufsgeheimnisträger, und dass das Kreditinstitut kein Auskunftsverweigerungsrecht habe und daher Auskunft darüber geben müsse, ob bei festgestellten Konten eines Berufsgeheimnisträgers eine andere Person wirtschaftlich Berechtigter ist.

---

1 Zu den Jahresbescheinigungen vgl. Teil I Abschn. 4.5.2, Zusammenfassende Jahresbescheinigungen (§ 24c EStG).
2 BFH, a.a.O.
3 BFH, Urt. v. 29.11.2005, a.a.O.
4 Vgl. BMF-Schreiben v. 10.3.2005, a.a.O, Fn. 1.

## 4.4.5 Festsetzungsverjährung und rückwirkender Kontenabruf

### 4.4.5.1 Grundsätzliches zur rückwirkenden Steuerfestsetzung

Eine rückwirkende Anwendung des Kontenabrufs ist nach Ansicht des BFH verfassungsgemäß[1] und nach den gegebenen Veranlagungsvorschriften innerhalb der Steuerfestsetzungsfristen auch möglich. Die Regelfestsetzungsfrist beträgt vier Jahre; sie verlängert sich auf fünf Jahre, soweit Steuern leichtfertig verkürzt worden sind, und auf zehn Jahre, soweit Steuern hinterzogen worden sind.

Weil die Nichtdeklarierung von steuerpflichtigen Einkünften aus Kapitalvermögen oder Spekulationsgewinnen eine Steuerhinterziehung darstellt, gilt für das Besteuerungsverfahren eine zehnjährige Festsetzungsverjährungsfrist.[2] Die Festsetzungsverjährung bewirkt, dass die Finanzbehörden Steuern nur in jenem – zeitlichen – Umfang festsetzen können, als für diese die sog. Festsetzungsverjährung noch nicht eingetreten ist. Festsetzungsverjährung bedeutet im Klartext, dass bis dato noch nicht festgesetzte Steueransprüche – etwa aus bislang unbekannten und mittels Kontenabruf hervorgehobenen Wertpapierdepots – zum Erlöschen kommen und ab Verjährungseintritt der Erlass, die Aufhebung, die Änderung oder Berichtigung von Steuerbescheiden unzulässig ist. Kommt es in Folge eines Kontenabrufs zur Aufdeckung nicht deklarierter steuerpflichtiger Einkünfte, können im Umkehrschluss Steuerbescheide zu Lasten des Steuerbürgers bis zu zehn Jahre rückwirkend geändert werden.

Doch auch wenn eine Steuerhinterziehung nicht vorliegt bzw. nachweisbar ist, lassen sich Steuerbescheide nach einem erfolgten Kontenabruf im Rahmen der Regelfestsetzungsverjährung rückwirkend berichtigen. Die Regelfestsetzungsverjährung beginnt mit Ablauf des Kalenderjahres, in dem die Steuer entstanden ist. Wann die Regelfestsetzungsverjährung zu laufen beginnt, hängt von der jeweiligen Steuer ab, um die es sich handelt. Die Einkommensteuer entsteht beispielsweise mit Ablauf des jeweiligen Veranlagungszeitraumes. Teile der Steuer können jeweils zu unterschiedlichen Zeiten verjähren.

**Beispiel**:

Das Finanzamt eines deutschen Steuerbürgers hat mit Bescheid v. 1.11.2006 die Einkommensteuern für das Jahr 2005 nach Maßgabe der vom Steuerpflichtigen

---

1 BFH, Urt. v. 29.11.2005, a.a.O.
2 § 169 Abs. 2 Satz 2 AO.

## 4. Banken als Daten- und Informationsquelle 51

am 30.5.2006 eingereichten Steuererklärung auf 40.000 € festgesetzt. Später stellt sich im Zuge eines automatisierten Kontenabrufs heraus, dass der Steuerbürger Einkünfte aus Kapitalvermögen i.H.v. 5.000 € leichtfertig verkürzt und weitere 5.000 € an Spekulationsgewinnen durch absichtliche Nichtdeklarierung vorsätzlich verkürzt hat.

Die Festsetzungsverjährung für Steuern, für die eine Steuererklärung oder eine Steueranmeldung einzureichen oder eine Anzeige zu erstatten ist, beginnt immer mit Ablauf des Kalenderjahrs, in dem die Steuererklärung, die Steueranmeldung oder die Anzeige eingereicht wird (§ 170 Abs. 2 Satz 1 Nr. 1 AO). Demnach tritt Festsetzungsverjährung wie folgt ein:

- für 30.000 € mit Ablauf des Jahres 2010,

- für die leichtfertig verkürzten 5.000 € mit Ablauf des Jahres 2011,

- für die vorsätzlich verkürzten 5.000 € aus Spekulationsgeschäften mit Ablauf des Jahres 2016.

Der aufmerksame Leser wird hier nachrechnen und – zu Recht – monieren, dass die Festsetzungsverjährungen jeweils ein Jahr früher eintreten würden, denn schließlich würde ja die Verjährung mit Ablauf des Veranlagungszeitraumes – also mit Ablauf 2005 – zu laufen beginnen. Dieser Einwand wäre grundsätzlich richtig, würde es keine sog. *Hemmungstatbestände* geben. Hemmung heißt, dass sich die Verjährungsfrist im Ergebnis um den Hemmungszeitraum verlängert.

Der wichtigste – oftmals nicht bedachte – Hemmungstatbestand ist jener der Einreichung einer Steuererklärung (§ 170 Abs. 2 Satz 1 Nr. 1 AO): Im obigen Beispiel wurde die Steuererklärung für 2005 erst in 2006 eingereicht; dementsprechend differiert das Fristende im Vergleich zur Regelverjährung um ein Kalenderjahr.

Hätte der Steuerbürger gar keine Steuererklärung abgegeben, etwa aus der Überlegung heraus, wenn er nichts erklären würde, würde er auch seine Kapitalerträge nicht offenlegen müssen, hätte die Festsetzungsverjährungsfrist erst mit Ablauf des dritten Kalenderjahrs, das auf das Kalenderjahr folgt, in dem die Steuer entstanden ist, zu laufen begonnen (Ablaufhemmung). Das dritte nachfolgende Kalenderjahr wäre das Jahr 2008 mit der Konsequenz, dass das Finanzamt die vorsätzlich hinterzogenen Steuern auf die Spekulationsgewinne noch bis Ablauf des Jahres 2018 nacherheben kann.

Weitere wichtige Anlaufhemmungstatbestände sind:

| | |
|---|---|
| Für auf Antrag festgesetzte Steuern (§ 170 Abs. 3 AO): | Fristbeginn für die Aufhebung oder Änderung dieser Festsetzung oder ihrer Berichtigung nach § 129 AO nicht vor Ablauf des Kalenderjahrs, in dem der Antrag gestellt wird |
| Für die Erbschaftsteuer (Schenkungsteuer) beginnt die Festsetzungsfrist (§ 170 Abs. 5 AO): | • bei einem Erwerb von Todes wegen nicht vor Ablauf des Kalenderjahrs, in dem der Erwerber Kenntnis von dem Erwerb erlangt hat, <br><br>• bei einer Schenkung nicht vor Ablauf des Kalenderjahrs, in dem der Schenker gestorben ist oder die Finanzbehörde von der vollzogenen Schenkung Kenntnis erlangt hat, <br><br>• bei einer Zweckzuwendung unter Lebenden nicht vor Ablauf des Kalenderjahres, in dem die Verpflichtung erfüllt worden ist. |

Tabelle 1: Übersicht Anlaufhemmungstatbestände

So wie die Festsetzungsverjährungsfrist in ihrem *Anlauf* gehemmt sein kann, kann sie auch in ihrem *Ablauf* gehemmt sein.

**Beispiele:**

1. Der Steuerpflichtige oder der Erblasser hat einen Antrag auf Steuerfestsetzung nach § 171 Abs. 3 AO gestellt. Festsetzungsverjährung tritt in diesem Fall so lange nicht ein, bis über den Antrag entschieden ist.

2. Der Steuerbescheid wurde mit einem Einspruch angefochten (§ 171 Abs. 3a AO). Auch hier hat die Finanzbehörde noch alle Möglichkeiten offen, weil die Festsetzungsfrist nicht ablaufen kann, bis über den Rechtsbehelf unanfechtbar entschieden ist.

Ablaufhemmende Wirkung hat auch die *Außenprüfung* (Betriebsprüfung). Wird vor Ablauf der Festsetzungsfrist mit einer Außenprüfung begonnen oder wird deren Beginn auf Antrag des Steuerpflichtigen hinausgeschoben, so läuft die Festsetzungsfrist *für die Steuern, auf die sich die Außenprüfung erstreckt* oder im Falle der Hinausschiebung der Außenprüfung *erstrecken*

# 4. Banken als Daten- und Informationsquelle

*sollte*, nicht ab, bevor die aufgrund der Außenprüfung zu erlassenen Steuerbescheide unanfechtbar geworden sind (§ 171 Abs. 4 AO). Die Ablaufhemmung erstreckt sich hierbei auf – erstens – die in der Prüfungsanordnung genannten und – zweitens – auf die vom Prüfer tatsächlich geprüften Steuern, wobei sich der Umfang der Fristhemmung auf die ganze geprüfte Steuer bezieht, nicht lediglich auf einzelne geprüfte Sachverhalte. Keine Ablaufhemmung tritt ein für Steuern, die in der Prüfungsanordnung nicht genannt sind, und zwar auch dann, wenn sie geprüft worden sind.

| Weitere wichtige Ablaufhemmungstatbestände sind: | • Beginn von Ermittlungshandlungen der Steuerfahndung, |
| --- | --- |
| | • Erstattung einer Berichtigungsanzeige nach § 153 AO, |
| | • Erstattung einer Selbstanzeige nach § 371 AO oder einer Berichtigungsanzeige bei leichtfertiger Steuerverkürzung § 378 Abs. 3 AO, |
| | • Ungewissheiten i.S. des § 165 AO |
| | – Beispiel: Das BVerfG prüft die Verfassungsmäßigkeit eines Steuergesetzes; Ablauf der Festsetzungsfrist nicht vor Ablauf eines Jahres, nachdem die Finanzbehörde vom Urteil des BverfG und dem Wegfall der Ungewissheit Kenntnis erlangt hat. |

Tabelle 2: Ablaufhemmungstatbestände

## 4.4.5.2 Automatisierte Kontenabrufe rückwirkend bis 1999

Solange es zu keinem Eintritt einer Festsetzungsverjährung gekommen ist, macht ein automatisierter Kontenabruf für diesen Steuerbürger aus Sicht der Finanzverwaltung Sinn. Der BFH sieht eine Rückwirkung der automatisierten Kontenabrufe bis 1999; beispielsweise wenn ein Steuerbürger ein Depot im Jahre 2004 unterhalten hat, das er im Jahr 1999 errichtete.[1]

---

[1] Die Finanzverwaltung bringt im Rahmen des Kontenabrufs auch den Zeitpunkt der Errichtung eines Kontos in Erfahrung.

Rückwirkenden Nachforschungen entziehen sich hier nur solche Steuerbürger, die ihr Depot zwischenzeitlich geschlossen oder die Bank gewechselt haben, so dass die Daten nicht gespeichert worden sind. Der BFH geht im Urteil vom 29.11.2005[1] jedoch davon aus, dass „nur ein geringer Teil von Bankkunden sämtliche, bereits im Jahr 1999 bestehende Kontenverbindungen mit einer Bank in den letzten drei Jahren gekündigt hat".

### 4.4.6 Wann der Steuerbürger mit einem Abruf seiner Konten rechnen muss

#### 4.4.6.1 Allgemeines

Im vorhergehenden Abschn. 4.4.4.2 wurden die drei vom BFH im Urteil vom 29.11.2005[2] genannten Indizien bereits erörtert, aufgrund derer die Finanzverwaltung einen automatisierten Kontenabruf durchführen kann:

- ungeklärte Herkunft von Geldmitteln,
- Existenz eines Wertpapierdepots
- oder Nichtvorlage der zusammenfassenden Jahresbescheinigung.

Die Finanzbehörden sehen sich darüber hinaus regelmäßig dann zu einem Kontenabruf veranlasst, wenn der Steuerbürger aus laufender Berufstätigkeit hohe Einkünfte erzielt, aber keine Einkünfte aus Kapitalvermögen erklärt. Anlass für einen Kontenabruf sind auch Vermögenszuflüsse aus Veräußerungen, Erbschaften oder Schenkungen, die keinen einkommensteuerlichen Einkunftstatbestand erfüllen und somit ohne Auswirkungen auf die laufenden Einkünfte bleiben. Anlass für einen Kontenabruf können auch erhebliche Schwankungen bei den erklärten Einkünften aus Kapitalvermögen sein. Solche Schwankungen können auf bisher nicht erklärte Einnahmen oder Vermögensabflüsse in das Ausland hindeuten. Verdächtig sind auch erklärte umfangreiche Einkünfte aus Kapitalvermögen, wenn diese von Seiten des Finanzamts nur schwer nachvollziehbar sind.

Bei dem Abschluss von Renten- oder Lebensversicherungen gegen Einmalbeträge stellt sich regelmäßig die Frage, woher die eingezahlten Beträge stammen. Die ungeklärte Herkunft solcher Einmalanlagebeträge stellt regelmäßig einen geeigneten Anlass für einen Kontenabruf dar. Eine Kontenabfrage kann auch anlässlich einer bevorstehenden Betriebsprüfung erfolgen. Des Weiteren werden Kontrollmitteilungen regelmäßig für einen

---

1 A.a.O.
2 A.a.O.

# 4. Banken als Daten- und Informationsquelle

Kontenabruf sorgen. Dies insbesondere dann, wenn größere Abweichungen oder Lücken Nachforschungen des Finanzamts nach sich ziehen. Schließlich können auch Anzeigen von Denunzianten aus dem privaten oder beruflichen Umfeld zu Kontenabrufen führen.

### 4.4.6.2 Automatisierter Kontenabruf nach unausgeglichener Vermögenszuwachsrechnung

Verstärkt mit einem Kontenabruf rechnen müssen Steuerbürger mit niedrigem Einkommen, aber hohen (für das Finanzamt erkennbaren) Ausgaben. Denn jeder über die steuerlichen Verhältnisse hinaus gehende „Konsumrausch" lässt schnell Fragen nach Herkunft und Besteuerung der Geldmittel aufkommen.

Zum Nachweis unversteuerter Mittel, die dem einzelnen Steuerbürger für Ausgaben zur Verfügung stehen, bedienen sich die Finanzbehörden der sog. „Vermögenszuwachsrechnung" (VZR). Die Stärke von Vermögenszuwachsrechnungen liegt in der Erfassung von privaten Vermögensveränderungen und des privaten Verbrauchs, in den ja bekanntlich der Großteil aller Schwarzgelder fließt.

Vermögenszuwachsrechnungen beruhen auf dem eigentlich sehr einfachen Grundprinzip, dass niemand in einem bestimmten Zeitraum mehr Geld ausgeben kann, als ihm für diesen Zeitraum zur Verfügung stand. Ist dies dennoch geschehen, liegt die Vermutung nahe, dass sich der Steuerbürger auch „schwarzer" Geldquellen bedient haben muss, die er dem Finanzamt gegenüber bisher verschwiegen hat. Gelder, die der Steuerbürger für die Lebenshaltung oder Vermögensbildung ausgeben kann, die ihm also zur Verfügung stehen, müssen aus steuerpflichtigen (erklärten) Einkünften stammen. Hinzu kommen sonstige Vermögenszuflüsse sowie die bis zum Ende des Vergleichszeitraumes in Anspruch genommenen Kredite. Als verfügbar gelten jeweils nur die verwendbaren Beträge, so dass etwa Einkünfte aus nichtselbständiger Arbeit nur in Höhe des Nettobetrags zugrunde gelegt werden dürfen. Mittelverwendung stellt alle für Konsum und Vermögensbildung tatsächlich aufgewendeten Gelder dar, wobei diese nur einmal erfasst werden dürfen, entweder im Konsumbereich oder als Vermögensbildung.

In Anlehnung an den eingangs erwähnten Grundgedanken der VZR kann folgende Gleichung aufgestellt werden (Grundgleichung der VZR):

$$\text{Verfügbare Mittel} = \text{Mittelverwendung}$$

Im Regelfall geht diese Gleichung nicht auf. Es treten Differenzen auf, sog. „Verwendungsüberhänge". Tritt ein Verwendungsüberhang bzw. ungeklärter Vermögenszuwachs auf, deutet dieser auf eine unvollständige steuerliche Erfassung der verfügbaren Mittel, d.h. auf gegenüber der Finanzbehörde verschwiegene schwarze Geldquellen hin. Mit Hilfe des automatisierten Kontenabrufs dürften in Zukunft mehr solcher „Geldquellen" ausfindig gemacht werden.

### 4.4.7 Gestaltungsempfehlungen bei drohendem oder bereits erfolgtem Kontenabruf

#### 4.4.7.1 Allgemeine Hinweise

Wie bereits mehrmals erläutert, wird der Finanzbeamte – verhält er sich „erlasskonform" – den Steuerbürger von einem beabsichtigten Kontenabruf informieren und ihn darauf hinweisen, dass ein solcher durchgeführt werden kann, wenn die Informationen, die er übermittelt, hinsichtlich der Sachaufklärung nicht zum Ziel führen. Der Steuerbürger wird sich daher fragen, was er in einer solchen Situation tun soll.

Dem Steuerbürger stehen folgende Möglichkeiten offen:
- Er kooperiert mit dem Finanzamt und legt alle erforderlichen Unterlagen und Nachweise vor, oder
- er lässt es auf den Kontenabruf ankommen.

Entscheidet sich der Steuerbürger für die erste Variante, legt er meist mehr offen, als die Finanzverwaltung durch den Kontenabruf zunächst in Erfahrung bringen könnte. Ob der damit „Ruhe" in das laufende Verfahren bringen kann, bleibt offen. Selbst wenn er dem Auskunftsersuchen entspricht, verhindert der Steuerbürger einen Kontenabruf nicht zwingend.

Entscheidet sich der Steuerbürger für die zweite Variante, wird es zwingend zu einem Kontenabruf kommen. Die Finanzverwaltung erfährt dann zunächst nur die Kontostammdaten. Doch bei einem Kontenabruf allein wird es im Fall des Auffindens von der Finanzverwaltung bislang verborgen gebliebener Inlandskonten nicht bleiben. Dem Kontenabruf wird sich ein Auskunftsersuchen bei der betreffenden Bank anschließen. Dieses kann auch unmittelbar nach dem Kontenabruf erfolgen, also ohne dass der Steuerbürger davon informiert wird (es sei denn durch seine Bank). Mit einer Weigerung seiner Bank, steuerrelevante Daten über ihn herauszugeben, kann er nicht rechnen. Wohl steht ihm ggf. noch die Möglichkeit einer Selbstanzeige offen.

## 4. Banken als Daten- und Informationsquelle

Der Steuerbürger „verliert" im Regelfall nichts, wenn er zunächst nicht reagiert. Ein Kontenabruf mit anschließendem Auskunftsersuchen an die Bank kosten ihn nichts. Lässt er sich aber auf ein solches „Pokerspiel" ein, muss er mit einer ggf. gebotenen „Selbstanzeige" schnell sein, schneller als die Finanzverwaltung alle Informationen sichten und bearbeiten kann, die sie über das mittels Abruf ausgespähte Wertpapierdepot erhalten hat. [1]

### 4.4.7.2 Rechtsmittel gegen den Kontenabruf

Gegen den Kontenabruf als Realakt selbst ist für den Steuerbürger kein unmittelbares Einspruchsrecht gegeben. Hält sich die Finanzverwaltung an die Vorgaben des BMF hinsichtlich der Informationspflicht, und teilt es dem Steuerbürger mit, dass seine Kontenstammdaten abgerufen werden, wenn die Sachverhaltsaufklärung durch ihn nicht zum Ziel führt, ist dieser Hinweis kein Verwaltungsakt, gegen den dem Steuerbürger Einspruch oder eine Anfechtungsklage vor dem Finanzgericht zustehen würde.[2] Bereits *erfolgte* Kontenabrufe kann der Steuerbürger auf ihre Rechtmäßigkeit im Rahmen der Überprüfung des auf Grundlage des Kontenabrufs erlassenen Steuerbescheides überprüfen lassen.

Gegen einen von der Finanzverwaltung *beabsichtigten* Kontenabruf, von dem der Steuerbürger durch die Hinweispflicht erfährt, kann er sich im Rahmen einer allgemeinen Leistungsklage in Form einer vorbeugenden Unterlassungsklage zur Wehr setzen. Eine solche vorbeugende Unterlassungsklage setzt allerdings ein Rechtsschutzbedürfnis voraus. Ein solches ist nur dann gegeben, wenn die Besorgnis eines nicht wieder gutzumachenden Schadens für den Steuerbürger durch den Kontenabruf besteht. Letzteres wird bei einem beabsichtigten Abruf von Kontenstammdaten überwiegend bejaht. Denn der Abruf greift in den Schutzbereich des Grundrechts auf informationelle Selbstbestimmung[3] des Steuerbürgers ein und kann auch nicht wieder rückgängig (ungeschehen) gemacht werden.

Einen vorläufigen finanzgerichtlichen Rechtsschutz kann der Steuerbürger durch einen Antrag auf Erlass einer einstweiligen Anordnung erwirken (§ 114 FGO, bereits möglich vor Erhebung der Leistungs-/Unterlassungs-

---

1 Zur Sperrwirkung bei der Selbstanzeige siehe Teil I Abschn. 4.4.7.3, Selbstanzeige nach einem erfolgten Kontenabruf.
2 Ausnahme: Die Finanzverwaltung teilt die Kontenabfrageabsicht durch einen Verwaltungsakt mit Rechtsmittelbelehrung usw. mit; dies ist aber vom BMF nicht gefordert.
3 Zum Begriff vgl. Teil I Abschn. 9.2, Recht auf informationelle Selbstbestimmung schützt Telekommunikationsverbindungsdaten.

klage). Ein solcher gerichtlicher Antrag bewirkt, dass die Finanzbehörde bis zur Entscheidung in der Hauptsache (das Hauptsachverfahren leitet der betroffene Steuerbürger durch die Leistungsklage/Unterlassungsklage ein) an der Durchführung des beabsichtigten Kontenabrufs gehindert wird. Auch ein solcher Antrag setzt wie die nachfolgende Klage ein Rechtsschutzbedürfnis voraus. Ein solches lässt sich wiederum aus der Verletzung des Grundrechts des Steuerbürgers auf informationelle Selbstbestimmung herleiten.

### 4.4.7.3 Selbstanzeige nach einem erfolgten Kontenabruf

Betroffene Steuerbürger können durch rechtzeitige Abgabe einer Selbstanzeige Straffreiheit erlangen, sofern sie von den Steuerbehörden in Kenntnis gesetzt werden. Denn mit einem bereits erfolgten Kontenabruf ist der Sperrwirkungstatbestand der „Tatentdeckung" für eine strafbefreiende Selbstanzeige noch nicht eingetreten. Eine Selbstanzeige würde dann nicht zur Straffreiheit führen, „wenn vor der Berichtigung, Ergänzung oder Nachholung die Tat im Zeitpunkt der Berichtigung, Ergänzung oder Nachholung ganz oder zum Teil bereits entdeckt war und der Täter dies wusste oder bei verständiger Würdigung der Sachlage damit rechnen musste" (§ 371 Abs. 2 Nr. 2 AO). Eine Entdeckung i.S. von § 371 Abs. 2 Nr. 2 AO erfordert zwar nicht die zur Verurteilung erforderliche Überzeugung. Nach der Rechtsprechung des BGH reicht vielmehr die Wahrscheinlichkeit eines verurteilenden Erkenntnisses aufgrund einer vorläufigen Tatbewertung aus, nicht jedoch ein bloßer Anfangsverdacht.[1]

Eine Steuerstraftat gilt als „entdeckt", sobald Teile der Tat zusammen mit den dazugehörigen subjektiven Tatbestandsmerkmalen aufgedeckt sind und der Finanzbeamte die Tatwirklichkeit selbst wahrgenommen hat.[2] Dies wäre in Verbindung mit einem automatisierten Kontenabruf erst dann der Fall, wenn die Ermittler nach dem Abruf von der betreffenden kontoführenden Bank weitere Informationen erhalten haben und aus einem Abgleich mit den Steuerakten ersichtlich wird, dass Einkünfte aus Kapitalvermögen oder Spekulationseinkünfte über einen bestimmten Zeitraum nicht deklariert worden sind oder etwa der Steuerbürger und Kontoinhaber bei seinem zuständigen Finanzamt gar nicht als Steuerpflichtiger geführt ist.

---

1 BGH, Urt. v. 5.5.2000 5 StR 226/99, wistra 2000 S. 219.
2 Joecks, a.a.O., § 371 Rz. 184. Durch das Erfordernis der unmittelbaren Selbstwahrnehmung der Tatwirklichkeit unterscheidet sich die Entdeckung der Tat vom bloßen Tatverdacht.

## 4. Banken als Daten- und Informationsquelle

Dann wäre Tatentdeckung mit der Folge einer Sperrwirkung für die strafbefreiende Selbstanzeige gegeben.

Bei Vorliegen eines „bloßen Tatverdachts" oder eines zur Einleitung eines Steuerstrafverfahrens notwendigen „Anfangsverdachts" (§ 152 Abs. 2 StPO) tritt die Sperrwirkung nicht ein. Bei sog. Vorfeldermittlungen tritt eine Sperrwirkung nur insoweit ein, wie der konkrete Auftrag des Prüfers reicht.[1]

Der Sperrwirkungstatbestand der Tatentdeckung ist ferner bei einem erfolgten Kontenabruf auch deshalb nicht gegeben, weil sich daraus der subjektive Ausschlusstatbestand einer Tatentdeckung, welcher im zweiten Halbsatz des § 371 Abs. 2 Nr. 2 AO zum Ausdruck kommt und verlangt, dass der Steuerbürger von der Aufdeckung wusste oder bei verständiger Würdigung der Sachlage damit rechnen musste, nicht ableiten lässt. So bleiben Selbstanzeigen trotz der Tatentdeckung möglich, wenn der Finanzverwaltung der Nachweis nicht gelingt, dass der Steuerbürger vom Kontenabruf und der anschließenden Tatentdeckung gewusst hat oder mit einer solchen hätte rechnen müssen. Gewusst hat der Betroffene von der Tatentdeckung dann, wenn ihm nachgewiesen werden kann, dass er aus den ihm bekannten Tatsachen heraus mit einer Verurteilung hätte rechnen müssen. Mit einer Verurteilung rechnen muss der Steuerbürger dann, wenn er aus den ihm vorliegenden Kenntnissen den Schluss ziehen konnte, dass die Finanzbehörde so viel von seiner Tat erfahren hat, dass sie entdeckt ist. Dabei muss feststehen, dass der Täter die eine Tatentdeckung kennzeichnenden Umstände erkannt hat. Für Letzteres reicht ein bloßer Kontenabruf, welcher keine näheren Informationen über Kontobewegungen und Wertpapiergeschäfte enthält, nicht aus.

Waren in den vergangenen Steuererklärungen Einkünfte aus Kapitalvermögen deklariert, kann aber nicht festgestellt werden, ob die aus dem mittels eines automatisierten Kontenabrufes ermittelten Wertpapierdepot erwirtschafteten Einkünfte darin enthalten sind oder nicht, liegt noch keine Tatentdeckung vor. Steuerbürger, die Kapitaleinkünfte unvollständig deklariert haben, können so im Regelfall nach einem Kontenabruf noch Selbstanzeige erstatten. Eine Selbstanzeige mit strafbefreiender Wirkung kann so lange abgegeben werden, bis das zuständige Finanzamt konkrete Ermittlungen aufnimmt und dem Kontoinhaber oder einem Vertreter die Einleitung eines Straf- oder Bußgeldverfahrens bekannt gibt.

---

1 OLG Celle, Urt. v. 27.3.2000 – 2 WS 33/00, wistra 2000 S. 277.

Ein Steuerbürger, der über Jahre hinweg Steuern hinterzogen hat, kann für einzelne, noch nicht entdeckte Tatteile Selbstanzeige erstatten, auch wenn bereits andere Tatteile der fortgesetzten Tat entdeckt sind. Es ist allerdings nicht möglich, die Tat auf einen engeren Bereich zu reduzieren als auf den Bereich, den eine unrichtige Steuererklärung abdeckt. Steuererklärungen unterliegen als Ganzes der Überprüfung. Wurden in einer Steuererklärung mehrere Steuersachverhalte falsch dargestellt, und kommt es zu einer teilweisen Entdeckung, hat eine Selbstanzeige auch hinsichtlich der anderen noch nicht entdeckten Tatteile keine strafbefreiende Wirkung mehr.

### 4.4.8 Automatisierter Kontenabruf für nichtsteuerliche Zwecke

### 4.4.8.1 Allgemeines

Ein Kontenabruf kann auch auf Ersuchen von Behörden oder Gerichten erfolgen (§ 93 Abs. 8 AO). Voraussetzung hiefür ist lediglich, dass ein anderes Gesetz an Begriffe des Einkommensteuerrechts anknüpft. Dies ist der Fall, wenn dasselbe Wort verwendet wird (z.b. „Einkommen" oder „Einkünfte"), der Inhalt des Wortes mit dem Begriff des EStG übereinstimmt und ausdrücklich auf Regelungen des EStG Bezug genommen wird. Ein Kontenabruf ist zudem auch dann zulässig, wenn er zur Klärung eines Sachverhaltes unmittelbar geeignet ist. Dies ist von der ersuchenden Behörde oder dem ersuchenden Gericht im Wege einer Prognoseentscheidung zu beurteilen.

### 4.4.8.2 Beispiele (Nicht-Steuerfälle)

Laut BMF[1] kommt ein Kontenabruf u.a. in folgenden Nicht-Steuerfällen in Betracht:
- **Gewährung von Sozialhilfe**: Die Einkünfte aus Kapitalvermögen, die zu dem bei der Gewährung von Sozialhilfe zu berücksichtigenden Einkommen gehören, bestimmen sich nach einkommensteuerrechtlichen Vorschriften (§ 6 der Verordnung zur Durchführung des § 82 SGB XII).
- **Bestimmung des Gesamteinkommens eines Steuerbürgers**: Im Rahmen der gesetzlichen Kranken-, Unfall- und Rentenversicherung einschließlich der Alterssicherung der Landwirte sowie der sozialen Pflegeversicherung (Sozialversicherung) ist das Gesamteinkommen die Summe der Einkünfte i.S. des Einkommensteuerrechts (§ 16 SGB IV).

---
1 Vgl. Anwendungserlass v. 10.3.2005, a.a.O., Tz. 3.

## 4. Banken als Daten- und Informationsquelle

- **Soziale Wohnraumförderung**: Bei der sozialen Wohnraumförderung basiert das maßgebende Gesamteinkommen auf der Summe der positiven Einkünfte nach dem Einkommensteuerrecht (21 WoFG).

- **Ausbildungsförderung**: Bei der Ausbildungsförderung und der Aufstiegsförderung basiert das maßgebende Einkommen auf der Summe der positiven Einkünfte nach einkommensteuerlichen Vorschriften (§ 21 BAföG; § 17 AFBG).

- **Wohngeld**: Bei der Gewährung von Wohngeld basiert das maßgebende Gesamteinkommen auf der Summe der positiven Einkünfte nach einkommensteuerlichen Vorschriften (§ 10 WoGG).

- **Erziehungsgeld**: Bei der Gewährung von Erziehungsgeld basiert das Einkommen auf der nicht um Verluste in einzelnen Einkommensarten zu vermindernde Summe der positiven Einkünfte nach Maßgabe des Einkommensteuerrechts (§ 6 BErzGG).

- **Unterhaltssicherung**: Die Leistungen zur Unterhaltssicherung sind um die einkommensteuerpflichtigen Einkünfte des Wehrpflichtigen zu kürzen, die er während des Wehrdienstes erhält (§ 11 USG).

Bei der Bemessung des Arbeitslosengeldes II ist zwar das „Einkommen" des Antragstellers zu berücksichtigen, dieser Begriff wird aber abweichend vom EStG definiert (§ 11 SGB II). Es liegt somit kein Anknüpfen an Begriffe des EStG vor; ein Kontenabruf wäre hier nicht zulässig.

### 4.5 Prüfungen der Finanzbehörden nach § 50b EStG, insbesondere der zusammenfassenden Jahresbescheinigungen

#### 4.5.1 Allgemeines

Die Finanzbehörden genießen gegenüber Kreditinstituten umfassende Prüfungsrechte. Gemäß § 50b EStG dürfen die Finanzbehörden „Verhältnisse, die für die Anrechnung oder Vergütung von Körperschaftsteuer, für die Anrechnung oder Erstattung von Kapitalertragsteuer, für die Nichtvornahme des Steuerabzugs, für die Ausstellung der Jahresbescheinigung nach § 24c EStG[1] oder für die Mitteilungen an das Bundeszentralamt für Steuern nach § 45d EStG von Bedeutung sind oder der Aufklärung bedürfen, bei den am Verfahren Beteiligten (Anm. des Autors: den Kreditinstituten) prüfen".

---

1 § 50b EStG i. d. F. des Jahressteuergesetzes 2007 zur Jahresbescheinigung vgl. nachfolgenden Abschnitt 4.5.2, Zusammenfassende Jahresbescheinigungen (§ 24c EStG).

Hierbei gelten sinngemäß die §§ 193 bis 203 AO, die Regelungen über die Außenprüfung enthalten.

Allerdings geht § 50b EStG über die normale Außenprüfungspraxis insofern hinaus, als dieser Rechtsgrundlage für eine gesonderte Außenprüfung ist und somit auch Prüfungen zu Kontrollzwecken gegenüber „anderen Personen" zulässt. Als Adressaten dieses Prüfungsrechts kommen sowohl Bankkunde als auch die Bank selbst in Betracht. Wird eine Bank geprüft, ist diese Beteiligte i. S. des § 78; der Bankkunde Dritter.

Dem Prüfungsrecht nach § 50b EStG kommt damit eine größere Bedeutung zu, als vielfach angenommen. In der Praxis wird nämlich neben der Bank in erster Linie der Bankkunde als Steuerbürger geprüft (eine solche Prüfung schließt sich meist an die Prüfung bei einer Bank an). Die Voraussetzungen des § 93 Abs. 1 Satz 3 AO (Subsidiaritätsprinzip)[1] müssen dabei nicht vorliegen, da der Bankkunde und Steuerbürger selbst keine „andere Person" i. S. des § 93 AO ist.

Ferner ist es für die Prüfung selbst unerheblich, ob ein hinreichender Anlass zum Tätigwerden[2] vorliegt oder der Steuerbürger einer zur Prüfung ausgewählten Gruppe angehört, der bereits Steuerstraftaten nachgewiesen werden konnten.

Schließlich ist das gleichzeitige Vorliegen beider in § 193 Abs. 2 Nr. 2 AO genannten Voraussetzungen (dass „die für die Besteuerung erheblichen Verhältnisse der Aufklärung bedürfen und eine Prüfung an Amtstelle nach Art und Umfang des zu prüfenden Sachverhaltes nicht zweckmäßig ist") nicht Bedingung. Der zu prüfende Sachverhalt muss entweder (nur) von Bedeutung sein (also steuerlich erheblich) oder (nur) der Aufklärung bedürfen (wenn er zweifelhaft ist).

Besonders in den Fokus des Steuerbürgers gerückt ist das Prüfungsrecht nach § 50b EStG durch die Erweiterungen im Jahressteuergesetz 2007. Danach erstreckt sich das Prüfungsrecht auch auf die Jahresbescheinigungen der Banken nach § 24c EStG.

### 4.5.2 Zusammenfassende Jahresbescheinigungen (§ 24c EStG)

Seit 2005 sind inländische Geschäftsbanken und Finanzdienstleistungsinstitute verpflichtet, ihren Kunden eine sog. zusammenfassende Jahres-

---

1 Vgl. Teil I Abschnitt 4.2, Vorbemerkung: Das „Subsidiaritätsprinzip".
2 Vgl. Teil I Abschnitt 12.2, Der hinreichende Anlass zum Tätigwerden.

## 4. Banken als Daten- und Informationsquelle

bescheinigung über Kapitalerträge und Veräußerungsgeschäfte aus Finanzanlagen auszustellen. Diese Bescheinigung enthält sämtliche steuerrelevanten Daten aus allen geführten Wertpapierdepots und Konten, welche der unbeschränkt steuerpflichtige Steuerbürger in seine Steuererklärung aufnehmen muss. Im Einzelnen handelt es sich hierbei um folgende Einkünfte:

- Einkünfte aus Kapitalvermögen aller Art,
- Einkünfte aus privaten Wertpapierveräußerungsgeschäften, aus Future-(Terminkontrakt-)Geschäften sowie aus sonstigen Termingeschäften aller Art.[1]

Die Erstellungspflicht besteht für alle privaten Konten und Depots von unbeschränkt einkommensteuerpflichtigen natürlichen Personen, also nur gegenüber Privatkunden mit Wohnsitz oder gewöhnlichem Aufenthalt im Inland. Die zusammenfassende Jahresbescheinigung sollte ursprünglich dem Steuerbürger als Ausfüllhilfe bei seiner Einkommensteuererklärung (insbesondere der Anlage KAP, AUS und SO) dienen. Für das Finanzamt waren diese Bescheinigugnen tabu; eine gesetzliche Vorlagepflicht des Steuerbürgers gegenüber dem Finanzamt bestand nicht, wobei die Nichtvorlage auf Verlangen des Finanzamtes nach höchstrichterlicher Rechtsprechung bereits einen automatisierten Kontenabruf rechtfertigte.[2] Auch eine Überprüfung der Jahresbescheinigungen beim ausstellenden Kreditinstitut war bislang nicht zulässig.

Ab dem Jahr 2007 steht den Finanzbehörden nun auch ein umfassendes Prüfungsrecht für diese Jahresbescheinigungen zu (§ 50b Satz 1 EStG[3]). Dieses Prüfungsrecht sei berechtigt „wegen der Bedeutung des § 24c (Anm. des Autors: der Jahresbescheinigungen) für das Ausfüllen der Anlagen KAP, AUS und SO bei der Einkommensteuererklärung", wie aus dem Referentenentwurf zu entnehmen ist.[4] Dieses Prüfungsrecht gilt zudem für alle bislang ausgestellten Jahresbescheinigungen, also rückwirkend. Da die deutschen Kreditinstitute Jahresbescheinigungen erstmalig in 2005 für Er-

---

1 Jedes private Veräußerungsgeschäft bescheinigt die Bank dabei gesondert, es sei denn, gleichartige Wertpapiere wurden innerhalb der einjährigen Behaltensfrist gemeinsam erworben und veräußert.
2 Vgl. Teil I Abschnitt 4.4.4.2, Ungeklärte Herkunft von Geldmitteln, Existenz eines Wertpapierdepots oder Nichtvorlage der Jahresbescheinigung rechtfertigen Kontenabruf.
3 In der Fassung des Jahressteuergesetzes 2007 gemäß Fassung Referentenentwurf v. 10.7.2006.
4 Referentenentwurf v. 10.7.2006.

träge aus 2004 ausstellen mussten, erlangen die Finanzämter ab 2007 Kenntnis über alle nach dem 31.12.2003 bescheinigten und zugeflossenen Kapitalerträge bzw. Veräußerungsgewinne aus Wertpapiergeschäften.

### 4.6 Kontrollmeldungen im Zusammenhang mit einem vom Steuerbürger erteilten Freistellungsauftrag

Inländische Kreditinstitute melden jeweils bis zum 31.5. des auf die Vereinnahmung der Kapitalerträge folgenden Jahres jeden vom Kunden erteilten Freistellungsauftrag an das Bundeszentralamt für Steuern. Im Einzelnen werden hierbei folgende Daten übermittelt (§ 45d Abs. 1 Satz 1 Nr. 1 – 4 EStG):

- Vor- und Zunamen sowie das Geburtsdatum der Person – ggf. auch des Ehegatten –, die den Freistellungsauftrag erteilt hat (Auftraggeber),
- Anschrift des Auftraggebers,
- bei den Kapitalerträgen, für die ein Freistellungsauftrag erteilt worden ist:

  – die Zinsen und ähnlichen Kapitalerträge, bei denen vom Steuerabzug Abstand genommen worden ist,

  – die Dividenden und ähnlichen Kapitalerträge, bei denen die Erstattung von Kapitalertragsteuer und die Vergütung von Körperschaftsteuer beantragt worden ist,

  – Zinsen aus Wandelanleihen, Gewinnobligationen und Genussrechten, bei denen die Erstattung von Kapitalertragsteuer beantragt worden ist,

  – die Hälfte der Dividenden und ähnlichen Kapitalerträge, bei denen die Erstattung von Kapitalertragsteuer beantragt worden ist, sowie

- Namen und Anschrift des Empfängers des Freistellungsauftrags.

Die Vorschrift sollte ursprünglich verhindern, dass Steuerunehrliche ihren für Kapitaleinkünfte geltenden Steuerfreibetrag dadurch mehrmals nutzen, dass sie mehrere Depots eröffnen und für jedes Depot einen Freistellungsauftrag in voller Höhe erteilen. Zur Verhinderung solcher ‚Schummeleien' mussten deutsche Kreditinstitute den Steuerbehörden jene Beträge mitteilen, bis zu diesen sie bei einem Kunden vom Steuerabzug Abstand nehmen sollten. Die Meldung nach § 45d EStG war ursprünglich also eine reine Soll-Meldung, d.h. es wurde das beantragte Freistellungsvolumen mit-

## 4. Banken als Daten- und Informationsquelle

geteilt ohne Rücksicht darauf, ob und in welchem Umfang Kapitalerträge wirklich zugeflossen sind.

Aus diesen Soll-Meldungen konnten die Finanzbehörden jedoch nicht ersehen, ob der Steuerbürger den beantragten Steuerfreibetrag tatsächlich ausschöpfte. Außerdem konnten die Finanzbehörden nicht feststellen, ob dem Steuerbürger aus Aktienbesitz Dividenden zuflößen. Aktien lassen immer auf einen Spekulationsgewinn schließen.

Die Meldevorschrift § 45d EStG erfuhr zur besseren Kontrolle mehrere Anpassungen: Erstmals im Steuerentlastungsgesetz 1999/2000/2002 wurde die Vorschrift dahin gehend geändert, dass „Wer ... zum Steuerabzug verpflichtet ist"[1], folgende Daten zu übermitteln hat: „Höhe des Betrags, für den aufgrund des Freistellungsauftrages vom Steuerabzug Abstand genommen ... worden ist". Die deutschen Kreditinstitute teilten somit statt des erteilten Soll-Freistellungsvolumens das tatsächlich in Anspruch genommene Ist-Freistellungsvolumen mit. Dies bedeutete konkret: Bescheinigten die Kreditinstitute in ihren Meldungen genau den gesetzlichen Höchstfreibetrag, hieße das, der Steuerbürger hätte Kapitaleinkünfte genau in Höhe der geltenden Sparerfreibeträge erzielt. Dies galt freilich als sehr unwahrscheinlich. Wahrscheinlicher war eher, dass dem Steuerbürger Kapitalerträge über den Sparer-Freibeträgen zugeflossen sind, so dass Steuerbürger, für die solche Meldungen ergangen sind, schon einmal „ausgefiltert" wurden, sofern sie bislang keine Kapitalerträge erklärt hatten.

In der heute gültigen Fassung teilen Banken die Kapitalerträge, für die aufgrund eines Freistellungsauftrages ein Steuerabzug (Abzug von Kapitalertragsteuer/Zinsabschlagsteuer) unterblieben ist, dem Bundeszentralamt für Steuern gesondert aufgeteilt in Zinsen und Dividenden mit, so dass den Finanzbehörden auf den ersten Blick ersichtlich ist, ob der Bankkunde im Depot Aktien und/oder „nur" festverzinsliche Wertpapiere unterhält.

Das Bundeszentralamt für Steuern teilt den Sozialleistungsträgern die von den Banken gemeldeten Freistellungsdaten auf Anfrage mit, soweit dies zur Überprüfung des bei der Sozialleistung zu berücksichtigenden Einkommens oder Vermögens erforderlich ist (§ 45d Abs. 2 EStG). Das Bundeszentralamt für Steuern kann außerdem die ihm von den Sozialleistungsträgern übermittelten Daten mit den von den Banken gemeldeten Daten im Wege des automatisierten Datenabgleichs überprüfen und das Ergebnis

---

1 Zum Steuerabzug verpflichtet sind inländische Kreditinstitute.

den Sozialleistungsträgern mitteilen. Dadurch wird nicht nur der betreffende Steuerbürger gläsern, sondern auch der Sozialleistungsempfänger!

### 4.7 Erweiterte Auskunfts- und Meldepflichten nach dem Wertpapierhandelsgesetz

Mit In-Kraft-Treten des vierten Finanzmarktförderungsgesetzes[1] wurden Banken verpflichtet, die Übertragung von Wertpapieren zu melden sowie ein System für die Meldung von Identifikationsmerkmalen für den Auftraggeber und Depotinhaber einzurichten (§ 9 WpHG).

Kredit- und Finanzdienstleistungsinstitute sind danach verpflichtet, der Bundesanstalt für Finanzdienstleistungsaufsicht (BaFin) jedes Geschäft in Wertpapieren oder Derivaten mitzuteilen, die zum Handel an einem organisierten Markt in einem Mitgliedstaat der Europäischen Union oder in einem anderen Vertragsstaat des Abkommens über den Europäischen Wirtschaftsraum zugelassen oder in den geregelten Markt oder Freiverkehr einer inländischen Börse einbezogen sind. Die Meldungen müssen für jedes Geschäft die folgenden Angaben enthalten:

- Bezeichnung des Wertpapiers oder Derivats und Wertpapierkennnummer,
- Datum und Uhrzeit des Abschlusses oder der maßgeblichen Kursfeststellung,
- Kurs, Stückzahl, Nennbetrag der Wertpapiere oder Derivate,
- die an dem Geschäft beteiligten Institute und Unternehmen,
- die Börse oder das elektronische Handelssystem der Börse, sofern es sich um ein Börsengeschäft handelt,
- Kennzeichen zur Identifikation des Geschäfts,
- Kennzeichen zur Identifikation des Depotinhabers oder des Depots,
- Kennzeichen für Auftraggeber, sofern dieser nicht mit dem Depotinhaber identisch ist.

Die erweiterten Auskunfts- und Meldepflichten der bundesdeutschen Kreditinstitute nach § 9 WpHG führen so zu einer flächendeckenden Erfassung von Identitätsmerkmalen bei sämtlichen inländischen Wertpapiertransaktionen. Erfasst werden nicht nur insiderhandelsrelevante Informationen.

---

[1] Vom 1.6.2002.

## 4. Banken als Daten- und Informationsquelle

Auch Informationen über Bezugsrechte, Gratisaktien, Aktiensplitts oder Umtauschaktionen stellen die Banken bereit. Für den Steuerbürger sind vor allem die letzten beiden der oben aufgezählten meldepflichtigen Datensätze bedenklich. Mit der Speicherung und Meldung der „Kennzeichen zur Identifikation des Depotinhabers oder des Depots" und der „Kennzeichen für den Auftraggeber" ist der Steuerbürger für jedes in Deutschland von ihm getätigte Börsengeschäft bei der BaFin registriert. Nach derzeit geltendem Gesetz sind diese Meldungen nicht für die Finanzbehörden zugänglich, sollten aber den Finanzbehörden in naher Zukunft auch zur Auswertung übermittelt werden können. Die hierfür erforderliche rechtliche Hürde sollte sich zu einer bloßen Formalität reduzieren.

### 4.8 Systematische Einzahlungen auf Cash-Kreditkartenkonten

Ein Cash-Kreditkartenkonto gilt unter Insidern wie Bargeld, nur mit dem angenehmen Effekt, dass die Kreditkarte ohne die Gefahr einer Entdeckung bei Bargeld-Grenzkontrollen ins Ausland mitgenommen werden kann. Die Kreditkarte unterliegt auch nicht der ab dem 15.6.2007 geltenden Deklarierungspflicht für Barmittel nach der EU-Verordnung 1889/2005.[1] Cash-Kreditkartenkonten werden zudem verzinst und gewährleisten eine internationale Verfügbarkeit.

Über die Vorzüge von Cash-Kreditkartenkonten weiß auch die Finanzverwaltung bestens Bescheid und ist Steuerbürgern mit solchen Konten auf der Spur. Zwar kann die Finanzbehörde über den automatisierten Kontenabruf nicht unmittelbar auf den (die) Name(n) des/der Einzahler gelangen. Dies gilt aber nur für die erste Stufe. Wie bereits festgestellt, schließt sich dem Kontenabruf ein Auskunftsersuchen direkt an das kontoführende Kreditinstitut an. Wird gegen unbekannt ermittelt, ist das Subsidiaritätsprinzip unbeachtlich.[2]

In einem Fall, der vor dem Finanzgericht Köln landete, ging die Finanzverwaltung jedoch zu weit.[3] Bank und Finanzbehörde stritten über die Frage der Rechtmäßigkeit eines Sammelauskunftsersuchens zur Aufdeckung von sog. „Schwarzgeld-Einzahlungen" auf Cash-Kreditkartenkonten. Die Steuerfahnder sind hierbei einem Einkäufer eines Großunternehmens auf die

---

1 Vgl. dazu Teil II Abschn. 2, Aufspüren von Bargeldtransfers des Steuerbürgers.
2 Zum Begriff vgl. Teil I Abschn. 4.2, Vorbemerkung: Das „Subsidiaritätsprinzip".
3 Urt. v. 27.9.2005 – 6 K 5353/04, EFG 2006 S. 161.

Schliche gekommen, der zu hohe Einkaufspreise einer Leasinggesellschaft akzeptiert haben soll. Die vom Hersteller gewährten höheren Rabatte seien durch die Einschaltung einer Erwerbsgesellschaft zwischen Hersteller und Leasingunternehmen abgeschöpft worden. Diese Zwischengesellschaft habe aber keine hohen Gewinne ausgewiesen, da sie Scheinrechnungen von Unternehmen im In- und Ausland bezahlt habe. In mehreren Jahren haben die Beteiligten so laut Recherchen der Steuerfahndung etwa 6 Mio. € an andere Unternehmen (insbesondere in Liechtenstein) transferiert. Diese Beträge seien nach Abzug eines Anteils der Scheinrechnungsfirmen den Einzahlern in bar übergeben worden.

Aufgeflogen ist der Steuertrick, weil ein Beteiligter systematisch Beträge jeweils unterhalb der Geldwäsche-Identifikationsgrenze für Bareinzahlungen (15.000 €) auf ein Cash-Kreditkartenkonto eingezahlt hat. Die Geldwäsche-Identifikationsgrenze wurde deshalb jeweils nur knapp unterschritten, damit der Einzahler nicht registriert wurde und auch keine Geldwäsche-Verdachtsanzeige riskierte.[1] Die Finanzbehörden wollten nun aufgrund dieses Sachverhalts ungewöhnliche Einzahlungen bzw. Abhebungen auf den Cash-Kreditkartenkonten aufspüren und – soweit bei der Kontrolle Kunden in der dargestellten Weise auffallen sollten – Name, Vorname, sowie weitere personenbezogene Daten dieser Kunden erhalten.

Das FG Köln[2] kam hier schließlich zu der Auffassung, dass das Auskunftsersuchen der Finanzbehörden die Bank in ihren Rechten verletzt und ein hinreichender Anlass hierfür fehlte. Dieses von der Finanzverwaltung gestellte Sammelauskunftsersuchen zur Aufdeckung von sog. „Schwarzgeld-Einzahlungen" auf Cash-Kreditkartenkonten war jedoch nur deshalb nicht rechtmäßig, weil den Behörden bisher lediglich dieser Fall bekannt war. Sollten sich unehrliche Steuerbürger dieser Methode des – durch Bargeld-Grenzkontrollen unbehelligten – Bargeldtransfers mehrmals bemühen, dürften solche Auskunftsersuchen im Rahmen von Vorfeldermittlungen gegen einen unbekannten Personenkreis[3] nicht mehr abgewiesen werden können.

---

1 Vgl. dazu auch Teil I Abschn. 13, Erkenntnisse über steuerrelevante Aktivitäten und Vermögensverhältnisse durch die Auswertung von Geldwäsche-Verdachtsanzeigen für steuerliche Zwecke.
2 Urt. v. 27. 9. 2005, EFG 2006 S. 161.
3 Zu den Vorfeldermittlungen vgl. Teil I Abschn. 12.4, Die Aufdeckung und Ermittlung unbekannter Steuerfälle (Vorfeldermittlungen).

## 4. Banken als Daten- und Informationsquelle

### 4.9 Anzeigepflichten beim Tod eines inländischen Kontoinhabers

Deutsche Kreditinstitute, die Postbank, Bausparkassen, Vermögensverwalter und andere Vermögensverwahrer[1] müssen gemäß § 33 Abs. 1 ErbStG alle in Gewahrsam befindlichen Vermögensgegenstände und Kontoguthaben eines verstorbenen Kontoinhabers dem für die *Verwaltung der Erbschaftsteuer zuständigen Finanzamt* anzeigen, sofern der Wert der Konten- und Depotguthaben 2.500 € übersteigt. Die Meldepflicht umfasst nicht nur die eigenen Konten des Verstorbenen, sondern auch diejenigen, über die er zeichnungsberechtigt war oder für die er einer anderen Person Vollmacht über den Tod hinaus erteilt hat. Anzeigepflichtig sind auch Steuerberater, Rechtsanwälte und Notare, die auf ihren Namen fremdes Vermögen eines verstorbenen Mandanten auf Ander- oder Treuhandkonten verwalten.

Durch die Anzeigepflicht nach § 33 ErbStG erfahren die Finanzbehörden spätestens beim Tod des Steuerbürgers alle Details über sein gesamtes von inländischen Banken verwaltetes Vermögen. Der Informationsweg vollzieht sich dabei so, dass das Kreditinstitut den Erbschaftsteuerstellen der Finanzämter innerhalb eines Monats nach Kenntniserlangung vom Tod eines Kunden Angaben erteilt über:

- Höhe der Guthaben und anderer Forderungen (Nennbeträge) einschließlich der Guthaben auf Gemeinschaftskonten sowie die jeweiligen Kontonummern,
- Zinsen und Stückzinsen für das Jahr des Todes bis zum Todestag,
- Nennbetrag, Kurswert bzw. Rücknahmepreis von Wertpapieren, Anteilen, Genussscheinen des Erblassers; auch solche in Gemeinschaftsdepots,
- die Tatsache, dass der Erblasser ein Schließfach unterhalten hat sowie der Versicherungswert, sofern der Bank bekannt.

Der Anzeigepflicht unterliegen auch alle Vermögenswerte, die ein Erblasser der Bank als Sicherheit für ein Darlehen verpfändet bzw. dieser übertragen hat und an denen die Bank ein Verwahrerpfandrecht besitzt. Diese Vermögenswerte zählen zu den „in Gewahrsam befindlichen" und damit meldepflichtigen Vermögensgegenständen.

---

[1] Neben Kreditinstituten sind nach § 33 ErbStG auch anzeigepflichtig: Treuhänder-Kommanditisten von Grundstücksvermögensverwaltungsgesellschaften beim Tod des Treugebers, Pensions- und Unterstützungskassen beim Übergang des Rentenanspruchs bei Tod des Rentenberechtigten auf andere Berechtigte, Bestattungsunternehmen, wenn sie Bestattungsvorsorgeverträge zusammen mit Treuhandkonto-Verträgen abschließen.

Aus allen auf diesem Weg gewonnenen Informationen lassen sich Rückschlüsse auf die Vergangenheit des Steuerbürgers ziehen, z.B. wie dieser die Vermögenswerte aus den zu Lebzeiten erklärten Einnahmen und seinen daraus schließenden persönlichen Verhältnissen erwirtschaften konnte. Auch lässt sich auf einfache Weise ermitteln, ob das Kapitalvermögen und die daraus erzielten Einkünfte zutreffend versteuert worden sind oder was der Verstorbene letztlich an Vermögen hinterlassen hat.

Maßgebend ist der jeweilige Kontostand zu Beginn des Todestages (sofern der Buchungsschnitt in der Bank zu diesem Zeitpunkt stattfindet) bzw. der Kontostand des Vortages (wenn die Bank beispielsweise erst im Laufe des Todestages einen Buchungsschnitt vornimmt). Mit dieser Terminierung soll verhindert werden, dass Verfügungsberechtigte am Todestag bei Schalteröffnung die Konten des Erblassers plündern, ehe dem Kreditinstitut der Todesfall bekannt wird. Über den Inhalt eines Schließfachs braucht die Bank nichts mitzuteilen. Die Finanzverwaltung bringt hierzu Näheres bei den Erben in Erfahrung.

Die Erbschaftsteuerstellen informieren die für Einkommen und Vermögen des Erblassers und des Erwerbers zuständigen Wohnsitzfinanzämter über das hinterlassene Bankguthaben, sofern dies bestimmte Mindestbeträge übersteigt.[1] Das Wohnsitzfinanzamt vergleicht letztlich die von den Erbschaftsteuerstellen übermittelten Angaben mit den Angaben des Verstorbenen in den vorangegangenen Einkommensteuererklärungen. Der Informationskreis, der sich vom Kreditinstitut über die Erbschaftsteuerstelle bis zum für die Festsetzung der Einkommensteuer zuständigen Wohnsitzfinanzamt erstreckt, schließt sich damit. Alle bisher trotz Kontenabruf und übriger Ausforschungen verborgenen Vermögenswerte kommen spätestens beim Tod des Steuerbürgers ans Tageslicht.

## 5. Sonstige Dritte als Daten- und Informationsquelle

### 5.1 Energieversorger

Ergänzend zum automatisierten Kontenabruf forschen Finanzämter überall dort nach, wo sie irgendwelche Hinweise auf Bankverbindungen von Steuerzahlern vermuten. Zu Zeiten, in denen sich die Finanzverwaltung noch keinem automatisierten Kontenabruf bedienen konnte, hatte ein Finanzamt

---

1 Vgl. Teil I Abschn. 7.1, Zusammenarbeit der Bewertungs-/Erbschaftsteuerstellen mit dem Veranlagungs-/Wohnsitzfinanzamt des Steuerbürgers.

## 5. Sonstige Dritte als Daten- und Informationsquelle

mit zwei maschinell erstellten Schreiben bei einem Stromversorgungsunternehmen nach einer evtl. gespeicherten Bank- bzw. Sparkassenverbindung angefragt. In den Anfragen heißt es u.a.: „Leider haben die Ermittlungen bei dem Steuerbürger selbst zu keinem Erfolg geführt. Daher bitte ich ... nach § 93 AO um Auskunft, ob der/die Genannte für die Zahlung der von Ihnen gestellten Rechnung eine Einzugsermächtigung erteilt hat. Ist dies der Fall, bitte ich um Mitteilung des angegebenen Kreditinstituts, der Bankleitzahl sowie der Kontonummer."

Das Auskunftsersuchen des Finanzamts an das Stromversorgungsunternehmen war zur Feststellung eines für die Besteuerung erheblichen Sachverhalts erforderlich und somit statthaft, wie der BFH entschieden hat.[1] Die geforderte Auskunft war geeignet, eine möglicherweise verschwiegene Bankverbindung bzw. ein Konto, auf dem sich Guthaben befunden haben, aufzudecken. Denn das Finanzamt durfte davon ausgehen, dass dem Energieversorger, der den Steuerbürger offenkundig während des gesamten Zeitraums mit Strom versorgt hat, ohne dass Liquiditätsschwierigkeiten aufgetreten wären, ein bislang unbekanntes – noch mit liquiden Mitteln ausgestattetes – Konto bekannt sein könnte.

Energieversorger dürften zwar in Zeiten, in denen sich die Finanzverwaltung des automatisierten Kontenabrufs bedienen kann, weniger um Auskunft gebeten werden. Dennoch stellen diese eine brauchbare Alternative zum Kontenabruf dar.

### 5.2 Anzeigepflichten der Versicherungen bei der Auszahlung von Lebensversicherungen bei Zuwendungen unter Lebenden

Private Versicherungsunternehmen müssen, bevor sie Versicherungssummen oder Leibrenten *einem anderen* als dem Versicherungsnehmer auszahlen oder zur Verfügung stellen, hiervon dem Finanzamt Anzeige erstatten.[2] Hiervon betroffen sind private Kranken-, Unfall- oder Lebensversicherer, Sterbekassen von Berufsverbänden, Vereinen und anderen Anstalten, soweit sie die Lebens-(Sterbegeld-) oder Leibrenten-Versicherung betreiben.[3] Im Unterschied zu den Anzeigepflichten der Banken ist die Anzeigepflicht der Versicherer im Zusammenhang mit Leistungen aus einer Lebensver-

---

[1] BFH, Urt. v. 22.2.2000 VII R 73/98, BStBl 2000 II S. 366.
[2] § 33 Abs. 3 ErbStG.
[3] § 3 ErbStDV.

sicherung nicht auf den Erbfall bezogen, sondern gilt für *Zuwendungen unter Lebenden*. Im Einzelnen werden übermittelt:
- Angaben über Versicherte und Versicherungsnehmer;
- Versicherungsschein-Nummer;
- Auszuzahlender Versicherungsbetrag (einschließlich Dividenden und dergleichen abzüglich noch geschuldeter Prämien vor der Fälligkeit der Versicherungssumme gewährte Darlehen und Vorschüsse usw., bei Kapitalversicherungen);
- Jahresbetrag und Dauer der Rente (bei Rentenversicherungen);
- Zahlungsempfänger und Bezugsberechtigter;
- Bei Wechsel des Versicherungsnehmers: der Name des neuen Versicherungsnehmers, Rückkaufswert und Summe der eingezahlten Prämien/ Kapitalbeiträge;
- Angaben über das persönliche Verhältnis (Verwandtschaftsverhältnis) der Beteiligten.

Die Anzeigen der Versicherungen bringen den Finanzämtern im Regelfall wenig Überraschendes. Erstens betreffen sie nur Auszahlungen von Versicherungsleistungen an *Begünstigte* und *Hinterbliebene* und zweitens sind den Finanzämtern die Policen wegen des Steuerabzugs der Beitragszahlungen als Sonderausgaben in aller Regel bekannt.

## 6. Behörden als Daten- und Informationsquelle und die Vernetzung der Finanzbehörden mit anderen Behörden

### 6.1 Amtshilfe der Gerichte und Behörden zur Sicherung des Steueraufkommens

Im Art. 35 GG ist verankert, dass sich alle Behörden des Bundes und der Länder gegenseitige Rechts- und Amtshilfe leisten, und zwar ohne dass es darüber einer Vereinbarung bedarf. Welche Einrichtung oder Institution als Behörde gilt, ist in § 6 AO geregelt. Diese Definitionsnorm bezeichnet als Behörde „jede Stelle, die Aufgaben der öffentlichen Verwaltung wahrnimmt". Hierunter fallen u.a. die Gebietskörperschaften wie Bund, Länder, Kreise, Ämter und Gemeinden. Aber auch Körperschaften des öffentlichen Rechts ohne Gebietshoheit, wie Rundfunkanstalten, Handels- oder Berufskammern fallen darunter.

Grundgedanke der gegenseitigen Amtshilfe ist, auf Kooperation der Bundes- und der Länderstaatsgewalten hinzuwirken – letztlich im Interesse der Gleichmäßigkeit der Gesetzesanwendung und im Interesse der Kontrolle und Erhöhung des Steueraufkommens. Zur Sicherung des Steueraufkommens haben nach den Vorschriften der Abgabenordnung (§§ 111 ff. AO) „alle Gerichte und Behörden die zur Durchführung der Besteuerung erforderliche Amtshilfe zu leisten". Amtshilfe der Gerichtsbehörden, der Forstbehörden, der Berufs- und Handelskammern usw. an Finanzbehörden ist in den Fällen rechtmäßig, in denen Letztere den Sachverhalt nicht eigenständig lösen können oder dies für sie besonders unwirtschaftlich wäre (§ 112 Abs. 1 Nr. 1 bis 5 AO). Etwaige Amtsverschwiegenheitspflichten gelten für Auskunfts- und Vorlagepflichten gegenüber den Finanzbehörden nicht (§ 105 Abs. 1 AO).

Eine für den Steuerbürger bedeutende Vorschrift ist der § 116 AO. Dieser verpflichtet Gerichte und Behörden, Tatsachen, die sie dienstlich erfahren und die den Verdacht einer Steuerstraftat begründen, den Finanzbehörden – unaufgefordert – mitzuteilen. Die Vorschrift ist in den Bereich der für den Steuerbürger bedenklichen „Spontanauskünfte" einzureihen. § 116 AO unterscheidet sich von den übrigen Vorschriften der nationalen Amtshilfe (§§ 111 bis 115) insofern, als die genannten Institutionen von sich aus tätig werden müssen, wenn gewisse Verdachtsmomente gegeben sind.

## 6.2 Mitteilungsverordnung und Mitteilungen der Rundfunkanstalten

So mancher freiberufliche Journalist hatte sich in der Vergangenheit gewundert, wie denn die Finanzbehörden an seine Einnahmen gekommen sind, wurden diese doch bar ausbezahlt bzw. auf das Privatkonto gebucht. Diese und andere Personenkreise haben es hier offensichtlich übersehen, dass es seit 1993 eine sog. „Mitteilungsverordnung" gibt.

Zur „Sicherung der Besteuerung" wurde die Bundesregierung durch § 93a Satz 1 AO ermächtigt, sonstige Behörden durch Rechtsverordnung mit Zustimmung des Bundesrats zu verpflichten, Verwaltungsakte, die die Versagung oder Einschränkung einer steuerlichen Vergünstigung zur Folge haben oder dem Betroffenen steuerpflichtige Einnahmen ermöglichen, Subventionen und ähnliche Förderungsmaßnahmen sowie Anhaltspunkte für Schwarzarbeit, unerlaubte Arbeitnehmerüberlassung oder unerlaubte Ausländerbeschäftigung den Finanzbehörden mitzuteilen. Die im Rahmen des

§ 93a ergangene „Verordnung über Mitteilungen an die Finanzbehörden durch andere Behörden und öffentlich-rechtliche Rundfunkanstalten (Mitteilungsverordnung – MV)" vom 7.9.1993[1] verpflichtet Behörden und öffentlich-rechtliche Rundfunkanstalten, die Finanzämter unaufgefordert über „besondere Geschäftsfälle" in Kenntnis zu setzen.

Der Mitteilungspflicht unterliegen:

- Zahlungen, wenn der Zahlungsempfänger nicht im Rahmen einer land- und forstwirtschaftlichen, einer gewerblichen oder freiberuflichen Haupttätigkeit gehandelt hat, oder soweit die Zahlung nicht auf das Geschäftskonto des Zahlungsempfängers erfolgt. Zahlungen sind auch mitzuteilen, wenn zweifelhaft ist, ob der Zahlungsempfänger im Rahmen der Haupttätigkeit gehandelt hat oder zweifelhaft ist, ob die Zahlung überhaupt auf das Geschäftskonto erfolgt (§ 2 MV).

Die Mitteilungen über diese Zahlungen beinhalten regelmäßig die anordnende Stelle, ihr Aktenzeichen als auch die Bezeichnung (Name, Vorname, Firma), die Anschrift des Zahlungsempfängers und, wenn bekannt, seine Steuernummer sowie sein Geburtsdatum. Außerdem wird dem Finanzamt mitgeteilt der Grund der Zahlung (Art des Anspruchs), die Höhe der Zahlung, der Tag der Zahlung oder der Zahlungsanordnung (§ 8 Abs. 2 MV);

- Honorarzahlungen der Rundfunkanstalten an freie Mitarbeiter (§ 3 MV):
- Wegfall oder die Einschränkung steuerlicher Vergünstigungen (§ 4 MV);
- Ausfuhrerstattungen (§ 4a MV);
- Ausgleichs- und Abfindungszahlungen nach dem Flurbereinigungsgesetz (§ 5 MV);
- Gewerberechtliche Erlaubnisse und Gestattungen (§ 6 MV).

Der Mitteilungsverordnung unterliegen bislang (noch) nicht:[2]

- Versicherungsunternehmen,
- Berufskammern,
- Kreditinstitute,
- Schuldenverwaltungen

---

1 BGBl 1993 I S. 1554, zuletzt geändert durch Art. 58 Drittes Gesetz für moderne Dienstleistungen am Arbeitsmarkt v. 23.12.2003 (BGBl 2003 I S. 2848).
2 Vgl. § 93a Abs. 2 AO.

## 6. Behörden und die Vernetzung mit anderen Behörden

- sowie für Betriebe gewerblicher Art von Körperschaften des öffentlichen Rechts.

So sind Provisionszahlungen der Versicherungsunternehmer bislang noch von keiner Meldepflicht an die Finanzbehörden betroffen. Dasselbe gilt für Spielbanken und Lotteriegesellschaften. Damit sind Versicherungsgesellschaften, Spielbanken und Lotteriegesellschaften keine besonderen Auskunftsquellen für die Steuerbehörden und keine unmittelbare „Gefahrenquelle" für Provisionsempfänger oder jene Glückspilze, die Spielbank- oder Lotteriegewinne vereinnahmt haben. Gewinne aus Glücksspielen sind ohnehin steuerfrei, so dass sich die Finanzbehörden hier allenfalls für den Provisionsempfänger interessieren.

Doch auch für den glücklichen Lottogewinner gilt, dass die Finanzbehörden seinem Gewinn schnell auf die Spur kommen können. Dies geschieht regelmäßig mittels einer Kontrollmitteilung, die ein Betriebsprüfer im Zuge der steuerlichen Prüfung der Lotteriegesellschaft an das Wohnsitzfinanzamt des glücklichen Gewinners schickt. Dieser Kontrollmitteilung folgt im Regelfall ein Abgleich mit den Angaben in der Steuererklärung des Steuerbürgers, insbesondere bezüglich seiner bislang erklärten Kapitaleinkünfte.

### 6.3 Mitteilungen und Anzeigepflichten der Gemeinden

Die Gemeinden sollen die Finanzämter bei ihren Recherchen nach steuerrelevanten Aktivitäten eines Steuerbürgers regelmäßig durch sog. Personenstands- und Betriebsaufnahmen unterstützen. Die notwendige Rechtsgrundlage hierfür wurde im vierten Teil/erster Abschnitt der AO mit dem Titel „Erfassung der Steuerpflichtigen" geschaffen. Zur Erfassung von Personen und Unternehmen, die der Besteuerung unterliegen, sieht § 134 AO die Durchführung solcher Personenstands- und Betriebsaufnahmen vor. Personenstands- und Betriebsaufnahmen haben allerdings seit Jahrzehnten nicht mehr stattgefunden; sie werden „wohl auch in absehbarer Zeit nicht stattfinden, obwohl die Datenschutzhysterie allmählich abebbt".[1]

Sollte es allerdings wieder zu solchen Datenerhebungen kommen, wären auch die Grundstückseigentümer gefordert: Diese wären nach § 135 AO verpflichtet, bei der Durchführung von Personenstands- und Betriebsauf-

---

[1] Tipke/Kruse, AO, Kommentar, vor § 134.

nahmen Hilfe zu leisten, indem sie Personen melden, die auf ihrem Grundstück eine Wohnung, Wohnräume, eine Betriebsstätte, Lagerräume oder sonstige Geschäftsräume haben. Das Innehaben solcher Lokalitäten führt regelmäßig zur unbeschränkten Steuerpflicht.

Unabhängig von solchen Personenstands- und Betriebsaufnahmen erhalten die Finanzämter über die Gemeinden regelmäßig Kenntnis von Betriebseröffnungen oder Wohnsitznahmen, und zwar durch die Steuerbürger selbst. Diese sind verpflichtet, die Eröffnung eines Betriebs oder einer Betriebsstätte mittels eines sog. Betriebseröffnungsbogens an die Gemeinden zu melden. Die Gemeinden sind gesetzlich verpflichtet, „unverzüglich" das zuständige Finanzamt zu unterrichten (§ 138 AO).

### 6.4 Mitteilungen der Zulassungsbehörden

Eine für die Finanzbehörden ergiebige Informationsquelle sind die Zulassungsstellen der Gemeinden. Diese sind nach der Kraftfahrtsteuer-Durchführungsverordnung[1] verpflichtet, bei der Durchsetzung des Kraftfahrzeugsteuergesetzes mitzuwirken. Danach müssen die Zulassungsbehörden den Finanzämtern Kontrollmeldungen übersenden,

- wenn ein zum Verkehr zugelassenes Fahrzeug vorübergehend stillgelegt oder endgültig aus dem Verkehr gezogen wird.

Den Finanzämtern ist hier der Tag, an dem der Fahrzeugschein zurückgegeben oder eingezogen und das Kennzeichen entstempelt worden ist, mitzuteilen.

- wenn ein zum Verkehr zugelassenes Fahrzeug veräußert wird,

Die Finanzämter erfahren hier den Tag, an dem die verkehrsrechtlich vorgeschriebene Veräußerungsanzeige eingegangen ist, sowie den Tag, an dem der neue Fahrzeugschein dem Erwerber ausgehändigt worden ist, die Anschrift des Erwerbers und ggf. das neue amtliche Kennzeichen des Fahrzeugs.

- wenn das amtliche Kennzeichen geändert wird,

Mitzuteilen ist hier das neue und das bisherige Kennzeichen, bei der Standortverlegung, außerdem die neue Anschrift des Halters und die übrigen für die Besteuerung notwendigen Angaben.

---

1 Vgl. § 5 KraftStDV.

# 6. Behörden und die Vernetzung mit anderen Behörden

- wenn der Standort ohne Änderung des amtlichen Kennzeichens verlegt wird,

  Mitzuteilen ist hier die neue Anschrift des Halters.

- wenn einem Kraftfahrzeuganhänger erstmals ein amtliches Kennzeichen in grüner Schrift auf weißem Grund zugeteilt wird oder wenn anstelle eines Kennzeichens in grüner Schrift auf weißem Grund, ein amtliches Kennzeichen in schwarzer Schrift auf weißem Grund zugeteilt wird,

  Mitzuteilen ist das Kennzeichen und der Tag der Zuteilung.

- wenn ein zum Verkehr zugelassener Personenkraftwagen nachträglich als schadstoffarm anerkannt wird, oder wenn bei einem zum Verkehr zugelassenen schadstoffarmen Personenkraftwagen der Vermerk „schadstoffarm" im Fahrzeugschein gelöscht wird

  Mitteilungspflichtig ist hier der Tag der Anerkennung als schadstoffarm bzw. der Tag der Löschung im Fahrzeugschein.

- Im Fall der Ausstattung eines Fahrzeugs mit einer Abgasreinigungsanlage oder bei deren Änderung oder Ausbau,

  Mitzuteilen ist die Art der Anlage, die Änderung oder der Ausbau, die dadurch erreichte Stufe der Schadstoffminderung und der Tag der nach dem Gesetz maßgeblichen Feststellung durch die Zulassungsbehörde.

- Wenn und ob bei Personenkraftwagen die Kohlendioxidemissionen, ermittelt nach der Richtlinie 93/116/EG zur Anpassung der Richtlinie 80/1268/EWG des Rates über den Kraftstoffverbrauch von Kraftfahrzeugen an den technischen Fortschritt (ABl. EG Nr. L 329 S. 39), 90 g/km oder 120g/km nicht übersteigen.

## 6.5 Rentenbezugsmitteilungen an die Zentrale Zulagenstelle für Altersvermögen (ZfA)

### 6.5.1 Allgemeines

Ein Großteil der deutschen Rentner ist mit Inkrafttreten des Alterseinkünftegesetzes[1] erstmals für das Jahr 2005 wieder in die Steuerpflicht gerutscht. Der ursprüngliche Tenor dieses Gesetzes war zum einen die unterschiedliche Besteuerung von Beamtenpensionen (Vollversteuerung als nichtselbständiger Arbeitslohn) und der Renten aus der gesetzlichen Rentenver-

---

1 BGBl v. 5.7.2004, BGBl 2004 I S. 1427.

sicherung (Besteuerung nur mit dem Ertragsanteil) zu beseitigen[1]; zum anderen eine möglichst einfache Durchführung der Besteuerung von Renten zu gewährleisten. In Wirklichkeit aber trug dieses Gesetz aufgrund der Komplexität in keinem Fall zu einer notwendigen Steuervereinfachung bei, sondern führte stattdessen mit Einführung neuer Rentenbezugsmitteilungspflichten zu einer stärkeren Überwachung des Steueraufkommens im Bereich der Renteneinkünfte.

Gemäß des im Rahmen des Alterseinkünftegesetzes in das Einkommensteuergesetz eingefügten § 22a EStG müssen die Träger der gesetzlichen Rentenversicherung, der Gesamtverband der landwirtschaftlichen Alterskassen für die Träger der Alterssicherung der Landwirte, die berufsständischen Versorgungseinrichtungen, die Pensionskassen, die Pensionsfonds und private Rentenversicherer der Zentralen Zulagenstelle für Altersvermögen in Brandenburg (ZfA) jeweils bis zum 31. 5. des Jahres, das auf das Jahr folgt, in dem eine Leibrente oder andere Rentenleistungen einem Leistungsempfänger zugeflossen sind, folgende Daten übermitteln:

- Steuer-Identifikationsnummer (§ 139b der AO[2]), Familienname, Vorname, Geburtsdatum und Geburtsort des Leistungsempfängers;
- je gesondert den Betrag der Leibrenten und anderen sonstigen steuerpflichtigen Rentenleistungen;
- den Zeitpunkt des Beginns und Ende des jeweiligen Leistungsbezugs;
- die Bezeichnung und Anschrift des Mitteilungspflichtigen.

Die mittels der Rentenbezugsmitteilungen zu übermittelnden Daten fallen nicht unter die Geheimhaltungspflichten der Sozialbehörden. So ist eine Übermittlung von grundsätzlich geheim zu haltender Sozialdaten[3] u.a. zur Sicherung des Steueraufkommens zulässig.[4]

Das Rentenbezugsmitteilungsverfahren soll nach den Planungen der Bundesregierung Anfang 2008 starten. Ursächlich für die zeitliche Verzögerung ist, dass die Meldebehörden erst ab dem 1.1.2007 zur elektronischen Datenübermittlung verpflichtet sind und dieses Verfahren von der Vergabe der steuerlichen Identifikationsnummern für jeden Steuerbürger durch das

---

1 Anlass hierzu war ein Urteil des BVerfG v. 6.3.2002 – 2 BvL 17/99, BStBl 2002 II S. 618.
2 Vgl. Teil I Abschn. 3, Elektronische Ordnungsmerkmale zur computergestützten Identifikation und Nachverfolgung.
3 Vgl. § 35 SGB I.
4 Vgl. § 71 Abs. 1 Nr. 3 SGB X.

Bundeszentralamt für Steuern abhängig ist. Mit der Vergabe solcher Identifikationsnummern soll im Laufe des Jahres 2007 begonnen werden; bis zum 31.12.2007 sollen alle Steuerbürger neue Identifikationsnummern erhalten haben.[1] Mit der praktischen Umsetzung des Rentenbezugsmitteilungsverfahrens ist somit ab dem Jahr 2008 zu rechnen.[2]

Übermittelt werden dabei alle Rentenbezüge ab 2005. Die Mitteilungspflichtigen halten die entsprechenden Daten zur späteren Übermittlung bereits seit 2005 vor. Die Auswertungen werden dabei von den Länderfinanzverwaltungen vorgenommen, an die die ZfA die Meldedatensätze weiterleitet. Die ZfA selbst nimmt keine Auswertungen der Daten vor.

Bei Auswertung der künftigen Rentenbezugsmitteilungen wird der eine oder andere Finanzbeamte in Einzelfällen die Frage aufwerfen, ob der Steuerbürger im Ruhestand bisher alles richtig versteuert hat oder ob für steuerpflichtige Veranlagungszeiträume vor 2005 eine Ermittlung der steuererheblichen Sachverhalte erforderlich erscheint. Ein internes Arbeitspapier der Oberfinanzdirektion Düsseldorf Abt. Köln vom 21.11.2005, welches nachfolgend näher dargestellt wird, erläutert dazu Näheres.

### 6.5.2 Exkurs: Ausforschung steuerlich relevanter Einkommens- und Vermögensverhältnisse deutscher Rentenbezieher für die Steuerjahre vor 2005

Gemäß einem internen Arbeitspapier der Oberfinanzdirektion Düsseldorf Abt. Köln, konzentriert sich die Finanzverwaltung bei den Ermittlungen für Veranlagungszeiträume vor 2005 auf solche Rentnerfälle, in denen:

- „sich für Veranlagungszeiträume vor 2005 aufgrund erheblicher anderer Einkünfte bereits ohne die Renteneinkünfte eine Verpflichtung zur Abgabe der Einkommensteuererklärung und nennenswerte Steuernachzahlungen ergeben, oder
- die Steuerpflichtigen über die Art und Höhe der Einkünfte gegenüber den Finanzbehörden unzutreffende/unvollständige Angaben gemacht haben".

Das Arbeitspapier führt hierzu folgendes Beispiel auf:

---

[1] Vgl. hierzu Teil I Abschn. 3, Elektronische Ordnungsmerkmale zur computergestützten Identifikation und Nachverfolgung. Der Starttermin soll rechtzeitig im BStBl bekannt gegeben werden (vgl. BMF-Schreiben v. 5.12.2005, BStBl 2005 I S. 1029).
[2] Vgl. BT-Drucks. 16/1056 v. 27.3.2006.

Ein Ehepaar, beide Bezieher von Altersruhegeld, erzielen neben ihren Renteneinkünften positive Einkünfte aus der Vermietung von mehreren Immobilien und aus Kapitalvermögen. Die Eheleute geben für 2005 erstmalig seit Jahren wieder eine Einkommensteuererklärung ab (Alternative: Die Eheleute werden aufgrund der Rentenbezugsmitteilung für 2005 zur Abgabe einer Steuererklärung aufgefordert). Das zu versteuernde Einkommen für 2005 liegt auch ohne die Renteneinkünfte bereits über dem Grundfreibetrag.

Hier erscheinen der Finanzverwaltung weitere Ermittlungen für die Veranlagungszeiträume 2004 und früher bis zur Grenze der Festsetzungsverjährung erforderlich. Da bereits ohne die Renteneinkünfte der Grundfreibetrag überschritten ist, liegt das Risiko eines Steuerausfalls auch für die Jahre vor 2004 hoch. Die Belastung durch mögliche Sachverhaltsermittlungen würde nach Ansicht des Finanzamts für den Steuerbürger auch nicht unzumutbar erscheinen. Denn diesen musste schon aufgrund der übrigen Einkünfte klar sein, dass eine Verpflichtung zur Abgabe der Einkommensteuererklärung auch für die Jahre 2004 und früher bestanden hat, so dass sie grundsätzlich mit entsprechenden Nachfragen der Finanzverwaltung rechnen mussten.

In weniger schweren Fällen will die Finanzverwaltung den „Grundsatz der Verhältnismäßigkeit" wahren. Danach sollen die Beamten berücksichtigen, „inwieweit der Ermittlungsaufwand beim Finanzamt, aber auch bei den Steuerpflichtigen durch das voraussichtliche steuerliche Ergebnis gerechtfertigt ist".

Steuerveranlagungen, die den folgenden Beispielfällen entsprechen, sollen von der Finanzverwaltung nicht rückwirkend aufgegriffen werden:

- Ein 70-jähriger Rentner erzielt ausschließlich Einkünfte aus einer Knappschaftsrente. Für 2005 gibt er erstmalig seit Jahren wieder eine Steuererklärung ab. Aufgrund der Höhe der Rentenbezüge ergibt sich für 2005 eine Steuernachforderung.

  Hier wäre das Risiko von Steuerausfällen in der Vergangenheit aufgrund der erheblich geringeren steuerpflichtigen Rentenanteile (Ertragsanteil) gering.

- Ein 75-jähriger Rentner erzielt ausschließlich Einkünfte aus einer Knappschaftsrente. Er gibt erstmalig seit Jahren für 2007 wieder eine Steuererklärung ab. Aufgrund der Höhe der Rentenbezüge ergibt sich für 2007 eine Steuernachforderung.

## 6. Behörden und die Vernetzung mit anderen Behörden

Auch hier können für Veranlagungszeiträume vor 2005 Ermittlungen wegen der erheblich geringeren Besteuerungsanteile der Renten unterbleiben.

- Bei einem zusammen veranlagten Ehepaar bezieht der 70-jährige Ehemann eine Altersrente der Landesversicherungsanstalt (LVA). Die Ehefrau bezieht Arbeitslohn aus einer Teilzeitbeschäftigung. Die Eheleute geben erstmalig seit Jahren für 2005 wieder eine Steuererklärung ab.

Auch in diesem Fall sieht die Finanzverwaltung das Risiko von Steuerausfällen in der Vergangenheit aufgrund erheblich geringerer steuerpflichtiger Rentenanteile (Ertragsanteil) als gering. Das Steuerausfallrisiko wird hier zusätzlich dadurch vermindert, dass Renteneinkünfte eventuell durch den Abzug von Werbungskosten bei den Einkünften aus nichtselbständiger Arbeit, Sonderausgaben und außergewöhnlichen Belastungen kompensiert werden.

- Ein Ehepaar bezieht seit 1996 Altersruhegeld. Die Eheleute besitzen ein Zweifamilienhaus, in dem sie eine Wohnung selbst nutzen und die zweite Wohnung vermieten. In den Erläuterungen zum Steuerbescheid 1996 hatte das Finanzamt den Eheleuten mitgeteilt, dass sich auch unter Berücksichtigung der Vermietungseinkünfte keine Einkommensteuer ergibt und eine Steuererklärung in Zukunft nicht mehr abgegeben werden muss, solange sich die Verhältnisse nicht wesentlich ändern. Für 2005 gibt die Ehefrau eine Einkommensteuererklärung ab, aus der sich ergibt dass sie Witwe ist. Unter Einbeziehung der weiterhin erzielten Vermietungseinkünfte liegt das zu versteuernde Einkommen über dem Grundfreibetrag und es ergibt sich eine Steuernachzahlung.

Im letzten Fall sieht die Finanzverwaltung das Risiko von Steuerausfällen aufgrund der erheblich niedrigeren steuerpflichtigen Rentenanteile (Ertragsanteil) und den zumindest in einigen Jahren noch anwendbaren Splittingtarif als zu gering, um weitere Ermittlungen anzustellen.

Die Finanzverwaltung behandelt nach diesem internen Arbeitspapier Steuernacherklärungen, die Rentner auf Nachfrage des Finanzamtes für die vergangenen Jahre nachreichen, *grundsätzlich als Selbstanzeige*, so dass „reuige" Rentner, welche nach Auswertung der Rentenbezugsmitteilungen ins Fadenkreuz der Finanzverwaltung geraten, keine strafrechtlichen Konsequenzen befürchten müssen.

Aus dem internen Arbeitspapier geht aber auch hervor, dass Fälle, in denen aufgrund der Höhe der Einkünfte und/oder unvollständiger Angaben Ermittlungen für Veranlagungszeiträume vor 2005 voraussichtlich zu Steuernachforderungen führen oder in denen Steuerbürger eine Selbstanzeige abgeben, grundsätzlich in Absprache mit der zuständigen Straf- und Bußgeldsachenstelle bearbeitet werden sollen.

Rückwirkende Ermittlungen kann die Finanzbehörde bis zum Eintritt der Festsetzungsverjährung vornehmen. Soweit Steuern hinterzogen worden sind, beträgt die Festsetzungsverjährungsfrist zehn Jahre.[1]

### 6.6 Anzeigepflichten der Notare im Zusammenhang mit Kapitalgesellschaften

Auch über Vorgänge, die Kapitalgesellschaften betreffen, wird die Finanzverwaltung hervorragend informiert. Die Notare übersenden dem jeweils zuständigen Betriebsstättenfinanzamt eine beglaubigte Abschrift aller aufgrund gesetzlicher Vorschrift aufgenommener oder beglaubigter Urkunden, die die Gründung, Kapitalerhöhung oder -herabsetzung, Umwandlung oder Auflösung von Kapitalgesellschaften oder die Verfügung über Anteile an Kapitalgesellschaften zum Gegenstand haben (§ 54 EStDV). Die festgelegten Übersendungspflichten entstammen der inzwischen weggefallenen Kapitalverkehrsteuer-Durchführungsverordnung und wurden durch das JStG 1996 wieder eingeführt. Offensichtlich führte die Mitwirkung der Notare zu guten Steuereinnahmen. Nicht umsonst hatten die Rechnungshöfe festgestellt, dass diese Übersendungspflichten auch für ertragsteuerliche Zwecke eine wichtige Grundlage zur Sachverhaltsdarstellung bilden,[2] sie dienen in erster Linie zur Feststellung der steuerpflichtigen Veräußerungsgewinne von Anteilen an Kapitalgesellschaften bei wesentlicher Beteiligung.

### 6.7 Anzeigepflichten der Gerichte, Behörden und Notare bei Grundstücksgeschäften

Gerichte, Behörden und Notare haben nach dem GrEStG dem Finanzamt anzuzeigen:

- Rechtsvorgänge, die sie beurkundet oder über die sie eine Urkunde entworfen und darauf eine Unterschrift beglaubigt haben, wenn die Rechts-

---

1 Vgl. Teil I Abschn. 4.4.5, Festsetzungsverjährung und rückwirkender Kontenabruf.
2 BT-Drucks. 13/1558 v. 31.5.1995.

## 6. Behörden und die Vernetzung mit anderen Behörden

vorgänge ein Grundstück im Geltungsbereich dieses Gesetzes betreffen. Veräußerungsanzeigen[1] sendet der Notar jeweils an die für den Grundstücksveräußerer und den Grundstückserwerber zuständige Veranlagungsstelle/Amtsprüfstelle;

- Anträge auf Berichtigung des Grundbuchs, die sie beurkundet oder über die sie eine Urkunde entworfen und darauf eine Unterschrift beglaubigt haben, wenn der Antrag darauf gestützt wird, dass der Grundstückseigentümer gewechselt hat;
- Zuschlagsbeschlüsse im Zwangsversteigerungsverfahren,
- Enteignungsbeschlüsse und andere Entscheidungen, durch die ein Wechsel im Grundstückseigentum bewirkt wird.
- Grundstückseigentümerwechsel aufgrund einer Eintragung im Handels-, Genossenschafts- oder Vereinsregister.

Die Anzeigepflicht erstreckt sich auch auf nachträgliche Änderungen oder Berichtigungen eines der oben aufgeführten Vorgänge. Eine Anzeigepflicht besteht auch bei Vorgängen, die ein Erbbaurecht oder ein Gebäude auf fremdem Boden betreffen. Gemeldet werden außerdem Vorgänge, die die Übertragung von Anteilen an einer Kapitalgesellschaft, einer bergrechtlichen Gewerkschaft, einer Personenhandelsgesellschaft oder einer Gesellschaft des bürgerlichen Rechts betreffen, wenn zum Vermögen der Gesellschaft ein im Geltungsbereich dieses Gesetzes liegendes Grundstück gehört.

Die Anzeigen werden innerhalb von zwei Wochen nach der Beurkundung oder der Unterschriftsbeglaubigung oder der Bekanntgabe der Entscheidung erstattet, und zwar auch dann, wenn der Rechtsvorgang von der Besteuerung ausgenommen ist. Die Finanzbehörden werten diese Anzeigen nicht nur für Umsatzsteuerzwecke, sondern auch zur *Kontrolle der ordnungsgemäßen Versteuerung von Einkünften aus Kapitalvermögen* aus. Ferner wird beim Erwerber regelmäßig nachgefragt, aus welchen Mitteln er das Grundstück finanziert hat.

### 6.8 Anzeigepflichten der Gerichte und Notare in Todesfällen; Totenlisten der Standesämter

Der Tod des Steuerbürgers interessiert besonders auch die Finanzbehörden. Gerichte, Behörden, Beamte und Notare melden hierzu alle ausgeführten

---

1 Veräußerungsanzeige abgebildet im Anhang 1.

Beurkundungen, Zeugnisse und sonstige Anordnungen, „die für die Festsetzung einer Erbschaftsteuer von Bedeutung sein können". Adressat dieser Meldungen ist die jeweilige Erbschaftsteuerstelle.

Im Einzelnen haben anzuzeigen:[1]

- *die Standesämter*: Die Standesämter haben für jeden Kalendermonat die Sterbefälle jeweils durch Übersendung einer Durchschrift der Eintragung in das Sterbebuch oder der Durchschrift der Sterbeurkunde in zweifacher Ausfertigung binnen zehn Tagen nach Ablauf des Monats dem für die Verwaltung der Erbschaftsteuer zuständigen Finanzamt, in dessen Bezirk sich der Sitz des Standesamtes befindet, anzuzeigen;

- *Gerichte und Notare*: Gerichte und Notare haben die Erteilung von Erbscheinen, Testamentsvollstreckerzeugnissen und Zeugnissen über die Fortsetzung der Gütergemeinschaft, die Beschlüsse über Todeserklärungen sowie die Anordnung von Nachlasspflegschaften und Nachlassverwaltungen dem für die Verwaltung der Erbschaftsteuer zuständigen Finanzamt anzuzeigen. Hierbei werden beglaubigte Abschriften folgender Verfügungen und Schriftstücke übersandt:

  – eröffnete Verfügungen von Todes wegen mit einer Mehrausfertigung der Niederschrift über die Eröffnungsverhandlung,

  – Erbscheine,

  – Testamentsvollstreckerzeugnisse,

  – Zeugnisse über die Fortsetzung von Gütergemeinschaften,

  – Beschlüsse über die Einleitung oder Aufhebung einer Nachlasspflegschaft oder Nachlassverwaltung,

  – beurkundete Vereinbarungen über die Abwicklung von Erbauseinandersetzungen.

  Die Anzeige hat unverzüglich nach dem auslösenden Ereignis zu erfolgen. Sie kann nur unterbleiben, wenn anzunehmen ist, dass außer Hausrat im Wert von nicht mehr als 5.200 € nur noch ein sonstiger Nachlass im Wert von nicht mehr als 5.200 € vorhanden ist.[2]

- *Gerichte, Notare und die deutschen Konsuln*[3]: die eröffneten Verfügungen von Todes wegen, die abgewickelten Erbauseinandersetzungen, die

---

1 Vgl. § 34 Abs. 2 ErbStG.
2 § 7 Abs. 4 Nr. 1 ErbStDV.
3 Vgl. auch Teil II Abschn. 4, Anzeigepflichten der Auslandsstellen.

beurkundeten Vereinbarungen der Gütergemeinschaft und die beurkundeten Schenkungen und Zweckzuwendungen. Schließlich müssen Behörden, „die Stiftungen oder Zuwendungen von Todes wegen und unter Lebenden an juristische Personen und dergleichen genehmigen", der für den Sitz der Behörde zuständigen Oberfinanzdirektion einen Nachweis über erteilte Genehmigungen übersenden.[1]

## 6.9 Anzeigepflicht der Gerichte, Notare und sonstiger Urkundspersonen bei Schenkungen

Die Finanzbehörden erhalten auch über beurkundete Schenkungsvorgänge Kenntnis. So haben die Gerichte dem für die Verwaltung der Erbschaftsteuer zuständigen Finanzamt eine beglaubigte Abschrift der Urkunde über eine Schenkung oder eine Zweckzuwendung unter Lebenden zu übersenden.[2]

Zu den meldepflichtigen Vorgängen gehören auch Änderungen in Gesellschaftsverträgen mit Auswirkung auf die Gewinnverteilung, Veränderungen im Gesellschafterbestand und Abfindungszahlungen an ausscheidende Gesellschafter. Denn hinter jedem dieser Vorgänge kann sich eine steuerpflichtige Schenkung verbergen! Diesen Kontrollmeldungen entkommen auch solche Steuerbürger nicht, die Rechtsgeschäfte beurkunden lassen, die zum Teil oder der Form nach entgeltlich sind. Ergeben sich nämlich Anhaltspunkte dafür, dass tatsächlich eine Schenkung oder Zweckzuwendung unter Lebenden vorliegt, werden die Finanzbehörden davon unterrichtet.

Zur Ermittlung der steuerpflichtigen Bereicherung nach dem Erbschaftsteuergesetz ist den Abschriften auch gleich der für die Kostenberechnung zugrunde gelegte Wert mitzuteilen. Außerdem erhalten die Finanzbehörden Angaben über das Verwandtschaftsverhältnis Schenker-Beschenkter und weitere Hinweise über den Wert der Zuwendung.

---

1 § 10 ErbStDV.
2 *Ausnahme*: Gegenstand der Schenkung ist nur Hausrat (einschließlich Wäsche und Kleidungsstücke) im Wert von nicht mehr als 5.200 € und anderes Vermögen im reinen Wert von nicht mehr als 5.200 €.

## 6.10 Anzeigepflichten sonstiger Genehmigungsbehörden

Letztendlich bleibt den Finanzbehörden auch die Errichtung z.B. einer Stiftung oder unentgeltliche bzw. teilentgeltliche Zuwendungen an juristische Personen, die genehmigungspflichtig sind, nicht verborgen. Die Genehmigungsbehörden müssen diese Vorgänge der Finanzverwaltung melden.

## 6.11 Sonstige Informationsübermittlungen und Datenabgleiche zwischen Finanzbehörden und Sozialleistungsträgern

Zur Bekämpfung des Missbrauchs von Sozialleistungen arbeiten die Finanzbehörden eng mit den Sozialleistungsträgern zusammen. So teilt das Bundeszentralamt für Steuern den Sozialleistungsträgern die von den Banken mitgeteilten Daten aus Freistellungsaufträgen auf Anfrage mit, soweit dies zur Überprüfung des bei der Sozialleistung zu berücksichtigenden Einkommens oder Vermögens erforderlich ist (§ 45d Abs. 2 EStG).[1] Das Bundeszentralamt für Steuern kann außerdem die von den Sozialleistungsträgern übermittelten Datensätze mit den von den Banken gemeldeten Angaben im Wege des automatisierten Datenabgleichs überprüfen und das Ergebnis den Sozialleistungsträgern mitteilen.

## 6.12 Auswertung des Datenbestandes beim Kraftfahrt-Bundesamt für Steuerzwecke

Fahrzeuge von Steuerbürgern, die beim Kraftfahrt-Bundesamt gespeichert sind, bleiben den Finanzbehörden nicht verborgen. Sofern der Steuerbürger nicht bereits selbst Typ und Anschaffungskosten der Finanzverwaltung bekannt gibt (weil er das Kfz beruflich nutzt), kann jeder Veranlagungsbeamte über eine Anfrage beim Kraftfahrt-Bundesamt alle Daten über ein Fahrzeug eines Steuerbürgers anfordern. Auf der Grundlage des § 35 Abs. 1 Nr. 9 StVG erteilt das Kraftfahrt-Bundesamt als auskunftspflichtige „andere Person" i.V.m. § 93 AO[2] Fahrzeug- und Halterdaten an die anfragenden Finanzbehörden, wenn diese Informationen zur Feststellung eines für die

---

1 Zu den Mitteilungspflichten der Banken bei Freistellungsaufträgen siehe Teil I Abschn. 4.6, Kontrollmeldungen im Zusammenhang mit einem vom Steuerbürger erteilten Freistellungsauftrag.
2 Zu dieser Vorschrift vgl. auch Teil I Abschn. 4.3, Auskunftspflichten inländischer Banken im Besteuerungsverfahren.

## 6. Behörden und die Vernetzung mit anderen Behörden

Besteuerung erforderlichen Sachverhaltes benötigt werden. Letzteres soll an einem Beispiel zur Aufdeckung „steuersparender" Kfz-Leasingmodelle dargestellt werden:

Wie aus internen Informationsdiensten für Steuerfahnder[1] zu entnehmen ist, versuchen Steuerpflichtige auf immer dreistere Weise Steuern zu sparen. Eine jüngst von den Fahndern aufgedeckte Steuersparmethode besteht darin, beim Kfz-Leasing hohe Jahreskilometerlaufleistungen mit entsprechend hohen Leasingraten zu vereinbaren, um sich dann entsprechend hohe Rückvergütungen für Minderlaufleistungen am Finanzamt vorbei rückvergüten zu lassen.

Ein Steuerbürger hat nacheinander 2 Pkw geleast. Vereinbart wurden eine jährliche Fahrleistung von 110.000 km und eine Gesamtfahrleistung von 275.000 km. Für den Fall einer Minderleistung sah der Leasingvertrag eine Vergütung für „Minderkilometer" vor. Tatsächlich fuhr der Steuerpflichtige nur insgesamt 65.000 km bzw. 48.000 km und hatte so einen Erstattungsanspruch gegenüber der Leasinggesellschaft von jeweils mehr als 10.000 €. Auf diese – steuerpflichtigen – Einnahmen verzichtete er – freilich nur auf dem Papier! Denn der Bonus kam seiner Ehefrau zugute, damit blieb wieder alles in der Familie. Die Ehefrau kaufte die vom Steuerpflichtigen geleasten Fahrzeuge zu 20 % des Verkehrswertes gegen eine Verrechnung mit „Vermittlungsprovision" dafür, dass der Ehemann erneut ein Fahrzeug no leaste. In Wahrheit handelte es sich dabei um die Verrechnung der Vergütung für die Minderkilometerlaufleistungen. Die Fahrzeuge wurden von der Ehefrau mit gutem Gewinn weiterverkauft. Versteuert wurde selbstverständlich nichts.

Die Steuerfahnder hatten hier leichtes Spiel, führt doch das Kraftfahrt-Bundesamt für jedes zugelassene Fahrzeug eine Kartei Namens „Fahrzeughistorie". Als die Fahnder eine solche über die beiden geleasten Fahrzeuge anforderten, stellten diese fest, dass die Ehefrau die geleasten Fahrzeuge erworben hatte. Ergebnis dieses Steuersparmodells war, dass dem Steuerpflichtigen die Differenz zwischen dem Verkehrswert und dem Kaufpreis durch die Ehefrau als unentgeltliche Wertabgabe einkommen- und umsatzsteuerlich zugerechnet wurde. Die Vermittlungsprovisionen wurden außerdem bei der Ehefrau als sonstige Einkünfte erfasst. Zusammen zahlte das Ehepaar Steuern für 30.000 € Mehreinnahmen pro Pkw nach!

---

1 Zentrale Fahndungsnachrichten, Januar 2005.

## 7. Die Vernetzung der Finanzbehörden untereinander

### 7.1 Zusammenarbeit der Bewertungs-/Erbschaftsteuerstellen mit dem Veranlagungs-/Wohnsitzfinanzamt des Steuerbürgers

Im hochmodernen Computerzeitalter ist es nur legitim, dass sich die Finanzbehörden gegenseitig vernetzen, um ein besseres Bild von den Vermögensverhältnissen ihrer Steuerbürger zu bekommen. So haben die Bewertungs- und Erbschaftsteuer-Referatsleiter des Bundes und der Länder in letzter Zeit ein länderübergreifendes Verfahren über Kontrollmitteilungen der Bewertungsstellen an die Erbschaftsteuerstellen bei Übergang von Grundbesitz durch Erbfolge ins Leben gerufen.[1] Danach übersenden die Bewertungsstellen eine Kontrollmitteilung an das für den Erblasser zuständige Erbschaftsteuerfinanzamt:

- wenn sie im Rahmen einer Zurechnungsfortschreibung erkennen, dass der Eigentumsänderung eine Erbfolge zugrunde liegt,
- der bisherige Eigentümer in einem anderen Bundesland wohnte und die Anforderung eines Grundbesitzwertes bislang noch nicht erfolgte.

Das Kontrollmitteilungsverfahren wurde zunächst auf zwei Jahre befristet. Über eine Verlängerung wird derzeit diskutiert.

### 7.2 Kontrollmitteilungen der Erbschaftsteuerstellen an Wohnsitzfinanzämter

Die Erbschaftsteuerstellen sind wie bereits festgestellt[2] Empfänger der Anzeigen von Banken und sonstiger Vermögensverwalter. Die Erbschaftsteuerstellen erstatten nach den gleich lautenden Erlassen der obersten Finanzbehörden der Länder[3] an das jeweilige für die Besteuerung des Einkommens zuständige Finanzamt Kontrollmitteilungen:

- über den ermittelten Nachlass für die Steuerakten des *Erblassers*, wenn der Reinwert mehr als 250.000 € oder das zum Nachlass gehörende Kapitalvermögen mehr als 50.000 € beträgt;
- über den erbschaftsteuerlichen Wert für die Steuerakten des *Erwerbers*, wenn dessen erbschaftsteuerlicher Bruttowert mehr als 250.000 € oder das zum Erwerb gehörende Kapitalvermögen mehr als 50.000 € beträgt.

---

1 FinMin Baden-Württemberg v. 11.5.2004, DStR 2005 S. 29.
2 Vgl. Teil I Abschn. 4.9, 5.2, 6.8, 6.9.
3 Vom 21.9.2001, BStBl 2001 I S. 665.

Die Wertgrenze von 50.000 € gilt für Schenkungen von Kapitalvermögen entsprechend.

Die Kontrollmitteilungen werden unabhängig davon erteilt, ob es zu einer Steuerfestsetzung gekommen ist oder nicht. Den Erbschaftsteuerstellen bleibt es vorbehalten, Kontrollmitteilungen auch bei niedrigeren Beträgen oder bei gegebenem Anlass zu übersenden, z.B. wenn eine Schenkung erst im Rahmen einer Außenprüfung oder Fahndung aufgedeckt wurde.

## 7.3 Kontrollmitteilungen anderer Finanzämter an die Erbschaftsteuerstellen

### 7.3.1 Allgemeine Mitteilungspflichten

Eine Allgemeine Verwaltungsanweisung für die Erbschaftsteuer (ErbStVA) des Hessischen Finanzministeriums[1] illustriert in vorzüglicher Weise die Zusammenarbeit der Finanzämter untereinander. Danach haben die Finanzämter (einschließlich der Prüfungsdienste und der Steuerfahndung) den für die Erbschaftsteuer zuständigen Finanzämtern mitzuteilen:[2]

- *„die ihnen bekannt gewordenen Vermögensanfälle unter Lebenden (freigebige Zuwendungen und Zweckzuwendungen) mit Ausnahme derjenigen, die von einem inländischen Gericht oder Notar beurkundet worden sind,*
- *Verträge, bei denen zu vermuten ist, dass sie eine gemischte oder verdeckte Schenkung enthalten,*
- *Vereinbarungen über die Gewährung einer überhöhten Gewinnbeteiligung unter Angabe des Gewinnübermaßes,*
- *den aufgrund des Gesellschaftsvertrags einer Personen- oder Kapitalgesellschaft beim Ausscheiden eines Gesellschafters zu Lebzeiten oder durch Tod erfolgenden Übergang seines Gesellschaftsanteils oder eines Teils desselben auf die anderen Gesellschafter oder die Gesellschaft,*
- *nach Kenntnis vom Tode eines Steuerpflichtigen die Zusammensetzung und die Höhe seines dem Finanzamt bekannten Vermögens einschließlich der festgestellten Einheitswerte des land- und forstwirtschaftlichen Vermögens und des Grundvermögens, soweit das für die Erbschaftsteuer zuständige Finanzamt diese Werte nicht selbst unmittelbar abfragen*

---

1 Vom 22.12.1999, S 3715 A - 5 - II B 41.
2 Verwaltungsanweisung, a.a.O., Ziffer 1.3.

kann; bei Gewerbebetrieben ist möglichst eine Kopie der letzten Bilanz, bei Personengesellschaften zusätzlich eine Kopie des Gesellschaftsvertrags beizufügen, bei vermieteten Grundstücken ist möglichst die Jahresmiete anzugeben,

- die ihnen bekannt gewordenen Erwerbe von Vermögensgegenständen, insbesondere von land- und forstwirtschaftlichem Vermögen, Grundvermögen und Betriebsgrundstücken aus dem Nachlass (Vermögen) eines nicht im Inland wohnhaften Erblassers (Schenkers),
- die ihnen bekannt gewordenen Sterbefälle und Schenkungen solcher Personen, die zurzeit ihres Todes oder der Ausführung der Zuwendung der erweiterten beschränkten Steuerpflicht nach dem Außensteuergesetz unterlagen, unter Angabe des Zeitpunkts der Aufgabe des inländischen Wohnsitzes, des inländischen Vertreters des Erblassers (Schenkers) und – soweit bekannt – des Nachlasses (des geschenkten Vermögens) und der Erwerber,
- die ihnen bekannt gewordenen Sachverhalte, die zum ggf. teilweisen Wegfall der Steuerentlastungen nach §§ 13a und 19a ErbStG sowie des § 13 Abs. 2a ErbStG a.F. führen,
- alle bereits erfassten unbeschränkt steuerpflichtigen nicht nach § 5 KStG steuerbefreiten Stiftungen und Familienvereine,
- alle ihnen bekannt gewordenen Fälle der Aufhebung oder Auflösung von Stiftungen, Vereinen und Vermögensmassen, deren Zweck auf die Bindung von Vermögen gerichtet ist,
- alle bekannt gewordenen Fälle, in denen steuerbegünstigte Körperschaften, Personenvereinigungen oder Vermögensmassen die Voraussetzungen für die Inanspruchnahme der Steuerbegünstigung nach § 5 Abs. 1 Nr. 9 KStG nicht mehr erfüllen, weil sie satzungsmäßig oder tatsächlich gegen die Vermögensbindung (§ 55 Abs. 1 Nr. 4 AO) verstoßen haben; dazu gehören auch die Fälle, in denen die Vermögensbindung von Anfang an steuerlich als nicht ausreichend gilt (§ 61 Abs. 3, § 63 Abs. 2 AO)."

### 7.3.2 Einrichtung von Gemeinschaftskonten und -depots unter Eheleuten

Eigentlich sollten Eheleute Gemeinschaftskonten und -depots einrichten können, ohne vom Staat kontrolliert zu werden. Dem ist aber leider nicht so. Das Oder-Konto ist ein Gemeinschaftskonto, bei dem jeder Verfügungsberechtigte einzeln und vollumfänglich über das Kontoguthaben verfügen kann. Die Finanzverwaltung als auch einzelne Finanzgerichte leiten daraus ab, dass die Errichtung eines Oder-Kontos mittels allein vom Ehemann stammenden Geldern in Höhe der Hälfte des Einlagebetrages eine schenkungsteuerpflichtige freigebige Zuwendung darstellt[1].

Zwar werden solche durch Eröffnung eines gemeinschaftlichen Oder-Kontos getätigte Zuwendungen die für Ehegatten geltenden persönlichen Freibeträge des Erbschaft- und Schenkungsteuergesetzes nur in Ausnahmefällen überschreiten.[2] Dennoch erteilen die Finanzämter bei Kenntnisnahme eines Gemeinschaftskontos Kontrollmitteilungen an die Erbschaftsteuerstellen. Die Oberfinanzdirektion Koblenz hat die Finanzämter ihres Bezirks bereits vor mehreren Jahren dringend auf die Mitwirkungsverpflichtung der Veranlagungsstellen und Außenprüfungsdienste hinsichtlich schenkungsteuerpflichtiger Vorgänge zwischen Ehegatten hingewiesen und die vermehrte Anfertigung von Kontrollmitteilungen an die Erbschaftsteuerstelle über derartige Vorgänge angemahnt. Insbesondere sei dabei das erforderliche Augenmerk für die Fälle zu schärfen, in denen Steuerpflichtige ihren nicht einzahlenden Ehegatten die gemeinschaftliche Verfügungsmöglichkeit über Bankkonten und -depots eingeräumt haben.[3]

## 8. Druckmedien als Daten- und Informationsquelle

### 8.1 Chiffre-Anzeigen

Kleinanzeigen über Verkäufe bestimmter ins Auge fallender Objekte oder über das Anbieten von steuerpflichtigen Dienstleistungen stechen den Finanzbeamten besonders dann ins Auge, wenn sich der Inserent hinter einer Chiffre-Nummer verbirgt. Vielfach wird fälschlicherweise angenommen, dass Chiffre-Anzeigen dem Steuerbürger gegenüber den Finanzbehörden Diskretionsschutz gewähren, weil sich die Mitarbeiter von Presse und Rundfunk auf das Pressegeheimnis berufen könnten.

Gemäß § 102 Abs. 1 Nr. 4 AO können „Personen, die bei der Vorbereitung, Herstellung oder Verbreitung von periodischen Druckwerken oder Rund-

---

1 Hessisches FG, Urt. v. 26.7.2001 – 1 K 2651/00, DStRE 2002 S. 1023. Die Richter sahen in der Umwandlung eines Einzelkontos in ein Oder-Konto einen schenkungsteuerpflichtigen Vorgang.
2 Für Details siehe Götzenberger, Optimale Vermögensübertragung, Herne/Berlin 2006, Tz. 3.4.
3 OFD Koblenz v. 19.2.2002, S 3900 A – St 535.

funksendungen berufsmäßig mitwirken oder mitgewirkt haben, über die Person des Verfassers, Einsenders oder Gewährsmanns von Beiträgen und Unterlagen sowie über die ihnen im Hinblick auf ihre Tätigkeit gemachten Mitteilungen, soweit es sich um Beiträge, Unterlagen und Mitteilungen für den redaktionellen Teil handelt", gegenüber den Finanzbehörden die Auskunft verweigern. Das Auskunftsverweigerungsrecht nach der Abgabenordnung lehnt sich an die entsprechende Vorschrift in der Strafprozessordnung (StPO) an. Gemäß § 53 Abs. 1 Nr. 5 StPO sind „Personen, die bei der Vorbereitung, Herstellung oder Verbreitung von Druckwerken, Rundfunksendungen, Filmberichten oder der Unterrichtung oder Meinungsbildung dienenden Informations- und Kommunikationsdiensten berufsmäßig mitwirken oder mitgewirkt haben" zur Verweigerung des Zeugnisses berechtigt. Letzteres begründet sich auch aus Art. 3 des „Gesetzes über das Zeugnisverweigerungsrecht der Mitarbeiter von Presse und Rundfunk".

Dieses für Pressemitarbeiter geltende Zeugnisverweigerungsrecht erfährt jedoch Einschränkungen. So geht aus diesen Gesetzen klar hervor, dass das Pressegeheimnis nur den redaktionellen Teil umfasst. So beschränkt § 102 Abs. 1 Nr. 4 AO das Auskunftsverweigerungsrecht auf „Beiträge, Unterlagen und Mitteilungen für den redaktionellen Teil". Auch § 53 Abs 1 Sätze 2 und 3 StPO schränken das Zeugnisverweigerungsrecht entsprechend ein, dass die Pressemitarbeiter das Zeugnis verweigern dürfen über die „Person des Verfassers oder Einsenders von Beiträgen und Unterlagen oder des sonstigen Informanten sowie über die ihnen im Hinblick auf ihre Tätigkeit gemachten Mitteilungen, über deren Inhalt sowie über den Inhalt selbst erarbeiteter Materialien und den Gegenstand berufsbezogener Wahrnehmungen". Dies gilt aber nur, „soweit es sich um Beiträge, Unterlagen, Mitteilungen und Materialien für den redaktionellen Teil oder redaktionell aufbereitete Informations- und Kommunikationsdienste handelt".

Damit unterliegt der Anzeigenteil mit den dort enthaltenen Chiffre-Anzeigen nicht dem Geheimnisschutz. Zwar schließt das im GG verankerte Grundrecht der Pressefreiheit (Art. 5 Abs. 1 Satz 2 GG) auch den Anzeigenteil mit ein, Satz 2 erfährt jedoch insoweit eine Einschränkung, als Art. 5 Abs. 2 GG bestimmt, dass die Pressefreiheit ihre Schranken u.a. „in den Vorschriften der allgemeinen Gesetze" findet.

Die Rechtsprechung vertritt zwar die Auffassung, dass sich aus der Beschränkung der Zeugnisverweigerungsrechte nur auf den redaktionellen Teil nicht auch der „Anzeigenteil des Schutzes gegenüber staatlichen Eingriffen bedarf, zumal nicht zu verkennen ist, dass die Einnahmen aus dem

## 8. Druckmedien als Informationsquelle 93

Anzeigenteil oft die unentbehrliche wirtschaftliche Voraussetzung für das Bestehen einer vom Staat unabhängigen Presse sind".[1] „Dieser Schutz braucht jedoch nicht so weit zu gehen wie der des redaktionellen Teils. Insbesondere kommt dem Schutz der Anonymität der Informationsquelle beim Anzeigenteil weniger Bedeutung zu als beim redaktionellen Teil", fügt der BFH[2] hinzu, „denn nur wenige potenzielle Inserenten werden sich durch das Fehlen eines gesetzlichen Auskunftsverweigerungsrechts der Presse hinsichtlich des Anzeigenteils veranlasst sehen, vom Aufgeben einer Anzeige abzusehen."

Ein über den redaktionellen Teil einer Zeitung hinausgehendes Auskunftsverweigerungsrecht der Presseangehörigen kann aber ausnahmeweise seine Grundlage in Art. 5 Abs. 1 Satz 2 GG finden, nämlich dann, wenn es darauf ankommt, „ob die Anzeige, die Anlass und Gegenstand des Auskunftsverlangens ist, ebenso wie ein redaktioneller Beitrag geeignet und bestimmt ist, der kontrollbildenden und meinungsbildenden Funktion der Presse zu dienen".[3] Dies würde aber bei der „Art der Anzeigen, die Gegenstand des Auskunftsersuchens des Finanzamtes sind", ausscheiden, wie der BFH hinzufügt. Grenzen der Auskunftspflicht würden sich schließlich auch nicht aus dem verfassungsrechtlich geschützten Recht auf informationelle Selbstbestimmung ergeben, so der BFH.[4]

Allerdings dürfen die Steuerfahndungsbehörden im Rahmen von Vorfeldermittlungen[5] nur bei hinreichendem Anlass tätig werden. Dieser liegt vor, wenn aufgrund konkreter Momente oder aufgrund allgemeiner Erfahrung eine Anordnung bestimmter Art angezeigt ist.[6] Dazu genügt, dass die Möglichkeit einer objektiven Steuerverkürzung besteht.

Ein hinreichender Anlass zum Tätigwerden liegt bei Chiffre-Anzeigen, deren Aufgeber ausländische Immobilien von beträchtlichem Wert zum Verkauf anbieten[7], Kfz.-Händlern, Telefonverkäufern oder sonstigen Anbietern

---

1 Vgl. BFH, Urt. v. 26.8.1980 VII R 42/80, BStBl 1980 II S. 699.
2 Vgl. BFH, Urt. v. 26.8.1980 VII R 42/80, BStBl 1980 II S. 699.
3 BFH, Urt. v. 7.8.1990 VII R 106/89, BStBl 1990 II S. 1010.
4 BFH, Urt. v. 7.8.1990 VII R 106/89, BStBl 1990 II S. 1010 und Bezug auf Senatsurteil v. 29.10 1986 VII R 82/85 BFHE 148, 108, 116 f.
5 Nach § 208 Abs. 1 Nr. 3 AO, zur Vorfeldermittlung vgl. Teil I Abschn. 12.4, Die Aufdeckung und Ermittlung unbekannter Steuerfälle (Vorfeldermittlungen).
6 BFH, Urt. v. 29.10.1986 VII R 82/85, BStBl 1988 II S. 359.
7 Gegenstand des o.g. Urteils, war Grundvermögen in Nizza (Eigentumswohnung für 290.000 DM= 148.274 €) bzw. auf Teneriffa (Chalet für 310.000 DM= 158.500 €).

von Luxusobjekten, gewerblicher oder freiberuflicher Dienste usw. immer vor. Denn für einen „normalen" Kaufmann ist der Wunsch, anonym zu bleiben, äußerst untypisch. Dieses widersprüchliche Verhalten von Chiffre-Inserenten gibt den Finanzbehörden das Recht, die wahren Hintergründe der Anonymität zu erforschen; ein hinreichender Anlass ist somit gegeben. Das Inserieren unter einer geheimen Handy-Nummer schützt übrigens ebenso wenig vor einer Aufdeckung und Enttarnung wie die Chiffre-Nummer. Daten von Mobilfunkteilnehmern sind nicht geschützt. Die bittere Konsequenz daraus ist, dass der Mobilfunkbetreiber jeden Handynutzer bei hinreichendem Anlass an die Steuerfahndung weitergeben muss.[1]

## 8.2 Aufgebote

Inhaberpapiere[2] wie Aktien (Inhaberaktien) oder Anleihen usw. können verloren gehen oder gestohlen werden. Der eigentliche Besitzer solcher Dokumente muss im Fall des Verlusts damit rechnen, dass ein Dritter, die Urkunde einlöst und somit das Vermögen abkassiert. Um solche Missbräuche zu verhindern, können verloren gegangene Inhaberpapiere durch eine Kraftloserklärung für wertlos erklärt werden.

Eine solche Kraftloserklärung erfolgt in einem Aufgebotsverfahren. Wie bei Aufgebotsverfahren so üblich, erfolgt auch ein solches Kraftloserklärungsverfahren nicht ohne öffentliche Bekanntmachung. Wie das im Einzelnen abläuft und welche öffentlichen Bekanntmachungen im Detail erfolgen müssen, hängt vom jeweiligen Landesrecht ab.[3] Im Regelfall werden in solchen Bekanntmachungen Namens- und Adressangaben des/der Verlustanzeigenden genannt. Dadurch gerät der Besitzer des verlorenen oder gestohlenen Tafelpapiers in die Öffentlichkeit – und damit auch in die Amtsstube der Finanzämter.

---

1 Vgl. Teil I Abschn. 9, Kommunikationseinrichtungen als Daten- und Informationsquelle.
2 Das sind solche Papiere, in welcher der Gläubiger benannt ist und die mit der Bestimmung ausgegeben worden sind, dass die in der Urkunde versprochene Leistung an jeden Inhaber bewirkt werden kann. Der Schuldner wird hier durch die Leistung an den Inhaber der Urkunde befreit (§ 808 Abs. 1 BGB).
3 § 1023 ZPO.

## 9. Kommunikationseinrichtungen als Daten- und Informationsquelle

### 9.1 Strafprozessuale Überwachungsmaßnahmen steigen stetig

Alljährlich, wenn die Bundesnetzagentur in ihrem Amtsblatt[1] die Jahresstatistiken der strafprozessualen Überwachungsmaßnahmen veröffentlicht, sollten Steuerbürger und Datenschützer hellhörig werden: Denn die Tendenz ist stetig steigend. Waren es 2004 noch 34.374 Anordnungen, so erreichte die Anzahl der Telefonüberwachungsmaßnahmen in 2005 bereits den Spitzenwert von 42.508 Überwachungen bzw. 49.243 (inklusive der vorgelegten Verlängerungsanordnungen über das Kalenderjahr). Die Anordnungen teilten sich wie folgt auf:

| Anschlussarten | Anzahl der Kennungen[2] insgesamt (2005) |
|---|---|
| Analoge Telefonanschlüsse | 4.226 |
| ISDN-Basisanschlüsse | 2.384 |
| ISDN-Primärmultiplex-Anschlüsse | 64 |
| Mobiltelefone | 42.011 |
| E-Mail | 365 |
| Internetzugänge | 193 |
| Summe | 49.243 |

### 9.2 Recht auf informationelle Selbstbestimmung schützt Telekommunikationsverbindungsdaten

Kein gläserner Steuerbürger, sondern eine Richterin am Amtsgericht ist ins Visier der Strafverfolgungsbehörden geraten. Diese ordneten die Durch-

---

1 ABl. Nr. 8 v. 25.4.2006 S. 1046. Die Statistik der Bundesnetzagentur basiert auf von den nach der Strafprozessordnung verpflichteten Betreibern erstellten Jahresstatistiken über die jeweils durchgeführten Überwachungsmaßnahmen.

2 Der Begriff Kennung umfasst neben der Telefonnummer als klassisches Kennungsmerkmal alle IP-basierenden Dienste, die nicht mehr lediglich mit anschlussbezogenen Rufnummern arbeiten (Internet-Zugänge, E-Mail-Adressen).

suchung ihrer Wohnung wegen des Verdachts der Verletzung von Dienstgeheimnissen an. Die Durchsuchung diente dazu, Kommunikationsverbindungsdaten auf dem Personalcomputer und dem Mobiltelefon der Beschwerdeführerin zu ermitteln, die einen Nachweis für Kontakte mit einem Reporter hätten ergeben können. Im Rahmen der Ermittlungen war unter anderem auf Computerdaten sowie auf die Einzelverbindungsnachweise des Mobilfunktelefons der Richterin Zugriff genommen worden. Dies ging allerdings dem BVerfG zu weit.[1] Solche Daten seien durch das Recht auf informationelle Selbstbestimmung und ggf. durch das Recht auf Unverletzlichkeit der Wohnung geschützt. Danach darf auf die beim Kommunikationsteilnehmer gespeicherten Daten nur unter bestimmten Voraussetzungen und insbesondere nach Maßgabe des Verhältnismäßigkeitsgrundsatzes zugegriffen werden.

Das Recht auf informationelle Selbstbestimmung ist eine Ausprägung des allgemeinen Persönlichkeitsrechts und wurde vom BVerfG im sog. Volkszählungsurteil 1983 als Grundrecht anerkannt. Es wird aus Art. 2 Abs. 1 i.V.m. Art. 1 Abs. 1 des GG abgeleitet, ist dort jedoch nicht ausdrücklich erwähnt. Es besagt, dass jeder Steuerbürger grundsätzlich selbst über die Preisgabe und Verwendung seiner personenbezogenen Daten bestimmen darf. Abgeleitet wird dieses Recht aus der im Grundgesetz anerkannten Menschenwürde und der allgemeinen Handlungsfreiheit. Letztere sieht das BVerfG dann als beeinträchtigt an, wenn für den Einzelnen nicht mehr erkennbar ist, wer was wann und bei welcher Gelegenheit über ihn weiß. Wer nicht wisse oder beeinflussen könne, welche Informationen bezüglich seines Verhaltens gespeichert und vorrätig gehalten werden, werde aus Vorsicht sein Verhalten anpassen. Dies beeinträchtige nicht nur die individuelle Handlungsfreiheit, sondern auch das Gemeinwohl, da ein freiheitlich demokratisches Gemeinwesen der selbst bestimmten Mitwirkung seiner Bürger bedürfe, so das BVerfG. Die freie Selbstbestimmung bei der Entfaltung der Persönlichkeit sehen Datenschützer mehr und mehr gefährdet durch die Bedingungen der modernen Datenverarbeitung.

*Den direkten Weg zum gläsernen Steuerbürger verhindert das Urteil aber dennoch nicht*: Das BVerfG hat Verbindungsdaten, die wie in diesem Fall nach Abschluss eines Übertragungsvorgangs im Herrschaftsbereich des Kommunikationsteilnehmers verbleiben, nicht unter den Schutz des Fernmeldegeheimnisses gestellt. Der Schutz des Fernmeldegeheimnisses endet

---

1 Urteil v. 2.3.2006 – 2 BvR 2099/04.

# 9. Kommunikationseinrichtungen als Informationsquelle

nach Auffassung des Gerichts in dem Moment, in dem die Nachricht beim Empfänger angekommen und der Übertragungsvorgang beendet ist.

## 9.3 Vom Mythos der abhörsicheren Digitaltechnik

### 9.3.1 Kleiner Exkurs in die ISDN-Technik

Digitale Telekommunikationssysteme wie die ISDN-Technik liefern den Nachrichtendiensten alles „frei Haus". ISDN schickt Sprache in Form von Datenpaketen durch die Leitung. Wer auf ein verräterisches Knacken in der Leitung wartet, wartet vergebens. Eine „Dreierkonferenz" gehört beispielsweise zum Standard von Telefon-Komfortanlagen. Findet ein „Dritter" heraus, wie der Warnton zu unterdrücken ist, der sein Einschalten signalisiert, kann er munter mithören.

Bei ISDN findet die Digitalisierung der Sprache bereits in den Endgeräten statt, was digitale Übertragungstechnik höchstens für gewöhnliche Bastler abhörsicher macht. Für die Behörden, genauer gesagt für die Nachrichten- und Geheimdienstbehörden, hat sich mit der digitalen Übertragungstechnik ein neues Feld der unbegrenzten Möglichkeiten eröffnet. Vielfach nicht bekannt ist, dass in das internationale CCITT Protokoll entsprechende Möglichkeiten eingebaut sind, um es innerhalb des Integrated Services Digital Network ISDN zu ermöglichen, Gespräche in der Nähe eines ISDN-Telefons von außen mitzuhören (via D Kanal), ohne dass es der Nutzer merkt und selbstverständlich ohne den Telefonhörer abzuheben.

Ein weiteres Merkmal von ISDN ist, dass mit einem Gespräch quasi als Huckepacksignal gleichzeitig auch die Anschlussnummer des Teilnehmers mit übertragen wird. Der Steuerbürger kann die Rufnummernanzeige zwar unterdrücken lassen, indem er an seinem Telefon eine entsprechende Taste drückt oder dies bei der Telekom beantragt. Die Anschlussnummer wird aber dennoch übertragen. Die Verbindungsdaten müssen zur Telefonüberwachung für eine bestimmte Zeit gespeichert und für die Überwachungsorgane abrufbereit gestellt werden.[1]

Das GSM-Handy, welches vielfach als „abhörsicher" gepriesen wird, ist dies keinesfalls. Telefoniert der Steuerbürger im Netz, sucht sich sein Handy immer die nächstliegende und am besten empfangbare Funkzelle aus und nimmt Kontakt mit der dazugehörigen Basisstation auf. Um dem

---

1 Vgl. Teil I Abschn. 9.4, Rechtliche Voraussetzungen, Straftatenkatalog und abfragbare Telefonverbindungsdaten.

Nutzer aber das Telefonieren während des Autofahrens zu ermöglichen, werden dem Handy ständig Alternativfrequenzen zugesandt, die es ständig abscannt und bei Bedarf wechselt. Wenn man nun einen Mobilfunktransceiver in die Nähe des abzuhörenden Handys bringt und ein starkes Funksignal aussendet, dessen Frequenz einer der ständig abgescannten Alternativfrequenzen entspricht, erkennt das Handy diesen Transceiver als die bessere Funkverbindung und schaltet um. Es findet ein sog. Handover auf den Transceiver der Lauscher statt. Das Gespräch des Nutzers ist umgeleitet; dieser (und auch sein Vermögensberater) bekommt davon selbstverständlich nichts mit. Nur die Betriebsdaten des Handys wie Arbeitskanal, Zeitschlitz oder Timing-Advance ändern sich. Aber gewöhnliche Handys zeigen dergleichen nicht an.

### 9.3.2 Moderne „Intelligence Systeme" zur Filterung signifikanter Schlüsselwörter

Der Steuerbürger praktiziert es vielleicht schon im kleinen Stil selbst: Er ruft seinen mit Soundkarte und Mikrofon ausgestatteten Computer zum Diktat. Moderne Spracherkennungssysteme ermöglichen dies heute schon mehr oder weniger genau. Ähnlich, aber mit anderen „Kapazitäten" ausgestattet, geht die National Security Agency (NSA), der aggressivste US-Geheimdienst, vor. Ob im Elm, einem waldreichen Höhenzug in der Nähe von Braunschweig, in Frankfurt oder im oberbayerischen Bad Aibling: Überall ragen geriffelte Aluminiumkuppeln „wie riesige Golfbälle" aus der Ebene heraus. Die abgeschirmten Anlagen sind Knotenpunkte eines unsichtbaren Netzes – der amerikanische Geheimdienst lauscht weltweit, rund um die Uhr. Die riesigen Antennenschüsseln der Lauschstationen sind nicht nur auf die Satellitenübertragung getrimmt. Sie sind auch präzise auf die Richtfunkfrequenzen ausgerichtet, die die Deutsche Telekom zur Übermittlung für nahezu jedes dritte Telefongespräch nutzt.

Natürlich müssen die Horcher angesichts der Menge, die über Richtfunkstationen läuft, schon das „Richtige" herausfiltern. Doch dies ist durch die digitale Verschlüsselung und der Computertechnologie weniger problematisch geworden; allerdings bei weitem nicht so einfach wie das Computerdiktat. Das Problem, das die Geheimdienste mit solchen Worterkennungssystemen haben, ist, dass sie sich mit ihren großen Ohren in einem mehrsprachigen Sektor bewegen mit einer Vielzahl unterschiedlicher Stimmen und Sprecher. Jeder Telefonteilnehmer hat eine andere Artikulation, einen unterschiedlichen Sprachausdruck, den der Computer erst einmal lernen

## 9. Kommunikationseinrichtungen als Informationsquelle

muss. So verlangt das Spracherkennungssystem, das der Steuerbürger nutzt, monatelanges Training. Der PC des Steuerbürgers muss dabei aber nur eine Stimme, die Stimme „seines Herrn" lernen. Der Computer der Geheimdienste hat es dagegen mit Tausenden zu tun, die er aus dem Telefonsprechkanal herausfiltern soll.

Doch die Technik ist dieselbe. So, wie der Steuerbürger eben seinem Computer diktiert, filtert die NSA Ferngespräche nach „Schlüsselwörtern". Die Sicherheitsbehörde erstellt sog. „Wortbanken". Nur Gewünschtes soll so aufgefangen und zu einem Operator-Arbeitsplatz durchgeschaltet werden. Im von der NSA/CIA in den USA und den britischen Geheimdiensten GCHQ und MI6 weltumspannend betriebenen ECHELON-Netz liefert jede Teilnehmernation „Wörterbücher" für Kennwörter oder bestimmte Sätze. Die so herausgefilterten Gespräche werden an das entsprechende Teilnehmerland weitergeleitet. Legt der Steuerbürger z.B. in der für Geldwäscher signifikanten Dollar-Währung an, und fällt der Begriff „Dollar" im Telefongespräch mit dem Anlageberater der Schweizer Bank, vielleicht auch noch im Zusammenhang mit „Steuern" und „Bankgeheimnis", kann er schon ausgefiltert sein, vorausgesetzt das „intelligence collection system" erkennt seine Worte. Ein solches System kann eine Million Inputs in jeder halben Stunde generieren. Nur ca. 1.000 Inputs erfüllen die vorgegebenen Kriterien und nur ca. 10 Inputs werden von Analysten ausgewählt.

### 9.4 Rechtliche Voraussetzungen, Straftatenkatalog und abfragbare Telefonverbindungsdaten

Die Überwachung von Telefonanschlüssen bzw. Kennungen aller Art darf nur unter bestimmten Voraussetzungen angeordnet werden. § 100a StPO beschränkt Telekommunikationsüberwachungsmaßnahmen auf Tatsachen, die den Verdacht begründen, dass jemand als Täter oder Teilnehmer folgende Straftaten begangen haben könnte, zu begehen versucht oder vorbereitet hat:

- Straftaten des Friedensverrats, des Hochverrats und der Gefährdung des demokratischen Rechtsstaates oder des Landesverrats und der Gefährdung der äußeren Sicherheit,
- Straftaten gegen die Landesverteidigung,
- Straftaten gegen die öffentliche Ordnung,
- Anstiftung oder Beihilfe zur Fahnenflucht,

- Straftaten gegen die Sicherheit der in der Bundesrepublik Deutschland stationierten Militärtruppen,
- Geld- oder Wertpapierfälschung,
- Schwerer sexueller Missbrauch von Kindern,
- Verbreitung pornografischer Schriften,
- Mord, Totschlag oder Völkermord,
- Straftaten gegen die persönliche Freiheit,
- Bandendiebstahl,
- Raub oder räuberische Erpressung,
- Erpressung,
- Gewerbsmäßige Hehlerei, Bandenhehlerei,
- Geldwäsche oder Verschleierung unrechtmäßig erlangter Vermögenswerte,
- Sonstige gemeingefährliche Straftaten,
- Straftaten gegen das Waffengesetz,
- Straftaten gegen das Betäubungsmittelgesetz,
- Straftaten gegen das Aufenthaltsgesetz oder Asylverfahrensgesetz.

Der Strafsachenkatalog ist dabei abschließend; Steuerstraftaten sind darin nicht enthalten.[1] Weitere Voraussetzung ist, dass die Erforschung des Sachverhalts oder die Ermittlung des Aufenthaltsortes des Beschuldigten auf andere Weise aussichtslos oder wesentlich erschwert wäre (§ 100a Satz 1 StPO). Die Telekommunikationsüberwachung darf sich dabei auch nur gegen den Beschuldigten oder gegen Personen richten, von denen aufgrund bestimmter Tatsachen anzunehmen ist, dass sie für den Beschuldigten bestimmte oder von ihm herrührende Mitteilungen entgegennehmen oder weitergeben oder dass der Beschuldigte ihren Anschluss benutzt.

Liegen die Voraussetzungen für eine Telekommunikationsüberwachung vor, dürfen Anbieter von Telekommunikationsdienstleistungen für Auskünfte über bestimmte Kommunikationsverbindungsdaten in Anspruch

---

1 Zu den Bestrebungen, Steuerstraftaten mit in den Straftatenkatalog zur Telekommunikationsüberwachung aufzunehmen vgl. Teil I Abschn. 9.7, Ausblick: Finanzminister wollen Telefonüberwachung künftig verstärkt nutzen.

genommen werden[1]. Abfragbare Telekommunikationsverbindungsdaten sind:[2]

- im Falle einer Verbindung Berechtigungskennungen, Kartennummern, Standortkennung sowie Rufnummer oder Kennung des anrufenden und angerufenen Anschlusses oder der Endeinrichtung,
- Beginn und Ende der Verbindung nach Datum und Uhrzeit,
- vom Kunden in Anspruch genommene Telekommunikationsdienstleistung,
- Endpunkte fest geschalteter Verbindungen, ihr Beginn und ihr Ende nach Datum und Uhrzeit.

Die Auskunftserteilung bedarf grundsätzlich einer richterlichen Anordnung. Nur bei Gefahr im Verzug kann die Anordnung auch von der Staatsanwaltschaft getroffen werden.[3]

## 9.5 Datensammlung und Datenabruf im telefonischen Überwachungsverkehr

Verstrebt mit der dritten Säule des Maastricht-Vertrags, auf welcher die Zusammenarbeit in der Innen- und Justizpolitik der EU-Staaten lastet, wurde im Oktober 1995 die Erstellung eines europaweiten Abhörnetzes beschlossen, wonach Fernmeldebehörden und private Telekommunikationsanbieter per Gesetz gezwungen werden, zur Überwachung der Telekommunikation einen Netzzugang für die Übertragung der im Rahmen einer Überwachungsmaßnahme anfallenden Informationen unverzüglich und vorrangig bereitzustellen. Zur Verfügung zu stellen sind sog. „technische Schnittstellen".

Das deutsche Telekommunikationsgesetz bestimmt zur technischen Umsetzung Folgendes: „Wer eine Telekommunikationsanlage betreibt, mit der Telekommunikationsdienste für die Öffentlichkeit erbracht werden, hat ab dem Zeitpunkt der Betriebsaufnahme auf eigene Kosten technische Einrichtungen zur Umsetzung gesetzlich vorgesehener Maßnahmen zur Überwachung der Telekommunikation vorzuhalten und organisatorische Vorkehrungen für deren unverzügliche Umsetzung zu treffen" (§ 110 Abs. 1

---

1 §§ 100b Abs. 3, 100g Abs. 1, 100h StPO.
2 Vgl. § 100g Abs. 3 StPO.
3 § 100b Abs. 1 StPO.

Satz 1 Nr. 2 TKG).[1] Auch sog. „Netzabschlusspunkte" müssen für die Übertragung der im Rahmen einer Überwachungsmaßnahme anfallenden Informationen von den Betreibern der Telekommunikationsanlagen bereitgestellt werden (§ 110 Abs. 6 TKG).

Für die nach dem TKG geltenden automatisierten und manuellen Auskunftsverfahren sind folgende Daten bereitzustellen:

- die Rufnummern,
- Name und die Anschrift des Rufnummerninhabers,
- Datum des Vertragsbeginns,
- bei natürlichen Personen deren Geburtsdatum,
- bei Festnetzanschlüssen auch die Anschrift des Anschlusses vor der Freischaltung,
- das Datum des Vertragsendes bei Bekanntwerden.

Diese in sog. *Kundendateien* zu speichernden Daten sind ggf. um Rufnummern und Rufnummernkontingente zu ergänzen, die zur weiteren Vermarktung oder sonstigen Nutzung an andere Anbieter von Telekommunikationsdiensten vergeben werden. Bei portierten Rufnummern ist außerdem die aktuelle Portierungskennung aufzunehmen (§ 112 Abs. 1 TKG).

Auskünfte aus den Kundendateien werden erteilt an:[2]

- Gerichte und Strafverfolgungsbehörden,
- Polizeivollzugsbehörden des Bundes und der Länder für Zwecke der Gefahrenabwehr,
- Zollkriminalamt und Zollfahndungsämter für Zwecke eines Strafverfahrens sowie dem Zollkriminalamt zur Vorbereitung und Durchführung von Maßnahmen nach dem Außenwirtschaftsgesetz,
- den Verfassungsschutzbehörden des Bundes und der Länder, dem Militärischen Abschirmdienst, dem Bundesnachrichtendienst,
- den Notrufabfragestellen sowie der Abfragestelle für Seenotrufnummern,
- der Bundesanstalt für Finanzdienstleistungsaufsicht sowie

---

1 § 110 Abs. 1 Satz 1 Nr. 2 TKG vom 22.6.2004 (BGBl 2004 I S. 1190), zuletzt geändert durch: Zweites Gesetz zur Neuregelung des Energiewirtschaftsrechts vom 7.7.2005 (BGBl 2005 I S. 1970).
2 § 112 Abs. 2 TKG.

## 9. Kommunikationseinrichtungen als Informationsquelle

- den Behörden der Zollverwaltung für die im Schwarzarbeitsbekämpfungsgesetz genannten Zwecke über zentrale Abfragestellen.

Die Finanzbehörden gehören bis dato noch nicht zum Empfängerkreis für automatisierte Auskunftsabrufe Steuerbürger betreffend, können jedoch mit den Zollbehörden entsprechend „kommunizieren". Bis auch die Finanzämter direkten Zugang auf die Daten erhalten können, dürfte nur noch eine Frage der Zeit sein.[1]

### 9.6 Automatisiertes Auskunftsverfahren auch bei der Telekommunikationsüberwachung

Nicht nur der Kontenabruf bei inländischen Geschäftsbanken ist automatisiert! Auch im Bereich der Telekommunikationsüberwachung müssen die Betreiber von Telekommunikationsdiensten der Regulierungsbehörde[2] „jederzeit" den Abruf von „Daten aus den *Kundendateien* automatisiert im Inland" ermöglichen. Die Telekommunikationsdienstleister haben außerdem sicherzustellen, dass der „Abruf von Daten unter Verwendung unvollständiger Abfragedaten oder die Suche mittels einer ähnlichen Funktion erfolgen kann" (§ 112 Abs. 1 Satz 4 Nr. 1, 2 TKG). Dabei haben die Telefongesellschaften „durch technische und organisatorische Maßnahmen sicherzustellen, dass" ihren Kunden und Steuerbürgern „Abrufe nicht zur Kenntnis gelangen können" (§ 112 Abs. 1 Satz 6 TKG).

### 9.7 Ausblick: Finanzminister wollen Telefonüberwachung künftig verstärkt nutzen

Die Finanzminister der Länder haben jüngst die Telekommunikationseinrichtungen der Steuerbürger als prickelnde Informationsquelle entdeckt. Wie oben festgestellt, erlaubt § 100a StPO nur unter sehr engen Voraussetzungen die Überwachung und Aufzeichnung der Telekommunikation, sowohl des Inhalts wie auch der Kommunikationsumstände.

Steuerstraftaten gehörten bislang nicht dazu. So durften bislang Informationen über Steuerdelikte, die Polizei und Staatsanwaltschaft beim Abhören von Telekommunikationsverbindungen so „nebenher" erfahren, nicht ausgewertet werden. Diese Gesetzeslücke will Nordrhein-Westfalens Fi-

---

1 Vgl. hierzu Teil I Abschn. 9.1, Strafprozessuale Überwachungsmaßnahmen steigen stetig.
2 Die Bundesnetzagentur für Elektrizität, Gas, Telekommunikation, Post und Eisenbahnen ist Regulierungsbehörde i.S. dieses Gesetzes.

nanzminister Linssen mit einer neuen Gesetzesinitiative jetzt schließen. Die Aufnahme von Steuerhinterziehung in den Katalog der „abhörfähigen Straftaten" ist ohnehin bereits geplant. Auch ist es den Finanzbehörden schon jetzt möglich, Informationen aus Telefonüberwachungen indirekt zu nutzen. Zwar darf die Finanzverwaltung dieses Wissen nicht gezielt verwerten, kann aber gezielte Ermittlungsmaßnahmen einleiten, z.B. mittels einer Durchsuchungshandlung. Nur für Besteuerungszwecke (also außerhalb eines eingeleiteten Strafverfahrens) dürfen die aus einer richterlich angeordneten Telefonüberwachung gewonnenen Kenntnisse (noch) nicht verwertet werden. So hat der BFH das Erfassen bestimmter Fernmeldevorgänge durch die Strafverfolgungsbehörden und die Weitergabe der hieraus resultierenden Aufzeichnungen an die Finanzverwaltung für Besteuerungsverfahren mit der Begründung untersagt, dass derartige Maßnahmen in den durch Art. 10 GG geschützten Bereich eingreifen. Zwar haben Gerichte und die Behörden von Bund, Ländern und kommunalen Trägern der öffentlichen Verwaltung Tatsachen, die sie dienstlich erfahren und die den Verdacht einer Steuerstraftat begründen, der Finanzbehörde mitzuteilen. „Diese Mitteilungspflicht gilt jedoch nicht, wenn die Behörde durch die Auskunft oder durch die Vorlage von Urkunden gegen das Brief-, Post- oder Fernmeldegeheimnis des Art. 10 Abs. 1 GG verstoßen würde", so die Richter.[1] Es fragt sich allerdings, wie lange es noch dauern wird, bis die Barrieren der Rechtsprechung zur Telefonüberwachung für Steuerzwecke durch entsprechende Gesetzesänderungen beseitigt sind.

## 10. Das Internet als Daten- und Informationsquelle

### 10.1 Allgemeines

„Der Online-Handel über Auktions- und Handelshäuser nimmt mittlerweile einen breiten Raum im elektronischen Handel (E-Commerce) ein", wie das Bayerische Landesamt für Steuern in einer aktuellen Verfügung feststellt.[2] Erfahren die Finanzämter etwa durch Einsatz entsprechender Recherchesoftware von einem „steuerlich bedeutsamen Leistungsaustausch", weist das Landesamt ihre Finanzämter an, „abzuklären, ob steuerlich relevante Gewinne und Umsätze erzielt worden sind". Ein entsprechendes Auskunftsrecht gegenüber den Telediensteanbietern steht den Finanzbehör-

---

1 Urt. v. 26.2.2001 VII B 265/00, BStBl 2001 II S. 464.
2 Verfügung v. 7.6.2006 Az. S 0230 - 10 St 41 M.

## 10. Das Internet als Daten- und Informationsquelle

den im Rahmen des § 93 AO (die Telediensteanbieter stellen hier auskunftspflichtige „Dritte" dar) zu.[1] Online-Auktionshäuser sind auch nach dem Gesetz über die Nutzung von Telediensten (TDG) zur Auskunftserteilung verpflichtet.[2] Das Gesetz über den Datenschutz bei Telediensten (TDDSG) steht einer Auskunftserteilungspflicht im Besteuerungsverfahren nach Maßgabe des § 93 AO nicht entgegen.

Die Chancen, dass die Finanzbehörden „fündig" werden, stehen dabei gut. Denn die Internet-Auktionshäuser speichern die personenbezogenen Daten sowie die jeweiligen Verkaufsaktivitäten ihrer Mitglieder. Somit sind ausreichende Unterlagen vorhanden.

### 10.2 Intelligente Internet-Recherchesoftware „Xpider"

Das Internet entwickelt sich immer mehr zur Aktionsplattform auch für private Steuerbürger. Sei es nun, dass man gebrauchte oder neue Waren auf Online-Auktionen anbietet oder das ehemals betrieblich genutzte Fahrzeug, welches zu einem niedrigen Schätzpreis ausgebucht worden ist, zum „richtigeren" Marktpreis „von Privat" anbietet. Auch besonders teure und wertvolle Auslandsimmobilien, die von deutschen Besitzern zum Verkauf oder zur Vermietung angeboten werden, spürt die Finanzverwaltung im Web immer wieder auf.

Die unzähligen Variationen steuerpflichtiger Betätigungen eines Steuerbürgers im Internet haben die Finanzverwaltung dazu inspiriert, dem Steuerbürger auch hier auf den Fersen zu bleiben. Gut für die Steuerverwaltung (und schlecht für den Steuerbürger), dass die „Deutsche Börse Systems" hierzu die richtige Software entwickelt hat: „Xpider".

Ursprünglich wurde Xpider für die Gruppe Deutsche Börse entwickelt, die das System zur Datensammlung und zur Wettbewerbsbeobachtung einsetzt. Die hohe Effizienz des Programms hat auch das Bundeszentralamt für Steuern aufmerksam gemacht. Xpider ist beim Bundeszentralamt für Steuern im Einsatz; das Amt hat eine Unternehmenslizenz erworben. Hier betreibt eine spezielle Einheit die Internetrecherche. Verdächtige Fälle werden dann weiter an die Länder geleitet. Die Länderfinanzbehörden nutzen derzeit den Xpider nicht selbst, sondern verfolgen die vom Bundeszen-

---

1 Zu § 93 AO vgl. Teil I Abschn. 4.3, Auskunftspflichten inländischer Banken im Besteuerungsverfahren.
2 Vgl. § 3 Satz 1 Nr. 1 i. V. m. § 2 Abs. 2 TDG.

tralamt für Steuern mittels Xpider ausgefilterten Verdachtsmomente weiter.

Xpider ist ein lernfähiges System zum Sammeln, Analysieren und Bewerten von Daten, das die Informationssuche im Inter- und Intranet wesentlich vereinfacht. Das Erfolgsgeheimnis von Xpider liegt im Zusammenwirken folgender Komponenten: dem Web-Crawler (zum Auffinden und Durchsuchen von Web-Präsenzen) und der Wissensmanagement-Komponente (zur Analyse und Auswertung der Seiteninhalte). Der Web-Crawler spürt die gesuchten Informationen im Internet auf, indem er Links auf den gefundenen Webseiten folgt. Als Ausgangspunkt können dabei Startadressen, vorbereitete Link-Listen oder Ergebnisseiten von Suchmaschinen dienen. Mit syntaktischen und fachlichen Filtern sowie Filtern auf Host- bzw. Domainebene können der Suchbereich und die Ergebnismenge eingegrenzt werden. Das lernende System kann gezielt über Inhalte und nicht nur über Schlagworte filtern. Die Ergebnisse werden automatisch bestimmten Kategorien zugeordnet,[1] so dass nur die Webseiten in den relevanten Kategorien betrachtet werden müssen. Ein Download der relevanten Seiten oder auch ganzer Domains ist ebenfalls möglich.

Der Web-Crawler von Xpider ermöglicht es auch, interaktiv oder zeitgesteuert Suchprofile zu aktivieren, er stellt Veränderungen zwischen den Suchläufen fest und speichert die Differenzmenge. Ein komfortables Monitoring erlaubt es den Finanzbehörden, Webpräsenzen automatisiert zu beobachten. Xpider erkennt dabei Änderungen und neue Einträge und zeigt sie separat an. Die hohe Parametrisierbarkeit des Crawlers und die inhaltliche Analyse der Webseiten mit Text-Mining-Methoden führen zur schnellen Ermittlung der relevanten Webseiten.

Wie eine typische Recherche der Finanzbehörden aussehen kann, verdeutlichen folgende Beispiele:

– Die Finanzbehörden suchen über eine Kategorie „Unternehmerisch tätig" mit dem Schlagwort „Finca" und kommen dabei auf mehrere im Web angebotene Fincas, die von deutschen Steuerpflichtigen angeboten werden.

---

1 Es gibt dabei zwei Arten von Kategorien: Die maschinell gelernten Kategorien (hier kann die Finanzverwaltung bestimmte Web-Seiten zu einer Lernmenge zusammenstellen; der Xpider bildet auf Basis dieser Lernmenge eine Kategorie, versucht bestimmte (inhaltliche) Muster zu erkennen) und die durch Experten zusammengestellten Kategorien (die dann quasi „fest verdrahtet" als Kategorie zur Verfügung gestellt werden kann). Letztere ist im Regelfall präziser als die des ersten Typs, können jedoch nicht vom Benutzer selbst erstellt werden.

*10. Das Internet als Daten- und Informationsquelle* 107

– Die Finanzbehörden wollen über Internet-Auktionshäuser tätige Händler aufspüren, die Waren ankaufen und diese anschließend wieder verkaufen.
– Die Finanzbehörden bedienen sich der in diesem Programm integrierten „Sprachidentifikation", welche standardmäßig zehn Amtssprachen der EU enthält. Das „Informations-Extraktion" Tool „Text-Mining" erlaubt es den Behörden, Telefonnummern, E-Mail- und Postadressen oder sonstige Merkmale bestimmter Steuerpflichtiger zu extrahieren.

Xpider eignet sich natürlich nicht nur für die Finanzverwaltung. Das Programm kann für die Bereiche Wettbewerbsanalyse, Produktforschung, Technologie-Scouting, Marktanalyse und -beobachtung oder News-Monitoring eingesetzt werden.[1]

## 10.3 Die eigene Internet-Präsenz als Informationsquelle

Betriebsprüfer werden regelmäßig hausintern daran erinnert, sich vor Beginn der Prüfungen via Internet über das zu prüfende steuerpflichtige Unternehmen zu informieren. Da sich der Steuerbürger im Internet stets erfolgreich und kompetent präsentiert, erfahren die Prüfer hier oftmals mehr, als der Steuerbürger in den Steuerakten offenbart. Ergeben sich Diskrepanzen zwischen dem Inhalt der Internet-Präsentation des Unternehmens und den Daten in den Steuerakten u.a. in Sachen Auslandsbeziehungen, Bauvorhaben, realisierte Projekte, Konzernstruktur, E-Commerce usw. werden diese im Rahmen der Betriebsprüfung regelmäßig aufgegriffen.

## 10.4 Mit dem Website-Watcher Aktivitäten von Steuerpflichtigen überwachen

Verändern, aktualisieren oder passen Steuerbürger ihre Homepage neuen Gegebenheiten oder Aktivitäten an, wissen die Finanzbehörden darüber möglicherweise bereits Bescheid. Ein Internet-Tool, Namens „WebSite-Watcher" macht dies möglich. Die Software prüft ausgewählte Internet-Seiten auf Updates und Änderungen. Hierzu werden die letzten beiden Versionen einer Seite lokal gespeichert und alle Änderungen/Neuerungen optisch hervorgehoben. Dadurch behält die Finanzbehörde ihre Steuerbürger genau im Auge (http://www.aignes.com/de/index.htm).

---

1 Weitere Informationen: www.entory.com.

## 10.5 Im Web den Scheinrechnungen auf der Spur: der Bankleitzahlen-Research

Ein beliebter Trick unter Steuerschummlern ist, Rechnungen mit fingierten Kontoverbindungen ausstellen zu lassen. Die Steuertrickser überweisen hier den Rechnungsbetrag auf dieses fingierte Konto und können so den Zahlungsvorgang nachweisen. Die Überweisung erfolgte jedoch mit der Gewissheit, dass das Geld wenige Tage später wieder zurück überwiesen wird, weil ja die Bankverbindung nicht richtig war. Mit dem Bankleitzahlen-Research-Tool „www.blz-suchen.de" kann die Finanzverwaltung via Internet fingierte Bankleitzahlen auf solchen Scheinrechnungen mühelos ausfindig machen. Auch IBAN (International Bank Account Numbers) lassen sich berechnen und verifizieren.

# 11. Daten- und Informationsgewinnung durch die digitale Betriebsprüfung

## 11.1 Allgemeines

Außenprüfungen werden bei Gewerbebetrieben und freiberuflich Tätigen nach freiem Ermessen (d.h. ohne besondere Voraussetzungen und in unregelmäßigen Zeitabständen) durchgeführt (§ 193 Abs. 1 AO). Ermessen heißt, dass die Finanzbehörde die zu prüfenden Betriebe auch nach Zufallsgesichtspunkten wie dem Losverfahren ausgewählt werden können. Insbesondere bei Klein- und Mittelbetrieben[1] kommt dies mehr oder weniger oft vor. Dadurch soll kein Betrieb darauf vertrauen können, nur in bestimmten Zeitabständen oder nie geprüft zu werden. Die Rechtsprechung sieht in dem Losverfahren eine generalpräventive Wirkung; die Auswahl nach Zufallsgesichtspunkten verstößt nicht gegen das Gleichheitsgebot, auch wenn es den einen oder anderen Mittelständler besonders häufig trifft. Bei Großbetrieben[2] schließt sich ein Prüfungszeitraum dem anderen an. Großbetriebe sollen – so sieht des die Betriebsprüfungsordnung vor, möglichst lückenlos geprüft werden. Daraus lässt sich aber kein Verbot ableiten, Mittelständler und Kleinbetriebe nicht auch lückenlos zu prüfen. Eine Betriebsprüfung kann eine oder mehrere Steuerarten, einen oder mehrere Besteuerungszeiträume umfassen oder sich auf bestimmte Sachverhalte be-

---

1 Zum Begriff siehe nachfolgenden Abschn. 11.2, Größenklassen bei der digitalen Betriebsprüfung.
2 Zum Begriff siehe nachfolgenden Abschn. 11.2.

## 11. Informationsgewinnung durch die digitale Betriebsprüfung 109

schränken (§ 194 Abs. 1 Satz 2 AO). Damit kann sich eine bei einem Unternehmer angeordnete Betriebsprüfung auch auf nichtbetriebliche Sachverhalte beschränken.

Verfahrensrechtlich löst eine Außenprüfung folgende Rechtsfolgen aus:
- Aufhebung des Vorbehalts der Nachprüfung (§ 164 Abs. 3 Satz 3 AO),
- Ablaufhemmung der Festsetzungsfrist (§ 171 Abs. 4 AO),
- eingeschränkte Berichtigungsmöglichkeit (§ 173 Abs. 2 AO) sowie eine
- Sperrwirkung für die strafbefreiende Selbstanzeige (§ 371 Abs. 2 Nr. 1a AO).

Der Betriebsprüfer kann seine Prüfungsschwerpunkte nach den sich durch Sichtung von Kontrollmaterial ergebenden Erkenntnissen ausrichten und die Ausforschung des Steuerbürgers gezielt vorbereiten und planen. In aller Regel prüft er folgende Bereiche:
- Vollständigkeit der Betriebseinnahmen,
- ungeklärte Vermögenszuwächse,
- Abgrenzungen zwischen Betriebs- und Privatvermögen, zwischen Privateinlagen und -entnahmen,
- Verträge zwischen nahe stehenden Personen, Grundstückskäufe und -verkäufe,
- Finanzanlagen, Beteiligungen und Wertpapiere sowie Auslandsbeziehungen.

Betriebsprüfer bereiten sich auf eine bevorstehende Prüfung im Regelfall sehr sorgfältig vor und nutzen dabei auch die neuen Medien. Wer in den Steuerakten als bettelarm gilt, sich aber im Internet als ausgesprochen florierendes Unternehmen darstellt, dürfte daher besonders gründlich unter die Lupe genommen werden. Dasselbe gilt im Fall von Diskrepanzen zwischen den Steuerakten und den Aussagen des Unternehmers auf seiner Homepage.[1]

Außenprüfungen können auch bei Privatpersonen durchgeführt werden. Der Gesetzgeber will dadurch sicherstellen, dass bei Privatpersonen das Prüfungsbedürfnis im Einzelfall bejaht werden kann, während bei Unternehmern und Freiberuflern ein Prüfungsbedürfnis unterstellt wird. Nach § 193 Abs. 2 Nr. 2 AO bedürfen solche Außenprüfungen aber der Begründung, weshalb die für die Besteuerung erheblichen Verhältnisse der Auf-

---

1 Vgl. Teil I Abschn. 10, Das Internet als Daten- und Informationsquelle.

klärung bedürfen und eine Prüfung an Amtsstelle nicht zweckmäßig ist. Die Anordnung einer Außenprüfung bei Privatpersonen wäre demnach nur dann rechtmäßig, wenn ein Verdacht auf die Abgabe einer unvollständigen oder unrichtigen Steuererklärung begründet werden kann bzw. wenn Anhaltspunkte vorliegen, die es nach den Erfahrungen der Finanzverwaltung als möglich erscheinen lassen, dass ein Besteuerungstatbestand erfüllt ist.

In der Praxis werden oft und gerne die Ehefrauen der zu prüfenden Unternehmer mit einbezogen, oftmals mit der Begründung, der Ehemann werde ohnehin geprüft. Ein solcher Hinweis genügt selbstverständlich nicht. Ordnet die Prüfungsanordnung eine Mitprüfung der Ehefrau des Steuerpflichtigen an, müsste schon glaubhaft dargelegt werden, weshalb die gewünschte Aufklärung durch Einzelermittlungen nicht erreicht werden kann. Der Hinweis, dass bei zusammen veranlagten Ehegatten mit einer Überprüfung der steuerlichen Verhältnisse des einen Ehegatten zweckmäßigerweise auch die Prüfung der steuerlichen Verhältnisse des anderen Ehegatten verbunden werden muss, genügt diesen Anforderungen nicht.

## 11.2 Größenklassen bei der digitalen Betriebsprüfung

Gemäß § 3 der Betriebsprüfungsordnung unterscheidet die Finanzverwaltung zwischen Groß-, Mittel-, und Kleinbetrieben nach folgenden Größenklassen:[1]

| Betriebsart | Betriebsmerkmale (Euro) | Großbetriebe (G) | | Mittelbetriebe (M) | | Kleinbetriebe (K) | |
|---|---|---|---|---|---|---|---|
| Handelsbetriebe (H) | Umsatzerlöse oder steuerlicher Gewinn | über über | 6,25 Mio 244.000 | über über | 760.000 47.000 | über über | 145.000 30.000 |
| Fertigungsbetriebe (F) | Umsatzerlöse oder steuerlicher Gewinn | über über | 3,5 Mio 215.000 | über über | 430.000 47.000 | über über | 145.000 30.000 |
| Freie Berufe (FB) | Umsatzerlöse oder steuerlicher Gewinn | über über | 3,7 Mio 485.000 | über über | 700.000 111.000 | über über | 145.000 30.000 |
| Andere Leistungsbetriebe (AL) | Umsatzerlöse oder steuerlicher Gewinn | über über | 4,7 Mio 265.000 | über über | 630.000 51.000 | über über | 145.000 30.000 |
| Sonstige Fallarten | Erfassungsmerkmal | Erfassung in der Betriebskartei als Großbetrieb | | | | | |

---

1 Einheitliche Abgrenzungsmerkmale für den 18. Prüfungsturnus Stand 1.1.2004 (Auszug).

## 11. Informationsgewinnung durch die digitale Betriebsprüfung 111

| Fälle mit bedeutenden Einkünften (bE) | Summe der positiven Einkünfte gem. § 2 Abs. 1 Nrn. 4 bis 7 EStG (keine Saldierung mit negativen Einkünften) | über 500.000 |
|---|---|---|

Tabelle 3: Größenklassenmerkmale

Anzumerken ist, dass nach dieser Größenklassenunterteilung unter den Fällen mit bedeutenden Einkünften alle „Einkunftsmillionäre" als Großbetriebe erfasst werden.

### 11.3 Der Zugriff auf elektronische Daten und neue Auswertungsmöglichkeiten durch die digitale Betriebsprüfung

#### 11.3.1 Allgemeines

Seit 2002 geht die Außenprüfungspraxis von einer „papierlosen Buchführung" aus. Dies bedeutet für den einzelnen Steuer- und Mitwirkungspflichtigen, dass er über die bisherigen Pflichten hinaus auch noch das notwendige EDV-Know-How vorhalten muss, um der Finanzverwaltung die erforderliche Einsicht in die gespeicherten Daten zu ermöglichen und das EDV-System zur Prüfung dieser Unterlagen zu nutzen.[1] Hierbei kann der Betriebsprüfer vom Steuerpflichtigen verlangen, entweder einen unmittelbaren Datenzugriff zu erhalten (Nur-Lesezugriff, Einsicht in die gespeicherten Daten und Nutzung des DV-Systems des Steuerpflichtigen zur Datenprüfung) oder ihn zur technischen Mithilfe auffordern, dass die Daten nach Vorgaben des Prüfers vor Ort im DV-System maschinell ausgewertet werden (mittelbarer Datenzugriff).

Der Unterschied zwischen beiden Methoden ist schnell erklärt: Im ersten Fall filtert und sortiert der Prüfer selbst, im zweiten Fall sortiert und filtert der geprüfte Steuerbürger selbst, selbstverständlich nach Vorgabe des Betriebsprüfers. Schließlich kann die Betriebsprüfung auch verlangen, die gespeicherten Unterlagen und Aufzeichnungen auf einem maschinell verwertbaren Datenträger zur Verfügung gestellt zu bekommen (Datenträgerüberlassung). Ein geeigneter maschinell verwertbarer Datenträger ist beispielsweise eine CD-ROM. Gemäß den Prüfungsschwerpunkten sucht der Prüfer auf der CD das ihn interessierende Datenmaterial heraus, importiert

---
1 § 200 Abs. 1 Satz 2 AO i.V.m. § 147 Abs. 6 AO.

diese in sein EDV-System. Sobald die Daten in die Analysesoftware importiert sind, führt der Betriebsprüfer eine oder mehrere Analysen – teilweise durch Makros automatisiert mit entsprechender Prüfsoftware – im Regelfall der Prüfsoftware IDEA[1]– aus.

Nicht vom Gesetz gedeckt wäre das direkte Überspielen der Daten auf ein Notebook des Prüfers. Dem Betriebsprüfer ist es auch untersagt, eine eigene Prüfsoftware auf den Rechner des Steuerpflichtigen zu installieren, um damit beispielsweise gleich vor Ort graphische Zeitreihenvergleiche oder andere Plausibilitätsprüfungen[2] vorzunehmen. Der Prüfer kann sich vielmehr „nur" der Software des Steuerpflichtigen bedienen, wobei es auf der Hand liegt, dass die Effizienz einer Außenprüfung nicht ganz unwesentlich von der Leistungsfähigkeit der vom Steuerpflichtigen eingesetzten EDV-Programme abhängig ist. Welche der drei Möglichkeiten der Betriebsprüfer wählt, bleibt ihm überlassen. Keinesfalls darf er auf Verdacht alle drei Methoden durchprobieren, um festzustellen, mit welcher er am besten zurechtkommt. Auch eine Fernabfrage (Online-Zugriff) auf das DV-System eines Steuerbürgers ist (noch) untersagt.[3]

Dem neuen elektronischen Datenzugriff unterliegen alle Daten, die aufbewahrungs- und aufzeichnungspflichtig sind, also beispielsweise die komplette Buchführung, Handels- und Geschäftsbriefe oder Jahresabschlüsse usw. Kein Zugriffsrecht hat die Finanzverwaltung beispielsweise auf betriebsinterne E-Mails, interne oder externe Gutachten, den Schriftverkehr mit dem Steuerberater oder auf Daten der im Ausland ansässigen Tochtergesellschaft oder eines ausländischen Handelspartners, auf die die inländischen Mitarbeiter via Intranet Zugriff haben. Übergibt ein Steuerbürger aber unbeabsichtigt Daten, auf die die Prüfer keinen rechtlichen Zugriff haben, und führen diese Daten dann zu einem Anfangsverdacht auf Steuerhinterziehung, „besteht kein Verwertungsverbot". Dieser dezente Hinweis war kürzlich in den Zentralen Fahndungsnachrichten, einem internen Informationsblatt der Steuerfahndung, zu lesen.

Die Verletzung abgabenrechtlicher Mitwirkungspflichten neben einer Entlastung der Finanzbehörde hinsichtlich ihrer Beweisführung hat regel-

---

1 Nähere Beschreibung des Programms in Teil I Abschn. 11.4, Datenabgleich mit der Spezial-Prüfsoftware „IDEA".
2 Vgl. dazu Teil I nachfolgenden Abschn. 11.3.2.
3 Vgl. Grundsätze zum Datenzugriff und zur Prüfbarkeit digitaler Unterlagen (GDPdU) v. 16.7.2001, BStBl 2001 II S. 415.

mäßig zur Folge, dass aus dem Verhalten des Steuerpflichtigen für ihn nachteilige Schlüsse gezogen werden dürfen, die sich nicht nur auf bezifferbare Besteuerungsgrundlagen beschränken. So kann z.B. die Weigerung, der Betriebsprüfung den Zugriff zu elektronisch gespeicherten Daten zu gewähren, regelmäßig zur Anwendung von Zwangsmitteln und zur Schätzung führen. Das Zurückhalten elektronischer Daten (insbesondere die Verweigerung einer Datenträgerüberlassung) unter dem Vorwand der Verletzung von Betriebsgeheimnissen dürfte kaum zu rechtfertigen sein. Denn die aus der Datenträgerüberlassung gewonnenen Informationen unterliegen selbstverständlich dem Steuergeheimnis. Dennoch kann nicht verhindert werden, dass die Betriebsprüfer zukünftig diese Daten für Kontrollmitteilungen verwenden oder anonymisiert in Richtsatzsammlungen oder anderen Datensammlungen einkopiert werden, um den Steuerbürger in Zukunft noch effizienter überprüfen zu können.

### 11.3.2 Neue Abgleichmethoden und Plausibilitätsprüfungen mit elektronischen Daten

### 11.3.2.1 Allgemeines

Die Finanzverwaltung prüft u.a. Buchhaltungsdateien, Stammdaten, Verknüpfungen von Daten und Dateien. Für den Steuerbürger besonders relevant sind retrograde Prüfungsmethoden von der Buchung zum Beleg. Daraus lassen sich z.B. atypische Buchungen oder Luftbuchungen in einem verdichteten Wareneinkaufskonto ausfiltern. Besonders rationell erlaubt die digitale Betriebsprüfung auch die Warenbewertung bzw. die Bewertung von halbfertigen und fertigen Arbeiten (Ermittlung der Material- und Gemeinkostenzuschläge).

Beispiele für weitere digitale Analysefunktionen, die steuerrelevante Sachverhalte transparent werden lassen sind u.a.:

- Altersstrukturanalysen beim Vorratsvermögen oder bei Forderungen.
- Mehrfachbelegungsanalysen, die zur Erfassung evtl. Doppelbuchungen dienen.
- Lückenanalysen zur Feststellung von Lücken in bestimmter Reihenfolge (z.B. Schecknummern, Rechnungsnummern, sonstige Belegnummern usw.).
- Vergleichsanalysen aller Art: Eine Vergleichsanalyse von Artikelstammdaten und Rechnungsdaten zeigt, ob für alle verkauften Waren der rich-

tige Umsatzsteuersatz angewendet worden ist oder ob überhaupt Umsatzsteuer in Rechnung gestellt wurde. Weitere Analyse: Der Prüfer rechnet sowohl die Bestandsmengen aus der Lagerbuchführung als auch die Ausgangsrechnungen quer. Stellt der fest, dass gelieferte Waren überhaupt nicht auf Lager waren, gerät der Steuerbürger im Regelfall in Erklärungsnot.

- Teilwertabschreibungsanalysen: Der Prüfer kann hier mittels eines Warenbewegungs-Checks feststellen, wie lange einzelne Artikel im Vorratsvermögen reichen. Dadurch werden solche Steuerbürger transparent, die ihre Waren wegen langer Lagerdauer drastisch in der Bilanz abwerten.

- Inventurdifferenzen: Mittels Prüfsoftware wie IDEA lassen sich alle Artikel schnell daraufhin überprüfen, ob der Bestand nach der Inventur verringert wurde. Eine hohe Inventurdifferenz nährt den Verdacht, dass private Entnahmen nicht ordnungsgemäß verbucht wurden oder der transparent gewordene Steuerbürger die Waren „schwarz" verkauft hat.

- Kassenprüfung: Mittels der Prüfsoftware IDEA lässt sich mit nur wenigen Mausklicks feststellen, ob der Kassenbestand zu jedem Zeitpunkt positiv war. Wer Kassenbelege erst später nachbucht, wird ausgefiltert. Gibt es zwischenzeitlich rote Zahlen im Kassenbuch, kann der Prüfer die Buchungsergebnisse verwerfen und den Gewinn schätzen.

- Verrechnungspreisanalysen: Diese können für Steuerbürger kritisch werden, die Rohstoffe oder Waren an Tochtergesellschaften im Ausland geliefert haben. Der Prüfer vergleicht hier blitzschnell interne Preise und Marktpreise. Große Abweichungen sind für den Prüfer ein Indiz dafür, dass Gewinne ins Ausland verschoben worden sind.

- Geringfügigkeitskontrolle. Hier vergleicht der Prüfer alle Kontonummern, an die Gehaltszahlungen gehen, mit den Mitarbeiter-Stammdaten. Der Prüfer kommt so jenen Steuerbürgern auf die Spur, die als geringfügig Beschäftigte mehrere Arbeitsverhältnisse mit der Firma haben.

- Abgleich der Gehaltsabrechnungen mit dem Zeiterfassungssystem: Hier fällt schnell auf, ob Überstundenzuschläge unnötig gezahlt wurden, oder wenn steuerfreie Reisekosten nicht mit der Abwesenheit übereinstimmen.

## 11.3.2.2 Statistische Methoden zur Aufdeckung von Datenmanipulationen (Benfordsches Gesetz)

Seit Einführung der digitalen Betriebsprüfung und dem zunehmenden Einsatz moderner Analyseprogramme[1] gewinnt die statistische Datenanalyse bei Außenprüfungen zunehmend an Bedeutung. Die Finanzverwaltung analysiert die vom gläsernen oder auch „digitalisierten" Steuerbürger elektronisch überlassenen Daten aus der Finanzbuchhaltung nach bestimmten Gesetzmäßigkeiten, die sich aus dem sog. Benfordschen Gesetz, benannt nach dem gleichnamigen Statistiker Frank Benford, herleiten lassen.[2]

Die Grundaussage des Benfordschen Gesetzes lautet etwa so:[3] „Daten, die natürliche Prozesse beschreiben, weisen eine Verzerrung der Häufigkeiten der Ziffern auf". Andreas Diekmann vom Swiss Federal Institute of Technology in Zürich[4] formuliert es so: „Unter gewissen Bedingungen folgen die Ziffern von echten Daten Gesetzmäßigkeiten, die gefälschte Daten nicht gleichermaßen erfüllen."

Diekmann führt ein einfaches Beispiel von Hill (1998) zur Erläuterung des Prinzips auf: „Man stelle sich folgende Aufgabe vor. Eine Person soll die Daten von 200 Münzwürfen als Abfolge von „Kopf" und „Wappen" notieren. Sie kann eine Münze werfen und echte Daten berichten; sie kann sich aber auch die Daten ausdenken. Der Experimentator behauptet nun, dass er über magische Kräfte verfüge und die Versuchsreihen unterscheiden kann."

Bei einem echten Zufallsexperiment von 200 Münzwürfen findet man mit sehr hoher Wahrscheinlichkeit eine Abfolge von mindestens sechsmal Kopf oder Wappen in ununterbrochener Folge. „Wer dagegen solche Daten fälscht, schreibt höchst selten sechsmal hintereinander das gleiche Symbol", so Diekmann.

---

1 Vgl. unten Ausführungen zur Prüfsoftware IDEA Teil I Abschn. 11.4, Datenabgleich mit der Spezial-Prüfsoftware „IDEA"

2 Frank Albert Benford, Jr. (* 1887 in Johnstown, Pennsylvania, USA, † 1948) US-amerikanischer Elektroingenieur und Physiker. Benford griff die von Simon Newcomb (amerik. Astronom und Mathematiker) in Logarithmentafeln entdeckte Verteilungshäufigkeit von Ziffern in mehrstelligen Zahlen auf und verallgemeinerte sie auf alle Dezimalzahlen.

3 Vgl. Sosna, Christian, Statistische Ziffernanalyse in „Die steuerliche Betriebsprüfung" 2004 S. 249.

4 Andreas Diekmann, aus seinem Skript „Datenfälschung. Ergebnis aus Experimenten mit der Benford-Verteilung", Version Feb. 2004.

Entsprechend verhält es sich auch mit aus natürlichen oder sozialen Prozessen resultieren Ziffern.

**Beispiel:**[1]

A bietet B folgende Wette an: A setzt darauf, dass die erste Ziffer in dem Artikel rechts unten auf der Wirtschaftsseite der Ausgabe der Neuen Zürcher Zeitung, die am nächsten Tag erscheinen wird, im Bereich eins bis vier liegt. A verliert die Wette, wenn sich die Ziffer im Bereich fünf bis neun befindet. Bei Gewinn erhält A 10 €, bei Verlust zahlt A die gleiche Summe an seinen Wettpartner B. Ist das ein faires Angebot?

Nun, ist es sicher nicht. Denn die ersten Ziffern von Zahlen sind nicht gleich verteilt. So kommt die EINS wesentlich häufiger vor als die NEUN. Dies gilt für alle Ziffern und Zahlen, egal, ob es sich um Hausnummern, Börsenkurse, Tageseinnahmen eines Steuerpflichtigen im Kassenbuch, die Fläche von Grundstücken usw. handelt. Unter bestimmten Voraussetzungen folgt die erste Ziffer vieler Daten einer logarithmischen Verteilung, der sog. Benford-Verteilung. Nachfolgende Tabelle zeigt die erwartete relative Ziffernhäufigkeit nach der Benford-Verteilung für die ersten vier Ziffern (sog. Benford-Sets):

| Zahl | Erste Ziffer | Zweite Ziffer | Dritte Ziffer | Vierte Ziffer |
|---|---|---|---|---|
| 0 |  | 0,1197 | 0,1018 | 0,1002 |
| 1 | 0,3010 | 0,1139 | 0,1014 | 0,1001 |
| 2 | 0,1761 | 0,1088 | 0,1010 | 0,1001 |
| 3 | 0,1249 | 0,1043 | 0,1006 | 0,1001 |
| 4 | 0,0969 | 0,1003 | 0,1002 | 0,1000 |
| 5 | 0,0792 | 0,0967 | 0,0998 | 0,1000 |
| 6 | 0,0669 | 0,0934 | 0,0994 | 0,0999 |
| 7 | 0,0580 | 0,0904 | 0,0990 | 0,0999 |
| 8 | 0,0512 | 0,0876 | 0,0986 | 0,0999 |
| 9 | 0,0458 | 0,0850 | 0,0983 | 0,0998 |

Tabelle 4: Benford-Sets

---

1 Quelle: A. Diekmann, a.a.O.

## 11. Informationsgewinnung durch die digitale Betriebsprüfung 117

Trotz signifikater Schwächen hat sich mittlerweile auch die Finanzverwaltung „Benfords Gesetz" zur Aufdeckung von Steuerbetrug und Bilanzfälschungen zunutze gemacht. Die von der Finanzverwaltung verwendete Prüfsoftware IDEA verarbeitet Buchführungsdaten des Steuerbürgers nach diesem mathematischen Gesetz. Gemäß der Tabelle (die Zahlen stellen die Benford-Verteilung dar) erwartet der Betriebsprüfer, dass die „1" als erste Ziffer mit einer Häufigkeit von 30,10 %, die „2" als erste Ziffer mit einer Häufigkeit von 17,6 % oder etwa die „3" an dritter Stelle mit einer Häufigkeit von 10,06 % vorkommt.

Echte Zahlen folgen nun der Benford-Verteilung, gefälschte Daten nicht oder anders gesagt: Bei gefälschten Aufzeichnungen über Geschäftsvorfälle kommen bestimmte Ziffern viel häufiger vor als bei wahrheitsgemäßer Dokumentation. Man kann es auch anders sagen: Die analysierten Geschäftsvorfälle entsprechen wahren Gegebenheiten, weil die Häufigkeit der Ziffern den für die Benford-Normalverteilung (Benford-Set) erwarteten Häufigkeiten entsprechen. Der Steuerbürger hat hier korrekt aufgezeichnet, das steuerliche Ergebnis dürfte richtig sein, denn die Häufigkeit der Ziffern (Z-IST) entspricht dem Benford-Set (Z-Benford).

Um nun endgültig zu prüfen, ob die Steuerangaben des Steuerpflichtigen der Benford-Verteilung (der sog. „Nullhypothese") entsprechen, wird aus den erhobenen Daten des Steuerbürgers eine Prüfgröße errechnet. Diese Prüfgröße heißt $CHI^2$. Genauer gesagt führt die Finanzverwaltung einen $CHI^2$-Anpassungstest durch. Mit einem solchen Anpassungstest wird geprüft, ob die tatsächliche Verteilung (also die Verteilung der Steuerdaten des Steuerbürgers) der vorgegebenen Benford-Verteilung entsprechen. Dieses Ergebnis wird mit einer kritischen Größe ($CHI^{2*}$) verglichen, wobei $CHI^{2*}$ den Wert der Verteilung entspricht, von dem links 95 und rechts 5 % der Verteilung liegen ($CHI^{2*}=CHI^2$ (df=9, alpha=0,05)). Nur wenn die tatsächliche Verteilung (Prüfgröße) über der kritischen Größe liegt, ($CHI^2>CHI^{2*}$) ist die Nullhypothese zu verwerfen. Manipulationen des betreffenden Steuerbürgers sind dann zwar nicht exakt erwiesen, aber wahrscheinlich.

**Beispiel:**

Ein Betriebsprüfer hat in der Vermögensübersicht eines Steuerpflichtigen die zweiten Ziffern (Z2) unter die Lupe genommen und folgende Zahlenhäufigkeit beobachtet:

| Zahl | Beobachtet | Erwartet nach Benford (vgl. Tabelle oben Zahlen für die zweite Ziffer mal Summe aus beobachteten Häufigkeiten) | Abweichung | CHI$^2$ (Abweichung $^2$/Erwartung nach Benford) |
|---|---|---|---|---|
| 0 | 6 | 9,8154* | -3,8154 | 1,48** |
| 1 | 13 | 9,3398* | 3,6602 | 1,43 |
| 2 | 4 | 8,9216 | -4,9216 | 2,72 |
| 3 | 5 | 8,5526 | -3,5526 | 1,48 |
| 4 | 13 | 8,2246 | 4,7754 | 2,77 |
| 5 | 8 | 7,9294 | 0,0706 | 0,00 |
| 6 | 12 | 7,6588 | 4,3412 | 2,46 |
| 7 | 8 | 7,4128 | 0,5872 | 0,05 |
| 8 | 5 | 7,1832 | -2,1832 | 0,66 |
| 9 | 8 | 6,97 | 1,03 | 0,15 |
| Summe | 82 | 82 | CHI$^2$ | 13,20 |
| | | | CHI$^2$* | 16,92*** |

* 0,1197 x 82; 0,1139 x 82 usw.

** CHI$^2$ = ((6–9,81)$^2$)/9,81 = 1,48 usw.

*** CHI$^2$* = als Excel-Funktion: CHIINV(0,05;9) bei Konfidenzniveau 95 % und Freiheitsgrad = „–1" bei 10 Ziffern = 10–1=9.

Im Beispielfall würde die Vermögensübersicht keine Anzeichen für Manipulationen aufweisen, da CHI$^2$ = 13,20 und damit nicht größer ist als CHI$^2$*.

Zwar überführen solche statistischen Auffälligkeiten den Steuerbürger noch nicht als Steuerhinterzieher. Aus einem negativen Chi-Quadrat-Test allein lässt sich sicherlich noch kein Anfangsverdacht für eine Steuerstraftat begründen. Ein negatives Testergebnis (also wenn CHI$^2$ größer ist als CHI$^2$*) erweckt aber regelmäßig einen konkreten Anfangsverdacht und gibt Anlass zu intensiveren Prüfungshandlungen. Der Betriebsprüfer wird gem. § 10 Abs. 1 Satz 2 BpO die Bustra unterrichten. Wird die materielle

Unrichtigkeit einer Kassenaufzeichnung durch einen sog. Chi-Quadrat-Test erhärtet, kann auch hinzugeschätzt werden.[1]

Wie jede statistische Norm stößt natürlich auch Benford an seine Grenzen. Eine Stärke von Benford ist zwar, dass seine Ziffernanalyse nicht Werte der Zahlen (z.B. ob bestimmte Angaben der Höhe nach tatsächlich plausibel sind, ein Steuerbürger also tatsächlich solche Umsätze getätigt haben könnte), sondern deren Strukturen analysiert. So ist die Erste Ziffer unabhängig vom Wert einer Zahl immer die erste Ziffer von links (z.B. ist die erste Ziffer der Zahl 32,32 die „drei", die erste Ziffer der Zahl 4321,32 die „vier" usw.) unabhängig davon, ob sie eine Zehner-, Hunderter- oder Tausenderstelle einnimmt. Entsprechend verhält es sich auch mit den zweiten und nachfolgenden Ziffern. Auswertungen beispielsweise bei Einzelhändlern mit Werbepreisen unter häufiger Anwendung der Ziffer „9" (z.B. 9,99 € anstelle 10,00 €) können aber zu falschen Ergebnissen führen. Eine anormal von der Benford-Verteilung abweichende Häufung der Ziffer 9 könnte hier nicht auf Manipulation hindeuten.

Ebenso entstehen Schwierigkeiten dann, wenn Ergebnisse in einem bestimmten Intervall anfallen, z.B. wenn die Betankung von Dienstfahrzeugen überprüft werden soll. Hier ist kaum mit einer ersten Ziffer „1" zu rechnen, da Tankvorgänge selten 10, 19 Liter oder über 100 Liter betragen werden. Auch wird die „1" bei Lohn- und Gehaltsabrechnungen selten am häufigsten vorkommen. Allerdings lassen sich hier monatliche oder quartalsmäßige Zusammenfassungen bilden, aus denen sich dann wiederum aussagefähige Ergebnisse generieren lassen.

Auch funktioniert Benford, wie Andreas Diekmann[2] festgestellt hat, nicht bei der ersten Ziffer. So wurde bei Experimenten mit Studenten festgestellt, dass gerade auch die gefälschten Zahlen bzw. die ersten Ziffern dieser Zahlen von Benford's Law nicht abwichen. Die Prüfung von steuerlich relevantem Zahlenmaterial auf Manipulationen macht daher nur Sinn, wenn mindestens zwei aufeinanderfolgende Ziffern der Buchführungszahlen untersucht werden. Die Betriebsprüfung prüft im Regelfall alle Ziffern. Letzteres stellt bei Einsatz einer modernen Prüfsoftware keinen nennenswerten Aufwand mehr dar.

---

1 FG Münster v. 10.11.2003 – 6 V 4562/03 E, U, rkr., DStRE 2004 S. 115.
2 In seinem unveröffentlichten Skript „Not the First Digit! Using Benford's Law to Detect Fraudulent Scientific Data", September 2004.

### 11.3.2.3 Der graphische Zeitreihenvergleich

Die neue digitale Betriebsprüfung und moderne Graphikprogramme ermöglichen es, die Plausibilität einer vom Steuerpflichtigen vorgelegten Rechnungslegung durch graphische Gegenüberstellungen von Umsatz-, Wareneinsatz-, Energie-, Personal- oder sonstiger Kosten zu überprüfen. Verlaufen alle zueinander abhängigen Kostenkurven gleich, ist eine Gewinnverkürzung durch fiktive Kosten wenig wahrscheinlich. Störungen im Gleichlauf weisen den Prüfer dagegen auf Buchführungsmanipulationen durch den Ausweis fiktiver Kosten hin.

Die Effizienz des graphischen Zeitreihenvergleichs liegt darin, dass Steuerhinterzieher die Jahreswerte einzelner für den gesamten Wareneinsatz benötigter Warensortimente mit dem gebuchten Jahresumsatz wegen des hohen Arbeitsaufwandes (und wohl auch aus Nachlässigkeit) nur annähernd abstimmen. Eine exakte Angleichung der einzelnen Warenarten untereinander mit dem erklärten Umsatz ist meist auch nicht konsequent durchzuhalten.

Der graphische Zeitreihenvergleich macht diese „Schwäche des Schwarzunternehmers" transparent, indem er das Zahlenmaterial durch kurze Vergleichszeiträume wie Monate oder Wochen unter konsequenter Aufteilung des Wareneinsatzes in zeitlicher, sorten- und mengenmäßiger Hinsicht aufzeigt und manipulationsbedingte Unterbrechungen in der Regelmäßigkeit proportional abhängiger Betriebskostenarten sichtbar macht.

## 11. Informationsgewinnung durch die digitale Betriebsprüfung

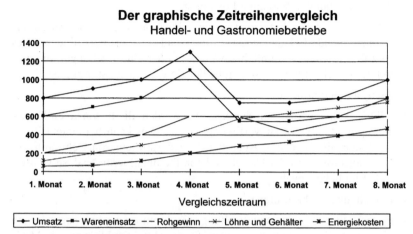

Abbildung 2 zeigt folgende Fehlerquelle: Trotz steigender Energie- und Lohnkosten ergeben sich nicht plausible Umsatzschwankungen. Der Unternehmer hat hier zwar an die „doppelte Verkürzung" bei Umsatz und Wareneinsatz gedacht (erkennbar am Gleichlauf der Umsatz- und Wareneinsatzkurve) und damit auch den der klassischen Verprobung dienenden amtlichen Rohgewinnaufschlagsatz erreicht. Die steigenden Energie- und Personalkosten, einhergehend mit sinkenden Umsätzen weisen aber auf Unregelmäßigkeiten hin.

### 11.4 Datenabgleich mit der Spezial-Prüfsoftware „IDEA"

#### 11.4.1 Allgemeines

IDEA wurde 1985 für den Kanadischen Rechnungshof entwickelt und ist in über 40 Ländern im Einsatz. In Deutschland sind etwa 10.000 Betriebsprüfer mit der Software ausgestattet, um das Zahlenwerk eines buchführungspflichtigen Steuerbürgers möglichst gründlich zu durchleuchten.

„IDEA" ist ein Analyseprogramm für das Finanzamt, Wirtschaftsprüfer, Buchhalter, Investoren, Planungsstäbe und Unternehmen. Es analysiert Daten und ermöglicht dabei Extraktion, Stichproben und Manipulation von Daten. Dass das Finanzamt sich bereits für diese Software entschieden hat, ist wohl allgemein bekannt. Nicht so bekannt ist jedoch, was diese Software im Detail leisten kann und wie sie der Finanzverwaltung verhilft, den Steuerpflichtigen zum „gläsernen" Steuerbürger werden zu lassen.
Nachfolgend die wesentlichen Funktionalitäten:

- Außergewöhnliche Vorgänge/Positionen

IDEA erlaubt es der Finanzverwaltung, Positionen, die eine Ausnahme oder einen Sonderfall darstellen, schnell und effizient aufzufinden. Dies kann z.B. ein außergewöhnlicher Wert sein oder eine Buchungen die aufgrund der Bezeichnung und der Höhe des Betrages nicht stimmig ist.

- Analysen durchführen

Mit IDEA können Analysen durchgeführt werden, die in sonstigen Datenbankprogrammen nicht zu Verfügung stehen. Dies kann bei einer Bilanz analyse sehr hilfreich sein. Auch bei der Überprüfung von Debitoren, Inventar, Kostenstellen oder Darlehen, kann die detaillierte Analyse weitreichende Einblicke gewähren.

- Berechnungen überprüfen

IDEA erlaubt es der Finanzverwaltung, die Summierung von numerischen Feldern nach Plausibilität zu checken. Standardfunktionalitäten, wie Minimal-, Maximal-, Durchschnittswerte stehen ebenso zu Verfügung. Die Finanzverwaltung kann dabei auch eigene Berechnungen mit numerischen Feldern hinzuzufügen.

- Überprüfung von parallelen Daten

Mit IDEA kann die Finanzverwaltung verschiedene Dateien gleichzeitig öffnen und verbinden. Dabei kann dann beispielsweise überprüft werden, ob die Daten eines Mitarbeiters mit der Abrechnung übereinstimmen. Des Weiteren kann überprüft werden, ob eine Rechnung zu einem bestimmten Vorgang ausgestellt und ob der Rechnungsbetrag auf einem Konto gebucht wurde.

- Lückenanalyse und Mehrfachbelegung

Mehrfachbelegungsanalysen können sehr effektiv sein, beispielsweise bei der Überprüfung von doppelten Zahlungen an Lieferanten, mehrfacher Eingabe derselben Artikelnummer bei der Inventur oder bei der Ermittlung doppelter Namen oder Adressen bei Versicherungsansprüchen.

- Stichprobenverfahren

Statistische Stichprobenverfahren wie beispielsweise „Monetary Unit Sampling" oder Verfahren nach dem oben dargestellten Benfordschen Gesetz konnte die Finanzverwaltung in einer manuellen Prüfung bislang kaum umsetzen. Seit IDEA ist dies aber anders, wie nachfolgende Beispielfälle zeigen.

## 11.4.2 Anwendungsbeispiele zum EDV-gestützten Datenabgleich mit IDEA

**Fallbeispiel I:**[1]

Ein Gebrauchtwagenhändler geriet ins Visier der Finanzverwaltung. Die Beamten hatten im Rahmen einer ungerichteten prophylaktischen Analyse der Daten des Gebrauchtwagenhändlers eine signifikante Überschreitung des Benford-Schwellwertes für die Ziffernkombination '49' festgestellt. Der Benford-Report für die Analyse von 'Erster und Zweiter Ziffer' auf einen Datenbestand von Pkw An- und Verkäufen klassifizierte die Häufigkeit, mit der die Digitkombination '49' am Anfang des untersuchten Feldes erschien, als 'Anomalie' nach Benford.[2]

Ohne Zusatzinformationen ließ sich für die aufgedeckte Häufigkeit keine definitive Interpretation treffen, da eine solche signifikante Abweichung vom Benford-Soll u.U. auch auf logisch begründbare und gerechtfertigte Sachverhalte zurückgeführt werden kann.

Nachfolgendes Beispiel zu denkbaren, unterschiedlichen Interpretationshintergründen dieser Anomalie soll dies verdeutlichen:

Die signifikante Überschreitung des Schwellwertes lässt sich logisch erklären, wenn die Ziffernkombination '49' in dem Feld 'Ankaufspreis' einer Datei mit Daten zu Gebrauchtwagenankäufen eines Pkw-Händlers enthalten ist. Werden die Daten eines Zeitraums untersucht, in dem der Händler im Rahmen einer Sonderaktion mindestens 4.900 € beim Ankauf eines Gebrauchtwagen zahlt, wenn im Gegenzug ein Neuwagen verkauft wurde, so ist die ungewöhnliche Häufung von Wagen mit einem Ankaufspreis, der mit der Ziffernkombination '49' beginnt nicht überraschend. Offensichtlich wurden viele Pkw, die unter normalen Umständen zu einem Ankaufspreis von z.B. 1.000 €, 1.500 € oder 3.000 € eingebucht worden wären, mit einem Wert von 4.900 € übernommen. Die Überschreitung ist somit begründbar. Daraus resultierende Fragestellungen der Behandlung möglicherweise versteckter Rabatte sollen hier nicht weiter erörtert werden.

Die signifikante Überschreitung des Schwellwertes in einem Datenfeld 'Verkaufsergebnis' deutet ggf. auf das Umgehen von Genehmigungsschwellwerten hin. Gesetzt den Fall, dass jeder Verkauf eines Pkws zu ei-

---

1 Quelle: Avendata GmbH, Berlin, www.avendata.de.
2 Vgl. Abb. 3: IDEA-Analyse Benfords Law zu Fallbeispiel I (Quelle: Avendata GmbH, Berlin, www.avendata.de).

nem Verlust von 5.000 € und mehr vom Niederlassungsleiter zu genehmigen ist, indiziert die Ziffernhäufung '49' eine mögliche Umgehung dieser Genehmigungsregel. In diesem Fall könnte hinter der gehäuften Ziffernkombination '49' der systematische Verkauf von Pkw zu Verlustkonditionen von – 4.900 € stehen.

Allgemein erlaubt der Zifferntest die Prüfung auf Existenz sog. 'Salami-Taktiken', bei denen Bestellgrenzen, Kreditlimits, usw. durch Aufsplittung großer Beträge in kleine Beträge unterhalb der Genehmigungsgrenze umgangen werden.

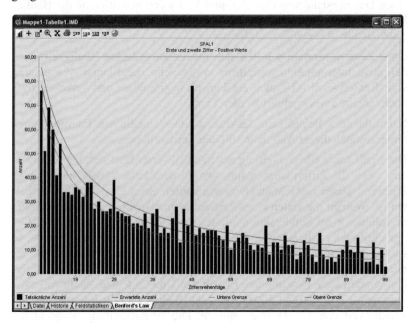

Abbildung 3: IDEA-Analyse Benfords Law zu Fallbeispiel I (Quelle: Avendata GmbH, Berlin, www.avendata.de)

## 11. Informationsgewinnung durch die digitale Betriebsprüfung

**Fallbeispiel II:**[1]
Innerhalb eines Unternehmens der Konsumgüterbranche wurde von der beauftragten Wirtschaftsprüfungsgesellschaft die Bewertung der Vorräte geprüft. Da die Produktpalette aus vielen verschiedenen Produkten mit großen Wertunterschieden und extrem unterschiedlichen Lagermengen bestand, ging man davon aus, dass die Werte der Vorräte der natürlichen Verteilung von Benfords Law folgten. Analysiert wurde, ob die Anfangsziffern der Vorratswerte der erwarteten Häufigkeitsverteilung nach Benford entsprachen.

Die Prüfer führten eine Digitale Analyse basierend auf einer Datei mit den Vorratsdaten aller Standorte des Unternehmens durch. Es wurde festgestellt, dass die Ziffernkombination '10' verhältnismäßig oft als führende Ziffer vorkam.[2] Auch die Analyse der ersten drei Ziffern der analysierten Zahlen zeigte, dass die Ziffernkombination '100' eine ungewöhnlich hohe Häufigkeit aufwies.

Mit Ausnahme dieser Auffälligkeiten blieben alle weiteren Ziffern im Rahmen der erwarteten Häufigkeiten nach Benford Law. Genauere Untersuchungen der Abweichungen ergaben anschließend, dass gehäuft Artikel, die für Werbezwecke vorgesehen waren, mit einem falschen Wert von 0,01 in der Vorratsliste enthalten waren. Diese waren nach der Systematik von Benfords Law den Gruppen der Anfangsziffern '1', '10' und '100' zugeordnet, sobald der Anwender die Option 'Nachkommastellen einschließen' wählte. Wären diese Artikel richtig bewertet worden, hätte ihr Wert 200.000 DM (= 102.258 Euro) betragen.

---

1 Quelle: Avendata GmbH Berlin, www.avendata.de.
2 Vgl. Abb. 4: IDEA Analyse Benfords Law zu Fallbeispiel II (Quelle: Avendata GmbH, Berlin, www.avendata.de).

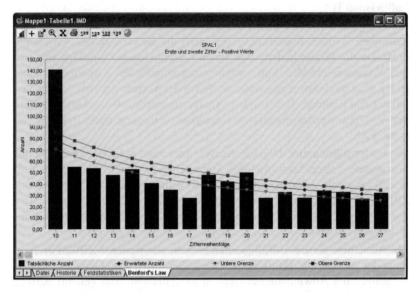

Abbildung 4: IDEA Analyse Benfords Law zu Fallbeispiel II (Quelle: Avendata GmbH, Berlin, www.avendata.de)

## 12. Durchleuchtung des Steuerbürgers durch die Steuerfahndung

### 12.1 Allgemeines

Die Macht der Steuerfahndung ist mit keiner anderen Behörde gleichzusetzen. In einem Satz ausgedrückt könnte man den Machtbereich der „Staatsmacht Steuerfahndung" etwa so formulieren: Die Steuerfahnder erhalten alle Befugnisse, die den Finanzämtern im Besteuerungsverfahren zustehen, zuzüglich der Rechte und Pflichten, die die Behörden und Beamten des Polizeidienstes innehaben, erweitert um die strafprozessualen Zwangsbefugnisse der Hilfsbeamten der Staatsanwaltschaft und außerdem noch die Befugnis zur Durchsicht der Papiere. Selbstverständlich steht der Steuerfahndung auch der automatisierte Abruf von Kontoinformationen[1] zur Erfor-

---

1 Vgl. Teil I Abschn. 4.4, Der automatisierte Kontenabruf.

## 12. Durchleuchtung durch die Steuerfahndung

schung von Steuerstraftaten und Steuerordnungswidrigkeiten oder zur Aufdeckung und Ermittlung unbekannter Steuerfälle zur Verfügung. Die Steuerfahndung darf nur keine Beschlagnahmeanordnungs-/Durchsuchungsbeschlüsse selbständig beantragen (außer bei Gefahr im Verzug, §§ 98, 105 StPO), keine Anträge auf Erlass eines Strafbefehls oder auf Einziehung oder Verfall stellen (§§ 400, 401 AO); nicht die Rechte der Finanzbehörde im gerichtlichen Strafverfahren wahrnehmen, d.h. keine Gesichtspunkte vorbringen, die für die Entscheidung von Bedeutung sein können (kein Anwesenheitsrecht, § 407 AO); nicht von der Verfolgung der Straftat nach den §§ 153b StPO (Einstellung bei Absehen von Strafe), 153c StPO (Nichtverfolgung von Auslandstaten), 154 StPO (Einstellung des Verfahrens beim Mehrfachtäter), 154b StPO (Auslieferung des Täters) oder 154c StPO (wenn Nötigung oder Erpressung strafwürdiger ist als die Tat des Erpressten) absehen oder die Verfolgung auf einzelne Tatteile beschränken (§ 154a StPO). Die Steuerfahndung darf auch ein Steuerstrafverfahren nicht selbständig wegen Geringfügigkeit (§ 153 Abs. 1 StPO) oder nach Maßgabe der §§ 153a StPO (Einstellung nach Erfüllung von Auflagen), 154d StPO (Einstellung des Verfahrens bei Vergehen, wenn in erster Linie Zivil- oder Verwaltungsrecht betroffen ist) und 170 Abs. 2 StPO (Einstellung des Verfahrens mangels genügenden Anlasses) einstellen. Sonst aber sind ihr keine Grenzen gesetzt.

Ein Vergleich mit der Kriminalpolizei – so kriminalistisch obiges Beispiel auch klingt – zeigt dennoch folgenden Unterschied auf: Während die Kompetenzen der Kriminalpolizei klar abgegrenzt sind, nimmt die Steuerfahndung in der Erforschung von Steuerstraftaten und Steuerordnungswidrigkeiten eine Doppelrolle ein. Die Doppelrolle der Steuerfahnder ergibt sich aus der in § 208 AO festgelegten „besonderen Rechtsstellung". Die Vorschrift spricht den Fahndern Ermittlungsbefugnisse zu, die normalerweise zwei getrennt tätige Behörden innehaben, woraus sich im Wesentlichen die gegenüber der „normalen Polizei" bestehende Übermacht ergibt.

Gemäß § 208 Abs. 1 Satz 1 Nr. 1 AO ist es Aufgabe der Steuerfahndung, Steuerstraftaten und Steuerordnungswidrigkeiten zu erforschen. Gleichzeitig aber bestimmt Nr. 2, dass die Steuerfahndung die Besteuerungsgrundlagen für die nach Nr. 1 zu erforschenden Steuerstraftaten und Steuerordnungswidrigkeiten gleich mitermitteln soll. Den Dienststellen stehen in diesem Aufgabenbereich grundsätzlich dieselben Befugnisse zu, die den Finanzämtern im Besteuerungsverfahren zustehen, wie Auskunftsrechte, Urkundenvorlage, Augenschein, Betreten von Grundstücken oder die Wertsachenvorlage; nur mit den paar „feinen" Unterschieden, dass sich die Steuerfahnder nicht zuerst an den Steuerpflichtigen wenden müssen, bevor sie Dritte befragen, es sei denn, es handelt sich bei der anderen Person um ein Kreditinstitut. Durch die Aufhebung der Einschränkung des § 93 Abs. 2 Satz 2 AO müssen Auskunftsersuchen der Steuerfahndung nicht schriftlich ergehen. Die Steuerfahndung kann die Vorlage von Büchern, Aufzeichnungen, Geschäftspapieren und anderen Urkunden an Amtsstelle verlangen oder sie beim Vorlagepflichtigen auch dann einsehen, wenn dieser nicht einverstanden ist oder die Urkunden für eine Vorlage an Amtsstelle geeignet wären (§ 97 Abs. 3 AO).

Das Ermitteln der Besteuerungsgrundlagen im Zusammenhang mit der Erforschung von Steuerstraftaten – praktisch in einem Arbeitsgang – bedeutet im Ergebnis, dass die Steuerfahndung einmal als Strafermittlungsorgan und einmal als Steuerermittlungs- oder Steueraufsichtsbehörde tätig werden kann. Dem Steuerbürger mögen diese Unterschiede und die Gefahren, die sich daraus für ihn ergeben, geringfügig erscheinen. Steuerstrafverteidiger dürften dagegen über die aus dieser Parallelität entstehenden Praxisprobleme eingehend zu berichten wissen. So kommt es regelmäßig vor, dass die Steuerfahndungsbeamten nach ihrem Belieben entweder als Strafverfolgungs- oder als Steuerermittlungsbehörde auftreten, um sich die gerade passende Rechtsposition zu sichern.

Für den Steuerbürger ist es schwierig, die beiden Ermittlungsfelder scharf zu trennen und den Steuerfahndungsbeamten unangemessenes Handeln nachzuweisen; insbesondere dann, wenn die Steuerfahndung als „Steueraufsichtsorgan" i.S. von § 85 AO , also im Besteuerungsverfahren Fälle ermittelt, aus denen (noch) nicht genau hervorgeht, ob sich ein Tatverdacht zur Einleitung eines Steuerstrafverfahrens herauskristallisiert oder nicht. Vielfach setzt ja die Beurteilung, ob eine Steuerstraftat begangen wurde, die Ermittlung der Besteuerungsgrundlagen geradezu voraus.

Je nachdem, ob die Steuerfahndung im Besteuerungs- oder im Steuerstrafverfahren tätig wird, ergeben sich sowohl für die Fahnder als auch für den Steuerbürger unterschiedliche Rechte und Pflichten. Dem Steuerpflichtigen obliegt im Besteuerungsverfahren eine umfassende Auskunfts- und Mitwirkungspflicht, während er als Beschuldigter im Steuerstrafverfahren ein Zeugnisverweigerungsrecht genießt. Des Weiteren kann die Steuerfahndung im Stadium des Steuerstrafverfahrens vom Steuerpflichtigen die Vorlage von Urkunden nicht mehr erzwingen, im Besteuerungsverfahren

## 12. Durchleuchtung durch die Steuerfahndung

wäre dies sehr wohl beispielsweise durch die Verhängung von Zwangsgeld (§ 328 AO) möglich.

Der Gesetzgeber versucht die Doppelmacht seines Steuerapparates durch § 393 AO abzumildern. Gemäß § 393 Abs. 1 Satz 1 AO richten sich die Rechte und Pflichten der Steuerpflichtigen und der Finanzbehörde im Besteuerungsverfahren und im Strafverfahren nach den für das jeweilige Verfahren geltenden Vorschriften. Ist gegen ihn bereits ein Steuerstrafverfahren eingeleitet worden, sind nach § 393 Abs. 1 Satz 2 AO Zwangsmittel gegen den Steuerpflichtigen im Besteuerungsverfahren unzulässig, „wenn er dadurch gezwungen würde, sich selbst wegen einer von ihm begangenen Steuerstraftat oder Steuerordnungswidrigkeit zu belasten". Im Klartext heißt dies, dass der Steuerbürger im Besteuerungsverfahren zwar nicht zu einer Auskunft gezwungen werden darf, wenn wegen derselben Angelegenheit ein Steuerstrafverfahren eingeleitet worden ist. Die Vorschrift verbietet es aber nicht, beide Verfahren nebeneinander durchzuführen. Nach höchstrichterlicher Rechtsprechung ist es grundsätzlich nicht zu beanstanden, wenn die Steuerfahndung bei der Erfüllung ihrer gesetzlichen Aufgaben „doppelfunktional" tätig wird, d.h. anlässlich eines konkreten Einsatzes sowohl straf- als auch steuerverfahrensrechtliche Ermittlungen durchführt, auch wenn diese Ermittlungen sich gegen unterschiedliche Personen richten und im Laufe des Einsatzes, etwa bei der Durchsicht von Geschäftsunterlagen, fortlaufend Aufgabe und Ermittlungsziel gewechselt werden.

So kann es dem Steuerbürger regelmäßig passieren, dass er Tatsachen im Rahmen seiner allgemeinen Mitwirkungs- und Auskunftspflicht im „Besteuerungsverfahren" mitteilt, die dann – wenn die Beamten wieder „umswitchen" – im Strafverfahren gegen ihn verwendet werden können. Das in § 393 Abs. 2 Satz 1 AO ausgesprochene spezifische Verwendungsverbot sollte solche Situationen unterbinden. § 393 Abs. 2 Satz 1 AO verbietet aber nur die Verwendung von vor Einleitung des Strafverfahrens oder in Unkenntnis der Einleitung des Strafverfahrens offenbarten Tatsachen oder Beweismitteln für die Verfolgung einer Tat, die keine Steuerstraftat ist. Für den Steuerbürger bleibt so die Gefahr einer Selbstbezichtigung latent erhalten.

## 12.2 Der hinreichende Anlass zum Tätigwerden

Die Steuerfahndung braucht mindestens einen hinreichenden Anlass zum Tätigwerden. Diese Hürde – sie ist zugegebenermaßen nicht gerade hoch – soll verhindern, dass Steuerfahnder Schnüffeleien oder unbegründete Ermittlungen ins Blaue hinein durchführen. Nach der BFH-Rechtsprechung liegt ein solcher Anlass vor, wenn

- aufgrund konkreter Anhaltspunkte (z.b. wegen der Besonderheit des Objekts oder der Höhe des Werts)
- oder aufgrund belegbarer und darzulegender allgemeiner Erfahrungen (auch konkreten Erfahrungen für bestimmte Gebiete) der Finanzbehörden

die Möglichkeit einer Steuerverkürzung in Betracht kommt und daher eine Anordnung bestimmter Art angezeigt ist. Solche allgemeinen Erfahrungen legitimieren schon dann zu einem Ersuchen, wenn die Erfahrungen „in einem bestimmten Umfeld gründen" oder „eine nach allgemeinen Kriterien umschriebene Gruppe von Steuerpflichtigen" betreffen und solcher Erfahrungen auch tatsächlich gemacht worden sind.[1]

Selten ist es dabei die Auslandsüberweisung allein. Es kommen immer weitere Umstände hinzu, etwa eine auf ein Verdecken abzielende Unüblichkeit. Einen hinreichenden Anlass für ein Tätigwerden der Steuerfahndung (Auskunftsersuchen gem. § 93 Abs. 1 Satz 1 AO) sah der BFH überwiegend in Fällen, in denen ein einziges, von außen an die Steuerfahndung herangetragenes Ereignis einen Anlass zum Tätigwerden geboten hat (Beispiele: Chiffre-Anzeigen oder Verkaufsanzeigen, durch die bekannt geworden war, dass Vermittlungsprovisionen in Steuererklärungen nicht deklariert worden sind usw.).

Ein hinreichender Anlass liegt bei Überweisung eines hohen Geldbetrages in die Schweiz regelmäßig vor.[2] In einem Fall hatte ein Steuerbürger 1 Mio. DM (= 511.291 €) von einem inländischen Depotkonto auf sein bei einer Schweizer Bank unterhaltenes Depotkonto überwiesen und wenig später ca. 40.000 € und 75.000 € zurück überwiesen. Die Steuerfahndung hatte diese Kontovorgänge im Rahmen einer Rasterfahndung im Zusammenhang der Geld- und Depottransferierung von und nach Luxemburg, der

---

1 BFH, Urt. v. 24.3.1987 VII R 30/86, BStBl 1987 II S. 484; v. 29.10.1986 VII R 82/85, BStBl 1988 II S. 359.
2 BFH, Urt. v. 29.6.2005 II R 3/04, BFH/NV 2006 S. 1.

Schweiz und Gibraltar aufgedeckt. Im Mittelpunkt der Ermittlungen standen hier ausnahmsweise auch „nicht anonymisierte Zahlungsvorgänge".
Nach Weiterleitung des Kontrollmaterials an das zuständige Finanzamt führten die Überweisungsbelege bei dem betreffenden Steuerbürger zur Einleitung eines Steuerstrafverfahrens sowie u.a. zur Erhöhung der gegen den Steuerbürger festgesetzten Vermögensteuer. Die Weiterleitung der Bankbelege an das Wohnsitzfinanzamt war rechtmäßig, wie der BFH festgestellt hat. Hierzu genügt bereits ein hinreichender Anlass. Ein strafrechtlicher Anfangsverdacht ist insoweit nicht erforderlich.

Der hinreichende Anlass darf nicht mit dem „konkreten Tatverdacht" gleichgesetzt werden, der Voraussetzung für die Einleitung eines Steuerstrafverfahrens ist. An den „konkreten Tatverdacht" oder „Anfangsverdacht" werden allerdings ebenso geringe Anforderungen gestellt; er muss nur „in konkreten Tatsachen bestehen" . Kommt die Steuerfahndung, ist die Hürde des Tatverdachts im Regelfall bereits genommen, so dass Beschwerden seitens eines Auskunftspflichtigen wenig Aussicht auf Erfolg haben.

## 12.3 Erforschung von Steuerstraftaten und Ermittlung der Besteuerungsgrundlagen

Die Erforschung von Steuerstraftaten und Steuerordnungswidrigkeiten gehört wie die Aufdeckung und Ermittlung unbekannter Steuerfälle zum in § 208 Abs. 1 Satz 1 der AO definierten primären Aufgabengebiet der Steuerfahndung. Die Erforschung von Steuerstraftaten und Steuerordnungswidrigkeiten beginnt, sobald ein konkreter Anfangsverdacht vorliegt. § 163 Abs. 1 StPO knüpft insofern an § 152 Abs. 2 StPO an, als der Verfolgungszwang nach § 208 Abs. 1 Satz 1 Nr. 1 AO nur bei zureichenden tatsächlichen Anhaltspunkten besteht, die den Verdacht einer Straftat begründen. Ein solcher Verdacht kann hervorgerufen werden durch anonyme Anzeigen entlassener Mitarbeiter oder zerstrittener Ehepartner, durch Presseberichte über gestohlene Wertsachen oder durch die Außenprüfung. Häufig bildet aber auch die Abgabe einer unglaubwürdigen und (in den Augen der Finanzbehörden) unvollständigen Selbstanzeige oder deren Widerruf Anlass für die Einleitung von Ermittlungen.

Neben der Erforschung von Steuerstraftaten und Steuerordnungswidrigkeiten hat die Steuerfahndung auch die Aufgabe, die für diese Untersuchungsfälle relevanten Besteuerungsgrundlagen gleich mitzuermitteln (§ 208

Abs. 1 Satz 1 Nr. 2 AO). Die Ermittlung der Besteuerungsgrundlagen steht in unmittelbarem Zusammenhang mit der Erforschung von Steuerstraftaten. Erfasst von Nr. 2 ist die Ermittlung von Besteuerungsgrundlagen für Fälle, für die wegen einer Steuerstraftat oder Steuerordnungswidrigkeit ermittelt wird, d.h. die Nrn. 1 und 2 sind insoweit miteinander verknüpft, als die Steuerfahndung in ihrem Aufgabenbereich Erforschung von Steuerstraftaten usw. tätig sein muss. Eine weitergehende innere Verknüpfung dergestalt, dass die Steuerfahndung von einer Ermittlung der Besteuerungsgrundlagen absehen muss, wenn Strafverfolgungsverjährung eingetreten ist, ist nicht gegeben.

Ist die Straftat bereits verjährt, und kann deshalb keine Steuerstraftat mehr erforscht werden, heißt dies noch lange nicht, dass verstrickte Besteuerungswege eines Steuerbürgers nicht doch noch entschleiert werden können. Und selbst wenn die Besteuerungsgrundlagen nicht ermittelt werden könnten, sind Steuerbürger in keinem Fall vor der Steuerfahndung sicher. Den Fahndern ist nämlich noch ein weiteres Aufgabengebiet zugewiesen: die Aufdeckung und Ermittlung unbekannter Steuerfälle.

### 12.4 Die Aufdeckung und Ermittlung unbekannter Steuerfälle (Vorfeldermittlungen)

Zu den primären Aufgaben der Steuerfahndung gehört außer der Erforschung von Steuerstraftaten mit den Besteuerungsgrundlagen auch die Aufdeckung und Ermittlung unbekannter Steuerfälle (§ 208 Abs. 1 Satz 1 Nr. 3 AO). Dieser Aufgabenbereich soll sicherstellen, dass Steuern nicht verkürzt werden. Ein unbekannter Steuerfall ist dann gegeben, wenn sich – anders als in den Fällen der Erforschung von Steuerzuwiderhandlungen – die Anhaltspunkte noch nicht zu einem steuerstrafrechtlichen Verdacht verdichtet haben und sich demzufolge noch kein konkreter Anfangsverdacht für das Vorliegen einer Steuerstraftat oder Steuerordnungswidrigkeit herleiten lässt, sich aber nach den Umständen des Falls die Möglichkeit einer Steuerverkürzung nicht ausschließen lässt (sog. hinreichender Anlass zum Tätigwerden). So war beispielsweise ein Anfangsverdacht der Beihilfe unbekannter Bankmitarbeiter zur Steuerhinterziehung noch unbekannter Bankkunden gegeben, weil eine Bank thesaurierende Inhaberschuldverschreibungen mit einer Laufzeit von fünf Jahren ausgegeben hat und es nach Ablauf von fünf Jahren nur zur Einlösung eines Bruchteils der Zinskupons in Deutschland gekommen ist. Hier lag der Verdacht nahe, dass sich ein Großteil der Anleger zur Einlösung der Zinskupons der Dienste

## 12. Durchleuchtung durch die Steuerfahndung

ausländischer Banken bedient haben dürften. Des Weiteren begründen Erkenntnisse aus allgemeinen Publikationen, aus anderen Steuerfahndungsprüfungen oder aus Selbstanzeigen von Kunden einen hinreichenden Anlass für ein Auskunftsersuchen i.S. des § 208 Abs. 1 Satz 1 Nr. 3 AO.

Die Vorfeldermittlung gehört zu den gefährlichsten Instrumenten der Steuerfahndung zur Ausforschung steuerrelevanter Aktivitäten und Vermögensverhältnisse eines Steuerbürgers. Sie ist Teil der allgemeinen Überwachungsaufgaben, die die Steuerfahndung als Steueraufsichtsorgan wahrzunehmen hat. Demzufolge sind an den Beginn der Ermittlungen viel geringere Anforderungen gestellt. Vorfeldermittlungen können die Steuerfahnder schon dann anstellen, wenn wenigstens objektiv die Möglichkeit auf begangene Steuerverkürzungen besteht.

Das Subsidiaritätsprinzip (§ 93 Abs. 1 Satz 3 AO), das für die Finanzbehörde im Besteuerungsverfahren verbindlich ist, braucht die Steuerfahndung bei Vorfeldermittlungen nicht einzuhalten (§ 208 Satz 3 AO). Sie kann sich praktisch ohne vorherige Ermittlungen bei den Beteiligten (die ja unbekannt sein können) gleich an andere Personen wenden. Sofern die andere Person allerdings ein Kreditinstitut ist, ist das Subsidiaritätsprinzip durch § 30a Abs. 5 Satz 2 AO auch für die Steuerfahndung verbindlich.

Das Subsidiaritätsprinzip ändert aber auch nichts daran, dass die Steuerfahndung ihre Ermittlungstätigkeiten bei Banken auf den § 208 Abs. 1 Satz 1 Nr. 3 AO – der Rechtsgrundlage für Vorfeldermittlungen – stützen kann, wenn wegen eingetretener Strafverfolgungsverjährung nicht mehr nach Nrn. 1 und 2 ermittelt werden kann. Die Aufgabenzuweisung des § 208 Abs. 1 Satz 1 Nr. 3 AO – nämlich unbekannte Steuerfälle aufzudecken und zu ermitteln – erlaubt es der Steuerfahndung stets, über den Horizont der Erforschung von Steuerstraftaten und den damit zusammenhängenden Besteuerungsgrundlagen hinauszugehen, sofern die begründete Annahme auf Steuerverkürzung besteht.

Gegen die Steuerfahndung ist auch kein Kraut gewachsen, wenn Festsetzungsverjährung nach § 169 Abs. 2 Satz 1 Nr. 2 AO eingetreten ist (die Regelfestsetzungsverjährungsfrist beträgt vier Jahre). Zur Überwachungsaufgabe der Steuerfahndung gehört es auch, festzustellen, ob eine – auch verfolgungsverjährte – Steuerhinterziehung vorliegt, die die Festsetzungsverjährung von vier auf zehn Jahre verlängert.[1]

---

1 Zur Festsetzungsverjährung vgl. Teil I Abschn. 4.4.5, Festsetzungsverjährung und rückwirkender Kontenabruf.

## 12.5 Durchsuchungshandlungen beim Steuerbürger

Durchsuchungshandlungen in den Privaträumen des Steuerbürgers setzen voraus, dass dieser eine Steuerhinterziehung mit größter Wahrscheinlichkeit begangen und nicht nur straflos vorbereitet hat. Hierfür müssen konkrete Indizien vorhanden sein. Haben Steuerfahndungsbeamte mittels Kassenkontrollstreifen einmal den Steuerbürger als Kontoinhaber mit Namen und Anschrift ermittelt, schließt sich dem ein Abgleich mit den Steuerakten an. Ist der festgestellte Vorgang in den Steuerakten nicht vermerkt, dürfte es nicht mehr lange dauern, bis die Steuerfahndung beim Steuerbürger an der Tür klingelt.

Zur geplanten Durchsuchung wird zunächst die Bußgeld- und Strafsachenstelle oder die Staatsanwaltschaft unterrichtet, die beim zuständigen Amtsgericht einen Durchsuchungs- und Beschlagnahmebeschluss beantragt. Danach erstellt der Fahndungsbeamte einen Einsatzplan und läutet mit Kollegen, meistens in den Morgenstunden, ab ca. 7.00 Uhr: „Eiliges Telegramm", murmelt einer in die Gegensprechanlage. Die Steuerfahndung gibt sich nämlich in den seltensten Fällen bei der Zutrittverschaffung zum Objekt als solche zu erkennen. Die Steuerfahnder weisen sich nach der Zutrittverschaffung durch Dienstausweis und Dienstmarke aus. Hierbei ist darauf zu achten, dass die Nummer auf der Dienstmarke mit derjenigen des Dienstausweises übereinstimmt. Es folgt das Vorzeigen des Durchsuchungsbeschlusses und die Belehrung des Beschuldigten. Das Telefonieren wird untersagt. Die Verbindung zum Verteidiger oder Steuerberater stellen die Fahnder meist selbst her; die Telefonnummer ist ihnen bekannt.

Es folgt die eigentliche Durchsuchung. Durchsucht wird zeitgleich im Betrieb, in der Privatwohnung, beim Steuerberater und bei der Bank des Steuerbürgers.

Der Steuerbürger wird erstaunt sein, was der Fahnder bereits über ihn weiß. Er kennt sein Vorstrafenregister, seine Telefonanschlüsse, die Kraftfahrzeuge mit Kennzeichen, die auf seinen Namen zugelassen sind, die Beteiligungsverhältnisse bei Gesellschaften und alle seine Bankverbindungen. Der Fahnder kennt sich über das zu durchsuchende Objekt genau aus, weiß über die Örtlichkeiten wie Keller, Garage, Tiefgarage usw. Bescheid und weiß, ob der Steuerbürger bei verbundenen Unternehmen im In- oder Ausland dabei ist und er kennt seinen Familienstand und seinen Steuerberater genau. Der beratene Steuerbürger wird den Fahndern nicht bei der Suche nach Unterlagen helfen. Er kann sich völlig passiv verhalten und braucht zu seiner Überführung nichts beizutragen; er ist insoweit nicht herausgabepflichtig.

Der Durchsuchung folgt die Anfertigung eines Durchsuchungsvermerks und einer Nachweisung. Jeder Betroffene erhält nach Abschluss der Hausdurchsuchung eine Nachweisung über die von der Steuerfahndung mitgenommenen Unterlagen. Der Durchsuchung schließt sich die Auswertung mit weiteren Ermittlungen an. Bis es dazu kommt, können allerdings Jahre vergehen.

## 12.6 Durchsuchungshandlungen bei Kreditinstituten des Steuerbürgers

Steuerfahndung und Bank stehen sich in Durchsuchungs- und Beschlagnahmeaktionen regelmäßig in einem Spannungsverhältnis gegenüber, welches sich allerdings, wie wäre es auch anders zu erwarten, zugunsten der Steuerfahndung löst. Die Steuerfahndung hat alle Rechte, die Bank keine.

Wird in Steuerstrafverfahren gegen Steuerbürger von Banken die Herausgabe der Kontounterlagen begehrt, wenden sich die Steuerfahnder in aller Regel mit einem Beschlagnahmeanordnungs- und Durchsuchungsbeschluss an die Hausbank des Steuerbürgers. Die Anordnung steuerstrafrechtlicher Maßnahmen wie die Durchsuchung von Geschäftsräumen einer Bank ist – wenn Steuerhinterzieher unter der Kundschaft vermutet werden – nach § 103 Abs. 1 Satz 1 StPO zulässig. Die Vorschrift lässt „bei anderen Personen" (also bei der Bank) Durchsuchungen „zur Ergreifung des Beschuldigten oder zur Verfolgung von Spuren einer Straftat oder zur Beschlagnahme bestimmter Gegenstände" zu, „wenn Tatsachen vorliegen, aus denen zu schließen ist, dass die gesuchte Person, Spur oder Sache sich in den zu durchsuchenden Räumen befindet".

Für die Durchsuchung von Geschäftsräumen einer an der Straftat nicht beteiligten Bank muss die Annahme, dass die Durchsuchung zur Auffindung von Beweismitteln führt, auf bestimmten bewiesenen Tatsachen beruhen. Ferner muss die Ermittlungsdurchsuchung auf das Auffinden bestimmter Beweismittel (z.B. die Zins- und Dividendengutschriften eines Steuerpflichtigen) ausgerichtet sein. Wird indessen den Mitarbeitern einer Bank Gehilfen- oder Mittäterschaft vorgeworfen, reicht die bloße Vermutung aus, dass die Durchsuchung von Geschäftsräumen zur Auffindung von belastenden Beweismitteln führt. Dies ist auch häufig der Grund, dass Steuerstrafverfahren verstärkt gegen Bankmitarbeiter wegen Gehilfen- und Mittäterschaft geführt werden. Denn im Regelfall fehlt es den Steuerfahndern an bestimmten bewiesenen Tatsachen.

Der Tatbestand der Beihilfe setzt einerseits immer eine Haupttat seitens des Bankkunden voraus. Dieser erweckt bei den Finanzbehörden regelmäßig dann einen Beihilfeverdacht seitens des Bankangestellten, wenn er sich zu seiner Entlastung darauf beruft, den Empfehlungen des Bankangestellten gefolgt und dabei von Steuerlegalität ausgegangen zu sein. Mittäterschaft ist gegeben, wenn die Steuerhinterziehung gemeinschaftlich begangen wurde und auf Grundlage des gemeinsamen Wollens geschehen ist (§ 25 Abs. 2 StGB).

Um gegen einen Bankangestellten wegen Beihilfe ermitteln zu können, muss also zuerst die Haupttat des Bankkunden – die Steuerhinterziehung – erwiesen sein. Hier kommt es vor allem auf die Frage an, ob der Kunde die Zinsen bloß vergessen hat (dann liegt keine Beihilfe vor, weil es keine Beihilfe für eine nicht-vorsätzliche Tat geben kann) oder ob der Kunde bewusst aus Frust gegen den Geld fressenden Staat die Zinsen und das Kapital nicht deklariert hat. Des Weiteren bedarf es des sog. „doppelten Gehilfen-Vorsatzes". Danach muss der Bankangestellte gewusst und gewollt haben, dass der Kunde Steuern hinterzieht bzw. hinterziehen kann.

Beschlagnahmt werden können alle Geschäftsunterlagen, „die als Beweismittel für die Untersuchung von Bedeutung sein können" (§ 94 StPO); auch solche, die sich auf dem Postweg befinden. Unerheblich ist dabei, ob aus den Unterlagen Namen und Anschriften von Kunden des Instituts oder andere Daten hervorgehen, die normalerweise durch das Bankgeheimnis geschützt wären.

Das Augenmerk der Steuerfahnder richtet sich hauptsächlich auf:
- Kontobelege (Giro-, Festgeld-, Spar-, Darlehens-, Hypotheken- und Kreditkonten),
- Unterlagen über bankinterne Sammel- oder Verrechnungskonten (welche sowieso nicht dem Bankgeheimnis unterliegen),
- auf den Schriftverkehr mit Kunden und den von diesen eingereichten Unterlagen
- auf Schließfächer oder Belege über den Auslandszahlungsverkehr.

Kredit- und Handakten gehören zur besonderen Fundgrube der Steuerschnüffler. Denn jeder Kunde, der Kredit beantragt, offenbart seine Vermögensverhältnisse der Wahrheit entsprechend. Bestehende Konten und Depots bei anderen Banken kommen dabei oft ans Tageslicht oder werden bewusst nicht oder nur mit ein paar Erinnerungsbuchstaben in der Kreditakte aufgeführt. Eingehende Hinweise ergeben sich fast immer aus Notizen, bankinternen Vermerken oder Vermögensaufstellungen, die während eines Kreditgesprächs angefertigt oder vorgelegt wurden. Die Steuerfahnder sehen in solchen Fällen regelmäßig ein „System der Nichterwähnung von Sicherheiten" und werten dies als Beihilfe durch Unterlassung (wobei es hier allerdings an der Garantenstellung des Bankangestellten für die Steuerehrlichkeit seines Kunden fehlen dürfte).

Ein Zeugnisverweigerungsrecht haben Bankbedienstete trotz beruflich bedingter Diskretion nicht. § 53 StPO, der das Zeugnisverweigerungsrecht für alle dort genannten Berufsgeheimnisträger abschließend regelt, bezieht den Bankangestellten nicht ein. Ihm steht auch kein Zeugnisverweigerungsrecht als Berufshelfer zu (§ 53a StPO), wenn er das Geschäftskonto eines Anwalts oder Arztes führt. Rechtlich gesehen fehlt es hier am zwingenden unmittelbaren Zusammenhang zwischen der Tätigkeit des Hauptberufsträgers und der des Gehilfen.

Verlangt die Strafverfolgungsbehörde (bzw. die Steuerfahndung als „verlängerter Arm") die Herausgabe bankgeheimnisgeschützter Unterlagen, verstößt eine freiwillige Herausgabe von Kontounterlagen nicht gegen das vertragliche Bankgeheimnis. Einem Kreditinstitut ist es in solchen Fällen gestattet, im Wege der sog. Abwendungsbefugnis die durch eine Durchsuchung hervorgerufene empfindliche Störung des Geschäftsbetriebs durch die freiwillige Herausgabe der begehrten Unterlagen zu verhindern. Die Zulässigkeit einer solchen „Abwendungsbefugnis" leitet sich zum einen aus dem Übermaßverbot, zum anderen aus dem bereits erwähnten Verhältnismäßigkeitsgrundsatz ab. Die Abwendungsbefugnis ist im Verwaltungsrecht u.a. als „Austauschbefugnis" bekannt, wonach eine durch Verwaltungsakt angeordnete Maßnahme durch eine gleichwertige – vom Betroffenen vorgeschlagene – ersetzt werden muss, wenn sie diesen weniger belastet und zum gleichen Ergebnis führt. Die freiwillige Herausgabe belastet die Bank schon aus dem Grund weniger, weil dadurch die Tagesarbeit weniger beeinträchtigt wird.

### 12.7 Das EDV-Suchsystem „Bingo" zum Aufspüren, Abgleichen und Zusammenführen spezifischer Bankdaten

Der Steuerfahndung ist es regelmäßig unmöglich, alle Kunden zu überprüfen. Zur Auswertung bestimmter Daten, die im Rahmen einer Bankendurchsuchung gewonnen worden sind, bedienen sich die Steuerfahndungsstellen einem außerordentlich leistungsfähigen EDV-Suchsystem mit dem Namen „Bingo". Bingo ist ein Programm, das bei Bankenfahndungen zum Einsatz kommt und der Identifizierung von Depotinhabern anhand von Wertpapiernummern dient. Wie das funktioniert, zeigt folgendes Beispiel: Steuerbürgerin A lässt sich von ihrer Bank sämtliche im Depot befindlichen Wertpapiere aushändigen und kündigt anschließend das Depot. Sie glaubt so, alle Spuren verwischt zu haben. Tatsächlich ist es aber so, dass die Bank selbstverständlich sämtliche Wertpapiere mit Nummern auf einem Aushändigungsbeleg aufgeführt hat, den die Kundin nach Inempfangnahme der Wertpapiere auch quittieren muss.

Die Steuerbürgerin scheut den weiten Weg in eine Steueroase und auch das Risiko, die Inhaberpapiere durch Diebstahl verlieren zu können. Im selben Monat liefert die Steuerbürgerin genau dieselben Papiere bei derselben Filiale unter Angabe eines Referenzkontos zugunsten der Auslandsfiliale dieser Bank ein. Hierüber wird wiederum ein Beleg angefertigt, der zwar nicht den Namen der Steuerbürgerin, dafür aber die Wertpapiernummern enthält.

Beide Belege gelangen nun in die Hände verschiedener Steuerfahnder. Beide geben sämtliche Daten in das Suchprogramm Bingo ein. Das Programm führt beide Belege zusammen, so dass die Person, die die Papiere eingeliefert hat, als diejenige enttarnt werden kann, die die Papiere einst im Depot hatte.

Rechtliche Strafverfolgungshindernisse stehen einer Auswertung von Erkenntnissen, die über Bankkunden im Rahmen einer richterlichen Beschlagnahmeanordnung gewonnen wurde, für Besteuerungszwecke nicht entgegen. Die Steuerfahndung darf somit das gewonnene Material an die Besteuerungs-Finanzämter weiterreichen.

## 13. Erkenntnisse über steuerrelevante Aktivitäten und Vermögensverhältnisse durch die Auswertung von Geldwäscheverdachtsanzeigen

### 13.1 Geldwäsche und Steuerhinterziehung: Zwei unterschiedliche Straftatbestände wachsen zusammen

Geldwäsche tritt in unzählig vielen Erscheinungsformen auf. Die EU-Geldwäsche-Richtlinie[1] nennt u.a.: Umtausch oder Transfer von Vermögensgegenständen aus einer kriminellen Tätigkeit oder der Teilnahme an einer solchen Tätigkeit, das Verheimlichen oder Verschleiern des illegalen Ursprungs von Vermögensgegenständen und den Erwerb, Besitz oder die Verwendung von Vermögensgegenständen, die bekanntermaßen aus kriminellen Tathandlungen stammen. Seit einigen Jahren geht der Trend zu einer erheblich weiter gefassten Definition der Geldwäsche auf der Grundlage eines breiteren Spektrums von Straftaten, die der Geldwäsche vorangehen.

Geldwäsche hat zunächst nichts mit Steuerhinterziehung zu tun. Steuerhinterziehung begeht, wer

- „den Finanzbehörden oder anderen Behörden über steuerlich erhebliche Tatsachen unrichtige oder unvollständige Angaben macht,
- die Finanzbehörden pflichtwidrig über steuerlich erhebliche Tatsachen in Unkenntnis lässt,
- oder pflichtwidrig die Verwendung von Steuerzeichen oder Steuerstemplern unterlässt

und dadurch Steuern verkürzt oder für sich oder einen anderen nicht gerechtfertigte Steuervorteile erlangt" (§ 370 Abs. 1 Nrn. 1 bis 3 AO).

Ein Steuerhinterzieher führt also weder einen illegal erworbenen Vermögensgegenstand in den legalen Finanz- und Wirtschaftskreislauf zurück, noch werden durch einen Steuerhinterzieher Natur, Herkunft oder Lage von Vermögensgegenständen verschleiert. Dennoch unterscheidet im Zuge einer Intensivierung der Geldwäschebekämpfung niemand zwischen Geldern, die aus legalen Einkunftsquellen stammen und solchen Geldern, die Betriebskapital des organisierten Verbrechens darstellen.

---

1 Richtlinie 2005/60/EG des Europäischen Parlaments und des Rates v. 26.10.2005, zur Verhinderung der Nutzung des Finanzsystems zum Zwecke der Geldwäsche und der Terrorismusfinanzierung ABl. L 309 v. 25.11.2005 S. 15.

Deutschland geht noch einen Schritt weiter in diese Richtung: Einerseits hat der deutsche Gesetzgeber durch das 4. Finanzmarktförderungsgesetz einen neuen § 31b „Mitteilungen zur Bekämpfung der Geldwäsche" in die Abgabenordnung eingefügt. Danach dürfen durch das Steuergeheimnis geschützte Daten zur Bekämpfung der Geldwäsche den Strafverfolgungsbehörden mitgeteilt werden. Die Finanzverwaltung macht von dieser Möglichkeit starken Gebrauch. So stieg die Zahl der Meldungen der Finanzämter nach § 31b AO von 132 (2003) auf 336 (2004) bzw. 330 (2005), was einer Zunahme um rd. 250 % entspricht.[1] Darüber hinaus bestimmt § 261 des deutschen StGB – der „Geldwäscheparagraf" – in Abs. 1 Satz 3, dass im Fall der gewerbsmäßigen und bandenmäßigen Steuerhinterziehung auch für die durch die Steuerhinterziehung ersparten *Aufwendungen* und unrechtmäßig erlangten *Steuererstattungen* und *-vergütungen* Gegenstand rechtswidriger Geldwäsche sind. Dasselbe gilt für „einen Gegenstand, hinsichtlich dessen Abgaben hinterzogen worden sind".

Einen solchen „Gegenstand" verkörpert beispielsweise das Schwarzgeldkonto in Luxemburg, das voll gefüllt ist mit Geldern, die legal oder illegal erworben sind und auf die keine Steuern gezahlt wurden. Diese Gelder gelten dann als „insgesamt kontaminiert".[2]

Nun wird der gewöhnliche Steuerbürger nicht als gewerbsmäßiger und bandenmäßiger Steuerhinterzieher zu betrachten sein. Denn dafür verlangt das Gesetz, dass sich dieser als Mitglied einer Bande, die sich zur fortgesetzten Begehung solcher Taten verbunden hat, Steuern verkürzt. Doch im Einzelfall mögen die Abgrenzungen hier fließend sein, zumal nach der deutschen Kommentarliteratur das Bestehen einer ehelichen oder sonstigen Lebensgemeinschaft u.U. als Bande betrachtet werden kann.

Je näher nun die Straftaten Geldwäsche und Steuerhinterziehung zusammenwachsen, desto größer wird das Spektrum der Durchleuchtung des gläsernen Steuerbürgers und desto höher wird für den Kundenberater einer Bank das Risiko der Einleitung eines Strafverfahrens wegen Geldwäsche, wenn der Kunde ihm gegenüber während eines Gesprächs steuerliche Aspekte für eine Vermögensdisposition erwägt, und der Berater es unterlässt, eine Verdachtsanzeige zu erstatten. Die Pflicht, Verdachtsmeldungen bei möglichen Steuerhinterziehungen zu erstatten, macht aus Bankkunden, die möglicherweise ihren Abgabenpflichten nicht ordnungsgemäß nach-

---

1 Quelle: BKA-FIU Jahresbericht 2005, S. 8.
2 Vgl. Interview mit Prof. Dr. Jürgen Meyer v. 11.1.2002, DStR 2002 S. 879 ff.

## 13. Auswertung von Geldwäscheverdachtsanzeigen

kommen, organisierte Kriminelle und aus dem Steuerbürger einen gläsernen Steuerbürger.

Banker, Treuhänder oder Anlageberater sind heute bereits so getrimmt, dass sie sofortigen Verdacht schöpfen und Meldung erstatten, wenn

- Schwarzgelder kurz nach ihrem Eingang wieder abgezogen werden,
- die Verbuchung von Transaktionen ohne plausiblen Grund über Durchlaufkonten, Nostro- oder CpD-Konten gewünscht wird,
- es sich um eine Laufkundschaft handelt, die nicht zum Bild der üblichen Kundschaft passt,
- inaktive Konten plötzlich sehr aktiv werden,
- häufig Geld in wesentlichem Umfang ohne Verbuchung auf ein Kundenkonto gewechselt wird,
- übertrieben viel Liquidität unverzinst auf einer großen Anzahl von Konten gehalten wird oder
- der Kunde falsche oder irreführende Auskünfte erteilt hat.[1]

Schalterbargeschäfte legen nach Art und Umstand stets den Verdacht auf Geldwäsche nahe, wenn sie den Anschein des „Structuring" erwecken. Unter „Structuring", benannt nach dem von den amerikanischen Zollbehörden entwickelten Drei-Phasen-Geldwäschemodell, versteht man das Aufsplitten der Geldmittel in Beträge jeweils unterhalb der geltenden Legitimationsgrenzen, verbunden mit der gezielten Außerkraftsetzung der Abwehrmechanismen des Finanzsektors.

Tatsächliche Anhaltspunkte für solches „Structuring" liegen regelmäßig dann vor, wenn eine Verbindung „offenkundig" ist. Sie muss sich dem Bankangestellten „aufdrängen". Dies ist in aller Regel der Fall, wenn

---

[1] Neben diesen Beispielen nennen die Richtlinien der Eidgenössischen Bankenkommission zur Bekämpfung und Verhinderung der Geldwäscherei u.a. folgende Anhaltspunkte: Einlösung größerer Beträge mittels Schecks einschließlich Travellerschecks, Kauf oder Verkauf größerer Mengen von Edelmetallen durch Laufkunden, Kauf von Bankschecks in wesentlichem Umfang durch Laufkunden, Überweisungsaufträge ins Ausland durch Laufkunden ohne plausiblen Grund, mehrmaliger Abschluss von Kassageschäften knapp unterhalb der Identifikationslimite, Stellung von Sicherheiten durch der Bank unbekannte Dritte, Überweisungen von und nach Drogenproduktionsländern ohne Empfängerangaben oder mit der Auflage, den Betrag dem Empfänger in bar auszuzahlen, Verwendung von Pseudonym- oder Nummernkonten für die Abwicklung kommerzieller Transaktionen, treuhänderisches Halten von nicht börsennotierten Gesellschaften, auf deren Tätigkeit die Bank keinen Einfluss nehmen kann.

Transaktionen innerhalb eines kurzen Zeitraums auftreten, die durch ihre Gleichartigkeit im Hinblick auf Gegenstand und Abwicklung (gleiche Bargeldsumme, gleiche Währungseinheit, gleicher Schalterkunde usw.) besonders ins Auge fallen. „Diese relativ hohe Anforderung an die Wahrnehmbarkeit der Verbindung stellt das erforderliche Korrektiv gegenüber dem notwendig unscharfen Begriff der Verbindung dar"[1] und stellt klar heraus, dass das deutsche Geldwäschegesetz keine Verpflichtung zur Überprüfung aller durchgeführten Schalterbargeschäfte auf mögliche Zusammenhänge mit ähnlich gelagerten Geschäftsfällen vorsieht. Werden aber Schaltertransaktionen bewusst und offensichtlich in mehrere jeweils den Mindestwert knapp unterschreitende Einzeltransaktionen unterteilt, muss eine Geldwäscheverdachtsmeldung folgen.

Hinsichtlich einer abweichenden wirtschaftlichen Berechtigung verlangt das deutsche Geldwäschegesetz von jedem inländischen Kreditinstitut, vor Errichtung eines neuen Kontos abzuklären, ob der Antragsteller das Konto zur Verwaltung von eigenem Vermögen verwenden will oder als Treuhänder fungierend Vermögen für fremde Rechnung einzuzahlen gedenkt. Erklärt der Antragsteller, nicht für eigene Rechnung zu handeln, ist Name und Adresse desjenigen festzustellen und aktenkundig zu machen, für den der Betreffende tätig ist oder wird. Das Kreditinstitut hat hierfür den das Konto Eröffnenden nach Name und Anschrift des wirtschaftlich Berechtigten zu befragen. Die angeordnete Feststellungspflicht der Identität des wirtschaftlich Berechtigten nach § 8 GwG tritt neben die Vorschrift über die Kontenwahrheit (§ 154 AO). Beide Vorschriften existieren selbständig und ergänzen sich nicht. So beschränkt sich § 154 AO allein auf die formelle Kontenwahrheit, während sich § 8 GwG auf die materielle Kontoinhaberschaft konzentriert.

Neben den Landeskriminalämtern, der Staatsanwaltschaft und den Berufskammern ist Adressat aller Geldwäscheverdachtsmeldungen die „Zentrale Analyse- und Informationsstelle" (§ 5 GwG) beim Bundeskriminalamt (BKA). Die „Zentralstelle für Verdachtsanzeigen" erhält Kopien von allen eingehenden Verdachtsmeldungen, sammelt alle von den meldepflichtigen Finanzdienstleistern sowie den Bundesberufskammern der Rechtsanwälte und Steuerberater übermittelten Verdachtsanzeigen, wertet sie entsprechend aus und gleicht die Daten mit den beim BKA gespeicherten Daten

---

1 Begründung der Bundesregierung zu § 2 Abs. 2 GwG, BT-Drucks. 12/2704 S. 12.

ab. Des Weiteren unterrichtet die Zentralstelle die zuständigen Strafverfolgungsbehörden.

## 13.2 Datenerhebungsvolumen, Identifizierungs- und Aufzeichnungspflichten im Rahmen der Geldwäschebekämpfung

### 13.2.1 Kreditinstitute

Deutsche Kredit- und Finanzinstitute sind verpflichtet, den Vertragspartner bei Abschluss eines Vertrages zur Begründung einer auf Dauer angelegten Geschäftsbeziehung zu identifizieren (§ 2 Abs. 1 GwG). In den Fällen der Aufnahme einer dauernden Geschäftsbeziehung besteht parallel bereits eine Identifizierungspflicht aus dem Gebot der Kontenwahrheit (§ 154 AO) heraus.

Das Datenerhebungsvolumen nach dem Geldwäschegesetz erweitert sich jedoch in erster Linie durch die Aufzeichnungs- und Identifizierungspflichten für die Laufkundschaft bzw. Schalterkunden, d.h. für solche Kunden, mit denen eine dauerhafte Geschäftsbeziehung nicht besteht und der Kunde eine solche auch nicht aufnimmt. Hierzu bestimmt § 2 Abs. 2 GwG, dass ein Kreditinstitut „bei Annahme von Bargeld, Wertpapieren im Sinne des § 1 Abs. 1 des Depotgesetzes"[1] „oder Edelmetallen im Wert von 15.000 € oder mehr zuvor denjenigen zu identifizieren (hat), der ihm gegenüber auftritt". Dies gilt auch, wenn der Steuerbürger mehrere Finanztransaktionen im Wert unter 15.000 € durchführt, die zusammen jedoch einen Betrag im Wert von 15.000 € oder mehr erreichen und tatsächliche Anhaltspunkte dafür vorliegen, dass zwischen den einzelnen Transaktionen eine Verbindung besteht.

Unter diese Identifizierungs-, Datenerhebungs- bzw. Aufzeichnungspflicht nach § 2 Abs. 2 GwG fallen auch solche Bargeschäfte, die auf *legitimierten Verrechnungskonten* gegengebucht werden und der Begünstigte leicht ermittelt werden kann. Auch Einzahlungen im Wert von 15.000 € auf das eigene Konto müssen von den Kreditinstituten separat aufgezeichnet werden, wobei bei bereits legitimierten Kunden die Bank auf die in Verbindung mit der Kontoeröffnung hinterlegten Legitimationsdaten des Kunden verweisen

---

[1] Das sind Aktien, Kuxe, Zwischenscheine, Zins-, Gewinnanteil- und Erneuerungsscheine, auf den Inhaber lautende oder durch Indossament übertragbare Schuldverschreibungen, ferner andere Wertpapiere, wenn diese vertretbar sind, mit Ausnahme von Banknoten, Papiergeld, Schecks oder Wechseln.

kann. Die aufzeichnungspflichtigen Daten, insbesondere die Bartransaktionen müssen auswertbar gespeichert werden und sind sechs Jahre zu archivieren.

Außerdem verlangt das deutsche Geldwäschegesetz von jedem inländischen Kreditinstitut, vor Errichtung eines neuen Kontos abzuklären, ob der Antragsteller das Konto zur Verwaltung von eigenem Vermögen verwenden will oder als Treuhänder fungierend Vermögen für fremde Rechnung einzuzahlen gedenkt. Erklärt der Antragsteller, nicht für eigene Rechnung zu handeln, ist Name und Adresse desjenigen festzustellen und aktenkundig zu machen, für den der Betreffende tätig ist oder wird (§ 8 Abs. 1 Satz 1 und 2 GwG).

Die Identitäts-Feststellungspflicht eines wirtschaftlich Berechtigten nach § 8 GwG tritt neben den Aufzeichnungspflichten nach § 154 AO.[1] Nach § 154 Abs. 2 Satz 2 AO haben Kreditinstitute für alle Verfügungsberechtigten ein besonderes, alphabetisch geführtes Namensverzeichnis zu führen (*Gläubiger- und Bevollmächtigtenverzeichnis*). Dadurch kann die Bank ihrer gesetzlichen Verpflichtung nachkommen, jederzeit Auskünfte über Konten und Schließfächer eines Verfügungsberechtigten geben zu können. Die Führung eines diesbezüglichen Namensverzeichnisses ergänzt die allgemeinen Auskunfts- und Vorlagepflichten der Kreditinstitute im Besteuerungsverfahren gemäß §§ 93 ff., 97 AO.[2]

Die Finanzbehörden haben auf diese Daten unmittelbar keinen Zugriff. Aber selbstverständlich können sie ein schriftliches Auskunftsersuchen an die betreffende Bank richten, welches allerdings voraussetzt, dass die Finanzbehörde den betreffenden Steuerbürger nennen kann, gegen den der Verdacht auf Geldwäsche oder Steuerhinterziehung besteht. Eine Datenabfrage über alle aufzeichnungspflichtigen Bartransaktionen ist den Finanzbehörden bis jetzt noch untersagt.

Das Kreditwesengesetz (§ 25a Abs. 1 Nr. 6 KWG)[3] verpflichtet Geschäftsbanken außerdem, alle Geschäftsvorgänge ihrer Kunden in einem komplexen Sicherungssystem auf bestimmte Verdachtsmomente, die auf Geld-

---

[1] Beide Vorschriften existieren selbständig und ergänzen sich nicht. So beschränkt sich § 154 AO allein auf die formelle Kontenwahrheit, während sich § 8 GwG auf die materielle Kontoinhaberschaft konzentriert.
[2] Vgl. Teil I Abschn. 4, Banken als Daten- und Informationsquelle.
[3] Zur Vorschrift vgl. Teil I Abschnitt 4.3, Auskunftspflichten inländischer Banken im Besteuerungsverfahren.

wäsche hindeuten könnten, zu durchsuchen. Dabei werden alle Kundenkonten nach bestimmten von jedem Kreditinstitut individuell festgelegten und den Geschäftspraktiken der Bank angemessenen Rasterkriterien EDV-mäßig durchsucht (durchgerastert). Dieses sog. Kontenscreening filtert insbesondere solche Bankkunden und Steuerbürger heraus, die beispielsweise durch Überweisungen in Risikoländer oder durch andere Besonderheiten auffällig geworden sind. Kommt der jeweilige Geldwäschebeauftragte des Kreditinstituts zu der Auffassung, es könnte ein Verdacht auf Geldwäsche gegeben sein, erfolgt eine Geldwäscheverdachtsanzeige.

Art und Umfang des Kontenscreenings wird von der Aufsichtsbehörde regelmäßig überwacht. Selbstverständlich lassen sich unter diesen Rasterdaten auch bestimmte personenbezogene Daten eines Kunden finden, welche bei Vorliegen der entsprechenden Voraussetzungen den Strafverfolgungsbehörden zugänglich gemacht werden müssen.

### 13.2.2 Versicherungsunternehmen

Erfasst und archiviert im Geldwäscheregister von Versicherungsunternehmen sind Steuerbürger, die Lebensversicherungen oder Unfallversicherungen mit Prämienrückgewähr abschließen. Die Versicherer müssen in solchen Fällen ihren Vertragspartner identifizieren,

- wenn die Höhe der im Laufe des Jahres zu zahlenden periodischen Prämien 1.000 € übersteigt,
- wenn bei Zahlung einer einmaligen Prämie diese mehr als 2.500 € beträgt oder wenn
- mehr als 2.500 € auf ein Beitragsdepot gezahlt werden.

Eine Aufzeichnungs- und Datenarchivierungspflicht gilt auch, wenn der Betrag der im Laufe des Jahres zu zahlenden periodischen Prämien auf 1.000 € oder mehr angehoben wird (§ 4 Abs. 1 GwG). Analog gilt zwar auch hier, dass die Finanzbehörden auf diese Daten unmittelbar keinen Zugriff haben, sich aber mittels eines schriftlichen Auskunftsersuchens an den Versicherer wenden können, um in einem konkreten Fall herauszufinden, dass bzw. ob ein Steuerbürger Versicherungen mit steuersignifikanten Beitragsprämien in Besitz hat.

### 13.2.3 Spielbanken

Spielbanken müssen ihre Kunden namentlich identifizieren und die persönlichen Daten entsprechend archivieren, sofern diese Spielmarken im Wert von 1.000 € oder mehr kaufen oder verkaufen. Eine Mitteilungspflicht der Spielbanken bei Auszahlung von Spielgewinnen an die Finanzbehörden besteht derzeit jedoch noch nicht.[1]

### 13.2.4 Sonstige Gewerbetreibende, insbesondere Juweliere

Sonstige Gewerbetreibende müssen bei Annahme von Bargeld im Wert von 15.000 € oder mehr stets denjenigen identifizieren, der ihnen gegenüber auftritt (§ 3 Abs. 1 Satz 2 GwG). Unter diese Gewerbetreibenden fallen insbesondere die Juweliere.

### 13.2.5 Private Vermögensverwalter

Personen, die „entgeltlich fremdes Vermögen verwalten" und nicht bereits den für Banken geltenden Identifizierungspflichten unterliegen, müssen jeden Kunden identifizieren, und in einer Datenbank archivieren, von dem sie Bargeld im Wert von 15.000 € oder mehr annehmen.

### 13.2.6 Rechtsanwälte, Steuerberater und Wirtschaftsprüfer

Dem Geldwäschegesetz und damit den Aufzeichnungs- und Meldepflichten bei Verdacht auf Geldwäsche unterliegen auch rechts- und steuerberatende Berufe, wie Rechtsanwälte, Rechtsbeistände, Wirtschaftsprüfer, vereidigte Buchprüfer, Steuerberater und Steuerbevollmächtigte.

Für Rechtsanwälte gelten die Identifizierungs- und Aufzeichnungspflichten für folgende Geschäfte (§ 3 Abs. 1 Satz 1 Nr. 1a bis e GwG):
- Kauf und Verkauf von Immobilien oder Gewerbebetrieben,
- Verwaltung von Geld, Wertpapieren oder sonstigen Vermögenswerten ihres Mandanten,
- Eröffnung oder Verwaltung von Bank-, Spar- oder Wertpapierkonten,
- Beschaffung der zur Gründung, zum Betrieb oder zur Verwaltung von Gesellschaften erforderlichen Mittel,
- Gründung, Betrieb oder Verwaltung von Treuhandgesellschaften, Gesellschaften oder ähnlichen Strukturen,

oder wenn sie im Namen und auf Rechnung ihrer Mandanten Finanz- oder Immobilientransaktionen durchführen. Für Wirtschaftsprüfer, vereidigte Buchprüfer, Steuerberater und Steuerbevollmächtigte gelten die Daten-

---

1 Vgl. Teil I Abschn. 6.2, Mitteilungsverordnung und Mitteilungen der Rundfunkanstalten.

erhebungs-, Aufzeichnungs- und Identifizierungspflichten für alle Geschäftsfälle.

### 13.2.7 Immobilienmakler

Auch für Immobilienmakler gelten die für die obigen Personengruppen maßgeblichen Identifizierungspflichten bei Annahme von Bargeldern im Wert von 15.000 € oder mehr.

### 13.3 Verpflichtung zur Anzeige von Geldwäscheverdachtsfällen

Insgesamt 8241 Verdachtsanzeigen erstatteten die nach dem Geldwäschegesetz Meldepflichtigen im Jahr 2005 (2004: 8062), davon stammen 6662 Anzeigen (= 80 %) von Kreditinstituten.[1] In 2005 meldeten die Banken 11 306 Kundenkonten (2004: 9816 Konten), in 4923 Fällen (2004: 3769) auch die Kontoart, wobei Giro-/Kontokorrentkonten mit 1585 Anzeigen (2004: 1191) am meisten gemeldet wurden (33,1 %). An zweiter Stelle standen mit 1090 Verdachtsanzeigen die Privatkonten. Ein enormer Anstieg bei den Verdachtsmeldungen war auf Kreditkartenkonten zurückzuführen. Während in 2004 lediglich 16 Kreditkartenkonten gemeldet wurden, stieg die Zahl der Verdachtsfälle in 2005 auf 104, was einer Zunahme von 550 % entspricht. Versicherungsunternehmen meldeten im selben Zeitraum lediglich 18 Verdachtsfälle aus dem Lebensversicherungsbereich. 1500 Anzeigen kamen aus dem Bereich der Finanzdienstleister, davon 1366 aus dem Finanztransfergeschäft. Hinweise auf Steuerdelikte gab es dabei in 125 (2004: 141) Fällen; wobei besonders häufig Hinweise auf mögliche Betrugs- und Steuerdelikte bei den Verdachtsanzeigen im Bereich „Internetgeschäft" (2005: 210 Fälle) enthalten waren.[2] Im Visier der Meldeerstatter standen insbesondere Geschäftsführer (660 Fälle), aber auch Studenten (206), Arbeitslose (202), Rentner (153) oder Hausfrauen (105) mit einem meist eher geringen Einkommen. Diese Personen gerieten überwiegend wegen eines ausgeprägten Missverhältnisses zwischen Kontoumsatz und den nachgewiesenen Einkommen ins Visier der Geldwäschebehörden.

Die vom Geldwäschegesetz erfassten Banken, Versicherer, Unternehmen und Personen müssen bei Feststellung von Tatsachen, die darauf schließen

---

1 Quelle: BKA-FIU, Jahresbericht 2005 S. 4 ff.
2 Quelle: BKA-FIU, a. a. O. S. 19.

lassen, dass eine Finanztransaktion einer Geldwäsche nach § 261 StGB dient oder im Fall ihrer Durchführung dienen würde,[1] eine Anzeige unverzüglich mündlich, fernmündlich, fernschriftlich oder durch elektronische Datenübermittlung gegenüber einem der örtlich zuständigen Landeskriminalämter (der zuständigen Strafverfolgungsbehörde), den Staatsanwaltschaften oder der zuständigen Berufskammer erstatten. Eine Anzeigepflicht in Geldwäsche-Verdachtsfällen gilt unabhängig davon, ob die für die Identifizierung eines Steuerbürgers maßgeblichen Betragsgrenzen nicht erreicht bzw. unterschritten werden. Keine Meldepflichten gelten für Rechtsanwälte und Steuerberater in jenen Fällen, in denen dem Geldwäscheverdacht Informationen zugrunde liegen, die der Rechtsanwalt oder Steuerberater im Rahmen seiner Rechtsberatung oder der Prozessvertretung erlangt hat. Nur dann, wenn der Steuerberater einen Geldwäscheverdacht aufgrund von Informationen von oder über den Mandanten schöpft, muss er diesen nicht anzeigen. Weiß der Berater allerdings, dass der Mandant seine Dienste bewusst für den Zweck der Geldwäsche in Anspruch nimmt, bleibt seine Anzeigepflicht bestehen (§ 11 Abs. 3 GwG).

Parallel erhält das Bundeskriminalamt Abschriften der Verdachtsanzeigen direkt von den Anzeigeerstattern.[2] Die zentrale Analyse- und Informationsstelle des BKA[3]

- sammelt die übermittelten Verdachtsanzeigen und wertet sie aus; führt eine Datenabgleich mit den beim BKA gespeicherten Daten durch,
- unterrichtet die Strafverfolgungsbehörden unverzüglich über die sie betreffenden Informationen und die in Erfahrung gebrachten Zusammenhänge von Straftaten,
- erfasst die Geldwäscheverdachtsanzeigen in einer Statistik, die insbesondere anonymisierte Angaben über die Anzahl der Meldungen, die einzelnen zugrunde gelegten Vortaten und über die Art der Behandlung durch die Zentralstelle enthält,
- veröffentlicht einen Jahresbericht und
- informiert die Meldepflichtigen regelmäßig über Typologien und Methoden der Geldwäsche.

---

1 Beispielfälle siehe oben Teil I Abschn. 13.1, Geldwäsche und Steuerhinterziehung: Zwei unterschiedliche Straftatbestände wachsen zusammen.
2 Muster einer Geldwäscheverdachtsanzeige befindet sich im Internet unter BKA/FIU www.bka.de/Profil.
3 Vgl. § 5 Abs. 1 Satz 2 GwG.

Für den Steuerbürger, der einmal namentlich auf solchen Anzeigen erscheint, ist es – neben der Verwertung solcher Anzeigen für steuerliche Zwecke, welche im Anschluss behandelt wird – außerdem interessant zu erfahren, dass das Bundeskriminalamt – Zentralstelle für Verdachtsanzeigen – auch die Bundesanstalt für Finanzdienstleistungsaufsicht „um Auskünfte nach § 24c Abs. 3 Satz 1 Nr. 2 KWG" ersuchen kann. Der aufmerksame Leser wird sich an dieser Stelle an diese Vorschrift erinnern: Die Bundesanstalt für Finanzdienstleistungsaufsicht wurde nach dieser Vorschrift ermächtigt, Kontenabfragen bei Banken vorzunehmen.[1] Der Kontenabruf steht seit April 2005 auch den Finanzbehörden zu. Damit schließt der Überwachungskreis, in dessen Mitte sich der gläserne Steuerbürger befindet, auch die Geldwäscheverfolgungsbehörden ein.[2]

### 13.4 Die Verwendung von Geldwäscheverdachtsanzeigen für steuerliche Zwecke

Geldwäscheverdachtsanzeigen enthalten umfassende Angaben zu beteiligten natürlichen oder juristischen Personen, die jeweiligen Identifizierungskennungen, die die dem Geldwäschegesetz unterliegende Bank oder jede dem Geldwäschegesetz unterstehende Person in Erfüllung ihrer allgemeinen Identifizierungspflichten festgestellt und aktenkundig gemacht hat. Eine Geldwäscheverdachtsanzeige enthält des Weiteren auch eine ausführliche Darstellung des den Verdacht auslösenden Sachverhalts oder der Transaktion. Der Zentralstelle für Verdachtsanzeigen werden hierbei Zielländer, Herkunftsländer, die verdächtige Geschäftsart (u.a. Einzahlung auf ein Konto, Kauf von Wertpapieren, Immobiliengeschäfte, Versicherungsgeschäfte, Avisierungen) und – soweit auffällig – der Verwendungszweck mitgeteilt. Geldwäscheverdachtsanzeigen enthalten auch meist Angaben über Bankkonten und Depots.[3]

Den Finanzbehörden bleibt keine Geldwäscheverdachtsanzeige verborgen. Die Meldepflicht der Strafverfolgungsbehörden an die Finanzbehörden bei Einleitung eines Strafverfahrens wegen Geldwäsche (§ 10 Abs. 2 Satz 1 GwG) sorgt dafür. Die Finanzämter werden dabei bereits dann unterrichtet,

---

1 Vgl. Teil I Abschn. 4.4, Der automatisierte Kontenabruf.
2 Vgl. insbesondere Abb. 1: Kreditinstitute als Daten- und Informationsquelle für Finanzämter und andere Behörden.
3 Vgl. standardisierte Verdachtsanzeige gem. Anlage 9 BKA-FIU Jahresbericht 2004.

wenn eine Finanztransaktion[1] festgestellt wird, „die für die Finanzverwaltung für die Einleitung oder Durchführung von Besteuerungs- oder Steuerstrafverfahren Bedeutung haben könnte".[2] Das heißt, dass bereits die „bloße Vermutung", ein Steuersachverhalt könnte berührt sein, eine Kontrollmitteilung an die Finanzämter auslöst. Besonders Verdachtsmeldungen von Steuerberatern und Wirtschaftsprüfern sorgen stets für die Einleitung oder Durchführung von Besteuerungs- oder Steuerstrafverfahren.

Geldwäscheverdachtsanzeigen dürfen für das Besteuerungsverfahren und für Strafverfahren wegen Steuerstraftaten verwendet werden (§ 10 Abs. 2 Satz 3 GwG). Die Ermächtigung, Verdachtsanzeigen auch für das Besteuerungsverfahren und in Strafverfahren wegen Steuerstraftaten zu verwenden, ohne dass es zu einer vorherigen Verurteilung des Betreffenden wegen Geldwäsche gekommen oder die Geldwäschestraftat erwiesen ist, zeigt, dass es dem deutschen Fiskus mit dem Geldwäschegesetz nicht nur darum geht, Mafiosigelder einzusammeln. Diese überdimensionierte Steuerkontrolle wirkt vielmehr auf den Normalbürger hin. Geldwäscheverdachtsanzeigen sind hinsichtlich der Geldwäschebekämpfung als auch für die Sicherung des Steueraufkommens sehr effizient, da die Staatsanwaltschaft, die nach Erstattung einer solchen Verdachtsanzeige regelmäßig die Verfolgung aufnimmt, gegenüber dem Treuhänder, Strohmann oder Vertreter des Steuerbürgers schärfere Mittel einsetzen kann, um Letzteren namentlich ermitteln zu können. Die Auswertung von Geldwäscheverdachtsanzeigen für steuerliche Zwecke ist auch dann noch möglich, wenn ein Geldwäscheverdacht mangels konkreter Tatbestände längst wieder eingestellt worden ist.

## 14. Sonstige inländische Auskunfts- und Datenquellen

### 14.1 Fahr- und Kontrolldaten mautpflichtiger Fahrzeuge

Strafverfolgungsbehörden als auch die Steuerfahndung haben mittlerweile die im Zusammenhang mit der Lkw-Maut erhobenen Fahr- und Kontrolldaten als neue Datenquelle entdeckt. Im Rahmen der Erhebung der Lkw-Maut sammelt die im Auftrag des Bundesamtes für Güterverkehr tätige

---

1 Eine Finanztransaktion i.S. des Geldwäschegesetzes ist jede Handlung, die eine Geldbewegung oder eine sonstige Vermögensverschiebung bezweckt oder bewirkt, § 1 Abs. 6 GwG.
2 Vgl. § 10 Abs. 2 Satz 1 GwG.

## 14. Sonstige inländische Auskunfts- und Datenquellen 151

Toll Collect GmbH zwei Arten von Bewegungsdaten: fahrtbezogene Daten und Kontrolldaten.

Bei den fahrtbezogenen Daten handelt es sich:[1]
- um die Höhe der entrichteten Maut,
- die Strecke, für die die Maut entrichtet wurde,
- Ort und Zeit der Mautentrichtung.

Bei Entrichtung der Maut vor der Benutzung mautpflichtiger Bundesautobahnen (ohne On Board Unit) fallen an:
- der für die Durchführung der Fahrt zulässige Zeitraum sowie die Belegnummer,
- das Kennzeichen des Fahrzeugs oder der Fahrzeugkombination
- sowie für die Mauthöhe maßgebliche Merkmale des Fahrzeugs oder der Fahrzeugkombination.

Bei Teilnahme am automatischen Verfahren (bei automatischer Einbuchung durch die im Fahrzeug befindliche On Board Unit – OBU) erhält jeder registrierte Nutzer für jede Fahrt im Rahmen einer monatlich zu erstellenden Mautaufstellung auch Einzelfahrtennachweise übermittelt. Auf diesen Einzelfahrtennachweisen sind neben der Buchungsnummer und den Gebühren auch das Tagesdatum, das amtliche Kennzeichen des Fahrzeugs, die Startzeit der Fahrt sowie die genutzten Autobahnein- und -abfahrten und weitere Informationen über die gewählte Fahrstrecke enthalten. Mittels dieser Angaben lassen sich die Fahrstrecken eines Fahrzeuges leicht überprüfen.

Im Rahmen der automatischen Kontrolle können folgende Daten anfallen:
- das Bild des Fahrzeugs,
- Name der Person die das Motorfahrzeug führt,
- Ort und Zeit der mautpflichtigen Bundesautobahnbenutzung,
- Kennzeichen des Fahrzeugs oder der Fahrzeugkombination sowie
- für die Mauthöhe maßgebliche Merkmale des Fahrzeugs oder der Fahrzeugkombination.

Diese Kontrolldaten dienen der Überprüfung, ob ein Mautpflichtiger seine Maut korrekt entrichtet hat. Zu diesem Zweck hat Toll Collect insgesamt ca. 300 Kontrollbrücken eingerichtet und mit verschiedenen Funktionen ausgerüstet. In der Annäherung an die Brücke wird zunächst jedes Fahr-

---
1 Quelle: Merkblatt zum Datenschutz bei Toll Collect, Stand Dezember 2005.

zeug, unabhängig davon, ob es mautpflichtig ist oder nicht, fotografiert und zwar zweimal. Das erste Foto hält das Kennzeichen fest, das zweite Foto ist ein Übersichtsfoto, das das Fahrzeug im Verkehrsgeschehen zeigt. Dabei wird nur das Bild des Fahrzeugs erfasst, nicht jedoch das Gesicht des Fahrers. Fährt das Fahrzeug unter einer Kontrollbrücke durch, wird es zum einen vermessen, zum anderen versucht die Brücke mit der möglicherweise im mautpflichtigen Fahrzeug verbauten On Board Unit über eine Infrarotschnittstelle Kontakt aufzunehmen.

Ergibt die Vermessung, dass ein Fahrzeug bestimmte Grenzwerte unterschreitet und es eindeutig als nicht mautpflichtig zu klassifizieren ist, werden die Daten (das Kennzeichenfoto und das Übersichtsfoto) sofort nach dieser Klassifikation noch im Hauptspeicher gelöscht. Für ein deutsches Fahrzeug, dessen Profil die Grenzwerte nicht unterschreitet, führt die Brücke beim Kraftfahrt-Bundesamt eine Klassifikationsanfrage durch. Ergibt sich daraus, dass das Fahrzeug nicht der Mautpflicht unterliegt, werden die Daten ebenfalls sofort gelöscht. Bei den als möglicherweise mautpflichtig erkannten Fahrzeugen überprüft die Kontrollbrücke schließlich, ob sie ihre Maut auch ordnungsgemäß entrichtet haben. Dabei werden bei Teilnehmern am manuellen Verfahren (Einbuchung über Mautstellenterminals oder Internet) die Bilddaten nicht sofort gelöscht, sondern in der Brücke als Kontrolldaten auf einer Festplatte gespeichert und stehen für eine begrenzte Zeit (24 Stunden) zur Verfügung. Dies deshalb, um Missbräuche durch eine Mehrfachnutzung des Tickets zu verhindern. Liegt im manuellen Verfahren dagegen keine Einbuchung vor, kann es sich um einen Mautpreller handeln. Auch in diesem Fall werden die Kontrolldaten auf einer Festplatte gespeichert.

Der Gesetzgeber verbietet – derzeit noch – die Verwertung der Mautdaten für andere Zwecke wie zu Ermittlungszwecken in straf- und/oder steuerstrafrechtlichen Fällen. Die Weitergabe von Mautdaten ist durch das Autobahnmautgesetz untersagt und eine „Übermittlung, Nutzung oder Beschlagnahme nach anderen Rechtsvorschriften" unzulässig.[1] Besondere Beachtung verdient in diesem Zusammenhang, dass zu dem Kreis der besonders geschützten Daten sowohl Ort und Zeit der Mautentrichtung als auch die Strecke für die die Maut entrichtet wurde, gehören. Damit sind insbesondere die Informationen über die von mautpflichtigen Lkw zurück-

---

1 ABMG i.d.F.v. 2.12.2004, BGBl 2004 I S. 3122; § 4 Abs. 2 Satz 4 i.V.m. § 7 Abs. 2.

## 14. Sonstige inländische Auskunfts- und Datenquellen

gelegten Strecken besonders geschützt.[1] Auf diese Weise wird sowohl die Verfolgung einzelner Fahrten als auch das Anlegen von Streckenprofilen aus der Zusammenschau vieler Fahrten mit Hilfe der Datenbasis, die im Rahmen des Mautsystems anfällt, untersagt.

Dass in der Steuer- und Strafrechtspraxis zunehmend auch an Lkw-Mautdaten gedacht wird, zeigt ein Diebstahlfall, den das LG Köln zu entscheiden hatte.[2] Auf die Beschwerde des Bundesamtes für Güterverkehr gegen einen Beschlagnahmebeschluss hat das LG letztendlich festgestellt, dass das Bundesamt in diesem Fall nicht befugt war, Auskunft über Mautbuchungen zu erteilen und den Beschlagnahmebeschluss aufgehoben. Daraufhin wurden die Belege beim Beschuldigten selbst beschlagnahmt. Auch in einer Entscheidung des LG Magdeburg (gestohlen wurden hier mehrere Lkw-Zugmaschinen) wird deutlich, dass Mautdaten für strafrechtliche Zwecke nach derzeit geltendem Recht nicht verwertet werden dürfen und eine Mitteilungsverpflichtung gegenüber Ermittlungsbehörden generell ausscheidet.[3]

Was im Strafrecht gilt, gilt im Regelfall auch für die Steuerstrafrechtspraxis. Mautdaten dürfen – zumindest nach geltendem Recht – somit nicht an die Steuerfahndung weitergegeben werden. Für die Verwertung dieser Daten zu steuerlichen Zwecken ist dies allerdings unerheblich. Denn die Finanzbehörden (Steuerfahndung) können die Mautdaten (Einzelfahrtnachweise) auch direkt vom Steuerbürger herausverlangen bzw. in seinen Räumen beschlagnahmen, sofern dieser die Belege aufbewahrt hat.[4]

Mautdaten eignen sich beispielsweise sehr gut zur Überprüfung, ob jemand innergemeinschaftliche Lieferungen getätigt hat, die im Inland nicht der Umsatzsteuer unterliegen, jedoch dessen ungeachtet zum Vorsteuerabzug berechtigen. Aus der Steuerfahndungspraxis ist folgender Fall bekannt[5]: Ein vom Schiffsausrüster auf den Getränkehandel umgewandeltes Unternehmen hatte für Getränkelieferungen ins EU-Ausland vom Finanzamt die volle Vorsteuerrückerstattung beantragt und auch erhalten. Weil inner-

---

1 Merkblatt zum Datenschutz bei Toll Collect, Dezember 2005.
2 LG Köln, Beschluss v. 17.5.2005 – 111 Qs 166/05.
3 LG Magdeburg v. 3.2.2006 – 25 Qs 7/06, NJW 2006, 1073, zitiert in: Praxis Steuerstrafrecht 5/06 S. 101, 102.
4 Eine Aufbewahrungspflicht für Einzelfahrtnachweise haben Steuerbürger weder nach HGB noch nach den Vorschriften der Abgabenordnung.
5 Quelle: Praxis Steuerstrafrecht 4/06 S. 95.

gemeinschaftliche Lieferungen im Inland umsatzsteuerfrei sind, musste das Unternehmen im Gegenzug für die nach eigenen Angaben im EU-Ausland getätigten Umsätze in Höhe von über 500.000 € keine Umsatzsteuer abführen. Unter dem Strich waren die Warenlieferungen für das Finanzamt also ein Verlustgeschäft.

Die Steuerfahndung nahm dieses Geschäft daher genauer unter die Lupe. Die Beamten hatten den Verdacht, dass die Getränkelieferungen tatsächlich im Inland stattfanden, daher umsatzsteuerpflichtig gewesen wären. Es wurden weitere Unterlagen beschlagnahmt, die den Verdacht erhärteten, dass die Angaben des Unternehmens nicht zutreffend waren und es sich bei den Lieferungen in Wirklichkeit um steuerpflichtige Inlandsumsätze handelte, weil die Ware gar nicht ins EU-Ausland transportiert worden ist.

Dass der Verdacht zutreffend war, konnten die Steuerfahnder letztendlich u.a. mittels der Einzelfahrtnachweise von Toll Collect nachweisen, die die Finanzbehörden wie ausgeführt zwar nicht von Toll Collect direkt erhalten konnten, jedoch in den Geschäftsräumen des Unternehmens selbst beschlagnahmt hatten. Für das Unternehmen nahm alles Weitere seinen Lauf.

Künftig dürften Mautdaten den Strafverfolgungsbehörden wie auch der Steuerfahndung frei zugänglich gemacht werden. So forderte Generalbundesanwalt Kay Nehm bei der offiziellen Eröffnung des 44. Deutschen Verkehrsgerichtstages 2006 in Goslar, die vom Lkw-Maut-System erfassten Daten in bestimmten Fällen auch zur Strafverfolgung nutzen zu können. Er forderte eine „begrenzte und formal klar geregelte Öffnung des Mautsystems".[1] Es sei Unfallopfern nur schwer zu erklären, dass die Daten zwar in Bußgeldverfahren gegen Mautpreller verwertet werden dürfen, in strafrechtlichen Verfahren jedoch nicht. Allerdings solle das Erfassungssystem nicht zur flächendeckenden Verfolgung von Straftaten oder gar für Bewegungsbilder zweckentfremdet werden, betonte Nehm. Anlass für die derzeitige rechtspolitische Diskussion über die Nutzung der Mautdaten für bestimmte andere Zwecke bietet sicherlich auch der Tod eines Parkplatzwächters in Satteldorf, der von einem Lkw-Fahrer vermutlich mit Absicht überfahren und getötet wurde. Der Fahrer entkam unerkannt über die Autobahn und hätte mittels der Mautdaten ermittelt werden können. Sollte der Gesetzgeber Ausnahmeregelungen für schwere Straftaten von der Zweckbindung im ABMG künftig zulassen, dürfte es kein „ungangbarer" Weg mehr sein, bis die Daten auch den Finanzbehörden frei zugänglich sind.

---

1 Quelle: N-TV.de v. 26.1.2006 www.n-tv.de/627280.html.

*14. Sonstige inländische Auskunfts- und Datenquellen* 155

## 14.2 Leistungsbescheinigungen der Sozialleistungsträger

Ursprünglich war geplant, für Zahlungen i.S. von § 32b Abs. 3 EStG, das sind Arbeitslosengeldbezüge, Kurzarbeiter- und Schlechtwettergelder, Kranken- und Mutterschaftsgelder, ein umfassendes Kontrollmitteilungssystem zwischen den Trägern der Sozialleistungen und den Finanzbehörden einzuführen.[1] Doch dieser Kontrollmechanismus scheiterte letztlich. Stattdessen ist man hier einen dezenteren Weg gegangen, der unter den Steuerbürgern weniger Aufsehen erregt: Die Träger der Sozialleistungen bescheinigen dem Steuerbürger als Leistungsempfänger bei Einstellung der Leistung oder spätestens am Ende des jeweiligen Kalenderjahres die Dauer des Leistungszeitraumes sowie Art und Höhe der während des Kalenderjahres gezahlten Leistungen (§ 32b Abs. 3 Satz 1 EStG). Es versteht sich, dass der Leistungsempfänger in dieser Bescheinigung dann auch auf die Einkommensteuerpflicht dieser Leistungen und auf seine Steuererklärungspflichten hinzuweisen ist. Die Finanzbehörden können diese Bescheinigungen bei Bedarf vom Sozialleistungsträger anfordern.

## 14.3 Lohnsteuer-Vollständigkeitskontrollen

Im Bereich der Einkünfte aus nichtselbständiger Tätigkeit sind die Finanzbehörden nach dem neuen elektronischen Lohnsteuer-Meldeverfahren auf Angaben der Arbeitnehmer nicht mehr angewiesen; ebenso wenig auf die Tatsache, ob der Steuerbürger seine Lohnsteuerkarte beim Finanzamt einreicht oder nicht. Stattdessen melden die Arbeitgeber die Steuerdaten elektronisch per Datenfernübertragung.

§ 41b EStG verpflichtet die Arbeitgeber, bei Beendigung eines Dienstverhältnisses oder am Ende des Kalenderjahres das Lohnkonto des Arbeitnehmers abzuschließen und aufgrund der Eintragungen im Lohnkonto spätestens bis zum 28.2. des Folgejahres nach amtlich vorgeschriebenem Datensatz durch Datenfernübertragung folgende Angaben zu übermitteln (elektronische Lohnsteuerbescheinigung):

- Name, Vorname, Geburtsdatum und Anschrift des Arbeitnehmers,
- die auf der Lohnsteuerkarte oder der entsprechenden Bescheinigung eingetragenen Besteuerungsmerkmale,

---

1 Ursprünglich geplant § 93b AO.

- den amtlichen Schlüssel der Gemeinde, die die Lohnsteuerkarte ausgestellt hat,
- die Bezeichnung und die Nummer des Finanzamts, an das die Lohnsteuer abgeführt worden ist
- die Steuernummer des Arbeitgebers,
- die Dauer des Dienstverhältnisses während des Kalenderjahres,
- die Art und Höhe des gezahlten Arbeitslohns,
- die einbehaltene Lohnsteuer, den Solidaritätszuschlag und die Kirchensteuer,
- das Kurzarbeitergeld, das Schlechtwettergeld, das Winterausfallgeld, den Zuschuss zum Mutterschaftsgeld nach dem Mutterschutzgesetz, die Entschädigungen für Verdienstausfall nach dem Infektionsschutzgesetz, steuerfreie Aufstockungsbeträge oder Zuschläge,
- die auf die Entfernungspauschale anzurechnenden steuerfreien Arbeitgeberleistungen für Fahrten zwischen Wohnung und Arbeitsstätte,
- die pauschal besteuerten Arbeitgeberleistungen für Fahrten zwischen Wohnung und Arbeitsstätte,
- steuerfreie Beiträge an Einrichtungen für die betriebliche Altersvorsorge,
- steuerfreie Sammelbeförderungen,
- steuerfrei gezahlte Verpflegungszuschüsse und Vergütungen bei doppelter Haushaltsführung,
- Beiträge zu den gesetzlichen Rentenversicherungen und an berufsständische Versorgungseinrichtungen, getrennt nach Arbeitgeber- und Arbeitnehmeranteil,
- Gezahlte Zuschüsse zur Kranken- und Pflegeversicherung,
- den Arbeitnehmeranteil am Gesamtsozialversicherungsbeitrag ohne den Arbeitnehmeranteil.

Die Anzahl der für Arbeitnehmer zu übermittelnde Daten lässt keine Wünsche offen und stellt sicher, dass das Finanzamt über jede Lohn-, Lohnneben-, Lohnersatzleistung oder freiwillige Leistungen des Arbeitgebers, Zuschüsse aller Art und weitere Bezüge unterrichtet ist.

## 14.4 JobCard-Verfahren und elektronischer Einkommensnachweis (ELENA)

Bei dem JobCard-Verfahren handelt es sich um ein von Trägern der gesetzlichen Krankenversicherung im Auftrag des Bundeswirtschaftsministeriums entwickeltes Projekt, das eine Vereinfachung des Zugriffs auf zentral gespeicherte Arbeits- und Einkommensdaten zum Ziel hat. Das Konzept wurde im September 2003 eingeführt, erfolgreich in mehreren Modellprojekten auf seine Praxistauglichkeit getestet und ist inzwischen abgeschlossen. Erreicht wurde mit diesem System u.a. auch die Vereinfachung von Meldungen der Arbeitgeber an die Arbeitsagenturen.

Sinn und Zweck der JobCard war bislang also nicht die Überwachung der Einkommensverhältnisse abhängig beschäftigter Steuerbürger, sondern die Schaffung eines neuen Systems zur Vorlage von Verdienst-, Entgelt- und Arbeitsbescheinigungsdaten rein für sozialversicherungsrechtliche Angelegenheiten. Die Arbeitgeber bescheinigen und übermitteln hierzu monatlich für alle Arbeitnehmer sämtliche nach den Sozialgesetzen zur Leistungsberechnung benötigten Daten wie Höhe der Entgeltzahlungen, Angaben zu den Beschäftigungszeiten usw. an eine Zentrale Speicherstelle (ZSS) auf elektronischem Weg. Die einzelnen Sozialversicherungsträger können im Bedarfsfall die von der ZSS gespeicherten Daten abrufen. Der Datenabruf ist bislang nur den Sozialversicherungsträgern für das sozialrechtliche Leistungsverfahren gestattet.

Die JobCard ist unter den Datenschützern wegen der zentralen Speicherung von Einkommensdaten und Arbeitgeberdaten der gesamten Erwerbsbevölkerung Deutschlands bereits bei ihrer Einführung auf erheblichen Widerstand gestoßen und wirft bis heute erhebliche Probleme hinsichtlich der Erforderlichkeit, weiterer Verarbeitungswünsche und vor allem wegen der möglichen Datenverknüpfungen auf. So verstößt die mit dem Projekt verbundene personenbezogene zentrale Speicherung von Gehalts- und Verdienstbescheinigungsdaten für aktuelle und ehemalige Mitarbeiter gegen das Recht auf informationelle Selbstbestimmung.[1]

Allen Bedenken der Datenschützer zum Trotz soll nun auch die Finanzverwaltung ein JobCard-Verfahren erhalten. Gemäß dem „Entwurf eines Ersten Gesetzes zum Abbau bürokratischer Hemmnisse insbesondere in der mittelständischen Wirtschaft" vom Mai 2006 ist Teil des Maßnahmenkata-

---

[1] Zum Begriff vgl. Teil I Abschn. 9.2, Recht auf informationelle Selbstbestimmung schützt Telekommunikationsverbindungsdaten.

logs für längerfristige mittelstandsfreundliche Reformvorhaben die Einführung eines *elektronischen Einkommensnachweises*, wie er im Modellverfahren JobCard-Verfahren erprobt wurde.[1] Wie der elektronische Einkommensnachweis (ELENA) letztlich aussehen soll, welche Daten die Arbeitgeber darin auf elektronischem Weg bescheinigen müssen und ob die beiden Verfahren – JobCard auf Ebene der Sozialversicherung und ELENA auf Ebene der Finanzverwaltung – letztlich zu einer „Superdatenbank" zusammengeführt werden sollen, bleibt abzuwarten.

### 14.5 Spontanauskünfte und anonyme Anzeigen

Spontanauskünfte und anonyme Anzeigen sind ergiebige Informationsquellen für die Finanzbehörden. Wenn auch nur wenige Prozent aller anonym eingegangenen Anzeigen zu „Vorfeldermittlungen" durch die Steuerfahndung führen, so erhalten die Finanzbehörden dennoch wichtige Hinweise von Privatpersonen über bisher unbekannte steuerrelevante Sachverhalte. Die wichtigsten Informanten sind neidische Nachbarn, geschiedene Ehefrauen, enterbte Familienangehörige oder entlassene Mitarbeiter.

Die Finanzverwaltung führt für jede anonyme Anzeige eine Plausibilitätsprüfung durch. Zeigt jemand seinen Nachbarn an, weil er einen teureren Wagen fährt als er, werden die Finanzbehörden beim Kraftfahrtbundesamt in Flensburg oder bei der Kraftfahrzeugsteuerstelle zunächst einmal Rückfrage halten. Handelt es sich bei diesem Pkw um eine teure Nobelmarke, wird sich das Wohnsitzfinanzamt die letzten Steuererklärungen nochmals gründlich unter die Lupe nehmen. Ermittlungen wird man aber erst dann anstellen, wenn dieser Nachbar ein als arbeitslos gemeldeter Handwerker ist, aber nach Angabe des Denunzianten seine Wohnung werktäglich schon um 6.00 Uhr mit Arbeitsmantel und Werkzeug verlässt.

Da den Finanzbehörden bei der Aufdeckung und Verfolgung von Steuerstraftaten Spontanauskünfte und anonyme Anzeigen sehr entgegenkommen, scheint es dem Grundsatz der gleichmäßigen Besteuerung entsprechend geboten, Informanten – sofern sie sich namentlich zu erkennen geben – durch das Steuergeheimnis zu schützen.

Zwar hat der BFH[2] zum Anspruch auf Benennung eines Denunzianten entschieden, dass dessen Name zu den durch das Steuergeheimnis geschützten

---

1 Vgl. Maßnahmenkatalog, Nr. 20.
2 Urt. v. 8.2.1994 VII R 88/92, BStBl 1994 II S. 552.

„Verhältnissen eines anderen" gehöre, die im Rahmen eines „Verwaltungsverfahrens oder eines gerichtlichen Verfahrens in Steuersachen" bekannt geworden und somit durch das Steuergeheimnis geschützt seien, betonte jedoch, dass der „Einfluss des grundrechtlich verbürgten allgemeinen Persönlichkeitsrechts eines Angezeigten in Ausnahmefällen doch zu einer anderen Beurteilung führen" kann.

Eine Offenbarungspflicht besteht, soweit der Name des Denunzianten der Durchführung eines Strafverfahrens wegen einer nichtsteuerlichen Straftat dient, die der Denunziant in der Beschaffung der Informationen begangen hat. Denkbar wäre hier Diebstahl (§ 242 StGB), Hausfriedensbruch (§ 123 StGB), Urkundenunterdrückung (§ 274 StGB) oder die Verletzung des Briefgeheimnisses (§ 202 StGB). Ebenso ist eine Namensnennung geboten, wenn der Denunziant vorsätzlich unwahre Tatsachen behauptet hat und dem Angeschwärzten die Eröffnung eines Strafverfahrens wegen falscher Verdächtigungen ermöglicht werden soll.

## 14.6 Aufspüren der Inhaber von Namensaktien in Deutschland

In den vergangenen Jahren haben immer mehr Unternehmen begonnen, ihre Inhaberaktien in Namensaktien umzuwandeln. Die börsennotierten Aktiengesellschaften begründeten diesen Schritt u.a. mit der Möglichkeit einer besseren Pflege der Beziehungen zu ihren Anteilseignern. Kennt man die Namen und Adressen seiner Aktionäre, kann man selbstverständlich engeren Kontakt pflegen.

Doch was die Vorstände der AGs übersehen haben, ist folgender Negativeffekt: Auch die Finanzbehörden verschaffen sich Zugang zu der Adressdatei der Namensaktionäre. Und dann kann es sein, dass nicht ein Aktionärsbrief vom Vorstand der Aktiengesellschaft, sondern ein Brief vom Finanzamt im Briefkasten des ahnungslosen Aktionärs landet.

Namensaktionäre sollten auch wissen, dass das Unternehmen, das diese auf den Namen lautenden Aktien ausgegeben hat, beim Tod eines jeden Namensaktionärs Meldungen an die Erbschaftsteuerfinanzämter erstatten muss. So sind Aktiengesellschaften als Wertpapieremittenten i.S. § 33 Abs. 2 ErbStG i.V.m. § 2 der ErbStDV unverzüglich nach dem Eingang eines Antrags auf Umschreibung von Namensaktien auf den Erben verpflichtet, dies dem zuständigen Erbschaftsteuerfinanzamt anzuzeigen. Dabei wird den Finanzbehörden bekannt:

- die Wertpapier-Kennnummer, die Stückzahl und der Nennbetrag der Aktien oder Schuldverschreibungen,
- die letzte Anschrift des Erblassers, auf dessen Namen die Wertpapiere lauten,
- den Todestag des Erblassers und – wenn dem Anzeigepflichtigen bekannt – das Standesamt, bei dem der Sterbefall beurkundet worden ist,
- den Namen, die Anschrift und, soweit dem Anzeigepflichtigen bekannt, das persönliche Verhältnis (Verwandtschaftsverhältnis) der Person, auf deren Namen die Wertpapiere umgeschrieben werden sollen.

Eine Kleinbetragsregelung wie für Meldungen der Kreditinstitute besteht hier nicht, so dass die Finanzämter auch von nur geringen Namensaktienbeständen Kenntnis erlangen.

### 14.7 Der private Personal Computer und IP-Adresse als Identifikationsmerkmal

Wie oben bereits erläutert, speichern Anbieter von Kommunikationsdienstleistungen Daten ihrer Kunden für die Strafverfolgungsbehörden.[1] Surft der Steuerbürger im Internet, hinterlässt er eine gewaltige Datenspur hinter sich.

*Beispiel IP-Adresse*: IP steht für „Internet Protocol Adresse"; sie erlaubt eine logische Adressierung von Geräten (Hosts) in IP-Netzwerken wie z.B. dem Internet. Ein Host ist z.B. ein Computer, ein Router, ein Drucker oder ein IP-Telefon. Jeder Computer bzw. Host, dem sich der Steuerbürger zur Kommunikation im Internet bedient, besitzt zu einem Zeitpunkt dabei mindestens eine IP-Adresse. Diese IP-Adresse ist in seinem Subnetz eindeutig und ermöglicht den Geräten im Netzwerk miteinander zu kommunizieren. Am einfachsten kann sich der Steuerbürger eine IP-Adresse mit einer Telefonnummer verglichen vorstellen. So wie ein Telefonanschluss eindeutig über eine Telefonnummer angewählt werden kann, ist der PC bzw. ein Host unter seiner eindeutigen IP-Adresse erreichbar.

Jede Ressource im Web ist außerdem durch eine URL (Uniform Resource Locator) eindeutig bezeichnet. Surft der Steuerbürger mit seinem PC oder Handy im Web, werden beide Daten seiner Kommunikation als Kopfzeile vorangestellt und an jedem Netzknoten, den ein Datenpaket durchläuft, ge-

---

[1] Vgl. Teil I Abschn. 9, Kommunikationseinrichtungen als Daten- und Informationsquelle.

## 14. Sonstige inländische Auskunfts- und Datenquellen

lesen und temporär festgehalten. Auf diese Weise erfährt ein Teledienstanbieter beim Aufbau der Verbindung folgende Details über den Nutzer:
- IP-Adresse des Steuerbürgers,
- das von ihm verwendete Betriebssystem und den Browser (Typ und Version),
- verwendete Protokolle,
- URL der Dokumentenseite, von der der Steuerbürger gekommen ist,
- Wahl der Sprache und
- ggf. bereits gespeicherte Cookies auf dem Rechner

Protokolle registrieren schließlich Zugriffe und Aktionen.

Mit speziellen Analyseprogrammen ist es möglich, die vom Steuerbürger erzeugte Datenspur detailliert auszuwerten, beispielsweise nach bestimmten nutzungs- und nutzerbezogenen Eigenschaften (wann und wie häufig wurde eine Seite aufgerufen, welche Interessen verfolgt der Nutzer usw.). Zwar untersagt der Gesetzgeber derartige Datenanalysen, indem er im sog. Teledienstedatenschutzgesetz jedem Nutzer das Recht zugesteht, sich anonym durch das Internet bewegen zu können.[1] Eine in etwa gleich lautende Vorschrift findet sich auch in § 18 Abs. 6 des Mediendienstestaatsvertrags. Danach darf also kein Provider aufzeichnen, wer wann im Internet gesurft hat und welche Seiten er aufgerufen hat, soweit dies nicht ausnahmsweise für Abrechnungszwecke erforderlich ist. Und dann sollen diese Daten auch nur für diesen Zweck verwendet werden dürfen. Ein anonymes Surfen gegenüber Finanzbehörden ist damit freilich nicht garantiert. Denn wie eingangs erwähnt, müssen Teledienstanbieter Strafverfolgungsbehörden Zugang gewähren bzw. bestimmte Kundendaten zum Abruf bereithalten.[2]

---

1 § 4 Abs. 6 Teledienstedatenschutzgesetz schreibt vor: „Der Diensteanbieter hat dem Nutzer die Inanspruchnahme von Telediensten und ihre Bezahlung anonym oder unter Pseudonym zu ermöglichen, soweit dies technisch möglich und zumutbar ist. Der Nutzer ist über diese Möglichkeit zu informieren."

2 Zu den Möglichkeiten des „anonymen Surfens" mittels Zwischenschaltung eines „Proxy-Servers" vgl. Götzenberger, Diskrete Geldanlagen, steueroptimale Vermögensplanung, grenzüberschreitendes Vermögensmanagement, Wien 2006, Teil VIII „Diskretes Online- und Telefon-Banking" S. 219 ff.

# Teil II: Ausforschung steuerrelevanter Aktivitäten und der privaten Vermögensverhältnisse eines deutschen Steuerbürgers auf internationaler Ebene

Internationale Ausforschungs- und Ermittlungsmöglichkeiten der Steuerbehörden (die Zahlen beziehen sich auf die nachfolgenden Abschnitte im Buch)

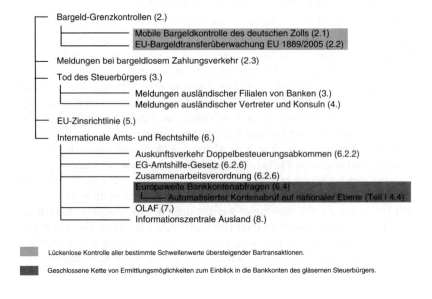

Lückenlose Kontrolle aller bestimmte Schwellenwerte übersteigender Bartransaktionen.

Geschlossene Kette von Ermittlungsmöglichkeiten zum Einblick in die Bankkonten des gläsernen Steuerbürgers.

## 1. Allgemeines

Überschreitet der deutsche Steuerbürger die Staatsgrenze, endet dort grundsätzlich die Ausforschung seiner Vermögensverhältnisse unmittelbar durch die deutschen Steuerbehörden. Die deutschen Finanzbehörden sind durch das sog. „Territorialitätsprinzip"[1] gehindert, im Ausland selbständig auf fremdem Territorium ohne ausdrückliche Genehmigung der betreffenden ausländischen Behörden zu agieren. Letzteres heißt selbstverständlich

---

1 Für Deutschland siehe Art. 20 Abs. 2 Satz 1 GG.

## 1. Allgemeines 163

nicht, dass die deutschen Steuerbehörden keinerlei Möglichkeit mehr hätten, Informationen über das „steuerrelevante" Verhalten eines deutschen Steuerbürgers erhalten zu können.

Zur Ausforschung von Bankkonten bei ausländischen Kreditinstituten oder der Aufspürung im Ausland belegener Vermögenswerte von deutschen Steuerbürgern haben insbesondere die EU-Staaten ihre Zusammenarbeit auf dem Gebiet der internationalen Amts- und Rechtshilfe in den letzten Jahren intensiviert. Die EG-Amtshilfe-Richtlinie sieht beispielsweise seit Jahren die Möglichkeit der Hinzuziehung der Steuerbeamten aus anderen Mitgliedstaaten vor.[1] Nach der Richtlinie können die „zuständigen Behörden des Auskunft gebenden Mitgliedstaats und des interessierten Mitgliedstaats im Konsultationsverfahren vereinbaren, dass Bediensteten der Steuerverwaltung des interessierten Staates, die Anwesenheit im Auskunft gebenden Staat gestattet wird. Des Weiteren ist unter bestimmten Voraussetzungen ein europaweiter Abruf von Bankkonten nach der Umsetzung des Protokolls vom 16.10.2001 zu dem Übereinkommen über die Rechtshilfe in Strafsachen zwischen den EU-Mitgliedstaaten möglich.[2] Damit ist – zumindest auf Besteuerungsebene – unter den EU-Finanzbehörden das Territorialitätsprinzip praktisch aufgehoben und der EU Steuerbürger muss sich bei Vorliegen der entsprechenden Voraussetzungen[3] auch von ausländischen Finanzbeamten durchleuchten lassen.

Darüber hinaus baut die Organisation für internationale Zusammenarbeit und Entwicklung (OECD) ihre Bemühungen zur Bekämpfung des grenzübergreifenden schädlichen Steuerwettbewerbs immer weiter aus.[4] Im Fokus der OECD stehen besonders Geschäftsbanken sowie diverse in bestimmten Schlüsselländern gesetzlich geregelte Bankgeheimnisse. Die OECD strebt ferner eine bessere Erfassung des Steuerbürgers durch die

---

1 Richtlinie 77/799/EWG des Rates v. 19.12.1977 über die Amtshilfe zwischen den zuständigen Behörden der Mitgliedstaaten im Bereich der direkten Steuern und der Steuern auf Versicherungsprämien. Zuletzt geändert durch Art.1 ÄndRL 2004/106/EG v. 16.11.2004 (ABl.Nr. L 359 S.30) zur Umsetzung in deutsches Recht vgl. § 1b EGAHiG Teil II Abschn. 6.2.4, Grundzüge des EG-Amtshilfe-Gesetzes.
2 Vgl. hierzu Teil II Abschn. 6.4, Europaweite Bankkontenabfragen durch Finanzbehörden nach dem Protokoll v. 16.10.2001 zu dem Übereinkommen über die Rechtshilfe in Strafsachen zwischen den EU-Mitgliedstaaten.
3 Zu den Voraussetzungen vgl. für Deutschland § 1b EGAHiG in Teil II Abschn. 6.2.4, Grundzüge des EG-Amtshilfe-Gesetzes.
4 Vgl. hierzu Teil III.

Vergabe einheitlicher Identifizierungsmerkmale[1] im bereits durch Kontrollmeldungen im Rahmen der EU-Zinsrichtlinie, den europaweiten Bankkontenabfragen und den in den letzten Jahren stark gelockerten Informationsaustausch im Rahmen der Amts- und Rechtshilfe eng geknüpften Datennetz an.

Dass die EU-Finanzbehörden bereits seit Jahren in der Lage sind, ein europaweites Daten-Informationsaustauschsystem zu praktizieren, zeigt als Beispiel das auf Basis der Verordnung des Rates über die Zusammenarbeit der Verwaltungsbehörden auf dem Gebiet der indirekten Besteuerung (Zusammenarbeits-Verordnung- ZVO a.F.) operierende *Mehrwertsteuer-Informations-Austauschsystem MIAS*.[2] Mit dem Informationssystem MIAS kommen allerdings nur solche Steuerbürger in Berührung, die als Unternehmer umsatzsteuerpflichtige Umsätze ausführen. Viel signifikanter für den Steuerbürger dürften die durch den deutschen Zoll bereits praktizierten Bargeldkontrollen in grenznahen Gebieten sowie die ab dem 15.6.2007 geltende europaweite Überwachung von Bargeldtransfers ab 10.000 € oder mehr nach der EU-Verordnung 1889/2005 vom 26.10.2005 sein. Des Weiteren berühren den vermögenden Steuerbürger mit Konten im EU-Ausland auch die neuen Kontrollmitteilungen im Zusammenhang mit der EU-Zinsrichtlinie sowie die auf Strafrechtsebene (bei Steuerhinterziehung) möglichen europaweiten Bankkontenabfragen, welche ebenfalls Gegenstand nachfolgender Ausführungen sind.

## 2. Aufspüren von Bargeldtransfers des Steuerbürgers

### 2.1 Bargeld-Grenzkontrollen durch deutsche Zollbehörden

#### 2.1.1 Allgemeines

Seit Juni 1998 führen der Zoll, die Bundespolizei und zwischenzeitlich die Länderpolizeien Bremen und Hamburg im Auftrag des Zolls Kontrollen des grenzüberschreitenden Bargeldverkehrs durch. Sinn und Zweck dieser Bargeldkontrollen war, Gewinne aus schweren Straftaten aufzuspüren und die organisierte Kriminalität wirksamer zu bekämpfen. Dies war auch die

---

1 Vgl. Teil III Abschn. 2, Der Steuer-Informationsaustausch nach Standard „OECD 2002" sowie Teil I Abschn. 3, Elektronische Ordnungsmerkmale zur computergestützten Identifikation und Nachverfolgung.

2 Vgl. Teil II Abschn. 6.2.6, Zusammenarbeits-Verordnung und das Mehrwertsteuer-Informations-Austauschsystem MIAS.

## 2. Aufspüren von Bargeldtransfers

Intention der von den G-7-Staaten eingerichteten Arbeitsgruppe „Financial Action Task Force", welche seinerzeit die Einführung solcher Bargeldkontrollen empfohlen und bei der Entwicklung und Einführung der EU-Verordnung 1889/2005[1] wesentlich mitgewirkt hat. Nach dieser ab 15.6.2007 in Kraft tretenden Verordnung unterliegen Barmittel, die von natürlichen Personen bei der Einreise in die oder bei der Ausreise aus der Gemeinschaft mitgeführt werden, einer obligatorischen Anmeldung.

Ursprünglich hätte durch die Bargeldkontrollen das körperliche Verbringen von Verbrechensgewinnen über die nationalen Grenzen erfasst und verhindert werden sollen. Letzteres ist freilich nur bedingt gelungen; die organisierte Kriminalität nutzt längst nicht mehr den Geldboten mit dem schwarzen Koffer, sondern bedient sich anderer Methoden. Doch wie oben bereits festgestellt, sind die Straftatbestände Geldwäsche und Steuerhinterziehungen in den letzten Jahren mehr und mehr zusammengewachsen.[2]

Im Fokus des Zolls und der Polizeibehörden steht heute primär der Steuerbürger, der gläserne Steuerbürger! Statistiken zur Überwachung des grenzüberschreitenden Bargeldverkehrs zeigen dies[3]: In 2004 wurden 5,9 Mio. € an Zahlungsmittel sichergestellt und 315 Bußgeldverfahren eingeleitet und abgeschlossen. Dabei wurden Bußgelder i.H.v. 1,196 Mio. € verhängt. Bei den 2435 statistisch erfassten Bargeldtransporten wurden Bargelder im Gesamtvolumen von 137.900.000 € registriert. Die Kombination von Zoll-Bargeld-Grenzkontrollen mit einer Deklarierungspflicht für mitgeführte Barmittel gemäß der EU-Verordnung 1889/2005 ermöglicht den Steuer- und Strafverfolgungsbehörden eine lückenlose Kontrolle sämtlicher – entsprechende Schwellenwerte übersteigende – Bargeldverbringungen aller EU-Steuerbürger.

### 2.1.2 Die Bargeldkontrollen im Einzelnen

Auf eine Bargeldkontrolle durch mobile Kontrollgruppen des Zolls kann der Steuerbürger im Prinzip überall treffen. Der Zoll unterhält etwa 40 mobile Kontrollgruppen im Einsatz, die den grenzüberschreitenden Warenverkehr zollamtlich überwachen. Verstärkt finden solche Bargeldkontrollen

---

[1] Vgl. Teil II Abschn. 2.2, Europaweite Überwachung von Bargeldtransfers und Kontrolle von Bargeldbewegungen nach der EU-Verordnung 1889/2005 v. 26.10.2005.
[2] Vgl. Teil I Abschn. 13.1, Geldwäsche und Steuerhinterziehung: Zwei unterschiedliche Straftatbestände wachsen zusammen.
[3] Statistik 2004 zur Überwachung des grenzüberschreitenden Bargeldverkehrs, www.zoll.de.

im gesamten deutschen „grenznahen Raum" statt. Grenznaher Raum ist alles am deutschen Teil der Zollgrenze bis zu einer Tiefe von 30 Kilometern. Bargeldkontrollen finden insbesondere auch auf Flughäfen, an der deutsch-schweizerischen Grenze, an der deutsch-luxemburgischen Grenze, im Bereich der Binnengrenzen oder an der Seegrenze statt.

In 2004 fanden auf Flughäfen 1657, an der deutsch-schweizerischen Grenze 530, im Bereich der Binnengrenzen 206 und an der Seegrenze 42 Bargeldfeststellungen statt.[1] Eine Bargeldkontrolle vollzieht sich im Regelfall so, dass der Zollbeamte jede natürliche Person befragt, ob sie Bargelder oder gleichgestellte Wertgegenstände im Wert von 15.000 € und mehr mit sich führt. Bargeldern gleichgestellt sind Wertgegenstände wie Tafelpapiere, Schecks, Wechsel, Edelmetalle oder Edelsteine. Gemäß § 12a ZollVG hat der Steuerbürger auf Verlangen der Zollbediensteten Bargeld oder gleichgestellte Zahlungsmittel im Wert von 15.000 € oder mehr, die sie in die, aus den oder durch die Zollgebiete der Europäischen Union verbringen oder befördern, nach Art, Zahl und Wert anzuzeigen sowie die Herkunft, den wirtschaftlich Berechtigten und den Verwendungszweck darzulegen.

Deklariert der Steuerbürger Bargelder oder Wertgegenstände, muss er angeben, welchen genauen Betrag er mit sich führt. Außerdem wird er den Beamten darüber hinaus darzulegen haben, woher die mitgeführten Mittel stammen, wer darüber verfügen darf und wozu es verwendet werden soll. Ergeben sich aus den Angaben oder sonstigen Umständen keine Anhaltspunkte für Geldwäsche, so kann die Reise unverzüglich fortgesetzt werden. Bestehen hingegen Anhaltspunkte, schaltet der Kontrollbeamte den Zollfahndungsdienst ein und stellt die Zahlungsmittel im Regelfall sicher bzw. nimmt diese in zollamtliche Verwahrung: Auch bei falschen Antworten auf die Frage, ob denn Bargelder oder gleichgestellte Wertgegenstände im Wert von 15.000 € mitgeführt werden, fällt der Steuerbürger in das Fahndungsraster. Die Zollbeamten sind außerdem besonders auf Bankdokumente (Kontoauszüge, Depotaufstellungen) fokussiert! Die Zöllner dürfen bei Bargeldkontrollen gefundene Schriftstücke unabhängig davon, ob Zahlungsmittel mitgeführt werden oder nicht dahin gehend prüfen/sichern, ob sie Hinweise auf eine Beförderung von Zahlungsmitteln enthalten.[2]

---

1 Statistik 2004 zur Überwachung des grenzüberschreitenden Bargeldverkehrs, www.zoll.de.
2 Dies soll sich aus der Befugnis des Zoll ergeben, im Rahmen der Sachverhaltsermittlung festzustellen, ob unter zollamtlicher Überwachung gestellte Zahlungsmittel befördert werden oder wurden (§ 12a Abs. 1 Satz 4 ZollVG).

Das Verschweigen von mitgeführtem Bargeld kann teuer werden. In besonders schweren Fällen, etwa wenn der Steuerbürger Bargeld am Körper, in der Kleidung, im Gepäck, in einem Transportmittel oder sonst auf schwer zu entdeckender Weise zu transportieren versuchte, kann das gesamte mitgeführte und nicht angezeigte Geld als Bußgeld verloren sein. Ergeben die Ermittlungen des Zollfahndungsdienstes den Verdacht der Geldwäsche, so wird ein Strafverfahren eingeleitet.

Die Auswahl der Kontrollpersonen erfolgt im Regelfall nach dem Zufalls- bzw. Stichprobenprinzip. Europa und Schengener Abkommen hin oder her: Fahrzeuge werden an der Grenze oder von mobilen Einsatzgruppen stichprobenweise kontrolliert; mitgeführte Bankbelege kopiert und an die Finanzverwaltung übermittelt.

Die Rechtmäßigkeit solcher Zollamtshilfehandlungen gegenüber den Finanzbehörden ist streitig. Der Zollbeamte beschlagnahmt hier Unterlagen für die Finanzverwaltung. Normalerweise wäre ihm das nur gestattet, sofern er selbst einen Tatverdacht hat. Auch das Kopieren der Kontounterlagen setzt einen Tatverdacht voraus.[1] An diesem mangelt es hier regelmäßig. Denn die bloße Vermutung ersetzt einen solchen nicht. In der Praxis war es eben dann der „Zufall" der die Sache ins Rollen gebracht hat.

### 2.1.3 Verhaltensregeln für Zollbehörden bei Bargeldkontrollen

Die Oberfinanzdirektionen (OFDn) Chemnitz, Cottbus, Hannover, Hamburg, Karlsruhe, Koblenz, Köln und Nürnberg unterrichteten im April 2005 das Zollkriminalamt-Bildungszentrum in Münster über bestimmte Verhaltensregeln bei den Bargeldkontrollen. Für die Feststellung von Bargeld bzw. gleichgestellten Zahlungsmitteln gilt nach der OFD-Verfügung Folgendes:

- „Wert von 15.000 € oder mehr

Werden bei einer Bargeldkontrolle Bargeld oder gleichgestellte Zahlungsmittel im Gesamtwert von 15.000 € oder mehr festgestellt (d.h. gleichgültig, ob angemeldet oder erst nach Durchsuchen ermittelt), dürfen die Daten, welche der Betroffene aufgrund des § 12a Abs. 1 ZollVG mitteilen muss, an die Landesfinanzbehörden weitergeleitet werden. Darüber hinaus dürfen auch schriftliche Unterlagen, die unmittelbar Aufschluss über die Herkunft des Bargeldes/der gleichgestellten Zahlungsmittel, dessen Ver-

---

1 Streck/Mack, Banken und Bankkunden im Steuerfahndungsverfahren, BB 1995 S. 2137 ff.

wendungszweck o.Ä. ergeben können, erhoben und an die Landesfinanzbehörden weitergeleitet werden. Dies gilt unabhängig davon, ob Anhaltspunkte für Geldwäsche vorliegen."

- „Wert unter 15.000 €

Wird ein geringerer Betrag als 15.000 € festgestellt, ist eine Erhebung und Übermittlung von Daten an die Landesfinanzbehörden nur zulässig, wenn sich aus diesen Daten Anhaltspunkte für Geldwäsche ... ergeben."

Steuerbürger, die weniger als 15.000 € an Bargelder oder gleichgestellte Zahlungsmittel (das sind u.a. Schecks) mit sich führen und sich nicht so verhalten, dass der Zöllner einen Verdacht auf Geldwäsche schöpft, brauchen sich also vor einer Unterrichtung ihrer Wohnsitzfinanzämter nicht zu fürchten.[1] Konnten die Zollbeamten kein Bargeld oder gleichgestellte Zahlungsmittel feststellen, müssen sie sich laut obiger OFD-Anweisung wie folgt verhalten:

- „Hinweise auf Beförderung von Bargeld/gleichgestellten Zahlungsmitteln von 15.000 € oder mehr

Soweit bei einer Bargeldkontrolle kein Bargeld/gleichgestellte Zahlungsmittel festgestellt werden, dürfen Unterlagen erhoben und an Landesfinanzbehörden übermittelt werden, soweit sich aus diesen Unterlagen Hinweise auf eine (frühere) Beförderung von Bargeld/gleichgestellten Zahlungsmitteln im Wert von insgesamt 15.000 € oder mehr ergeben. Dies gilt unabhängig davon, ob Anhaltspunkte für Geldwäsche vorliegen."

- „Hinweise auf Beförderung von Bargeld/gleichgestellten Zahlungsmitteln unter 15.000 €

In diesem Fall dürfen Unterlagen erhoben und an Landesfinanzbehörden übermittelt werden, soweit sich aus diesen Unterlagen Anhaltspunkte für Geldwäsche ergeben."

- „keinerlei Hinweise auf Beförderung von Bargeld/gleichgestellten Zahlungsmitteln

Soweit sich aus den Unterlagen keine Hinweise auf die Beförderung von Bargeld/gleichgestellten Zahlungsmitteln oder Anhaltspunkte für Geldwäsche ergeben, dürfen Unterlagen nur aufgrund des § 116 AO erhoben und an Landesfinanzbehörden übermittelt werden. Dies bedeutet, dass sich

---

[1] Die 15.000 €-Grenze aus dem ZollVG dürfte mittelfristig auf die niedrigere 10.000 €-Grenze der EU-Bargeld-Transferrichtlinie herabgesetzt werden.

## 2. Aufspüren von Bargeldtransfers

aus den Unterlagen ein strafrechtlicher Anfangsverdacht einer Steuerstraftat ergeben muss."

Die OFDn legen in ihrer gemeinsamen Verfügung auch gleich fest, was „weiterleitungsfähige Unterlagen" sind und zählen auf: „Kontoauszüge ausländischer Kreditinstitute, aus denen sich Bareinzahlungen oder Barverfügungen ergeben, Ein- und Auszahlungsbelege, Quittungen über den Erhalt/Austausch von Bargeld, An- und Verkaufsabrechnungen, zu Bartransaktionen berechtigte Vollmachten, Verträge, die eine teilweise oder vollständige Barabwicklung vorsehen".

Was der Zoll nicht darf: Nicht durch die im Rahmen der Bargeldkontrollen auszuübenden Befugnisse gedeckt ist:

- die Erhebung von Bilanzunterlagen (einschließlich Gewinn- und Verlustrechnungen),
- die Registrierung von Geldkarten ausländischer Kreditinstitute, ohne dass zuzuordnende Geldbewegungen festgestellt werden,
- Beschlagnahme bzw. Registrierung von Kreditkarten, Tresorschlüssel, allgemeinen Vertragsunterlagen,
- Erhebung/Kopie privater Aufzeichnungen von Telefonnummern,
- Registrierung der Fahrzeugpapiere,
- Ablichtung/Erhebung von Grundbuchauszügen,
- Erhebung von Einkaufsausweisen ausländischer Supermarktketten,
- Erhebung/Registrierung sonstiger Funde, die nur geeignet sind, einen Aufenthalt im Ausland zu belegen,
- das unter Richtervorbehalt stehende Auslesen von Verbindungsdaten bei Mobiltelefonen.[1]

### 2.1.4 Übermittlung der Erhebungsdaten an die Finanzverwaltung

Die Übermittlung von im Rahmen einer Bargeldkontrolle erhobenen personenbezogenen Daten an die Finanzbehörden war bis zum 31.12.1999 vom Vorliegen von Anhaltspunkten für Geldwäsche abhängig. Dies führte zu einem erheblichen Rückgang der Weitergabe von Daten an die Länderfinanzverwaltungen. Mit Inkrafttreten des Steuerbereinigungsgesetzes 1999 am 1.1.2000 wurde dieser Zustand beseitigt. Die Übermittlung solcher Daten ist jetzt nicht mehr abhängig von Anhaltspunkten für Geld-

---

1 Vgl. Teil I Abschn. 9, Kommunikationseinrichtungen als Daten- und Informationsquelle.

wäsche. Gemäß § 12 Abs. 3 Satz 3 ZollVG ist die „Übermittlung personenbezogener Daten an andere Finanzbehörden zulässig, soweit ihre Kenntnis zur Durchführung eines Verwaltungsverfahrens in Steuersachen oder eines Strafverfahrens wegen einer Steuerstraftat oder eines Bußgeldverfahrens wegen einer Steuerordnungswidrigkeit von Bedeutung sein kann". Dass und ob der Steuerbürger bei der Bargeldkontrolle, bei der seine personenbezogenen Daten und weitere Erkenntnisse gewonnen wurden, den für Bargelder und gleichgestellte Zahlungsmittel geltenden Schwellenwert von 15.000 € überschritten hat oder nicht, ist für die Datenübermittlung unerheblich. Diverse bei Bargeld-Grenzkontrollen gefundene und gesichtete Bankdokumente lösen, sofern die Dokumente den Anlass zur Einleitung eines Steuerstrafverfahrens geben, einen Kontenabruf aus, wenn die Bankdokumente von einer Bank mit Sitz in einem EU-Mitgliedsland stammen, dessen innerstaatliches Recht die Steuerhinterziehung als rechtshilfefähige Straftat i.S. des Protokolls qualifiziert.[1]

## 2.2 Europaweite Überwachung von Bargeldtransfers und Kontrolle von Bargeldbewegungen nach der EU-Verordnung 1889/2005 vom 26.10.2005

### 2.2.1 Allgemeines

Am 8.6.2005 hat das Europäische Parlament im Mitentscheidungsverfahren eine Verordnung zur Einführung eines EU-weiten Konzepts zur Kontrolle von Bargeldbewegungen in die EU und aus der EU angenommen. Ergebnis war die Verordnung vom 26.10.2005 über die Überwachung von Barmitteln, die in die Gemeinschaft oder aus der Gemeinschaft verbracht werden.[2] Die Verordnung tritt ab dem 15.6.2007 in Kraft. Gemäß dieser Verordnung, die auf einem Vorschlag der Kommission von Juni 2002 basiert, müssen die Mitgliedstaaten gewährleisten, dass Steuerbürger mitgeführte Barmittel i.H.v. 10 000 € oder mehr anmelden, wenn sie in die EU einreisen oder diese verlassen.

Anlass für dieses neue Bargeld-Kontrollkonzept war eine zwischen September 1999 und Februar 2000 unter dem Decknamen „Operation Moneypenny" durchgeführte Aktion mit dem Ziel, die grenzüberschreitenden Be-

---
1 Zum europaweiten Kontenabruf vgl. Teil II Abschn. 6.4, Europaweite Bankkontenabfragen durch Finanzbehörden nach dem Protokoll v. 16.10.2001 zu dem Übereinkommen über die Rechtshilfe in Strafsachen zwischen den EU-Mitgliedstaaten.
2 Verordnung Nr. 1889/2005, ABl. L 309 v. 25.11.2005 S. 9.

## 2. Aufspüren von Bargeldtransfers 171

wegungen von Bargeldbeträgen von 10.000 € und mehr zu überwachen und zu prüfen. Die Zollstellen registrierten hierbei Zahlungsmittel i.H.v. insgesamt 1,6 Mrd. €, davon waren es 1,35 Mrd. € Bargelder, die über die EU-Grenzen gelangt sind. Eine solche Menge an Geldbewegungen war der EU-Kommission selbstverständlich zuviel. „Die Menge der auf diese Wege beförderten flüssigen Mittel reicht aus, um eine potenzielle Gefahr für die Interessen der Gemeinschaft und der Mitgliedstaaten darzustellen", schreibt die Kommission als Begründung im Bericht für den Rat.

Ergebnis der Aktion war ein im Juni 2002 präsentierter Vorschlag für eine neue Verordnung „über die Verhinderung der Geldwäsche durch Zusammenarbeit im Zollwesen". Dieser Vorschlag mündete schließlich in die gegenständliche Verordnung 1889/2005. Die ohne Zweifel sehr einschneidende Einschränkung des freien Kapitalverkehrs, verbunden mit einer Registrierung der Bargeldbewegungen von EU-Steuerbürgern und Dritter rechtfertigt die EU mit einer nicht minder wichtigen Verpflichtung der Behörden, Kriminellen und Terroristen sämtliche Möglichkeiten der Geldwäsche zu verbauen.

### 2.2.2 Die neuen EU-Bargeldkontrollen im Detail

Die EU-Verordnung 1889/2005 zur Überwachung von in die Gemeinschaft oder aus der Gemeinschaft verbrachten Barmittel verkörpert ein gemeinschaftsweites Konzept zur Kontrolle von Bargeldbewegungen der Steuerbürger. Gemäß Art. 3 der Verordnung muss „jede natürliche Person, die in die Gemeinschaft einreist oder aus der Gemeinschaft ausreist und Barmittel i.H.v. 10 000 € oder mehr mit sich führt", diesen Betrag gemäß dieser Verordnung „bei den zuständigen Behörden des Mitgliedstaats, über den sie in die Gemeinschaft einreist oder aus der Gemeinschaft ausreist, anmelden. Die Schwelle für anzumeldende Bargeldtransfers i.H.v. 10.000 € liegt damit um 5.000 € niedriger als die für Bargeld-Grenzkontrollen des deutschen Zolls oder für Finanzinstitute geltende Aufzeichnungs- und Identifizierungsschwelle für Bankgeschäfte. Der EU-Rat und das Parlament waren der Ansicht, dass die Schwelle mit 15.000 € zu hoch sei, da Bargeld leichter über die Grenze gebracht als über Finanzinstitute überwiesen werden kann.

Als meldepflichtige Barmittel gelten gemäß Art. 2 der Verordnung:
- Bargeld (Banknoten und Münzen, die als Zahlungsmittel im Umlauf sind).

- übertragbare Inhaberpapiere einschließlich Zahlungsinstrumenten mit Inhaberklausel wie Reiseschecks,
- übertragbare Papiere (einschließlich Schecks, Solawechsel und Zahlungsanweisungen), entweder mit Inhaberklausel, ohne Einschränkung indossiert, auf einen fiktiven Zahlungsempfänger ausgestellt oder in einer anderen Form, die den Übergang des Rechtsanspruchs bei Übergabe bewirkt,
- unvollständige Papiere (einschließlich Schecks, Solawechsel und Zahlungsanweisungen), die zwar unterzeichnet sind, auf denen aber der Name des Zahlungsempfängers fehlt.

Bei Anmeldung muss der Steuerbürger folgende Angaben machen (Art. 3 Abs. 2):

- Vor- und Zuname, Geburtsdatum und Geburtsort sowie Staatsangehörigkeit,
- Ergänzende Angaben zum Eigentümer der Barmittel (falls abweichend)
- Angaben zum vorgesehenen Empfänger der Barmittel,
- Höhe und Art der Barmittel,
- Herkunft und Verwendungszweck der Barmittel,
- Reiseweg und Verkehrsmittel

Die Meldedaten werden elektronisch übermittelt und von den zuständigen (Zoll)Behörden der einzelnen Mitgliedstaaten (Wohnsitzmitgliedstaat, Herkunfts- bzw. Bestimmungsmitgliedstaat) gespeichert, aufgezeichnet und verarbeitet und den für die Geldwäsche zuständigen Strafverfolgungsbehörden (nicht den Steuerbehörden) zur Verfügung gestellt (Art. 3 Abs. 3 i.V.m. Art. 5 Abs. 1 der Verordnung). Gibt es Hinweise auf Geldwäsche, tauschen die Mitgliedstaaten diese Informationen gegenseitig aus (Art. 6).

Der Steuerbürger wird der Erklärungspflicht selbst bei einem kontinuierlichen Unterschreiten der 10.000 €-Schwelle nicht entkommen. Denn diese Schwelle verkörpert nur einen Richtwert, gibt dem Steuerbürger aber keine „Garantie für einen Nichteingriff" der Zollbehörden. Reist ein Steuerbürger mit Barmitteln unterhalb der festgesetzten Schwelle in die Gemeinschaft ein oder aus der Gemeinschaft aus, und gibt es Hinweise auf Geldwäscheverdachtsfälle, „die mit der Bewegung von Barmitteln verknüpft sind", können die zuständigen Behörden „diese Informationen, den Vor- und Zunamen, das Geburtsdatum und den Geburtsort sowie die Staatsangehörigkeit der betreffenden Person sowie Angaben über das verwendete

## 2. Aufspüren von Bargeldtransfers

Verkehrsmittel ebenfalls aufzeichnen und verarbeiten" und den für die Geldwäsche zuständigen Behörden zur Verfügung stellen. Die Zollbehörden werden gemäß der Verordnung außerdem ermächtigt, Reisende und ihr Gepäck zu kontrollieren und nicht angemeldetes Bargeld einzubehalten (Art. 4). Gemäß der Verordnung sind die Mitgliedstaaten verpflichtet, gegen Personen, die Bargeld i.H.v. mehr als 10.000 € nicht angemeldet haben, Verfahren einzuleiten.[1]

Aus der Verordnung ergeben sich (derzeit noch) keine Anhaltspunkte, dass die erhobenen Daten auch für steuerliche Zwecke ausgewertet werden dürfen. Die Kommission verneint dies auch strikt. So heißt es in Ziffer 42 des Berichts der Kommission für den Rat, dass *„die vom Zoll gesammelten Informationen gegebenenfalls dem für die Bekämpfung der Geldwäsche zuständigen einzelstaatlichen Finanzkontrollorganen und dem Zoll der von den verdächtigen Bewegungen betroffenen Mitgliedstaaten zu übermitteln wären".* Sind die Informationen aber bereits beim Zoll, ist es zum Wohnsitzfinanzamt nur noch ein kurzer Weg.

### 2.3 Meldungen im internationalen bargeldlosen Zahlungsverkehr

Jeder Steuerbürger darf ohne Beschränkungen oder behördliche Genehmigungen Zahlungen in das Ausland leisten oder aus dem Ausland empfangen. Eine gesonderte Berichterstattung an sein Wohnsitzfinanzamt ist (noch) nicht nötig. Der Steuerbürger hat jedoch für diese Freizügigkeit statistische Meldevorschriften im Außenwirtschaftsverkehr zu beachten. Die Meldevorschriften betreffen die ein- und ausgehenden Zahlungen im Außenwirtschaftsverkehr sowie bestimmte Auslandsforderungen und -verbindlichkeiten. Die aus diesen Meldungen erstellte Zahlungsbilanzstatistik soll den für die Wirtschafts- und Währungspolitik zuständigen Stellen, aber auch Verbänden und Unternehmen umfassende und zuverlässige Informationen über den deutschen Außenwirtschaftsverkehr liefern.

Meldepflichtig sind Zahlungen von mehr als 12.500 € oder Gegenwert, die von Gebietsfremden oder für deren Rechnung von Gebietsansässigen entgegengenommen werden (eingehende Zahlungen) oder – an Gebietsfremde oder für deren Rechnung an Gebietsansässige geleistet werden (ausgehende Zahlungen). Als Zahlungen gelten u.a.: Barzahlungen, Zahlungen mit-

---

1 Zu den Bargeld-Deklarationspflichten an den Zollgrenzen Schweiz und Liechtenstein vgl. Götzenberger, Diskrete Geldanlagen, steueroptimale Vermögensplanung, grenzüberschreitendes Vermögensmanagement, Wien 2006, Teil V.

tels Lastschrift, Scheck und Wechsel, Überweisungen über Geldinstitute in Euro und in anderer Währung, ferner Aufrechnungen und Verrechnungen.

„Die einzureichenden statistischen Meldungen dienen ausschließlich der Erstellung der Zahlungsbilanz der Bundesrepublik Deutschland und der Europäischen Währungsunion". „Die statistischen Meldungen sind der Deutschen Bundesbank zu erstatten, die zur strikten Geheimhaltung aller Einzelangaben verpflichtet ist." „Einzelangaben dürfen weder veröffentlicht noch an andere Stellen, z.B. Finanzämter, weitergegeben werden", wie aus dem Merkblatt „Zahlungen im Außenwirtschaftsverkehr" der Deutschen Bundesbank zu entnehmen ist.[1]

Steuerbürger, die Auslandszahlungen vornehmen oder erhalten, müssen also nicht befürchten, dass die gemeldeten Daten einmal bei ihren Wohnsitzfinanzämtern landen werden. Die Weitergabe der Meldedaten an die Finanzämter ist wohl schon deshalb nicht als notwendig erachtet worden, weil Überweisungswege sowieso nachvollziehbar sind und Abschriften der Meldevordrucke bei den Kreditinstituten einsehbar sind.

Steuerbürger, die den Hinweisen auf dem Merkblatt trotz allem nicht trauen, könnten sich für ein Auslandskonto in den beiden österreichischen Zollausschlussgebieten Kleinwalsertal/Vorarlberg und Jungholz/Tirol entscheiden. Überweisungen dorthin gelten als nicht meldepflichtige Inlandsüberweisung.[2]

## 3. Meldepflichten der rechtlich unselbständigen ausländischen Niederlassungen deutscher Kreditinstitute im Todesfall

Das deutsche Bundesfinanzministerium und die deutsche Finanzverwaltung sehen eine Anzeigepflicht deutscher Banken nach § 33 ErbStG auch dann, wenn eine inländische Bank Konten- und Wertpapiergeschäfte für einen Erblasser über eine rechtlich unselbständige ausländische Niederlassung abgewickelt hat. Trotz der wiederholt vorgetragenen Einwendungen:

- das Territorialitätsprinzip beschränke Maßnahmen der Eingriffsverwaltung auf das nationale Hoheitsgebiet,

---

1 Formblatt AWV-Z(M) 1.6.
2 Vgl. Teil IV.

- außerdem könne das Bankgeheimnis eines Staates, in dem sich die Zweigniederlassung befindet, zu einer Pflichtenkollision für den jeweiligen Bankmitarbeiter führen,

halten die obersten deutschen Finanzbehörden der Länder an dieser Gesetzesauslegung unverändert fest. Unerheblich ist nach Ansicht der Finanzverwaltung, wo die inländische Bank oder das inländische Geldinstitut das Erblasservermögen gegenständlich oder auch nur buchtechnisch verwahrt und ob die Konten oder Depots bei einer rechtlich unselbständigen Niederlassung im Inland oder Ausland geführt werden. Entscheidend ist allein, dass die inländische Bank oder das inländische Geldinstitut das Vermögen verwahrt und Zugriff darauf hat.

Nach Auffassung des Finanzgerichts Baden Württemberg[1] verstößt der Umstand, „dass nach Sinn und Zweck von § 33 Abs. 1 ErbStG auch inländische Kreditinstitute bezüglich ihrer ausländischen Zweigniederlassungen von der Anzeigepflicht erfasst sind", nicht gegen das völkerrechtliche Territorialitätsprinzip. Ebenso wenig sehen die Finanzrichter darin einen Verstoß gegen die gemeinschaftsrechtlichen Grundfreiheiten der Niederlassungsfreiheit, Dienstleistungsfreiheit oder der Freiheit des Kapitalverkehrs. Auch Maßnahmen der Steuerfahndung, durch die eine Bank zur Erfüllung der Anzeigepflicht nach § 33 Abs. 1 ErbStG bezüglich ihrer nichtselbständigen ausländischen Zweigniederlassungen gegenüber den zuständigen Erbschaftsteuerfinanzämtern angehalten werden soll, sind nach Ansicht des FG von Gesetzes wegen gedeckt. So sei die Steuerfahndung „auch befugt, auf die Erfüllung der Anzeigepflicht gemäß § 33 Abs. 1 ErbStG hinzuwirken". Letzteres dürfte bis zur Revisionsentscheidung des BFH[2] dazu führen, dass viele Auslandsniederlassungen deutscher Kreditinstitute bisher unterbliebene Meldungen nachholen werden.

## 4. Anzeigepflichten der Auslandsstellen

Die diplomatischen Vertreter und Konsuln des Bundes haben dem Bundesministerium der Finanzen anzuzeigen:[3]
- die von ihnen beurkundeten Sterbefälle von Deutschen,

---

1 Urt. v. 12.3.2004 – 9 K 338/99.
2 FG Baden-Württemberg v. 12.3.2004 – 9 K 338/99, EFG 2005 S. 461, Rev., Az. des BFH: II R 66/04.
3 § 9 ErbStDV.

176 Teil II: Ausforschung des Steuerbürgers auf internationaler Ebene

- die ihnen sonst bekannt gewordenen Sterbefälle von Deutschen ihres Amtsbezirkes,
- die ihnen bekannt gewordenen Zuwendungen ausländischer Erblasser oder Schenker an Personen, die im Geltungsbereich dieser Verordnung einen Wohnsitz oder ihren gewöhnlichen Aufenthalt haben.

Damit ist sichergestellt, dass der deutsche Fiskus auch hinsichtlich der deutschen gläsernen Steuerbürger, die sich im Ausland aufgehalten haben, von deren Tod erfährt und an die Erbschaftsteuer kommt, sofern die Voraussetzungen für eine erweiterte unbeschränkte Steuerpflicht noch vorgelegen haben oder der Steuerbürger, der deutscher Staatsangehöriger war, zu Lebzeiten deutsches „Inlandsvermögen" i.S. des Bewertungsgesetzes besaß.[1]

## 5. Kontrollmeldesystem zur Erfassung von Auslandskonten und -depots sowie grenzüberschreitender Zinszahlungen (EU-Zinsrichtlinie)

### 5.1 Allgemeines

Die am 3.6.2003 beschlossene EU-Zinsrichtlinie (EU-RL)[2] beruht auf dem Konsens, den der Europäische Rat auf seiner Tagung vom 19. und 20.6.2000 in Santa Maria da Feira und der Rat „Wirtschaft und Finanzen" (ECOFIN) auf seinen Tagungen vom 26. und 27.11.2000, 13.12.2001 und 21.1.2003 erzielt haben. Die Richtlinie gibt den Mitgliedstaaten die selektive Kontrolle einer Kategorie der Erträge aus beweglichem Kapitalvermögen (nämlich die Besteuerung von Sparerträgen) zwecks Sicherstellung der Besteuerung vor.

Das Regelwerk sieht eine Reihe von Mindestanforderungen vor, die die Mitgliedstaaten bis zur Anwendung der Richtlinie zum 1.7.2005 in nationales Recht umgesetzt haben. Am 24.6.2005 verabschiedete der Rat der Europäischen Union schließlich jene „Green Light-Note", welche die Anwendung der vereinbarten Maßnahmen in den 25 EU-Mitgliedstaaten, in

---

1 Zur Erbschaftsteuerpflicht von im Ausland verstorbenen Steuerbürgern und deren Erben vgl. Götzenberger, Optimale Vermögensübertragung, Herne/Berlin 2006, Teil III Abschn. 1.2.
2 Richtlinie 2003/48/EG des Rates ABl. Nr. L 157/38 v. 26.6.2003.

## 5. Meldesystem zur Erfassung von Auslandskonten und -depots 177

fünf europäischen Drittländern und den relevanten abhängigen oder assoziierten Gebieten der Mitgliedstaaten ab dem 1.7.2005 bewirkte.[1]

Die EU-Zinsrichtlinie erfasst solche Zinsen, welche von einer Zahlstelle in der EU gutgeschrieben werden und darunter nur Zinsen, die an einen Empfänger mit steuerlicher Ansässigkeit in einem anderen EU-Mitgliedstaat als dem Staat fließen, in dem sich das Konto/Depot befindet. Die Richtlinie soll es damit letztendlich ermöglichen, dass Erträge in Form von Zinszahlungen, welche an wirtschaftliche Eigentümer ausgezahlt werden, die natürliche Personen und in einem anderen Mitgliedstaat ansässig sind, nach den steuerlichen Vorschriften dieses Ansässigkeitsstaates effektiv besteuert werden.

Um dies zu gewährleisten, haben die EU-Staaten ein ausgeklügeltes Kontrollinformationssystem installiert, welches nachfolgend im Abschn. 5.3 vorgestellt wird. Nur in den drei EU-Mitgliedstaaten, Luxemburg, Belgien und Österreich werden keine Kontrollmeldungen[2] erteilt, sondern bei Vorliegen derselben Voraussetzungen wie für die Erstattung einer Kontrollmeldung stattdessen eine Quellensteuer erhoben, deren Höhe während eines Übergangszeitraumes zwischen 2005 und 2011 in folgenden Stufen ansteigen soll:

- 15 % für Zinserträge vereinnahmt vom 1.7.2005 bis 30.6.2008,
- 20 % für Zinserträge vereinnahmt vom 1.7.2008 bis 30.6.2011,
- 35 % für Zinserträge vereinnahmt ab dem 1.7.2011.

Dieses Quellensteuer-Abzugsverfahren soll während einer Übergangsfrist gelten. Der Übergangszeitraum endet gem. Art. 10 Abs. 2 EU-RL mit dem Ende des ersten abgeschlossenen Steuerjahrs, das auf den späteren der beiden nachstehenden Zeitpunkte folgt:

- den Tag des Inkrafttretens eines nach einstimmigem Beschluss des Rates geschlossenen Abkommens zwischen der Europäischen Gemeinschaft und dem letzten der Staaten Schweizerische Eidgenossenschaft, Fürstentum Liechtenstein, Republik San Marino, Fürstentum Monaco,

---

1 Vgl. nachfolgend Tabelle 5: Anwendung der EU-Zinsrichtlinie in Ländern außerhalb der Europäischen Union sowie den abhängig und assoziierten Gebieten.
2 Bevorzugt ein Steuerbürger in diesen Ländern das Meldeverfahren, so kann er seine Bank (Zahlstelle) hierzu ermächtigen. Alternativ kann der Anleger der Zahlstelle eine von seinem Wohnsitzfinanzamt ausgestellte steuerliche Ansässigkeitsbescheinigung vorlegen.

Fürstentum Andorra über die Auskunftserteilung auf Anfrage i.S. des OECD-Musterabkommens zum Informationsaustausch in Steuersachen vom 18.4.2002 (im Folgenden OECD-MA) hinsichtlich der in dieser Richtlinie definierten Zinszahlungen von im Hoheitsgebiet des jeweiligen Staates niedergelassenen Zahlstellen an wirtschaftliche Eigentümer, deren Wohnsitz sich im räumlichen Geltungsbereich der Richtlinie befindet, und der gleichzeitig erfolgenden Anwendung des in Art. 11 Abs. 1 für den entsprechenden Zeitraum festgelegten Quellensteuersatzes auf derartige Zahlungen durch die vorstehend genannten Staaten;

- den Tag, an dem der Rat einstimmig zu der Auffassung gelangt, dass die Vereinigten Staaten von Amerika sich hinsichtlich der in dieser Richtlinie definierten Zinszahlungen von in ihrem Hoheitsgebiet niedergelassenen Zahlstellen an wirtschaftliche Eigentümer, deren Wohnsitz sich im räumlichen Geltungsbereich der Richtlinie befindet, zu einem Informationsaustausch auf Anfrage nach den von der Organisation für wirtschaftliche Zusammenarbeit und Entwicklung (OECD) entwickelten Standards verpflichtet haben.

Darüber hinaus muss der Ministerrat einstimmig – also auch die Minister der betroffenen drei Staaten – das Ende des Übergangszeitraumes nach Eintritt obiger Voraussetzungen beschließen. Aus heutiger Sicht gilt beides als unwahrscheinlich, so dass sich der Übergangszeitraum aus heutiger Sicht über das Steuerjahr 2010 hinaus verlängern dürfte.

Auch die Schweiz und das Fürstentum Liechtenstein haben sich dem Quellensteuer-Abzugsverfahren angeschlossen. Die beiden Nicht-EU-Staaten erheben auf EU-zinssteuerpflichtige Kapitalerträge einen sog. EU-Steuerrückbehalt.[1] Bei der schweizerischen Steuerverwaltung sind für das zweite Halbjahr 2005 rund 138 Mio. Schweizer Franken (etwa 88 Mio. Euro) an Zinssteuern von EU-Bürgern eingegangen, von denen 103 Mio. Schweizer Franken (rund 67 Mio. Euro) an die betreffenden EU-Mitgliedstaaten abgeführt werden.[2] Liechtenstein hat ca. 4 Mio. € an Zinssteuer abgeführt.

---

1 Zum EU-Steuerrückbehalt Schweiz/Liechtenstein ausführlich: Götzenberger, Diskrete Geldanlagen, steueroptimale Vermögensplanung, grenzüberschreitendes Vermögensmanagement, Wien 2006, Teil XIV.
2 Vgl. Pressemitteilung des Bundestages v. 25.4.2006.

## 5. Meldesystem zur Erfassung von Auslandskonten und -depots 179

### 5.2 Anwendung der EU-Zinsrichtlinie in Ländern außerhalb der EU sowie den abhängigen und assoziierten Gebieten

| Land/Gebiet | Steuerabzug | Zinsinformation von Deutschland zu erteilen | Alternative zum Steuerabzug |
|---|---|---|---|
| Andorra | Ja | Nein | Bei Bescheinigung der Heimatbehörde |
| Liechtenstein | Ja | Nein | Ermächtigung zur Informationserteilung |
| Monaco | Ja | Nein | Ermächtigung zur Informationserteilung |
| San Marino | Ja | Nein | Ermächtigung zur Informationserteilung |
| Schweiz | Ja | Nein | Ermächtigung zur Informationserteilung |
| Abhängige und assoziierte Gebiete | | | |
| – Anguilla | Nein | Ja, zurzeit einseitig | |
| – Cayman Islands | Nein | Werden einseitig erteilt | |
| – British Virgin Islands | Übergangsweise ja | Ja | Methodenwahlrecht |
| – Montserrat | Nein | Sind wechselseitig zu erteilen | |
| – Turks- und Caico-Islands | Übergangsweise ja | Ja | Methodenwahlrecht |
| – Kanalinseln und Isle of Man | Übergangsweise ja | Ja | Methodenwahlrecht |
| – Aruba und niederländische Antillen | Übergangsweise ja | Ja | Methodenwahlrecht |

Tabelle 5: Anwendung der EU-Zinsrichtlinie in Ländern außerhalb der Europäischen Union sowie den abhängigen und assoziierten Gebieten. Quelle: Anlage IV zum Einführungsschreiben zur Zinsinformationsverordnung des deut. Bundesfinanzministeriums, BStBl 2005 I S. 29.

180  Teil II: Ausforschung des Steuerbürgers auf internationaler Ebene

## 5.3 Das automatisierte Meldeverfahren/Informationssystem im Einzelnen

### 5.3.1 Allgemeines

Das Meldeverfahren/Informationssystem stellt die Besteuerung der steuerpflichtigen Leistung an den Leistungsempfänger durch eine Kontrollmitteilung der Zahlstelle an die für den Steuerbürger zuständige Steuerbehörde sicher. Von dem automatisierten Meldeverfahren/Informationssystem erfasst ist jede *natürliche Person*, die eine Zinszahlung vereinnahmt oder zu deren Gunsten eine Zinszahlung erfolgt (sog. „wirtschaftlicher Eigentümer"[1]) und die in einem anderen Mitgliedstaat steuerlich ansässig ist. Die EU-Zinsbesteuerung gilt für Zinsen, die durch eine innerhalb des Hoheitsgebietes, auf das der EG-Vertrag gemäß seinem Art. 299 Anwendung findet, gelegene Zahlstelle gezahlt werden. Diese unterschiedliche Behandlung von natürlichen Personen mit steuerlicher Ansässigkeit in einem anderen Mitgliedstaat ist gemäß Art. 58 Abs. 1 EG-Vertrag zulässig.[2]

Nicht in den Anwendungsbereich der EU-Zinsrichtlinie fallen juristische Personen (Kapitalgesellschaften), deren Gewinne den allgemeinen Vorschriften der Unternehmensbesteuerung unterliegen. Durch Vorschaltung einer juristischen Person als Kontoinhaberin und „Endempfängerin" der der Steuer unterliegenden Zinszahlungen lässt sich also die automatische Kontrollmitteilungspraxis verhindern. Letzteres gilt nach derzeitiger Rechtslage auch, wenn die juristische Person nur „passiv" (zur bloßen Vermögensverwaltung) tätig ist. Allerdings finden derzeit auf EU-Ebene Abstimmungsgespräche statt, im Rahmen derer auch Fragen, ob und in welcher Form auch sog. „Ein-Mann-Fonds" unter die Regelungen fallen, diskutiert werden. Die EU reagiert damit auf diverse Praktiken einiger europäischer Länder mit den Finanzmarktprodukten der „Ein-Mann-Fonds", die mit einem liquiden Mindestvermögen von etwa 1 Mio. Schweizer Franken arbeiten. Ein-Mann-Fonds erlauben es dem besser verdienenden Steuerbürger, sein Privatvermögen juristisch von seiner natürlichen Person zu trennen, um sich so aller Steuerlasten und auch dem Kontrollmeldeverfahren zu entledigen.

---

1 Wirtschaftlicher Eigentümer einer steuerbaren Leistung i.S. der EU-Zinsrichtlinie ist jede natürliche Person, die eine Zinszahlung vereinnahmt oder zu deren Gunsten eine Zinszahlung erfolgt.
2 Vgl. Erwägungsgründe zur EU-Zinsrichtlinie Rz. 3.

## 5. Meldesystem zur Erfassung von Auslandskonten und -depots 181

Zusammenfassend kommt das automatisierte Kontrollmeldeverfahren nicht zur Anwendung, wenn:

- keine steuerbare/meldepflichtige Einnahme/Zahlung nach der EU-Zinsrichtlinie vorliegt,[1]
- die maßgebliche Zahlstelle und der Empfänger der Zinszahlung im gleichen EU-Staat ansässig sind und folglich keine grenzüberschreitende Zinszahlung vorliegt.
- die maßgebliche Zahlstelle in einem Drittstaat und somit außerhalb der Steuerhoheit der Europäischen Union bzw. ihrer Mitgliedstaaten liegt.
- der Zahlungsempfänger der Unternehmensbesteuerung unterliegt oder ein OGAW (Investmentfonds) ist.

---

1 Dazu ausführlich: Götzenberger, Diskrete Geldanlagen, a.a.O, Teil XIV.

182  Teil II: Ausforschung des Steuerbürgers auf internationaler Ebene

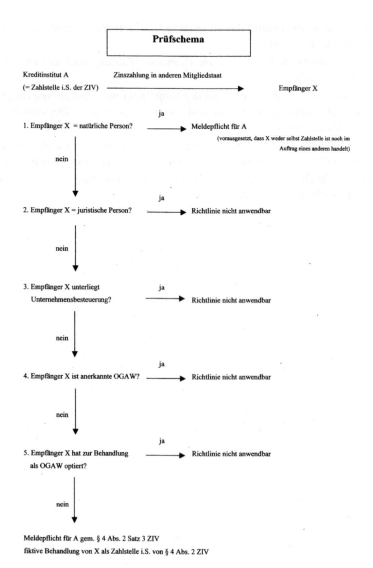

Abbildung 5: Prüfschema zur Feststellung einer Meldepflicht für Banken nach der EU-Zinsrichtline (Quelle: Anlage V zum Einführungsschreiben zur Zinsinformationsverordnung des deutschen Bundesfinanzministeriums v. 9.12.2004, BStBl 2005 I S. 29).

## 5.3.2 Das standardisierte Meldeverfahren

Liegen meldepflichtige Zinszahlungen vor[1], erteilt die *Zahlstelle* der zuständigen Behörde des Mitgliedstaates ihrer Niederlassung folgende Auskünfte:[2]

- Identität und Wohnsitz des Leistungsempfängers, sofern als der wirtschaftliche Eigentümer festgestellt,
- Name und Anschrift der Zahlstelle;
- Kontonummer des wirtschaftlichen Eigentümers oder, in Ermangelung einer solchen, Kennzeichen der Forderung, aus der die Zinsen herrühren;
- den Zinsbetrag, wobei die Zinsen getrennt aufzuführen und Folgendes anzugeben ist:
  - bei auf einem Konto gutgeschriebene Zinszahlungen: der Betrag der gezahlten oder gutgeschriebenen Zinsen;
  - bei aufgelaufenen oder kapitalisierten Zinsen: entweder der Betrag der Zinsen oder der dort bezeichneten Erträge oder der volle Betrag des Erlöses aus der Abtretung, der Rückzahlung oder der Einlösung;

Als Zahlstelle wird das zwischen Schuldner und Empfänger der steuerbaren Leistung zwischengeschaltete „Element" (Wirtschaftsbeteiligte) definiert, welches den Zins dem Empfänger (wirtschaftlichen Eigentümer) gutschreibt oder eine Zinszahlung zu dessen unmittelbaren Gunsten einzieht. Das ist im Regelfall die sowohl das Ertragskonto als auch das Wertpapierdepot führende Bank. Die von der Zahlstelle der für sie zuständigen Behörde gemeldeten Daten werden anschließend von der Meldestelle automatisch einmal jährlich an die zuständigen Behörden des Mitgliedstaates weitergeleitet, in dem der Steuerbürger und wirtschaftliche Eigentümer ansässig ist.

---

1 Zur Besteuerung ausländischer Kapitalerträge nach der EU-Zinsrichtlinie sowie zu den Ausnahmeregelungen vgl. ausführlich Götzenberger, Diskrete Geldanlagen, steueroptimale Vermögensplanung, grenzüberschreitendes Vermögensmanagement, Wien 2006, Teil XIV S. 337 ff.
2 Zum standardisierten Meldeweg vgl. Abb. 6; zum Gesetzestext vgl. Art. 8 der EU-Zinsrichtlinie bzw. gleichwertige nationale Verordnung.

# 184 Teil II: Ausforschung des Steuerbürgers auf internationaler Ebene

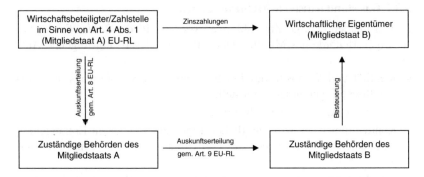

Abbildung 6: Allgemeines Meldeverfahren bei einer Zahlstelle

### 5.3.3 Besonderes Meldeverfahren in Verbindung mit Zahlstellen kraft Vereinnahmung

Als Zahlstelle kraft Vereinnahmung wird jegliche in einem Mitgliedstaat niedergelassene Einrichtung verstanden, an die eine Zinszahlung zugunsten eines wirtschaftlichen Eigentümers geleistet wird oder die eine Zinszahlung zugunsten des wirtschaftlichen Eigentümers einzieht. Als Zahlstellen kraft Vereinnahmung kommen u.a. Gesellschaften bürgerlichen Rechts wie Anlegergemeinschaften oder sonstige Personenvereinigungen (z.B. ein Vermögenstrust), Ehegatten oder nichteheliche Lebensgemeinschaften, die Gemeinschaftskonten unterhalten oder Erbengemeinschaften usw. in Betracht.

Bei einem Trustverhältnis gilt stets der Trustee als wirtschaftlicher Eigentümer i.S. der Richtlinie oder der Trustee ist Zahlstelle. Der Trustee ist dann Zahlstelle, wenn er verpflichtet ist, die aus dem Trustvermögen fließenden Erträge als solche direkt den Berechtigten zukommen zu lassen. Dies trifft insbesondere auf Trusts der Typen „fixed interest trust", „life interest trust", „interest in possession trust" zu. In allen andern Fällen (insbesondere beim discretionary trust) gilt grundsätzlich der Trustee als wirtschaftlicher Eigentümer. Erklärt der Trustee gegenüber der Zahlstelle schriftlich, eine Drittperson sei nutzungsberechtigt und gibt er deren Identität bekannt, gilt diese Drittperson als der wirtschaftliche Eigentümer.

Zahlstellen kraft Vereinnahmung müssen die Zinszahlung bereits bei Erhalt melden. Der Zeitpunkt der Weiterleitung an den Steuerbürger als wirtschaftlichen Eigentümer ist unerheblich. Darüber hinaus unterliegen Wirt-

## 5. Meldesystem zur Erfassung von Auslandskonten und -depots

schaftsbeteiligte (im Regelfall Banken), die Zinserträge an eine Zahlstelle kraft Vereinnahmung überweisen, gesonderten Meldepflichten. Dieses durch Einbezug von Zahlstellen kraft Vereinnahmung komplizierte Meldeverfahren soll zur Gewährleistung einer effektiven Zinsbesteuerung „Restkategorien" von Einrichtungen erfassen, die möglicherweise einer weniger strengen Aufsicht durch die Steuerbehörden unterliegen und gewährleisten, dass auch diese Einrichtungen ihre Verpflichtungen als Zahlstellen erfüllen.

Im Einzelnen ergeben sich in Anlehnung an nachfolgende Abb. 7 bei Zwischenschaltung einer Zahlstelle kraft Vereinnahmung folgende Meldewege:

- Bank A im Mitgliedstaat A schreibt Zinserträge einer Einrichtung im Mitgliedstaat X gut, von der die Bank weiß, dass es sich um eine Zahlstelle kraft Vereinnahmung handelt, weil die Einrichtung nicht als der wirtschaftliche Eigentümer der Zinserträge angesehen werden kann. Hinter der Einrichtung stehen zwei wirtschaftliche Eigentümer; diese haben ihren Sitz im Mitgliedstaat B.

- Bank A teilt der zuständigen Behörde im Mitgliedstaat A Namen und Anschrift der Einrichtung im Mitgliedstaat X sowie den Gesamtbetrag der zugunsten dieser Einrichtung gezahlten oder eingezogenen Zinsen mit.

- Die Meldestelle im Mitgliedstaat A gibt sodann diese Informationen an die zuständige Behörde des Mitgliedstaates X weiter, also jener Behörde in jenem Mitgliedstaat, in dem die Einrichtung (Zahlstelle kraft Vereinnahmung) ihren Sitz hat.

- Die Zahlstelle kraft Vereinnahmung hat wiederum die Pflicht, an die zuständige Behörde im Mitgliedstaat X den Zinsbetrag bzw. die Zinsteilbeträge mitzuteilen, welche den Mitgliedern der Einrichtung zufließen, die wiederum in anderen Mitgliedstaaten ansässig sind und unter den sachlichen Anwendungsbereich der EU-RL fallen.

- In Übereinstimmung übermittelt nun diese Behörde im Mitgliedstaat X (der Niederlassung der Einrichtung) die von der Zahlstelle kraft Vereinnahmung erhaltenen Informationen an die Behörde im Mitgliedstaat B, dem Wohnsitzstaat des/der wirtschaftlichen Eigentümer(s).

- Dort sollen die Zinseinnahmen letztlich der Besteuerung unterworfen werden.

Die Regelungen über die Zahlstelle kraft Vereinnahmung gelten allerdings dann nicht, wenn die Einrichtung (der vereinnahmende oder einziehende Wirtschaftsbeteiligte) eine juristische Person (z.b. eine vermögensverwaltende Stiftung) ist, den allgemeinen Vorschriften der Unternehmensbesteuerung unterliegt oder ein OGAW i.S. der RL 85/611/EWG (Investmentfonds) ist.

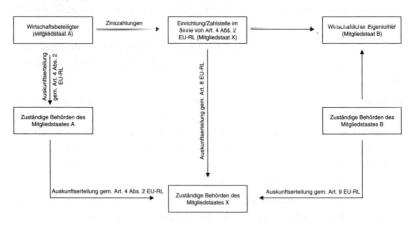

Abbildung 7: Meldeweg und Informationsfluss bei Zwischenschaltung einer Zahlstelle kraft Vereinnahmung.

### 5.3.4 Das Richtlinienformular zur Auskunftserteilung

Das wirksame In-Kenntnis-Setzen des für den Zahlungsempfänger zuständigen Wohnsitzfinanzamtes setzt voraus, dass die einzelnen Schlüsselinformationen (Meldung über Zinsgutschriften durch die Zahlstellen und die Deklaration der Zinsen durch die Einkommensteuerpflichtigen) miteinander verbunden und verarbeitet werden können. Zur maschinellen Verarbeitung der Daten und des Datenabgleichs hat der Rat der Europäischen Union allgemeine Grundsätze für die Erstellung eines Richtlinienformulars herausgegeben, aus dem sich sämtliche Meldedaten ableiten lassen. Die nachfolgend dargestellten Meldefelder basieren auf dem OECD-Formular für die automatische Auskunftserteilung.

## 5. Meldesystem zur Erfassung von Auslandskonten und -depots

### Übersicht Meldefelder und Feldergruppen

| Felder/Feldergruppe | Bezeichnung des Feldes | Inhalt | Angabe obligatorisch/fakultativ | Bemerkungen |
|---|---|---|---|---|
| F001 | Standard-Indikator für die Daten | Allgemeine Angaben zu den übermittelten Daten | Obligatorisch aus technischen Gründen | |
| F002 | Code des Wohnsitzstaates | Wohnsitzstaat des wirtschaftlichen Eigentümers | Obligatorisch | |
| F003 | Steuernummer im Wohnsitzstaat | Steuernummer des wirtschaftlichen Eigentümers in seinem Wohnsitzstaat | Bedingt obligatorisch | |
| F007 | Geburtsdatum | Geburtsdatum des wirtschaftlichen Eigentümers | Bedingt obligatorisch, wenn Feld 003 nicht ausgefüllt wurde | Vollständiges Geburtsdatum (Jahr, Monat, Tag) |
| F008 | Standardformat des Namens | | Obligatorisch | |
| F009 | Sortiername | Name des wirtschaftlichen Eigentümers | Obligatorisch | Sortiername ist der Familienname |
| F010 | Weitere Namen | | Obligatorisch | Zu den weiteren Namen zählen der Rufname, der zweite Vorname und/oder Initialen |
| F014 | Geburtsort | Geburtsort des wirtschaftlichen Eigentümers | Bedingt obligatorisch, wenn Feld 003 nicht ausgefüllt wurde | Ermittlung anhand Pass oder amtlichem Personalausweis |
| F016 | Code des Geburtslandes | | | |

| Felder/ Feldergruppe | Bezeichnung des Feldes | Inhalt | Angabe obligatorisch/fakultativ | Bemerkungen |
|---|---|---|---|---|
| F028 | Standardformat Wohnsitz | Wohnsitz des wirtschaftlichen Eigentümers | Obligatorisch | |
| F029 bis F033 | Straße, Wohnort, Postleitzahl, Ländercode | | | |
| F034 bis F040 | Angaben über einen anderen Wohnsitz, sofern der Zahlstelle bekannt | | | |
| F045 | Standardformat des Namens | Angaben zur Zahlstelle | Obligatorisch | Sortiername ist der Familienname bei natürlichen Personen und der Firmenname bei juristischen Personen |
| F046 | Sortiername | | | |
| F047 | Weitere Namen | | | Zu den weiteren Namen zählen der Rufname, der zweite Vorname und/ oder Initialen |
| F050 | Standardformat der Wohnsitze | Adresse der Zahlstelle | Obligatorisch | |
| F051 bis F055 | Straße, Wohnort, Postleitzahl, Ländercode | | | |

## 5. Meldesystem zur Erfassung von Auslandskonten und -depots

| Felder/ Feldergruppe | Bezeichnung des Feldes | Inhalt | Angabe obligatorisch/fakultativ | Bemerkungen |
|---|---|---|---|---|
| F088 | Zahlungstermin | Jahr der Zahlung | Obligatorisch | Die Angabe des Jahres, in dem die Zahlung erfolgt ist, bezieht sich <br> • bei Auskünften Großbritanniens auf das Steuerjahr <br> • bei Auskünften der anderen Mitgliedstaaten auf das Kalenderjahr |
| F090 | Art der Zahlung im übermittelnden Staat | Art der Erträge | Obligatorisch | |
| F091 bis F092 | Code der verwendeten Währung und Bruttobetrag der ausgezahlten Erträge | Betrag der Zinsen und verwendete Währung | Obligatorisch | Angaben nur in ganzen Währungseinheiten |
| F101 | Referenznummer des Absenders | Referenznummern | Obligatorisch aus technischen Gründen | Nummer des Absenders für sämtliche Fragen im Zusammenhang mit dem Dossier |
| F102 | Referenznummer der Berichtigung | | | Nummer des Absenders bei Wiederholung oder Berichtigung |
| F103 | Platz für allgemeine Angaben | Kontonummer des wirtschaftlichen Eigentümers oder Bezeichnung der Forderung | Obligatorisch | Eintrag der international gültigen Kontonummer IBAN* sowie der ISIN-Code für die Bezeichnung der Forderung |

\* Die IBAN ist eine vom European Committee for Banking Standards entwickelte einheitliche weltweite Kennung für Bankkonten

Tabelle 2: Meldefelder und Feldergruppen Standardformular zur Auskunftserteilung (Quelle: Rat der Europäischen Union, Korrigendum zu den Beratungsergebnissen der Gruppe Steuerfragen vom 7. 2. 2002).

Erläuterungen zum Standardformular:

Zu Feld 002 (Wohnsitzstaat des wirtschaftlichen Eigentümers)

Gemäß Art. 3 Abs. 3 Buchst. b der EU-RL ermittelt die Zahlstelle den Wohnsitz des wirtschaftlichen Eigentümers anhand der im Pass oder im amtlichen Personalausweis angegebenen Adresse oder erforderlichenfalls anhand eines anderen vom wirtschaftlichen Eigentümer vorgelegten beweiskräftigen Dokuments nach folgendem Verfahren: bei natürlichen Personen, die einen in einem Mitgliedstaat ausgestellten Pass oder amtlichen Personalausweis vorlegen und die ihren eigenen Angaben zufolge in einem Drittland ansässig sind, wird der Wohnsitz anhand eines Nachweises über den steuerlichen Wohnsitz festgestellt, der von der zuständigen Behörde des Drittlands ausgestellt ist, in dem die betreffende natürliche Person ihren eigenen Angaben zufolge ansässig ist. Wird dieser Nachweis nicht vorgelegt, so gilt der Wohnsitz als in dem Mitgliedstaat belegen, in dem der Pass oder ein anderer amtlicher Identitätsausweis ausgestellt wurde.

Zu Feld 003 (Steuernummer des wirtschaftlichen Eigentümers in seinem Wohnsitzstaat)

Die Zahlstelle teilt den zuständigen Behörden des Staates, in dem sie niedergelassen ist, die Steuernummer mit, sofern diese im Pass, im amtlichen Personalausweis oder in einem anderen vom wirtschaftlichen Eigentümer vorgelegten beweiskräftigen Dokument eingetragen ist. Ist die Steuernummer nicht in dem Pass oder dem amtlichen Identitätsdokument oder einem anderen vom wirtschaftlichen Eigentümer vorgelegten beweiskräftigen Dokument eingetragen, so wird zur Vervollständigung der Identität das anhand des Passes oder des amtlichen Identitätsdokuments ermittelte Geburtsdatum und der Geburtsort eingetragen. Um den Zahlstellen die Arbeit zu erleichtern, stellen ihnen die Mitgliedstaaten in ihrem Hoheitsgebiet genaue Angaben über die Verwendung der Steuernummern in den anderen Mitgliedstaaten zur Verfügung.

Zu Felder 028 bis 040 (Wohnsitz des wirtschaftlichen Eigentümers)

Der Wohnsitz wird anhand des vom wirtschaftlichen Eigentümer vorgelegten Passes oder amtlichen Personalausweises ermittelt. Falls der Wohnsitz in diesen Dokumenten nicht eingetragen ist, wird er anhand eines anderen vom wirtschaftlichen Eigentümer vorgelegten beweiskräftigen Dokuments ermittelt. Ist der Zahlstelle ein anderer Wohnsitz bekannt, der für die Feststellung der Identität relevant ist, so ist dies anzugeben. Hierzu sind die Felder F034 bis F040 auszufüllen.

Zu Feld 090 (Art der Erträge)

In Feld F090 können die in der Richtlinie genannten unterschiedlichen Arten von Zinsen, Erträgen usw. aufgeführt werden. Die Angabe darf nur vier Stellen umfassen. Deshalb müssen die Kategorien von Zinsen und Erträgen, die bei der Auskunftserteilung getrennt aufgeführt werden sollen, nummeriert werden. Gemäß Art. 8 Abs. 2 Nr. 1 EU-RL sind die Zinsen von den Zahlstellen nach fünf Kategorien getrennt aufzuführen.

Nach Art. 8 Abs. 2 Nr. 2 der Richtlinie können die Mitgliedstaaten jedoch die Mindestauskünfte auf lediglich zwei Kategorien beschränken, nämlich

- auf den Gesamtbetrag der Zinsen oder der Erträge
- sowie auf den Gesamtbetrag des Erlöses aus der Abtretung, der Rückzahlung oder der Einlösung.

Ebenso können die Zinsen entweder der Situation gemäß Art. 4 Abs. 1 oder der Situation gemäß Art. 4 Abs. 2 entsprechen.

## 6. Ausforschung ausländischer Bankkonten und der Vermögensverhältnisse eines deutschen Steuerbürgers im Wege der internationalen Amts- und Rechtshilfe

### 6.1 Allgemeines

„Amtshilfe ist die Hilfe, die eine Behörde (ersuchte Behörde) einer anderen Behörde (ersuchenden Behörde) – ungeachtet bestehender Kompetenz- und Zuständigkeitsvorschriften – zur Erfüllung von Aufgaben der öffentlichen Verwaltung gewährt."[1] Rechtshilfe vollzieht sich hingegen ausschließlich auf Ebene der Justizbehörden und setzt im Allgemeinen eine richterliche (rechtspflegerische) Handlung voraus. Die Begriffe Amts- und Rechtshilfe werden in der Praxis parallel verwendet. Eine genaue Abgrenzung ist entbehrlich, da Amtshilfe und Rechtshilfe unter den gleichen Voraussetzungen und in den gleichen Grenzen zulässig sind.[2]

Nachfolgende Ausführungen beschränken sich auf die internationale Amts- und Rechtshilfe ausschließlich zwischen EU-Staaten und gehen insbesondere auf die Besonderheiten im Amts- und Rechtshilfeverkehr Deutschland-Österreich ein. Im internationalen Amts- und Rechtshilfeverkehr mit Nicht-EU-Staaten gelten abweichende Regelungen und besondere Vereinbarungen.[3]

### 6.2 Zwischenstaatliche Amtshilfe durch Auskunftsaustausch

#### 6.2.1 Überblick

Den deutschen Steuerbehörden steht der zwischenstaatliche Auskunftsaustausch in Fällen zur Verfügung, in denen diese grenzüberschreitende Sachverhalte nicht mehr angemessen aufklären können, weil sie bei ihren Ermittlungen auf das eigene Staatsgebiet beschränkt sind.[4] Von der zwischenstaatlichen Amtshilfe kann dabei unabhängig von der Einleitung eines

---
1 Tipke in Tipke/Kruse, AO, § 111 Rz. 1.
2 Tipke in Tipke/Kruse, AO, § 111 Rz. 1.
3 Zur Amts- und Rechtshilfe mit Schweiz und Liechtenstein vgl. ausführlich Götzenberger, Diskrete Geldanlagen, steueroptimale Vermögensplanung, grenzüberschreitendes Vermögensmanagement, Wien, 2006 Teil IV.
4 Merkblatt zur zwischenstaatlichen Amtshilfe durch Auskunftsaustausch in Steuersachen BMF v. 25.1.2005, BStBl 2006 I S. 26, Tz. 1.1.

Straf- oder Bußgeldverfahrens Gebrauch gemacht werden. Auch wenn solche Maßnahmen eingeleitet sind und es beispielsweise zu einer EU-weiten Kontenabfrage kommt, können die Finanzbehörden noch Auskünfte auf dem Amtshilfeweg zum Zweck der Ermittlung der Besteuerungsgrundlagen einholen.[1]

Amtshilfeersuchen stützen die deutschen Steuerbehörden auf folgende Rechtsgrundlagen:

- Doppelbesteuerungsabkommen,

- Bilaterale Amts- und Rechthilfevereinbarungen,

- EG-Amtshilfe-Richtlinie und EG-Amtshilfe-Gesetz (EGAHiG, nur EU-Staaten) sowie die

- EG Zusammenarbeits-Verordnung.

Doppelbesteuerungsabkommen sehen regelmäßig den Auskunftsaustausch in Steuersachen vor. Dieser bezieht sich entweder auf die unter das DBA fallenden Steuern, also stets auf die Einkommen- und Körperschaftsteuer, regelmäßig auch auf die Gewerbe-, Vermögen- und Grundsteuer (direkte Steuern) sowie die Erbschaftsteuer oder auf alle Steuern, die von den Vertragsstaaten und ihren Gebietskörperschaften erhoben werden. Der Auskunftsaustausch in Erbschaftsteuersachen kann dabei auch in einem gesonderten Erbschaftsteuer-DBA geregelt sein.[2] Bezüglich bilateraler Amts- und Rechthilfevereinbarungen sei besonders der deutsch-österreichische Vertrag über Rechtsschutz und Rechtshilfe in Abgabensachen vom 4.10.1954 erwähnt, welcher im Amtshilfeverkehr dieser beiden Staaten diverse Erleichterungen, u.a. eine Verkürzung des Amtshilfewegs vorsieht.[3]

Schließlich leisten sich die Finanzbehörden der EU-Mitgliedstaaten gegenseitig Amtshilfe durch Auskunftsaustausch nach Maßgabe der EG-Amtshilfe-Richtlinie. Die deutschen Finanzbehörden gewähren Amtshilfe durch Auskunftsaustausch nach dem EG-Amtshilfe-Gesetz (EGAHiG). Darüber hinaus können ausländische Finanzbehörden natürlich auch um Auskunft

---

1 Merkblatt, a.a.O, Tz. 1.2, zur EU-weiten Kontenabfrage vgl. Teil II Abschn. 6.3.
2 Vgl. hierzu Teil II Abschn. 6.5.2, Abkommen auf dem Gebiet der Amts- und Rechtshilfe.
3 Vgl. Teil II Abschn. 6.2.3, Bilaterale Rechts- und Amtshilfevereinbarungen am Beispiel Österreich.

## 6. Internationale Amts- und Rechtshilfe

ersucht werden, wenn die genannten Rechtsgrundlagen nicht gegeben sind oder ein Ersuchen durch diese Rechtsgrundlagen nicht gedeckt ist.[1]
Die zwischenstaatliche Amtshilfe soll stets erst dann in Anspruch genommen werden, wenn die Sachverhaltsaufklärung im Inland durch den Steuerbürger (§ 90 Abs. 2 AO) entweder nicht zum Ziel geführt hat oder wenig Erfolg versprechend ist. Letzteres liegt im Ermessen der Finanzbehörde. Es ist nicht erforderlich, dass alle denkbaren innerstaatlichen Ermittlungsmöglichkeiten ausgeschöpft worden sind. Sofern die Steuerfahndung im Besteuerungsverfahren nach § 208 Abs. 1 Nr. 2 und 3 AO (Vorfeldermittlung) tätig wird, kann sie ein Amtshilfeersuchen auch ohne vorherige Ermittlungen beim Steuerpflichtigen stellen.[2]

Wie im Zusammenhang mit dem automatisierten Kontenabrufverfahren bei inländischen Ermittlungen ist es auch im Bereich der internationalen Amtshilfe so, dass verdeckt ermittelt werden kann und der Steuerbürger über das Verfahren nicht informiert werden muss. Zwar räumt das BMF im Merkblatt zur zwischenstaatlichen Amtshilfe[3] ein, dass der Steuerpflichtige „im Rahmen pflichtgemäßen Ermessens auf die Möglichkeit eines Auskunftsersuchens hingewiesen werden" soll. „Ein allgemeiner Grundsatz, nach dem die Finanzbehörden den Steuerpflichtigen über ihre Ermittlungen zuvor zu unterrichten haben", bestehe jedoch nicht. Bei Außenprüfungen oder bei sonstigen Überprüfungen, die sich auf Auslandsbeziehungen erstrecken, ist es sogar so, dass ein schlichter Hinweis genügt, „dass sich die Finanzbehörden die Nachprüfung der Angaben des Steuerpflichtigen und die weitere Aufklärung des Sachverhalts im Rahmen der zwischenstaatlichen Amtshilfe vorbehalten". Von der Unterrichtung kann aber auch hier abgesehen werden, wenn sie nach den Umständen des Einzelfalles nicht geboten ist.

Wie effizient ein zwischenstaatliches Auskunftsersuchen für die deutschen Finanzbehörden im Einzelfall ausfällt und welche Informationen gewonnen werden können, hängt letztlich davon ab, wie viel an Informationsmaterial der ersuchten Behörde zur Verfügung steht und wie viel sie von der anderen, ersuchenden Behörde bekommen würde (sog. Gegenrecht). So fließen nationale Beschränkungen durch restriktive, innerstaatliche Amtshilfevorschriften oder Bankgeheimnisse automatisch in die internatio-

---

1 § 117 Abs. 1 AO, Merkblatt, a.a.O, Tz. 1.4.5.
2 Merkblatt, a.a.O, Tz. 2.1.2.
3 Merkblatt, a.a.O, Tz. 2.1.3.

nale Amtshilfe ein. Denn einerseits werden Informationen für ersuchende Staaten in Anwendung innerstaatlicher Amtshilfevorschriften beschafft. Und andererseits wird ein Staat dem anderen Staat nur solche Informationen übermitteln, die er von diesem im umgekehrten Fall erhalten würde. Sperrt im einen Staat ein striktes Bankgeheimnis die Heranziehung von Banken als Auskunftspersonen, wird der andere Staat mangels Gegenseitigkeit keine Informationen von Banken übermitteln, auch wenn dessen nationales Recht kein Bankgeheimnis kennt. Nationale Beschränkungen durch gesetzlich verankerte Bankgeheimnisse erschweren beispielsweise den Amtshilfeverkehr im DBA-Luxemburg. Die von der deutschen Finanzverwaltung im zwischenstaatlichen Auskunftsaustausch verwendeten Formulare sind im Anhang abgedruckt.[1]

### 6.2.2 Internationaler Auskunftsverkehr durch den Informationsaustausch in Doppelbesteuerungsabkommen

#### 6.2.2.1 Allgemeines

Doppelbesteuerungen kommen dadurch zustande, dass Staaten nicht nur Einkünfte aus inländischen, sondern auch aus ausländischen Geschäftsvorgängen (also das gesamte Welteinkommen) der Besteuerung unterwerfen. Ferner können Steuerpflichtige, die in mehreren Staaten ansässig sind, von einer Doppelbesteuerung betroffen sein.

Doppelbesteuerungsabkommen (DBA) sind völkerrechtliche Verträge, die die Vermeidung solcher doppelten Steuerbelastungen zum Ziel haben. Dies wird dadurch erreicht, dass entweder ein Vertragsstaat von seinem Besteuerungsrecht keinen Gebrauch macht (Freistellungsmethode) oder der andere die bereits bezahlte Steuer auf seinen Steueranspruch anrechnet (Anrechnungsverfahren). Das DBA beschränkt die Vertragsstaaten in der Anwendung innerstaatlichen Rechts (Schrankenwirkung) bzw. verteilt ihre Besteuerungskompetenzen gleichmäßig, gewährt diesen jedoch kein neues Besteuerungsrecht bzw. teilt ihnen keine zusätzlichen Besteuerungskompetenzen zu.

Die Gewährleistung einer reibungslosen Abwicklung der DBA bedingt notwendigerweise einen ausreichenden Informationsfluss zwischen den für das Besteuerungsverfahren zuständigen Behörden. Regelungen über den Informationsaustausch in Doppelbesteuerungsabkommen sind in Anleh-

---

[1] Vgl Anhang Nr. 3 bis 11.

## 6. Internationale Amts- und Rechtshilfe    195

nung an die Vorgaben der OECD-MA in Art. 26 der jeweiligen Abkommen enthalten. Die beiden neueren OECD-Musterabkommen 2003 und 2005 bestimmen zum Informationsaustausch im DBA Folgendes:

Art. 26 OECD-MA 2003:

*(1) Die zuständigen Behörden der Vertragsstaaten tauschen die Informationen aus, die zur Durchführung dieses Abkommens oder des innerstaatlichen Rechts betreffend Steuern jeder Art und Bezeichnung, die für Rechnung der Vertragsstaaten oder ihrer Gebietskörperschaften erhoben werden, erforderlich sind, soweit die diesem Recht entsprechende Besteuerung nicht dem Abkommen widerspricht. Der Informationsaustausch ist durch Artikel 1 und 2 nicht eingeschränkt. Alle Informationen, die ein Vertragsstaat erhalten hat, sind ebenso geheim zu halten wie die auf Grund des innerstaatlichen Rechts dieses Staates beschafften Informationen und dürfen nur den Personen oder Behörden (einschließlich der Gerichte und der Verwaltungsbehörden) zugänglich gemacht werden, die mit der Veranlagung oder Erhebung, der Vollstreckung oder Strafverfolgung oder mit der Entscheidung von Rechtsmitteln hinsichtlich der in Satz 1 genannten Steuern befasst sind. Diese Personen oder Behörden dürfen die Informationen nur für diese Zwecke verwenden. Sie dürfen die Informationen in einem öffentlichen Gerichtsverfahren oder in einer Gerichtsentscheidung offenlegen.*

*(2) Absatz 1 ist nicht so auszulegen, als verpflichte er einen Vertragsstaat,*

*a) Verwaltungsmaßnahmen durchzuführen, die von den Gesetzen und der Verwaltungspraxis dieses oder des anderen Vertragsstaats abweichen;*

*b) Informationen zu erteilen, die nach den Gesetzen oder im üblichen Verwaltungsverfahren dieses oder des anderen Vertragsstaats nicht beschafft werden können;*

*c) Informationen zu erteilen, die ein Handels-, Industrie-, Gewerbe- oder Berufsgeheimnis oder ein Geschäftsverfahren preisgeben würden oder deren Erteilung der öffentlichen Ordnung widerspräche.*

Art. 26 des OECD-MA 2005:

*(1) Die zuständigen Behörden der Vertragsstaaten tauschen die Informationen aus, die zur Durchführung dieses Abkommens oder zur Verwaltung oder Anwendung des innerstaatlichen Rechts betreffend Steuern jeder Art und Bezeichnung, die für Rechnung der Vertragsstaaten oder ihrer Gebietskörperschaften erhoben werden, voraussichtlich erheblich sind, soweit die diesem Recht entsprechende Besteuerung nicht dem Abkommen wider-*

spricht. Der Informationsaustausch ist durch Artikel 1 und 2 nicht eingeschränkt.

*(2) Alle Informationen, die ein Vertragsstaat nach Absatz 1 erhalten hat, sind ebenso geheim zu halten wie die auf Grund des innerstaatlichen Rechts dieses Staates beschafften Informationen und dürfen nur den Personen und Behörden (einschließlich der Gerichte und der Verwaltungsbehörden) zugänglich gemacht werden, die mit der Veranlagung oder Erhebung, der Vollstreckung oder Strafverfolgung oder mit der Entscheidung von Rechtsmitteln hinsichtlich der in Absatz 1 genannten Steuern oder mit der Aufsicht über diese Personen oder Behörden befasst sind. Diese Personen oder Behörden dürfen die Informationen nur für diese Zwecke verwenden. Sie dürfen die Informationen in einem öffentlichen Gerichtsverfahren oder in einer Gerichtsentscheidung offenlegen.*

*(3) Die Absätze 1 und 2 sind nicht so auszulegen, als verpflichteten sie einen Vertragsstaat,*

*a) Verwaltungsmaßnahmen durchzuführen, die von den Gesetzen und der Verwaltungspraxis dieses oder des anderen Vertragsstaats abweichen;*

*b) Informationen zu erteilen, die nach den Gesetzen oder im üblichen Verwaltungsverfahren dieses oder des anderen Vertragsstaats nicht beschafft werden können;*

*c) Informationen zu erteilen, die ein Handels-, Industrie-, Gewerbe- oder Berufsgeheimnis oder ein Geschäftsverfahren preisgeben würden oder deren Erteilung der öffentlichen Ordnung widerspräche.*

*(4) Wenn ein Vertragsstaat in Übereinstimmung mit diesem Artikel um Erteilung von Informationen versucht, wendet der andere Vertragsstaat zur Beschaffung der Informationen seine innerstaatlichen Ermittlungsbefugnisse an, auch wenn er die Informationen nicht für seine eigenen Steuerzwecke benötigt. Die Verpflichtung unterliegt den Beschränkungen des Absatzes 3; diese sind aber nicht so auszulegen, als erlaubten sie einem Vertragsstaat, die Erteilung der Informationen abzulehnen, nur weil er kein eigenes Interesse an ihnen hat.*

*(5) Absatz 3 ist nicht so auszulegen, als erlaube er einem Vertragsstaat, die Erteilung von Informationen abzulehnen, nur weil sie sich im Besitz einer Bank, einer anderen Finanzinstitution, eines Beauftragten, Bevollmächtigten oder Treuhänders befinden oder weil sie sich auf Beteiligungen an einer Person beziehen.*

## 6. Internationale Amts- und Rechtshilfe

Eine Vielzahl von DBA, die Deutschland mit anderen Staaten geschlossen hat, erlauben einen Auskunftsaustausch nach Art. 26 OECD-MA 2003 bzw. neuere/künftige Abkommen nach Maßgabe des Art. 26 in der Fassung des OECD-MA 2005.[1] Danach können alle Auskünfte übermittelt werden, die zur Anwendung der DBA oder des innerstaatlichen Rechts eines Vertragsstaates über die unter das Abkommen fallenden Steuern erforderlich sind.

Abkommen, die auf den Vorgaben des Art. 26 in den Fassungen des OECD-MA 2003 und 2005 basieren, lassen einen Auskunftsaustausch auch bei Steuern jeder Art und Bezeichnung zu (umfassend), die für Rechnung der Vertragsstaaten oder ihrer Gebietskörperschaften erhoben werden. Auskünfte können z.b. über die Richtigkeit von Tatsachenbehauptungen oder über Beweismittel angefordert werden, die zur steuerlichen Beurteilung erforderlich sind. Dieser sog. „große Auskunftsaustausch" ist regelmäßig Gegenstand besonderer Amts- und Rechtshilfevereinbarungen und des EGAHiG.[2]

Beinhaltet ein DBA hingegen nur die kleine Auskunftsklausel[3], können nur Auskünfte erbeten oder übermittelt werden, die zur Durchführung des DBA selbst notwendig sind. Auskünfte zur Durchführung rein innerstaatlichen Rechts können im Rahmen des kleinen Auskunftsverkehrs nicht erbeten oder übermittelt werden.

Vergleicht der Steuerbürger beide Fassungen der OECD-Musterabkommen, wird er feststellen, dass es gemäß Art. 26 Abs. 2 Buchst. c der Fassung OECD-MA 2003 einem Vertragsstaat noch gestattet war, dem Auskunftsbegehren nicht zu entsprechen, wenn ein Handels-, Industrie-, Gewerbe- oder Berufsgeheimnis oder ein Geschäftsverfahren bekannt gegeben werden müsste. Hingegen bestimmt die Fassung aus dem OECD-MA 2005, dass die Erteilung von Informationen nicht schon deshalb abzulehnen sei, weil sie sich im Besitz einer Bank usw. befinden.

Zwar war es schon bislang nicht so, als würde Art. 26 Abs. 2 Buchst. c der Fassung 2003 den Steuerbürger in seiner Privatsphäre schützen. Denn die Vorschrift räumte dem Vertragsstaat lediglich die Möglichkeit ein, einen Missbrauch des Auskunftsverkehrs zu Spionagezwecken zu verhindern.

---

1 Eine aktuelle Übersicht findet sich in Teil II Abschn. 6.5, in diesem Buch.
2 Alle DBAs mit großem Auskunftsaustausch finden sich in der Übersicht in Teil II Abschn. 6.5.1.1, in diesem Buch.
3 Vgl. hierzu Übersicht in Teil II Abschn. 6.5.1.2, in diesem Buch.

Buchstabe c bezieht sich dabei nicht auf ein einzelnes Geheimnis, sondern umfasst ein Gesamtgefüge von wirtschaftlichen Geheimnissen, innerhalb dessen dem einzelnen Geheimnisbegriff keine eigenständige Bedeutung zukommt.

Bankgeheimnisse zählten im Regelfall auch bislang nicht zu den Geheimnissen oder einer Gesamtheit von wirtschaftlichen Geheimnissen, für die ein Auskunftsaustausch auf Grundlage eines DBA verweigert werden konnte. Dennoch bestand bislang eine gewisse „Grauzone", welche jetzt allerdings durch den eindeutigen Wortlaut der Fassung 2005 in Abs. 5 klar zuungunsten des Steuerbürgers beseitigt ist.

Neuere Abkommen, die auf Grundlage der OECD-Fassung 2005 abgeschlossen werden, bieten dem Steuerbürger keinerlei Schutz vor der Aufspürung von Vermögenswerten, die dieser auf dem Konto einer Bank in einem ausländischen Staat hinterlegt hat, der ein DBA-Staat ist, der Informationsaustausch in diesem DBA auf den Vorgaben des OECD-MA 2005 basiert und die Kreditinstitute – so wie in Deutschland nach § 93 AO – gegenüber den dortigen Finanzbehörden in Besteuerungsverfahren auskunftspflichtig sind. Der Steuerbürger muss in diesem zur Vermögensanlage gewählten DBA-Land mit denselben Ermittlungen der dortigen Steuerbehörden rechnen, als ob er in diesem DBA-Land ansässig und steuerpflichtig wäre. Letztes geht aus dem vierten Absatz des Art. 26 in der Fassung 2005 hervor, der bestimmt, dass jeder DBA-Vertragsstaat seine „innerstaatlichen Ermittlungsbefugnisse" anzuwenden hat.

Diese neue Entwicklung verstärkt die Vision des gläsernen Steuerbürgers und entspricht auch der angestrebten „Marschrichtung" der OECD in Richtung vollständige Transparenz und der Bekämpfung auch „einfacher" Steuerdelikte im Wege eines sich auf der Besteuerungsebene vollziehenden DBA-Auskunftsaustausches.[1] Als jüngstes Beispiel für eine allgemeine Tendenz in eine solche Richtung dürfen die Neuregelungen im Informationsaustausch zum DBA-Schweiz nach dem Revisionsprotokoll vom 24.3.2003 angesehen werden. Danach kommt dem Schweizer Bankgeheimnis in Fällen, in denen ein Strafverfahren wegen eines Steuerbetrugs nach Schweizer Recht eingeleitet ist, keinerlei Bedeutung mehr zu.[2]

---

1 Vgl. Teil III, in diesem Buch.
2 Vgl. Näheres in Götzenberger, Diskrete Geldanlagen, grenzüberschreitendes Vermögensmanagement, steueroptimale Vermögensplanung, Wien 2006, S. 120 ff.

# 6. Internationale Amts- und Rechtshilfe

### 6.2.2.2 Auskunftsarten

Der DBA-Auskunftsverkehr sieht im Einzelnen drei mögliche Arten des Auskunftsverkehrs vor, um steuerrelevante Vermögensverhältnisse deutscher Steuerbürger zu recherchieren:

- Auf Ersuchen, und zwar für einen bestimmten Fall, wobei vorausgesetzt wird, dass die Informationsquellen, die üblicherweise im innerstaatlichen Besteuerungsverfahren zur Verfügung stehen, zunächst auszuschöpfen sind, bevor der andere Staat um Auskunft ersucht wird;
- automatisch, z.B. wenn Mitteilungen über eine bestimmte Art oder mehrere Arten von Einkünften, die aus einem Vertragsstaat in den anderen Vertragsstaat fließen, dem anderen Staat regelmäßig gegeben werden;
- unaufgefordert, z.B. wenn ein Staat, der im Verlauf eines Verfahrens Kenntnis von Umständen erlangt hat, die nach seiner Auffassung auch für den anderen Staat von Interesse sind (Spontanauskünfte).

Bei automatischen Auskünften handelt es sich um die systematische Übermittlung zuvor festgelegter Informationen über gleichartige Sachverhalte in regelmäßigen, im Voraus festgelegten Abständen. Einer regelmäßigen Übermittlung gleichartiger Sachverhalte liegt im Regelfall eine Verwaltungsvereinbarung mit der zuständigen Finanzbehörde eines anderen Staates zugrunde.[1]

Spontanauskünfte werden erteilt, wenn die Finanzbehörden im Einzelfall Feststellungen treffen (z.B. anlässlich einer Außenprüfung oder bei der Steuerfestsetzung), bei denen tatsächliche Anhaltspunkte die Vermutung rechtfertigen, dass

- „Steuern im anderen Staat verkürzt worden sind oder werden könnten; auf die tatsächliche Durchführung der Besteuerung im anderen Staat kommt es nicht an;
- zum Zwecke der Steuerumgehung Geschäftsbeziehungen über dritte Staaten geleitet worden sind;

---

[1] Zurzeit besteht eine entsprechende Vereinbarung mit den Niederlanden v. 16.10.1997, BStBl 1997 I S. 970; eine Absprache mit Frankreich v. 18.10.2001, BStBl 2001 I S. 801; eine Absprache mit Dänemark v. 24.2.2005, BStBl 2005 I S. 498; eine Absprache mit der Tschechischen Republik v. 30.8.2005, BStBl 2005 I S. 904; und eine Absprache mit Litauen v. 27.10.2005, BStBl 2005 I S. 1008 (Quelle: Merkblatt BMF, a.a.O, Tz. 4.1.2).

- insgesamt eine niedrigere Steuerbelastung dadurch eintreten kann, dass Gewinne zwischen nahe stehenden Personen nicht wie zwischen nicht nahe stehenden Personen abgegrenzt werden;
- ein Sachverhalt, aufgrund dessen eine Steuerermäßigung oder eine Steuerbefreiung gewährt worden ist, für den Steuerpflichtigen zu einer Besteuerung oder Steuererhöhung im anderen Staat führen könnte;
- ein im Zusammenhang mit der Auskunftserteilung eines anderen Staates ermittelter Sachverhalt für die zutreffende Festsetzung der Steuern in diesem Staat erheblich ist."[1]

Auch Zufallserkenntnisse und Zufallsfunde, die in einem – auch gegen Dritte gerichteten – Steuerstrafverfahren gewonnen werden, sind regelmäßig Gegenstand von Spontanauskünften, ebenso wie Zahlungen aus deutschen Quellen, insbesondere durch Geschäftsbeziehungen zu deutschen Kreditinstituten.[2] Für die Vermutung, dass ein steuerrelevanter Tatbestand nach den Buchstaben a bis e verwirklicht ist, reicht es aus, wenn das Verhalten des Steuerpflichtigen nach der allgemeinen Lebenserfahrung den Schluss erlaubt, er wolle verhindern, dass die zuständigen Finanzbehörden Kenntnis von einem steuerlich relevanten Sachverhalt erlangen.[3] Eine Spontanauskunft ist danach stets dann angebracht, wenn die ernstliche Möglichkeit besteht, dass der andere Vertragsstaat abkommensrechtlich ein Besteuerungsrecht hat und ohne die Auskunft von dem Gegenstand dieses Besteuerungsrechts keine Kenntnis erlangen würde.

### 6.2.2.3 DBA Luxemburg

Deutsche Steuerbehörden können über den Informationsaustausch im DBA- Luxemburg keine Informationen von Banken über Kontoverbindungen deutscher Steuerpflichtiger in Luxemburg erlangen. Art. 23 des Deutsch-Luxemburgischen Doppelbesteuerungsabkommens vom 23.8.1958 (in der geänderten Fassung des Ergänzungsprotokolls v. 15.6.1973) bestimmt über den Informationsaustausch der deutschen Finanzbehörden mit der Luxemburger Steuerverwaltung Folgendes:

*„(1) Die beiden Vertragstaaten werden sich bei der Veranlagung und Erhebung der in Artikel 1 genannten Steuern gegenseitig Amts- und Rechtshilfe gewähren.*

---

1 Merkblatt BMF, a.a.O, Tz. 4.1.2.
2 Vgl. Auskunftsformulare für Spontanauskünfte im Anhang Nr. 7 bis 10.
3 Vgl. BFH, Urt. v. 17.5.1995 I B 118/94, BStBl 1995 II S. 497.

## 6. Internationale Amts- und Rechtshilfe

*(2) Zu diesem Zweck werden sich die zuständigen Behörden der Vertragstaaten die Mitteilungen machen, die zur Durchführung dieses Abkommens, insbesondere zur Vermeidung von Steuerverkürzungen notwendig sind. Die zuständigen Behörden können Auskünfte ablehnen, die nicht auf Grund der bei den Finanzbehörden vorhandenen Unterlagen gegeben werden können, sondern ausgedehnte Ermittlungen notwendig machen würden.*

*(3) Der Inhalt der auf Grund dieses Artikels zur Kenntnis der zuständigen Behörden gelangten Mitteilungen ist geheim zu halten, unbeschadet der Befugnis, ihn Personen zugänglich zu machen, die nach den gesetzlichen Vorschriften bei der Veranlagung oder der Erhebung der Steuern im Sinne dieses Abkommens mitwirken. Diese Personen haben die gleiche Verpflichtung wie die zuständigen Behörden.*

*(4) Absatz 1 ist in keinem Falle so auszulegen, dass einem der Staaten die Verpflichtung auferlegt wird,*

*a) verwaltungstechnische Maßnahmen durchzuführen, die den Vorschriften der beiden Vertragstaaten oder ihrer Verwaltungspraxis widersprechen;*

*b) Einzelheiten mitzuteilen, deren Angabe nach den gesetzlichen Vorschriften der beiden Vertragstaaten nicht gefordert werden kann.*

*(5) Mitteilungen, die ein gewerbliches oder berufliches Geheimnis offenbaren würden, dürfen nicht gegeben werden.*

*(6) Mitteilungen können aus Gründen allgemeiner Staatsführung versagt werden."*

Nach Art. 23 Abs. 2 DBA dürfen Auskünfte jeder Art übermittelt werden, solange sie anlassbezogen sind – also keine Ermittlungen „ins Blaue hinein" darstellen – und zur Durchführung der Besteuerung, d.h. mitunter auch zur Wahrung nationaler Interessen, erforderlich sind. Luxemburg erteilt keine Auskünfte, wenn dies ausgedehnte Ermittlungen voraussetzen würde (Art. 23 Abs. 2 Satz 2). Gemäß Abs. 5 darf Luxemburg keine Informationen übermitteln, die ein gewerbliches oder berufliches Geheimnis offenbaren würden. Die Vorschrift wird in Bezug auf die Weitergabe Bankgeheimnis geschützter Daten durch Nr. 27 des Schlussprotokolls wie folgt ergänzt: *„Die Verpflichtung der zuständigen Behörden, Auskünfte zu erteilen, bezieht sich nicht auf Tatsachen, deren Kenntnis die Finanzbehörden von Banken erlangt haben. Soweit die Kenntnis von Tatsachen auch aus anderen Quellen stammt, können Auskünfte erteilt werden."* Kenntnisse über in- oder ausländische Bankkunden liegen Luxemburger Steuerbehörden regelmäßig nicht vor. Die Luxemburger AO (§ 178b) sieht vor, dass die Steuerverwaltung keinerlei Zugang zu dem Bankgeheimnis unterliegenden Kunden- und Kontendaten haben darf.

#### 6.2.2.4 DBA-Österreich

Im Amts- und Rechtshilfeverkehr zwischen Deutschland und Österreich gelten Besonderheiten wie beispielsweise der unmittelbare Verkehr zwischen den Oberfinanzdirektionen und den österreichischen Finanzlandesdirektionen. Im DBA-Auskunftsverkehr mit Österreich finden außerdem gesonderte Formulare Anwendung.[1] Der erste Absatz des Art. 26 DBA-Österreich vom 24.8.2000[2] sieht für den Informationsaustausch zwischen den deutschen und österreichischen Finanzbehörden Folgendes vor:

*„Die zuständigen Behörden der Vertragsstaaten tauschen die Informationen aus, die zur Durchführung dieses Abkommens oder des innerstaatlichen Rechts der Vertragsstaaten betreffend die unter das Abkommen fallenden Steuern erforderlich sind, soweit die diesem Recht entsprechende Besteuerung nicht dem Abkommen widerspricht. Der Informationsaustausch ist durch Artikel 1 nicht eingeschränkt. Alle Informationen, die ein Vertragsstaat erhalten hat, sind ebenso geheim zu halten wie die auf Grund des innerstaatlichen Rechts dieses Staates beschafften Informationen und dürfen nur den Personen oder Behörden (einschließlich der Gerichte und der Verwaltungsbehörden) zugänglich gemacht werden, die mit der Veranlagung oder Erhebung, der Vollstreckung oder Strafverfolgung oder mit der Entscheidung von Rechtsmitteln hinsichtlich der unter das Abkommen fallenden Steuern befasst sind. Diese Personen oder Behörden dürfen die Informationen nur für diese Zwecke verwenden. Sie dürfen die Informationen in einem öffentlichen Gerichtsverfahren oder in einer Gerichtsentscheidung offenlegen, falls die zuständige Behörde des anderen Vertragsstaats eine Einwendung dagegen erhebt. Die weitere Übermittlung an andere Stellen darf nur mit vorheriger Zustimmung der zuständigen Behörde des anderen Vertragsstaats erfolgen."*

Die Vorschrift bestimmt, dass die im Rahmen des Abkommens tauschbaren Informationen für die unter das Abkommen fallenden Steuern *erforderlich* sein müssen. Die mit dem Amtshilfeersuchen betraute österreichische Abgabenbehörde muss daher in jedem Fall prüfen, ob die von einer deutschen Finanzbehörde angeforderten Informationen eine Steuer betreffen, die ers-

---

1 Vgl. Anhang Nr. 6 und 11.
2 BStBl 2002 I S. 584.

## 6. Internationale Amts- und Rechtshilfe

tens unter das Abkommen fällt und zweitens für die Steuererhebung benötigt wird. Dadurch soll verhindert werden, dass der Informationsaustausch lediglich zur Ausforschung unbekannter Steuerfälle missbraucht wird (sog. „Fishing Expedition"). Die im Rahmen von Rechtshilfeverfahren gewonnenen Informationen dürfen an solche Behörden weitergeleitet werden, die mit der Veranlagung, Erhebung, der Vollstreckung oder Strafverfolgung usw. betraut sind. Dieses „verwässerte" Spezialitätsprinzip verhindert dabei nicht, dass auch Informationen über den DBA-Amtshilfeweg angefordert werden, die nicht zur Durchführung des DBA, sondern zur Beweisaufnahme in einem eingeleiteten Finanzstrafverfahren benötigt werden (wofür normalerweise der aufwändigere Rechtshilfeweg gegangen werden müsste).

Obwohl das DBA-Österreich kein mit dem DBA-Luxemburg vergleichbares Schlussprotokoll enthält, das die Weitergabe von Tatsachen, „deren Kenntnis die Finanzbehörden von Banken erlangt haben", verbietet, bedeutet dies jedoch nicht, dass Informationen ausgetauscht werden dürfen, die unter das Bankgeheimnis fallen. So ist der vorstehende Absatz 1 nicht so auszulegen, „als verpflichte er einen Vertragsstaat, Informationen zu erteilen, die ein Handels-, Industrie-, Gewerbe- oder Berufsgeheimnis oder ein Geschäftsverfahren preisgeben würden oder deren Erteilung dem Ordre public widerspräche" (Art. 26 Abs. 2 Buchst. c des DBA).[1]

Letzteres betrifft neben dem Bankgeheimnis insbesondere auch das Amtsgeheimnis. Während nämlich die Rechtmäßigkeit der Verwertung von Informationen und Beweismitteln in einem inländischen Abgabenverfahren „verwaltungsintern" durch § 166 der österreichischen Bundesabgabenordnung (BAO- Unbeschränktheit der Beweismittel) abgedeckt ist (auch durch rechtswidriges Durchbrechen des Bankgeheimnisses Erlangtes darf hier verwertet werden!), stellt die Übermittlung von Auskünften über von Ausländern in Österreich unterhaltene Konten, Sparbücher oder Depots die Preisgabe von Informationen aus dem Bereich der österreichischen Verwaltung dar. Die Beantwortung ausländischer Auskunftsersuchen gleicht insofern der Preisgabe von „Amtsgeheimnissen", was einerseits verfassungsrechtlich aufgrund der Amtsverschwiegenheit (Art. 20 Abs. 3 B-VG), andererseits des Steuergeheimnisses wegen, das hier zusammen mit dem Bankgeheimnis durchbrochen werden muss, bedenklich ist. Im Amtshilfeverkehr mit ausländischen Staaten – die österreichische Behörde handelt hier

---

1 Zur Vorschrift vgl. Teil II Abschn. 6.2.2, Internationaler Auskunftsverkehr durch den Informationsaustausch in Doppelbesteuerungsabkommen.

im Fremdinteresse – sollte das Bankgeheimnis (als Amtsgeheimnis) somit eine Verstärkung durch die Amtsverschwiegenheitspflicht finden. Ermittlungen unter Verletzung des Bankgeheimnisses wären auch im Stadium des *Besteuerungsverfahrens* unzulässig, weil – unabhängig von der Tatsache, dass hier die Voraussetzungen für die Durchbrechung des Bankgeheimnisses sowieso nicht vorlägen – Art. 26 Abs. 2 Buchst. a des OECD-MA bestimmt, dass Verwaltungsmaßnahmen, die von den Gesetzen und der Verwaltungspraxis des Vertragsstaates abweichen, vom ersuchten Staat nicht durchgeführt werden müssen. Im Klartext heißt dies, dass Ermittlungen, vollzogen von österreichischen Abgabenbehörden, im Rahmen eines Amtshilfeersuchens im DBA dann unzulässig sind, wenn das Bankgeheimnis entgegensteht. Das Bankgeheimnis findet also auch hier seine rechtliche Absicherung insofern, als es für Abgabenermittlungsverfahren nach österreichischem Recht eine unüberwindbare Hürde darstellt.[1] Informationen, die aufgrund des Bankgeheimnisses nicht beschafft werden können, brauchen nach dem DBA auch nicht erteilt werden (Art. 26 Abs. 2 Buchst. b DBA).

### 6.2.3 Bilaterale Rechts- und Amtshilfevereinbarungen am Beispiel Österreich

Neben Doppelbesteuerungsabkommen und dem EG-Amtshilfe-Gesetz stützen sich Amtshilfeersuchen der deutschen Steuerbehörden schließlich auf bilaterale Amts- und Rechtshilfevereinbarungen. Im Amtshilfeverkehr mit Österreich kommt der deutsch-österreichische Vertrag über Rechtsschutz und Rechtshilfe in Abgabensachen vom 4.10.1954 (RHAbgV)[2] zur Anwendung. Österreich leistet den deutschen Behörden auf *Abgabenebene* Rechtshilfe in allen Abgabesachen, im Ermittlungs-, Feststellungs- und Rechtsmittelverfahren, im Sicherungs- und Vollstreckungsverfahren sowie im Verwaltungsstrafverfahren (Art. 3). Der Auskunftsaustausch findet im unmittelbaren Verkehr zwischen den Oberfinanzdirektionen und den österreichischen Finanzlandesdirektionen statt. Der Anwendungsbereich dieses Vertrags bezieht sich auf gerichtliche Strafverfahren wegen Fiskaldelikten (Finanzstrafverfahren).

Die Art und Weise der Erledigung eines – auf den RHAbgV gestützten – Ersuchens richtet sich jeweils nach den Gesetzen des ersuchten Staates

---

1 Fremuth/Laurer/Linc/Pötzelberger/Ruess, BWG § 38, Rz. 20.
2 BGBl 1955 II S. 833, ergänzt durch Schlussprotokoll, Verwaltungsanordnung und Verständigungsvereinbarung.

(Transformationsregel, Art. 5 Abs. 1 Satz 2). Den österreichischen Finanzstrafbehörden stehen also bei der Bearbeitung eines deutschen Rechtshilfeersuchens die gleichen Befugnisse zu, wie bei inländischen Ermittlungen, d.h., dass die österreichische Finanzstrafbehörde mit denselben Mitteln (und wohl auch derselben Härte) vorgehen muss. Die Transformationsregel sichert aber dem deutschen Inhaber eines Kontos in Österreich nicht die gleichen Rechte zu, die ein österreichischer Kontoinhaber in derselben Situation hätte. Der Österreicher kann nämlich gegen die Einleitung eines Strafverfahrens mit dem Rechtsmittel der Beschwerde entgegentreten. Der deutsche Kontoinhaber hat eine derartige Beschwerdemöglichkeit nicht.

Auf die Transformationsregel des Art. 5 bzw. auf den gesamten Rechtshilfevertrag sich stützend, wies der VwGH[1] die Beschwerden zweier österreichischer Banken ab, die sich gegen die Verhängung von Zwangsstrafen wegen Verweigerung einer vollständigen Auskunftserteilung richteten. In einem Fall hatte die Finanzlandesdirektion Salzburg – im Auftrag eines von Deutschland gestellten Rechtshilfeersuchens als Finanzstraf- und Ermittlungsbehörde auftretend – eine österreichische Sparkasse ersucht, Auskünfte über ein von einem Deutschen (gegen den ein Strafverfahren wegen Steuerhinterziehung eingeleitet wurde) unterhaltenes Konto zu erteilen. Im anderen Fall befasste sich das Finanzamt Innsbruck mit einem von der Oberfinanzdirektion Nürnberg unter Berufung auf den RHAbgV von 1954 gestellten Rechtshilfeersuchen. Die als Finanzstrafbehörde erster Instanz tätig gewordene Innsbrucker Steuerbehörde verlangte ebenfalls von einer Sparkasse, alle von einem Nürnberger Steuerpflichtigen (dem das Finanzamt Weiden Steuerhinterziehung vorgeworfen hatten) unterhaltene Konten, Sparbücher, Schließfächer, Depots und hinterlegte Wertsachen usw. offenzulegen.

In beiden Fällen wurden die Sparkassen von den Finanzstrafbehörden lediglich darauf hingewiesen, dass die erbetenen Auskünfte im Zusammenhang mit einem Steuerstrafverfahren wegen vorsätzlicher Finanzvergehen stünden, und die Voraussetzungen für die Aufhebung des Bankgeheimnisses gegeben seien. Ein eigenes – vom Verfassungsgerichtshof sehr wohl gefordertes – Prüfungsrecht hatten die Banken nicht. Da sich beide Kreditinstitute weigerten, Vermögensverhältnisse ihrer Kunden offenzulegen, hatten die zuständigen Finanzlandesdirektionen Zwangsstrafen verhängt.

In diesen Urteilen ist eine deutliche kontroverse Haltung der österreichischen Lehre und Rechtsprechung erkennbar. Der VwGH – das ist klarzustellen –

---

1 Z 82/17/0087, Z 86/17/0169.

stützte sich in seiner Urteilsfindung allein auf den deutsch-österreichischen RHAbgV. Ein österreichisches Kreditinstitut darf nach Ansicht des VwGH dem Auskunftsbegehren einer im Auftrag einer ausländischen Steuerbehörde ermittelnden inländischen Finanzstrafbehörde nicht mit der Begründung widersprechen, das Bankgeheimnis dürfe nur für *inländische* Finanzstrafverfahren durchbrochen werden.[1] Der VwGH ist der Ansicht, dass den österreichischen Finanzstrafbehörden bei Erledigung eines auf den deutsch-österreichischen Rechtshilfevertrag gestützten Ersuchens die gleichen Befugnisse zustehen wie in Verfahren, die vor diesen inländischen Behörden geführt werden; er leitet dies aus der Transformationsregel des Art. 5 Abs. 1 des Rechtshilfevertrags ab. Gleichwohl aber rechtfertigt nicht jedes ausländische Finanzstrafverfahren auf Ebene eines verwaltungsbehördlichen Strafverfahrens eine Durchbrechung des österreichischen Bankgeheimnisses. Der VwGH setzt hierfür in Übereinstimmung mit der Judikatur des VerfGH voraus, dass die „Einleitung" eines Finanzstrafverfahrens wegen vorsätzlicher Finanzvergehen (was Voraussetzung für die Aufhebung des Bankgeheimnisses ist)[2] normativen Charakter hat.[3] Demzufolge müssen sich aus der Begründung des Einleitungsbeschlusses nicht nur Umstände ergeben, die nach der Lebenserfahrung auf ein Finanzvergehen schließen lassen. Dem Steuerbürger muss außerdem auch die Möglichkeit offen stehen, die Einleitung durch ein gesondertes Rechtsmittel bekämpfen zu können. Erst bei Wahrung dieser rechtsstaatlichen Prinzipien liegt die Einleitung eines Finanzstrafverfahrens mit normativem Charakter vor, welches die Durchbrechung des österreichischen Bankgeheimnisses rechtfertigt.

Im streitgegenständlichen Fall leitete die Steuerfahndungsstelle des Finanzamts Augsburg-Stadt gegen einen deutschen Zahnarzt ein Steuerstrafverfahren ein und bat das Finanzamt Innsbruck um Aufklärung sämtlicher bei einer Raiffeisenbank unterhaltenen Kontoverbindungen sowie die Beschlagnahme sämtlicher Kontounterlagen. Dem Ersuchen lag ein sog. „Einleitungsvermerk" der Steuerfahndungsstelle bei, aus welchem die Einleitung eines Steuerstrafverfahrens ersichtlich war. Gestützt auf den

---

1 Der Ansicht der Beschwerdeführerin, aus den vorzitierten Rechtsvorschriften sei abzuleiten, dass sie im vorliegenden Fall zur Wahrung des Bankgeheimnisses gegenüber der anfragenden Finanzstrafbehörde verpflichtet gewesen sei, vermag sich der VwGH nicht anzuschließen" (VwGH, 21.10.1983).
2 Vgl. Teil II Abschn. 6.4.3, Das dreistufige Eingriffsverfahren.
3 Erkenntnis vom 26.7.2006 in einem Steuerstrafverfahren gegen einen deutschen Zahnarzt Az. 2004/14/0022.

RHAbgV richtete das Finanzamt Innsbruck ein „Auskunfts- und Einsichtsnahmeersuchen" an die betreffende Bank. Diese lehnte das Auskunftsersuchen mit der Begründung ab, es bestünden Bedenken, ob es sich bei dem anhängigen Verfahren um ein mit der österreichischen Rechtsordnung vergleichbares eingeleitetes Finanzstrafverfahren handle, welches die Aufhebung der Verpflichtung zur Wahrung des Bankgeheimnisses zur Folge hätte. Die Bank forderte die Prüfung, ob der betroffene Steuerbürger in Deutschland die Möglichkeit gehabt habe, bei Einleitung des Finanzstrafverfahrens eine Beschwerde bzw. einen vergleichbaren Rechtsbehelf zu erheben.

Einen Rechtsbehelf gegen die Einleitung eines Steuerstrafverfahrens hat ein deutscher Steuerbürger naturgemäß nicht. Demzufolge entfaltet die Einleitung eines deutschen Steuerstrafverfahrens keinen normativen Charakter. Der Steuerbürger wird weder davon unmittelbar unterrichtet noch verfügt er über ein Rechtsmittel.[1]

Derartige Verfahrenseinleitungen dürften dem neuen VwGH-Erkenntnis zufolge kein „eingeleitetes" Finanzstrafverfahren darstellen, welches die Aufhebung des österreichischen Bankgeheimnisses bewirken kann. Dies gilt allerdings nur, soweit sich das Rechtshilfeersuchen auf den verwaltungsbehördlichen Weg beschränkt.

Andere Maßstäbe und Kriterien gelten, wenn das Rechtshilfeersuchen über die Gerichtsebene verläuft. Hier gelten u. a. die Maßstäbe der österreichischen Strafprozessordnung (namentlich § 145a StPO)[2] sowie jene des Protokolls vom 16. 10. 2001 zu dem Übereinkommen über die Rechtshilfe in Strafsachen.[3]

### 6.2.4 Grundzüge des EG-Amtshilfe-Gesetzes

Das EG-Amtshilfe-Gesetz (EGAHiG)[4] entstand aus der Umwandlung der Richtlinie des Rates der Europäischen Gemeinschaften vom 19.12.1977 über die gegenseitige Amtshilfe im Bereich der direkten Steuern und der

---

1 Vgl. hierzu Teil I Abschn. 12, Durchleuchtung des Steuerbürgers durch die Steuerfahndung.
2 Vgl. Teil II Abschn. 6.4.3, Das dreistufige Eingriffsverfahren.
3 Vgl. Teil II Abschn. 6.4, Europaweite Bankkontenabfragen durch Finanzbehörden nach dem Protokoll vom 16. 10. 2001 zu dem Übereinkommen über die Rechtshilfe in Strafsachen zwischen den EU-Mitgliedstaaten.
4 Gesetz zur Durchführung der EG-Richtlinie über die gegenseitige Amtshilfe im Bereich der direkten Steuern, bestimmter Verbrauchsteuern und der Steuern auf Versicherungsprämien v. 19.12.1985, BGBl I 1985 S. 2436, 2441.

Mehrwertsteuer in deutsches Recht. Diese Richtlinie wurde von allen EU-Staaten in nationales Recht umgesetzt, so dass für den Amtshilfeverkehr in Steuersachen zwischen den EU-Staaten einheitliche Regelungen gelten. Das EG-Amtshilfe-Gesetz darf also nicht nur als Grundlage für die Gewährung zwischenstaatlicher Amtshilfe, sondern auch für deren Inanspruchnahme angesehen werden. Das hier über die Erteilung von Amtshilfe durch deutsche Finanzbehörden Gesagte gilt somit stellvertretend für Steuerbehörden aller EU-Staaten.

Nach dem EGAHiG leisten sich die EU-Mitgliedstaaten gegenseitige Amtshilfe bei:

- der Festsetzung der Steuern vom Einkommen, Ertrag und Vermögen (direkte Steuern),
- der Festsetzung und Erhebung der Steuern auf Versicherungsprämien.

Der Auskunftsaustausch erfolgt dabei grundsätzlich auf Ersuchen. Rechtfertigen jedoch tatsächliche Anhaltspunkte die Vermutung, dass:

- ein Steuerbürger Steuern verkürzt hat oder verkürzen könnte;
- indirekte Steuern eines Mitgliedstaats nicht zutreffend erhoben worden sind oder werden könnten;
- zum Zweck der Steuerumgehung Geschäftsbeziehungen über dritte Mitgliedstaaten oder andere Staaten geleitet worden sind;
- insgesamt eine niedrigere Steuerbelastung dadurch eintreten kann, dass Gewinne zwischen nahe stehenden Personen nicht wie zwischen nicht nahe stehenden Personen abgegrenzt werden;
- ein Sachverhalt, aufgrund dessen eine Steuerermäßigung oder Steuerbefreiung gewährt worden ist, für den Steuerpflichtigen zu einer Besteuerung oder Steuererhöhung in dem Mitgliedstaat führen könnte;
- ein im Zusammenhang mit der Auskunftserteilung eines anderen Mitgliedstaats ermittelter Sachverhalt für die zutreffende Steuerfestsetzung sowie für die zutreffende Erhebung der indirekten Steuern in diesem Mitgliedstaat erheblich ist;

können sich die Finanzbehörden der Mitgliedstaaten auch *ohne Ersuchen* verständigen (Spontanauskünfte). Allgemein ausgedrückt werden Spontanauskünfte dann für zulässig erklärt, wenn zu vermuten ist, dass vorliegende Informationen für die Festsetzung der Steuern im anderen Mitgliedstaat erheblich sein könnten. Eine Spontanauskunft an die Steuerverwaltung eines anderen Mitgliedstaats der EU setzt allerdings tatsächliche Anhaltspunkte für die Vermutung voraus, dass Steuern gerade dieses Mitgliedstaats verkürzt worden sind oder werden könnten. In dem vom BFH[1] entschiedenen Fall hatten die deutschen Finanzbehörden der finnischen Finanzverwaltung eine Spontanauskunft inklusive einer Zusammenstellung von diversen Zahlungen übermittelt. Ebenfalls lagen Kopien von einigen Provisionsabrechnungen bei. Der BFH sah diese Art Spontanauskunft als mit dem Steuergeheimnis nicht vereinbar an, da konkrete Bezugspunkte zu einer Steuerfestsetzung in Finnland nicht erkennbar waren.

Neben den Spontanauskünften findet im Rahmen des EGAHiG auch ein regelmäßiger automatischer Auskunftsaustausch statt. Ein automatisches Auskunftsverfahren kann in Übereinstimmung mit den Finanzbehörden anderer EU-Mitgliedstaaten in folgenden drei Fällen vollzogen werden:

- bei Überlassung ausländischer Arbeitnehmer und Gestaltungen zur Umgehung von Rechtsvorschriften;

- soweit ein Sachverhalt aktenkundig wird, aufgrund dessen eine Steuerermäßigung oder Steuerbefreiung gewährt worden ist, die für den Steuerpflichtigen zu einer Besteuerung oder Steuererhöhung im anderen Mitgliedstaat führen könnte;

- soweit Einkünfte und Vermögen bekannt werden, deren Kenntnis für die Besteuerung durch einen Mitgliedstaat erforderlich sein könnte.

Der Auskunftsaustausch nach § 2 Abs. 3 Nr. 3 EGAHiG, wonach Auskünfte über Einkünfte und Vermögen mitgeteilt werden können, deren Kenntnisse für die Besteuerung im Empfängerstaat erheblich sein könnten, präsentiert sich geradezu generalklauselartig weit; für den Steuerbürger ist das sehr bedenklich. Der Auskunftsaustausch über Einkünfte und Vermögen kennt seine Grenzen lediglich in der Bestimmbarkeit seines Verwendungszwecks. Danach soll die Auskunft gebende Finanzverwaltung die tatsächliche steuerliche Relevanz im die Auskunft empfangenen Staat zumindest ansatzweise prüfen. Ob und inwieweit dies in der Praxis geschieht, bleibt dahingestellt.

Zur Sicherung der Besteuerung verbrauchspflichtiger Waren sieht das EGAHiG außerdem ein hocheffizientes EDV-gestütztes Informationsaustauschsystem vor. Dieses Informationsaustauschsystem basiert auf den

---

[1] Beschluss v. 15.2.2006 I B 87/05, NWB DokID: KAAAB-87762.

Vorgaben der sog. System-Richtlinie[1], welche den gewöhnlichen Steuerbürger nicht unmittelbar tangieren wird, da verfahrensrechtlicher Anknüpfungspunkt dieser Richtlinie die bereits mit der Herstellung verbundene steuerliche Verstrickung verbrauchsteuerpflichtiger Waren ist. Dieses Informationsaustauschsystem betrifft nur Hersteller bzw. Unternehmer, die im Besitz verbrauchsteuerpflichtiger Waren sind und einer besonderen Steueraufsicht unterliegen. Verlassen nämlich die Waren das betreffende „Steuerlager", entsteht die jeweilige Verbrauchsteuer.

Der Bezug und die Lagerung verbrauchsteuerpflichtiger Waren unter Steueraussetzung bedarf daher einer behördlichen Genehmigung, welche von den Hauptzollämtern zu erteilen ist. Über dieses Genehmigungsverfahren erhalten die Steuerbehörden Kenntnis davon, wo sich von der Steuer ausgesetzte Waren befinden und können deren weiteres Verbringen überwachen. Zu diesem Zweck verpflichtete die System-Richtlinie alle Mitgliedstaaten zur Speicherung dieser Daten in einer entsprechenden Datenbank und der Übermittlung an andere Mitgliedstaaten.

Der deutsche Gesetzgeber hat die Vorgaben der System-Richtlinie in § 2a EGAHiG übernommen. Die Vorschrift sieht vor, dass die zuständigen Finanzbehörden „über die von ihr erteilten Bewilligungen für die Versendung und den Empfang von verbrauchsteuerpflichtigen Waren unter Steueraussetzung sowie über diese Daten, die zuständige Finanzbehörden anderer Mitgliedstaaten übermittelt haben, eine elektronische Datenbank" anlegen. In dieser Datenbank sind folgende Informationen gespeichert: [2]

- eine Verbrauchsteueridentifikationsnummer für jeden Betrieb und für jede Lagerstätte (des entsprechenden Steuerlagers, in dem die Waren steuerfrei lagern),
- Name und Anschrift des Inhabers der Bewilligung, gemäß welcher verbrauchsteuerpflichtiger Waren unter Steueraussetzung gelagert werden dürfen,
- Name und Anschrift des Betriebes oder der Lagerstätte,
- die Art der Ware, für die die Bewilligung erteilt wurde,
- die Anschrift der für die Beantwortung von Auskunftsersuchen zuständigen Finanzbehörde,

---

1 Richtlinie 92/12 EWG des Rates über das allgemeine System, den Besitz, die Beförderung und die Kontrolle verbrauchsteuerpflichtiger Waren v. 25.2.1992 zuletzt geändert durch RL 94/74/EG des Rates v. 22.12.1994 ABl. EG Nr. L 365 S. 46.
2 Vgl. § 2a Abs. 2 EGAHiG.

## 6. Internationale Amts- und Rechtshilfe

- das Datum der Erteilung sowie – sofern festgelegt – die Gültigkeitsdauer der Bewilligung.

Die zuständigen Finanzbehörden übermitteln diese in der Datenbank gesammelten Daten an die zuständigen Finanzbehörden anderer Mitgliedstaaten unverzüglich d.h. täglich weiter. Nur das Datum der Erteilung oder die Gültigkeitsdauer der Bewilligung (vgl. oben letzter Punkt) werden – da nur bedingt relevant – auf besonderes Ersuchen mitgeteilt.

Schließlich gelten innerhalb der Europäischen Union zumindest auf Besteuerungsebene bestimmte Prinzipien wie das eingangs erwähnte Territorialitätsprinzip nicht. § 1b EGAHiG bestimmt, dass die Finanzbehörde „im Einvernehmen mit der zuständigen Finanzbehörde eines Mitgliedstaates" zulassen kann, dass von dieser Behörde benannte Bedienstete bei Ermittlungen zur Durchführung der Amtshilfe oder bei der Inanspruchnahme von Amtshilfe im Inland anwesend sind. Dabei dürfen die ausländischen Finanzbeamten zwar selbst keine Ermittlungshandlungen vornehmen. „Sie haben jedoch Zugang zu denselben Räumlichkeiten und Unterlagen wie die mit den Ermittlungen beauftragten Bediensteten der inländischen Finanzbehörde".

Grenzübergreifende Ermittlungshandlungen sind gemäß § 1b EGAHiG zulässig, wenn

- die ausländische Finanzbehörde ein einzelfallbezogenes Hilfeleistungsersuchen nach dem EGAHiG gestellt hat,

- es in diesem Ersuchen um Tatsachen geht, die für die zutreffende Steuerfestsetzung im unterstützten Staat erheblich sein können (Verweis auf § 1 Abs. 2 EGAHiG)

- eine vorherige Abstimmung mit der zuständigen Stelle des anderen Staates erfolgt ist, und

- die andere Stelle die entsprechenden Bediensteten benannt hat.

Zusammenfassend ist festzuhalten, dass das EGAHiG drei verschiedene Arten der Auskunftserteilung kennt: Auf Ersuchen, spontan und automatisch. Für den Steuerbürger besonders bedenklich dürften dabei die Spontanauskünfte sowie die Tatsache sein, dass die Finanzbehörden Sachverhalte europaweit in enger Zusammenarbeit und unter unmittelbarem Einbezug ausländischer Finanzbeamte ermitteln können.

## 6.2.5 Auskunftsaustausch im Rahmen international koordinierter Außenprüfungen (zeitlich abgestimmte Simultanprüfungen)

International koordinierte Außenprüfungen sind Außenprüfungen, die vom Zeitpunkt, Prüfungszeitraum und der Prüfungsrichtung koordiniert in zwei oder mehreren Staaten durchgeführt werden können. Um Doppelbesteuerungen bzw. -belastungen zu verhindern als auch grenzüberschreitende Sachverhalte durch Auskunftsaustausch aufzuklären – so lautet zumindest die offizielle Begründung[1] – können sich in- und ausländische Finanzbehörden einander die gleichzeitige Prüfung eines Steuerpflichtigen oder mehrerer Steuerpflichtiger vorschlagen und ihre Erkenntnisse entsprechend austauschen. Rechtsgrundlage für international koordinierte Außenprüfungen bzw. den Auskunftsaustausch anlässlich einer zeitlich abgestimmten Außenprüfung in zwei oder mehreren EU-Mitgliedstaaten ist § 1 Abs. 2 Satz 2 EGAHiG. Natürlich lassen sich im Rahmen solcher Simultanprüfungen, wenn beide Finanzbehörden gleichzeitig und unabhängig voneinander die gleichen Steuerjahre des ausgewählten Prüfungsfeldes bearbeiten, auch wertvolle Erkenntnisse über eine im Ausland steuerpflichtige natürliche oder juristische Person treffen, welche auch ihren Wohnsitz im Inland hat und der unbeschränkten Steuerpflicht unterliegt.

## 6.2.6 Zusammenarbeits-Verordnung und das Mehrwertsteuer-Informations-Austauschsystem MIAS

Nach Einführung des EU-Binnenmarktes wurde den Finanzbehörden im Bereich der Mehrwertsteuer schnell klar, dass das EG-Amtshilfe-Gesetz allein zur Kontrolle des Mehrwertsteueraufkommens nicht ausreichen würde. Um auf diesem Gebiet eine intensivere, effizientere und über die klassischen Kooperationsformen wie Auskunftsersuchen auf Ersuchen, spontanes oder automatisiertes Auskunftsverfahren hinausgehende Zusammenarbeit zu gewährleisten, wurde 1992 die erste Verordnung des Rates über die Zusammenarbeit der Verwaltungsbehörden auf dem Gebiet der indirekten Besteuerung (Zusammenarbeits-Verordnung – ZVO a.F.[2]) geschaffen. Gegenstand dieser ZVO war u.a. das operierende *Mehrwertsteuer-Informa-*

---

1 Merkblatt zur zwischenstaatlichen Amtshilfe durch Auskunftsaustausch in Steuersachen v. 25.1.2006, BStBl. 2006 I S. 26, Tz. 1.5.3.
2 Verordnung (EWG) Nr. 218/92 des Rates v. 27.1.1992 über die Zusammenarbeit der Verwaltungsbehörden auf dem Gebiet der indirekten Besteuerung (MWSt.) ABl. Nr. L 024 v. 01/02/1992 S. 1; Neufassung durch Verordnung (EG) Nr. 1798/2003 des Rates über die Zusammenarbeit der Verwaltungsbehörden auf dem Gebiet der Mehrwertsteuer und zur Auf-

*tions-Austauschsystem MIAS.* Mittels dieses vollelektronischen Datenaustauschsystems, welches auch nach Inkrafttreten der neuen Fassung der Zusammenarbeits-Verordnung unverändert praktiziert wird,[1] stellen die EU-Finanzbehörden die Erhebung der Umsatzsteuer im innergemeinschaftlichen Handel sicher. Insbesondere wird überprüft, ob die von einem Unternehmen in der Umsatzsteuererklärung deklarierten steuerfreien innergemeinschaftlichen Lieferungen vorliegen oder nicht. Mittels MIAS gleichen die Finanzbehörden hierzu steuerfreie innergemeinschaftliche Lieferungen mit steuerpflichtigen innergemeinschaftlichen Erwerben ab, die jeder Unternehmer seinem Finanzamt meldet.

Das MIAS-System basiert in erster Linie auf einem Abgleich der Umsatzsteuer-Identifikationsnummern sowie der von den am innergemeinschaftlichen Handel teilnehmenden Unternehmern regelmäßig zu erstattenden zusammenfassenden Meldungen. Die in den zusammenfassenden Meldungen enthaltenen Daten werden in einer Datenbank gespeichert. Die Zusammenarbeits-Verordnung (ZVO) ermöglicht es nun den Finanzbehörden anderer EU-Mitgliedstaaten, im Rahmen eines mehrstufigen Datenaustauschverfahrens auf diese Datensätze zuzugreifen und die notwendigen Informationen automatisch zu übermitteln oder im Wege der Datenfernabfrage online abzurufen. Automatisch übermittelt werden in einer ersten Stufe die von dem Mitgliedstaat erteilten Umsatzsteuer-Identifikationsnummern sowie der Gesamtwert aller innergemeinschaftlichen Lieferungen von Gegenständen, die an die Personen, denen eine Umsatzsteuer-Identifikationsnummer erteilt wurde, von allen Unternehmen, die in dem Auskunft erteilenden Mitgliedstaat eine Umsatzsteuer-Identifikationsnummer erhalten haben, getätigt wurden (Art. 23 ZVO). Soweit erforderlich, können die Mitglied-

---

hebung der Verordnung (EWG) Nr. 218/92 v. 7.10.2003 (ABl. L 264 2003 S. 1), zuletzt geändert durch Verordnung (EG) Nr. 885/2004 des Rates zur Anpassung der Verordnung (EG) Nr. 2003/2003 des Europäischen Parlaments und des Rates, der Verordnungen (EG) Nr. 1334/2000, (EG) Nr. 2157/2001, (EG) Nr. 152/2002, (EG) Nr. 1499/2002, (EG) Nr. 1500/2003 und (EG) Nr. 1798/2003 des Rates, der Beschlüsse Nr. 1720/1999/EG, Nr. 253/2000/EG, Nr. 508/2000/EG, Nr. 1031/2000/EG, Nr. 163/2001/EG und Nr. 291/2003/EG des Europäischen Parlaments und des Rates, der Beschlüsse 1999/382/EG, 2000/821/EG und 2003/893/EG des Rates, der Entscheidungen Nr. 1719/1999/EG und Nr. 2235/2002/EG des Europäischen Parlaments und des Rates und der Entscheidung 2003/17/EG des Rates in den Bereichen freier Warenverkehr, Gesellschaftsrecht, Landwirtschaft, Steuern, Bildung und Ausbildung, Kultur und audiovisuelle Politik und auswärtige Beziehungen wegen des Beitritts der Tschechischen Republik, Estlands, Zyperns, Lettlands, Litauens, Ungarns, Maltas, Polens, Sloweniens und der Slowakei vom 26.4.2004 (ABl. L 168 2004 S. 1).

1 Vgl. Art. 22 ZVO n.F.

staaten in zweiter Instanz Umsatzsteuer-Identifikationsnummern aller Personen, die entsprechende Lieferungen getätigt haben, und den Gesamtwert dieser Lieferungen von *jeder dieser Personen an jede betreffende Person*, der eine Umsatzsteuer-Identifikationsnummer erteilt wurde, online abrufen. Bleiben darüber hinaus noch offene Fragen, lässt die ZVO auch eine Kooperation auf klassische Weise zu, also den direkten Dialog unter den Finanzbehörden. Ein solcher ist „auf Antrag der ersuchenden Behörde" möglich. Zur Beschaffung der angeforderten Auskünfte oder zur Durchführung der beantragten behördlichen Ermittlungen muss die ersuchte Behörde oder die von ihr befasste Verwaltungsbehörde so verfahren, „wie sie in Erfüllung eigener Aufgaben oder auf Ersuchen einer anderen Behörde des eigenen Staates handeln würde" (Art. 5 ZVO).

Die Zusammenarbeits-Verordnung und das mit ihr aufgebaute MIAS-System wird nur eine geringe Zahl der Steuerbürger treffen. Das MIAS-System muss aber als Beispiel dafür gesehen werden, dass es heute kaum noch technische Grenzen zu überwinden gilt, um auch für andere Steuerarten einen grenzüberschreitenden Datenaustausch ermöglichen zu können. Das MIAS-System gilt im zwischenstaatlichen Informationsaustausch als sog. „Selbstbedienungsladen" ohne Beispiel. Es bleibt abzuwarten, ob dieser „Selbstbedienungsladen" im Interesse einer stärkeren Überwachung der Steuerbürger Schule macht.

### 6.3 Zwischenstaatliche Rechtshilfe durch Auskunftsaustausch

Wie bereits festgestellt, werden die Begriffe Amts- und Rechtshilfe in der Praxis parallel verwendet. Eine genaue Abgrenzung ist entbehrlich, da Amtshilfe und Rechthilfe unter den gleichen Voraussetzungen und in den gleichen Grenzen zulässig sind.[1] Der einzige Unterschied: Amtshilfe vollzieht sich auf Ebene des Besteuerungsverfahrens, die Rechtshilfe auf Ebene des Steuerstrafverfahrens. Auskünfte nach den Vorschriften der zwischenstaatlichen Rechtshilfe in Strafsachen kommen dann zur Anwendung, wenn die Finanzbehörde als *Strafverfolgungsbehörde* in einem *Steuerstrafverfahren* wegen Steuerhinterziehung ermittelt oder als zuständige Verwaltungsbehörde in einem Bußgeldverfahren zur Ermittlung einer Steuerordnungswidrigkeit tätig ist.

---

1 Vgl. Teil II Abschn. 6.1, Allgemeines.

## 6. Internationale Amts- und Rechtshilfe

Der im Bereich der Rechtshilfe bedeutendste Staatsvertrag ist das Europäische Übereinkommen über die Rechtshilfe in Strafsachen (EuRHÜK[1]), das in Straßburg am 20.4.1959 abgeschlossen und den europäischen Staaten zur Unterzeichnung und Ratifizierung aufgelegt wurde. Das Übereinkommen verkörpert *Staatsvertragsrecht* und geht innerstaatlichem Rechtshilfe-, Verwaltungs- und Prozessrecht vor.

Innerstaatliches Recht fließt überall dort ein, wo das EuRHÜK „Kann-Bestimmungen" enthält (was – wie weiter unten noch erörtert wird – bei Steuer(Fiskal-)delikten der Fall ist) oder auf nationale Rechtshilfeerlasse ausdrücklich Bezug nimmt. Für strafbare Handlungen, für die ein Unterzeichnerstaat um Rechtshilfe nach dem EuRHÜK ersucht, müssen die Justizbehörden des ersuchenden Staates zuständig sein. Rechtshilfeersuchen werden jeweils vom Justizministerium des ersuchenden Staates dem Justizministerium des ersuchten Staates übermittelt (Art. 15 Abs. 1 EuRHÜK). In dringenden Fällen wird auch ein unmittelbarer Geschäftsverkehr für zulässig erklärt (Art. 15 Abs. 2 EuRHÜK).

Gemäß Art. 2 Buchst. a des Abkommens können die Vertragsstaaten Rechtshilfe verweigern, „wenn sich das Ersuchen auf strafbare Handlungen bezieht, die vom ersuchten Staat als politische, als mit solchen zusammenhängende oder als fiskalische strafbare Handlungen angesehen werden". Art. 2 ist Beispiel einer sog. „Kann-Bestimmung", die sich nach Maßgabe innerstaatlichen Rechts näher bestimmt.[2]

Diese „Kann-Bestimmung" löste nach ihrem Inkrafttreten zwischen den Hochsteuerländern und einzelner Staaten mit „steuerbürgerfreundlicher" Gesetzgebung Unmut aus, da die einzelnen Staaten diese Kann-Bestimmung zu einem generellen Rechtshilfeverweigerungsrecht transformierten. Dies zu unterbinden, war Zweck eines dem Europäischen Rechtshilfeübereinkommen alsbald folgenden Zusatzprotokolls.[3] Dieses erste Zusatzprotokoll leitete sowohl die stufenweise Aufhebung des Fiskalvorbehaltes im Europäischen Rechtshilfeübereinkommen ein als auch die stufenweise Opferung des Diskretionsschutzes deutscher Steuerbürger im Ausland.

---

1 BGBl 1964 II S. 1369.
2 Zum innerstaatlichen Rechthilferecht der Schweiz (IRSG) sowie des Fürstentums Liechtenstein ausführlich mit Dokumentation der Rechtshilfewege in Götzenberger, Diskrete Geldanlagen, a.a.O., S. 116 ff.
3 Vom 17.3.1978, BGBl 1990 I S. 124.

Die Unterzeichnerstaaten dieses ersten Zusatzprotokolls konnten schon bislang die Rechtshilfe bei Fiskaldelikten nicht allein deshalb verweigern, weil es sich bei der dem Ersuchen zugrunde liegenden Straftat um ein solches Steuer(Fiskal-)delikt handelt. Zum Rechtshilfeverweigerungsrecht in Fiskaldelikten, also der eingangs erwähnten „Kann-Bestimmung" des Art. 2 Buchst. a EuRHÜK enthält Art. 1 des ersten Zusatzprotokolls nämlich folgende Klausel:

*„Die Vertragsparteien üben das in Artikel 2 Buchstabe a des Übereinkommens vorgesehene Recht zur Verweigerung der Rechtshilfe nicht allein aus dem Grund aus, dass das Ersuchen eine strafbare Handlung betrifft, welche die ersuchte Vertragspartei als eine fiskalische strafbare Handlung ansieht."*

Rechtshilfe für ein Steuerstrafverfahren konnten bzw. können durch die Unterzeichnerstaaten danach nicht deshalb abgelehnt werden, weil der ersuchte Staat eine den hinterzogenen Steuern vergleichbare Abgabenart nicht kennt und es deshalb an der Voraussetzung der beidseitigen Strafbarkeit fehlt (Art. 2 Abs. 2 des Zusatzprotokolls). Zu *Kapitel I* des ersten Zusatzprotokolls haben die Unterzeichnerstaaten Österreich und Luxemburg diverse Vorbehalte erklärt. So beschränkt beispielsweise Luxemburg die Anwendung des ersten Zusatzprotokolls – aus berechtigten Gründen der Verhältnismäßigkeit und der Verfahrensökonomie – auf den Straftatbestand des einem gewissen Mindeststrafmaß unterliegenden „auslieferungsfähigen Steuerbetrugs".[1] Österreich behält sich regelmäßig vor, Rechtshilfe nur in Verfahren zu leisten, „die auch nach österreichischem Recht strafbare Handlungen betreffen, zu deren Verfolgung in dem Zeitpunkt, in dem um Rechtshilfe ersucht wird, die Justizbehörden zuständig sind." Österreich gewährt daher im Rahmen des EuRHÜK Rechtshilfe nur in Angelegenheiten, die sowohl in Österreich als auch im ersuchenden Staat gerichtlich strafbar sind (beidseitig gerichtlich strafbare Delikte). Steuerdelikte erfüllen diese Voraussetzungen jedoch.

Wohl aus Anlass des Anschlages vom 11.9.2001 entschlossen sich die Mitgliedstaaten des Europarates, das Europäische Rechtshilfeübereinkommen sowie das erste Zusatzprotokoll in bestimmten Punkten zu verbessern und zu ergänzen. Gegenstand dieses zweiten Zusatzprotokolls[2] waren Änderun-

---

1 Siehe dazu Näheres Teil II Abschn. 6.4.4.3, Anwendung des europaweiten Kontenabrufs bei Steuerhinterziehung im Rechtshilfeverkehr mit Luxemburg.
2 Zweites Zusatzprotokoll v. 8.11.2001.

## 6. Internationale Amts- und Rechtshilfe 217

gen im Hinblick auf bestimmte Ermittlungsmaßnahmen (Einvernahme per Video- oder Telefonkonferenz, Spontanauskünfte, grenzüberschreitende Observationen, verdeckte Ermittlungen, gemeinsame Ermittlungsgruppen usw.). Zusammenfassend kann festgehalten werden, dass zwischenzeitlich unter den EU-Staaten – bedingt durch die neue im Anschluss näher dargestellte Bankkontenabfragemöglichkeit auf EU-Ebene – in der zwischenstaatlichen Rechtshilfe praktisch kein Fiskalvorbehalt mehr existiert.[1]

### 6.4 Europaweite Bankkontenabfragen durch Finanzbehörden nach dem Protokoll vom 16.10.2001 zu dem Übereinkommen über die Rechtshilfe in Strafsachen zwischen den EU-Mitgliedstaaten

#### 6.4.1 Allgemeines

Am 2.2.2006 ist das Gesetz zur Umsetzung des Protokolls vom 16.10.2001 zu dem Übereinkommen über die Rechtshilfe in Strafsachen zwischen den Mitgliedstaaten der Europäischen Union[2] in Kraft getreten. Für Steuerbürger mit Auslandskonten in Ländern der Europäischen Union hat dieses Protokoll signifikante Konsequenzen: Kontenabfragen sind von nun an auch europaweit möglich; allerdings mit der Einschränkung, dass hierfür die Einleitung eines steuerstrafrechtlichen Ermittlungsverfahrens notwendig ist; für innerdeutsche Kontenabfragen ist ein eingeleitetes steuerstrafrechtliches Ermittlungsverfahren wie gesehen nicht erforderlich.[3] Insoweit ist die Messlatte für einen europaweiten Kontenabruf höher gelegt. Doch auch hier gilt, dass die Vermögensverhältnisse des Steuerbürgers hinter seinem Rücken ausgeforscht werden können. So enthält auch dieses Protokoll eine Bestimmung, die es erlaubt, ohne Wissen des Steuerbürgers seine Konten abrufen zu können. Der Steuerbürger erfährt so von einem bereits erfolgten Kontenabruf im EU-Ausland im Regelfall erst durch die Bekanntgabe der Einleitung eines Steuerstrafverfahrens oder eine gezielte

---

1 Vgl. hierzu Teil II Abschn. 6.4, Europaweite Bankkontenabfragen durch Finanzbehörden nach dem Protokoll v. 16.10.2001 zu dem Übereinkommen über die Rechtshilfe in Strafsachen zwischen den EU-Mitgliedstaaten.
2 BGBl 2005 II S. 661, ABl. C 326 v. 21.11.2001 S. 1, Protokoll auszugsweise abgedruckt im Anhang 12.
3 Zu den rechtlichen Voraussetzungen des europaweiten Kontenabrufs vgl. Teil II Abschn. 6.4.4, Rechtliche Voraussetzungen für den europaweiten Kontenabruf. Zum innerdeutschen automatisierten Kontenabrufverfahren vgl. Teil I Abschn. 4.4, Der automatisierte Kontenabruf.

Steuerfahndungsmaßnahme. Der Weg, sich mit einer strafbefreienden Selbstanzeige aus der Schlinge zu retten, ist dem deutschen Steuerbürger dann versperrt.[1]

Der europaweite Bankkontenabruf geht auf eine Initiative Frankreichs vom Juni 2000 zurück. Ursprünglich hätte ein neues Übereinkommen lanciert werden sollen, welches das Übereinkommen des Europarates über die Rechtshilfe in Strafsachen von 1959 und des am 29.5.2000 angenommenen Übereinkommens über die Rechtshilfe in Strafsachen zwischen den Mitgliedstaaten der Europäischen Union hätte ablösen sollen. Im Laufe der Verhandlungen wurde jedoch aus dem Rechtsakt ein Protokoll zum Rechtshilfeübereinkommen der EU-Staaten 2000. Einige auch für den Steuerbürger signifikante Bestimmungen wie der Art. 3 (Überwachung von Bankgeschäften) waren ursprünglich nicht enthalten.

Die Bestimmungen des Protokolls lassen sich in drei verschiedene Teile gliedern:

- Hilfe bei Bankgeschäften (Art. 1 bis 4),
- zusätzliche Ersuchen (Art. 5 und 6),
- Gründe für Ablehnungen (Art. 7 bis 10).

Art. 1 bis 4 des Protokolls zielen auf die Rechtshilfe in Bezug auf bankrelevante Informationen ab und sollen den Informationsaustausch verbessern. Die übrigen Art. 11 bis 16 enthalten Bestimmungen über Vorbehalte, Inkrafttreten, Beitritt neuer Mitgliedstaaten, Position Islands und Norwegens, Inkrafttreten für Island und Norwegen und Verwahrer und sind für den Steuerbürger nicht relevant. Die nachfolgenden Ausführungen beschränken sich daher nur auf die *Hilfe bei Bankgeschäften*.

### 6.4.2 Europaweite Bankkontenabfragen in Ergänzung zum nationalen automatisierten Kontenabruf

Mit den europaweiten Bankkontenabfragen eröffnet sich für die deutsche Steuerverwaltung in Ergänzung zum nationalen automatisierten Kontenabruf eine ganz neue Ebene von Ermittlungsmöglichkeiten zur Erkenntnisgewinnung der vom Steuerbürger bei inländischen und ausländischen Banken hinterlegten Vermögenswerte. Während ein Rechtshilfeersuchen an einen anderen EU-Staat in der Vergangenheit konkrete Bank- und Kontodaten enthalten musste und die Kenntnis eines bestimmten Kreditinstituts für

---

1 Vgl. Teil I Abschn. 4.4.7.3, Selbstanzeige nach einem erfolgten Kontenabruf.

## 6. Internationale Amts- und Rechtshilfe

die Stellung eines Rechtshilfeersuchens bislang erforderlich war (diese Informationen konnten die ersuchenden deutschen Behörden aufgrund der in den EU-Ländern geltenden Bankgeheimnisse in vielen Fällen gar nicht ermitteln), genügt für die Einleitung eines europaweiten Bankkontenabrufs bereits eine „heiße" Auslandsspur.

In der Praxis sind folgende Fälle denkbar:

- Ein Kontenabruf in Deutschland hat ergeben, dass ein Wertpapierkonto in 2005 aufgelöst wurde, die Wertpapiere verkauft und der Verkaufserlös auf ein Girokonto gebucht wurde, welches ebenfalls aufgelöst wurde. Dem Kontoabruf schloss sich ein Auskunftsersuchen an die betreffende kontoführende Bank an. Dieses Auskunftsersuchen ergab, dass das Guthaben auf dem Girokonto ins europäische Ausland transferiert wurde. Die Finanzbehörde leitet daraufhin ein Steuerstrafverfahren ein. Für weitere Ermittlungsmaßnahmen steht den Strafverfolgungsbehörden der europaweite Bankkontenabruf offen, da eine die Anwendung des Protokolls eröffnende konkrete Auslandsspur gegeben ist.

- Ein Kontenabruf in Deutschland führt die Finanzbehörden auf eine konkrete Auslandsspur. Ein im vermuteten EU-Land Y durchgeführter Kontenabruf ergab, dass der Steuerbürger das betreffende Konto in 2006 aufgelöst hat. Die Spur führt in das Nicht-EU-Land Schweiz. Obwohl die Schweiz keine Kontenabfragen durchführt bzw. derartige Rechtshilfeersuchen ablehnt, wäre im Fall des Erhärtens des Verdachts auf Steuerhinterziehung zu einem aus Sicht der Schweiz rechtshilfefähigen Steuerbetrug[1] eine Offenlegung der vom Steuerbürger bei Schweizer Banken hinterlegten Vermögenswerte denkbar.

- Ein im EU-Ausland durchgeführter Kontenabruf erbrachte in der zweiten Stufe[2] Erkenntnisse über diverse Bankgeschäfte des deutschen Steuerbürgers A im Ausland. Die ausländischen Ermittlungsbehörden übersenden den deutschen Kollegen Angaben über sämtliche Überweisungs- und Empfängerkonten im Zusammenhang mit dem abgefragten Bankkonto. Dabei stoßen die deutschen Finanzbehörden auf ein Inlandskonto des Steuerbürgers B, gegen den keine Ermittlungen laufen. Solche „Zufallsfunde" dürfen für steuerliche Zwecke uneingeschränkt ausgewertet

---

1 Zum Begriff Steuerbetrug und der Rechtshilfe Schweiz vgl. Götzenberger, Diskrete Geldanlagen, a.a.O, Teil IV.
2 Zu den einzelnen Stufen des europäischen Bankkontenabrufs vgl. nachfolgend Abschn. 6.4.3.

werden. Ein Kontenabruf in Deutschland zeigte, dass der Steuerbürger B weitere bislang der Finanzverwaltung verborgene Konten unterhält.

- Deutschland stellt ein Kontenabrufersuchen an den EU-Mitgliedstaat Y betreffend Konten und Depots des Steuerbürgers A. Die Ermittlungsbehörden des EU-Mitgliedstaates Y entsprechen dem Rechtshilfeersuchen und stellen dabei fest, dass auf den Konten des Steuerbürgers A Geldtransfers des Steuerbürgers B in die EU-Länder X und Z verbucht waren. Die Ermittlungsbehörden des EU-Mitgliedstaates Y informieren die deutschen Behörden, welche daraufhin ein Kontenabrufersuchen an die Länder X und Z richten. Gleichzeitig ergänzen Sie das Kontenabrufersuchen an Y um ein Kontenabrufersuchen für den Steuerbürger B.

In Fällen wie dem zuletzt aufgeführten können einem Kontenabrufersuchen weitere folgen. Möglich ist dies durch die im Protokoll[1] enthaltene Informationspflicht des ersuchten Staates gegenüber dem ersuchenden Staat. Art. 5 des Protokolls bestimmt, dass „wenn die zuständige Behörde des ersuchten Mitgliedstaats bei der Erledigung eines Rechtshilfeersuchens zu der Auffassung gelangt, dass es zweckmäßig sein könnte, Ermittlungen, die anfänglich nicht vorgesehen waren oder die zum Zeitpunkt des Ersuchens nicht hatten spezifiziert werden können", durchzuführen, die zuständige Behörde die ersuchende ausländische Behörde hiervon unverzüglich in Kenntnis setzt, „damit diese weitere Maßnahmen ergreifen kann". Zur Erteilung weiterführender Hinweise ist die ersuchende Behörde verpflichtet.

Regelungszweck des Art. 5 i.V.m. Art. 6[2] ist, ein Auskunftsersuchen nach Möglichkeit zu beschleunigen und ergänzende Auskunftsersuchen, die auf Informationen der ersuchten Behörde basieren, zu vereinfachen. Die Hinweispflicht ist dabei nicht auf das eigene Staatsgebiet begrenzt; sie umfasst vielmehr auch Sachverhalte, die Berührungspunkte zu anderen EU-Staaten oder Drittstaaten oder Steueroasenländern aufweisen. Somit können über diese Informationspflicht auch Geld- und Vermögenstransfers in Staaten aufgedeckt werden, die in Fiskaldelikten keine Rechtshilfe leisten. Zwar können die deutschen Steuerbehörden die heiße Spur in diesem Fall nicht mehr weiter verfolgen, wissen aber zumindest, dass der Steuerbürger A über einen Vermögensbetrag X verfügte, den dieser in das Land Z trans-

---

1 Vgl. Anhang Nr. 12.
2 Zum Abkommenstext vgl. Anhang Nr. 12.

ferierte. Für eine Hinzuschätzung der Einkünfte aus Kapitalvermögen und der Festsetzung höherer Steuern reicht dies allemal.

### 6.4.3 Das dreistufige Eingriffsverfahren

Das europaweite Kontenabfrage- und Ausforschungssystem zu Bankkonten und Bankgeschäften gliedert sich in ein dreistufiges Eingriffsverfahren:

- Stufe 1: Auskunftsersuchen nach Bankkonten (Art. 1)

Für die erste Stufe, dem Auskunftsersuchen nach Bankkonten, verpflichtet Art. 1 jeden Mitgliedstaat, Maßnahmen zu ergreifen, „die erforderlich sind, um auf Antrag eines anderen Mitgliedstaats festzustellen, ob eine natürliche oder juristische Person, gegen die strafrechtliche Ermittlungen laufen, eines oder mehrere Bankkonten gleich welcher Art bei einer in seinem Gebiet niedergelassenen Bank unterhält", kontrolliert bzw. eine Vollmacht besitzt. Sofern dies der Fall ist, muss der ersuchte Mitgliedstaat Kontonummern und alle sonstigen Angaben übermitteln.

Die Mitgliedstaaten sind nach diesem Artikel verpflichtet, auf Antrag in konkreten Fällen in ihrem Gebiet bestehende Bankkonten ausfindig zu machen; damit sind sie indirekt verpflichtet, einen Mechanismus einzurichten, über den sie die beantragten Informationen zur Verfügung stellen können. Die in Absatz 1 genannte Verpflichtung geht so weit, dass es möglich sein muss, Bankkonten im gesamten Gebiet des ersuchten Mitgliedstaats ausfindig zu machen. Der Bankkontenabrufmechanismus muss dabei auch geeignet sein, solche Konten zu ermitteln, die eine Person „kontrolliert" oder für die eine Person eine Vollmacht besitzt. Diese Formulierung entspricht dem allgemeinen Erfordernis, auch die Bankkonten von „abweichend wirtschaftlich Berechtigten"[1] bzw. des wirtschaftlichen Eigentümers ausfindig zu machen. Damit können auch (verdeckte) treuhänderisch gehaltene Vermögenswerte bei Banken im EU-Gebiet aufgespürt werden.

Österreich hat die Voraussetzungen für die Suche nach Bankkonten bereits mit Einführung des § 145a Abs. 1 Nr. 2 und 3 der österreichischen Strafprozessordnung im Rahmen des Strafrechtsänderungsgesetzes 2002 geschaffen. Nachdem die Verpflichtung zur Wahrung des Bankgeheimnisses im Zusammenhang mit eingeleiteten gerichtlichen Strafverfahren gegenüber den Strafgerichten sowie gegenüber den Finanzstrafbehörden bei eingelei-

---

[1] Vgl. auch § 24c Abs. 1 Satz 1 Nr. 2 KWG und § 8 des Geldwäschegesetzes sowie Ausführungen in Teil I Abschn. 4.4.

teten Strafverfahren wegen vorsätzlicher Finanzvergehen nicht besteht,[1] können österreichische Kredit- oder Finanzinstitute, wenn es zur Aufklärung eines Verbrechens oder eines Vergehens erforderlich erscheint, das in die Zuständigkeit des Gerichtshofs erster Instanz fällt und ein diesbezügliches Vorgehen erforderlich und verhältnismäßig erscheint, auf Grundlage eines Beschlusses gem. § 145a StPO zur Übermittlung folgender Daten verpflichtet werden:

- den Namen, sonstige ihnen bekannte Daten über die Identität des Inhabers einer Geschäftsverbindung sowie dessen Anschrift bekannt zu geben,

- Auskunft zu erteilen, ob eine verdächtige Person eine Geschäftsverbindung mit diesem Institut unterhält, aus einer solchen wirtschaftlich berechtigt ist oder für sie bevollmächtigt ist, und, soweit dies der Fall ist, alle zur genauen Bezeichnung dieser Geschäftsverbindung erforderlichen Angaben zu machen sowie alle Unterlagen über die Identität des Inhabers der Geschäftsverbindung und über seine Verfügungsberechtigung zu übermitteln,

- alle Urkunden und anderen Unterlagen über Art und Umfang der Geschäftsverbindung und damit im Zusammenhang stehende Geschäftsvorgänge und sonstige Geschäftsvorfälle eines bestimmten vergangenen oder zukünftigen Zeitraums herauszugeben.

Eine innerösterreichische Kontenabfrage ist nach dieser Vorschrift möglich, sofern ein Strafverfahren wegen strafbarer Handlungen erforderlich ist, die in die Zuständigkeit des Gerichtshofs erster Instanz fallen. Hierzu zählen u.a. vorsätzliche Steuerhinterziehungsdelikte ab einem Hinterziehungsbetrag von mehr als 75.000 Euro, da gemäß § 53 Abs. 1 Buchst. b) des österreichischen Finanzstrafgesetzes (FinStrG) für vorsätzliche Finanzvergehen mit strafbestimmenden Wertbeträgen von mehr als 75.000 Euro die Gerichte zuständig sind.[2]

---

1 Vgl. § 38 Abs. 2 Nr. 1 BWG zur Vorschrift im Einzelnen vgl. Götzenberger, Diskrete Geldanlagen, Wien 2006, S. 94 ff.

2 Die Vorschrift lautet: „Das Gericht ist zur Ahndung von Finanzvergehen zuständig, wenn das Finanzvergehen vorsätzlich begangen wurde und der Wertbetrag, nach dem sich die Strafdrohung richtet (strafbestimmender Wertbetrag) 75.000 € übersteigt oder wenn die Summe der strafbestimmenden Wertbeträge aus mehreren zusammentreffenden vorsätzlich begangenen Finanzvergehen 75.000 € übersteigt und alle diese Vergehen in die örtliche und sachliche Zuständigkeit derselben Finanzstrafbehörde fielen."

## 6. Internationale Amts- und Rechtshilfe

Eine Kollision zwischen Kontenabfrage und dem österreichischen Bankgeheimnis ist dadurch nicht gegeben, da eine Verpflichtung zur Wahrung des Bankgeheimnisses nicht besteht „im Zusammenhang mit eingeleiteten gerichtlichen Strafverfahren gegenüber den Starfgerichten und mit eingeleiteten Strafverfahren wegen vorsätzlicher Finanzvergehen".[1] Des Weiteren setzt eine Kontenabfrage nach innerösterreichischem Recht einen Tatverdacht wegen einer der genannten Taten voraus und die Kontenauskunft muss zur Aufklärung der Straftat erforderlich und verhältnismäßig sein. Erforderlich ist eine Kontenauskunft dann, wenn entsprechende Ermittlungsansätze gegeben sind, die eine Kontospur (Verbindung) nach Österreich aufscheinen lassen.[2]

Österreich kennt– zum Schutz des Steuerbürgers – kein mit dem deutschen automatisierten Kontenabrufverfahren vergleichbares Verfahren. Auch Einrichtungen wie z.B. ein zentrales Kontenregister mit Zugangsberechtigung für die Finanzbehörden existieren in Österreich nicht. Die Kontenrecherche vollzieht sich dort vielmehr so, dass die Wirtschaftskammer Österreich entsprechende Beschlüsse der zuständigen Rechtshilfegerichte an die zentralen Verbände der österreichischen Banken und Sparkassen weiterleiten und diese die Kontenanfragen letztlich ihren Mitgliedsinstituten zukommen lassen. Die einzelnen Finanzinstitute recherchieren jeden Einzelfall. Führen die Recherchen zu einem positiven Ergebnis, übermitteln die Banken die angefragten Informationen unmittelbar an das zuständige Rechtshilfegericht.

Die im Rahmen des Auskunftsersuchens erforderlichen Kontodaten speichern die österreichischen Kreditinstitute schon aus dem Erfordernis der Geldwäschebekämpfung heraus. Das Protokoll zum EU-Rechtshilfeübereinkommen wollte ausdrücklich keine weitergehenden Verpflichtungen statuieren.[3] Österreichische Kredit- und Finanzinstitute haben nach dem Bankwesengesetz (BWG) die Identität des Kunden bei Anknüpfung einer dauernden Geschäftsbeziehung, d.h. bei Eröffnung von Konten und Depots aller Art, festzustellen. Kredit- und Finanzinstitute haben außerdem jeden Kunden vor Eröffnung eines Kontos zu fragen, ob er für eigene oder fremde Rechnung tätig wird. Gibt der Kunde zu erkennen, dass er ein Konto

---

1 Vgl. im Einzelnen Götzenberger, „Diskrete Geldanlagen", a.a.O.
2 Vgl. Sautner/Huber, Jüngste Entwicklungen der justiziellen Zusammenarbeit in Strafsachen in der EU und ihre Auswirkungen auf das österreichische Bankgeheimnis, JSt 2006 S. 81.
3 Vgl. Sautner/Huber, Jüngste Entwicklungen der justiziellen Zusammenarbeit in Strafsachen in der EU und ihre Auswirkungen auf das österreichische Bankgeheimnis, JSt 2006 S. 79.

auf fremde Rechnung eröffnen will (z.B. bei Eröffnung eines Treuhand- oder Anderkontos), ist er nach § 40 Abs. 2 Satz 2 BWG verpflichtet, dem Kreditinstitut gegenüber die Identität des Treugebers (des wirtschaftlich Berechtigten) nachzuweisen. Werden über das neu eingerichtete Konto sowohl Treuhandgelder als auch eigenes Vermögen verwaltet, ist dieser Umstand dem Kreditinstitut ebenfalls bekannt zu geben, wie auch bekannte Treugeber. Damit können bei Vorliegen der rechtlichen Voraussetzungen über den Kontenabruf auch Treuhandkonten und Vollmachtsverhältnisse ausfindig gemacht werden.

Auch in Luxemburg kennt man zugunsten der Diskretion der dortigen Geldanleger weder ein automatisiertes Kontenabrufverfahren noch ein zentrales Kontoregister, auf dieses ggf. bei Vorliegen der Voraussetzungen für einen Kontenabruf nach dem Protokoll zurückgegriffen werden kann. Vielmehr vollzieht sich ein Kontenabrufersuchen in Luxemburg so, dass das ersuchte Luxemburger Gericht alle dortigen Banken um eine Kontenauskunft ersuchen muss. Die einzelnen Banken müssten dann im Einzelnen ermitteln, ob der betreffende Steuerbürger bei ihnen Konten und/oder Depots unterhält und entsprechende positive Suchergebnisse der ersuchenden Luxemburger Strafverfolgungsbehörde mitteilen.

- Stufe 2: Auskunftsersuchen zu Bankgeschäften (Art. 2)

Die Bankkontodaten des Steuerbürgers allein reichen für konkrete Ermittlungen seiner Vermögensverhältnisse nicht aus. Für die Finanzbehörden ist es vielmehr wichtig, Kenntnisse über die darauf getätigten Bankgeschäfte zu erlangen.

Hierzu sieht Art. 2 des Protokolls vor, dass die Mitgliedstaaten auf Antrag „die Angaben über bestimmte Bankkonten und über Bankgeschäfte, die während eines bestimmten Zeitraums im Zusammenhang mit einem oder mehreren in dem Ersuchen angegebenen Bankkonten getätigt wurden, einschließlich der Angaben über sämtliche Überweisungs- und Empfängerkonten" mitteilen.

Art. 2 betrifft die Rechtshilfe für Bankgeschäfte, die während eines bestimmten Zeitraums auf bereits festgestellten Bankkonten getätigt wurden. Dem Auskunftsersuchen nach dem Bankkonto in Stufe 1 wird daher in der zweiten Stufe ein solches zur Überprüfung der darauf getätigten Bankgeschäfte folgen. Die Einhaltung der Reihenfolge in den Eingriffsverfahren ist allerdings nicht zwingend. Es handelt sich vielmehr jeweils um eine eigenständige Maßnahme. So kann die deutsche Finanzbehörde auch in Bezug auf ein Bankkonto, das ihr durch andere Mittel oder Kanäle bekannt

## 6. Internationale Amts- und Rechtshilfe

wurde, ein Auskunftsersuchen zu den Bankgeschäften stellen. Letzteres ist selbst dann möglich, wenn das Konto, auf dem die Bankgeschäfte getätigt worden sind, gar nicht mit einer Person in Zusammenhang stehen, gegen die ein Ermittlungsverfahren läuft.[1] Vielmehr sind die Mitgliedstaaten auch verpflichtet, Rechtshilfe über Konten Dritter zu leisten, gegen die zwar keine Ermittlungsverfahren laufen, aber deren Konten auf die eine oder andere Weise in ein Ermittlungsverfahren involviert sind.

Die Rechtshilfe in Stufe 2 ist dabei nicht nur auf die Angaben über bestimmte Bankkonten und über Bankgeschäfte begrenzt, die während eines bestimmten Zeitraums getätigt wurden. Die Rechtshilfe umfasst vielmehr auch Angaben über „sämtliche Überweisungs- und Empfängerkonten". Es reicht also nicht aus, dass der ersuchte Staat die Auskunft übermittelt, dass eine bestimmte Geldsumme zu einem bestimmten Zeitpunkt von einem Konto auf ein anderes überwiesen wurde. Vielmehr umfasst die Rechtshilfe in Stufe 2 auch Informationen zu dem Empfänger-/Überweisungskonto, d.h. die Kontonummer und andere nähere Angaben, anhand deren der ersuchende Staat wiederum ein Ersuchen um Rechtshilfe in Bezug auf dieses Konto stellen kann. Hierdurch können die Finanzbehörden Geldbewegungen von einem Konto zu einem anderen nachvollziehen.

- Stufe 3: Überwachung von Bankgeschäften

Die Ausforschung von Bankkonten und Bankgeschäften eines Steuerbürgers wird schließlich in Stufe 3 mit der Überwachung von Bankgeschäften komplettiert. Art. 3 des Protokolls sieht vor, dass sich jeder Mitgliedstaat verpflichtet, „dafür zu sorgen, dass auf Ersuchen eines anderen Mitgliedstaats Bankgeschäfte, die während eines bestimmten Zeitraums im Zusammenhang mit einem oder mehreren in dem Ersuchen angegebenen Bankkonten getätigt werden, überwacht werden können". Vorgesehen sind je nach Vereinbarungen zwischen den Behörden des ersuchenden und des ersuchten Staates tägliche oder wöchentliche Überwachungen sowie eine Verfolgung von Bankgeschäften in Echtzeit.

Diese Vorschrift enthält eine neue Maßnahme der laufenden Überwachung, die bisher in keinem Rechtsakt über die Rechtshilfe in Strafsachen vorgesehen war: Die Überwachung ausgeforschter Konten für einen bestimmten Zeitraum und hinter dem Rücken des Kontoinhabers. Ob und inwieweit ein

---

1 Vgl. dazu den erläuternden Bericht über das Protokoll zum Übereinkommen von 2000 über die Rechtshilfe in Strafsachen zwischen den Mitgliedstaaten der Europäischen Union ABl. C 257/1 v. 24.10.2002, zu Art. 2 Abs. 1.

Mitgliedstaat laufende Überwachungsarbeit während eines bestimmten Zeitraums im Zusammenhang mit einem bestimmten Bankkonto leisten will und ob und unter welchen Voraussetzungen in einem spezifischen Fall Rechtshilfe geleistet werden kann, darf jeder Mitgliedstaat jedoch selbst entscheiden. Grundsätzlich obliegt es den Mitgliedstaaten nur, die Voraussetzungen zu schaffen, um dann auf Ersuchen fallweise Rechtshilfe leisten zu können.

Das dreistufige Eingriffsverfahren vollzieht sich im Verhältnis zum betroffenen Kontoinhaber geheim. So bestimmt Art. 4 des Protokolls, dass jeder Mitgliedstaat „die erforderlichen Maßnahmen" ergreift, um zu gewährleisten, „dass die Banken den betroffenen Bankkunden oder sonstige Dritte nicht davon in Kenntnis setzen, dass dem ersuchenden Staat eine Information gemäß den Art. 1, 2 oder 3 erteilt worden ist oder dass Ermittlungen durchgeführt werden". Die Ausforschung von Konten und Bankgeschäften geschieht also nicht nur in Deutschland, sondern auch auf EU-Ebene hinter dem Rücken des Steuerbürgers.

### 6.4.4 Rechtliche Voraussetzungen für den europaweiten Kontenabruf

### 6.4.4.1 Allgemeines

Für den europaweiten Kontenabruf müssen erheblich schwerwiegendere Tatbestände vorliegen als dies beim nationalen automatisierten Kontenabruf in Deutschland der Fall ist. Bloße Ungereimtheiten in der Steuererklärung des Steuerbürgers oder bloße Vermutungen, der Steuerbürger könnte Vermögen bei ausländischen Banken angelegt haben, genügen nicht.

Die Einleitung eines europaweiten Kontenabrufs erfolgt aus der Sicht der deutschen Finanzverwaltung erst auf der Grundlage eines von der Straf- oder Bußgeldsachenstelle des Finanzamtes oder der Staatsanwaltschaft erwirkten Durchsuchungsbeschlusses[1] und ist nur möglich, wenn die Ermittlungen bestimmte schwere Straftaten betreffen. Gemäß Art. 1 Abs. 3 des Protokolls müssen die Ermittlungen folgende Straftaten betreffen:
- (Alternative 1): Eine Straftat, die mit einer Freiheitsstrafe oder einer die Freiheit beschränkenden Maßregel der Sicherung und Besserung im Höchstmaß von mindestens vier Jahren im ersuchenden Staat und von mindestens zwei Jahren im ersuchten Staat bedroht ist, oder

---
1 §§ 94, 98 StPO.

## 6. Internationale Amts- und Rechtshilfe 227

- (Alternative 2): Eine Straftat, die in Art. 2 des Übereinkommens von 1995 zur Errichtung eines Europäischen Polizeiamtes (Europol-Übereinkommen) oder im Anhang zu jenem Übereinkommen in der geänderten Fassung aufgeführt ist, oder

- (Alternative 3): Soweit sie nicht unter das Europol-Übereinkommen fällt, eine Straftat, die in dem Übereinkommen von 1995 über den Schutz der finanziellen Interessen der Europäischen Gemeinschaften oder in dem dazugehörigen Protokoll von 1996 oder in dem dazugehörigen Zweiten Protokoll von 1997 aufgeführt ist.

Die Bestimmungen in diesem Absatz sind das Ergebnis eines Kompromisses zwischen denjenigen Mitgliedstaaten, die sich für einen allgemeinen Anwendungsbereich aussprachen, ferner denjenigen Mitgliedstaaten, die (verschiedene) Mindeststrafmaße vorzogen, und wieder anderen Mitgliedstaaten, die für einen Straftatenkatalog waren.[1] Damit dürfte der „gewöhnliche" Steuerbürger zunächst von europaweiten Kontenabfragen geschützt sein, es sei denn, er gehört zum Personenkreis der Terroristen, der Drogenhändler, Schleuser, Menschenhändler,[2] Betrüger, Erpresser, Geldfälscher, Dokumentenfälscher, Computerkriminellen[3] Geldwäschern oder zu den Betrügern, die die „finanziellen Interessen" der EU-Gemeinschaft verlet-

---

1 Vgl. den erläuternden Bericht über das Protokoll zum Übereinkommen von 2000 über die Rechtshilfe in Strafsachen zwischen den Mitgliedstaaten der Europäischen Union ABl. C 257/1 v. 24.10.2002.

2 Die in Art. 2 des Europol-Übereinkommens aufgeführten Straftaten sind folgende: Terrorismus, illegaler Drogenhandel, illegaler Handel mit nuklearen und radioaktiven Substanzen, Schleuserkriminalität, Menschenhandel, Kraftfahrzeugkriminalität, Straftaten, die im Rahmen von terroristischen Handlungen gegen Leben, körperliche Unversehrtheit und persönliche Freiheit sowie gegen Sachen begangen wurden oder begangen werden könnten, – mit diesen Kriminalitätsformen oder ihren spezifischen Ausprägungen verbundene Geldwäsche und – die damit in Zusammenhang stehenden Straftaten.

3 Die Straftaten, auf die im Anhang zum Europol-Übereinkommen verwiesen wird, sind folgende: Vorsätzliche Tötung, schwere Körperverletzung, illegaler Handel mit Organen und menschlichem Gewebe, Entführung, Freiheitsberaubung und Geiselnahme, Rassismus und Fremdenfeindlichkeit, organisierter Diebstahl, illegaler Handel mit Kulturgütern, einschließlich Antiquitäten und Kunstgegenständen, Betrugsdelikte, Erpressung und Schutzgelderpressung, Nachahmung und Produktpiraterie, Fälschung von amtlichen Dokumenten und Handel damit, Geldfälschung, Fälschung von Zahlungsmitteln, Computerkriminalität, Korruption, illegaler Handel mit Waffen, Munition und Sprengstoffen, illegaler Handel mit bedrohten Tierarten, illegaler Handel mit bedrohten Pflanzen- und Baumarten, Umweltkriminalität und – illegaler Handel mit Hormonen und Wachstumsförderern.

zen.[1] Allerdings muss die betreffende Straftat nur mindestens durch eine von den drei genannten Alternativen abgedeckt sein; im Ergebnis muss der Steuerbürger damit nicht unter den in Alternative 2 und 3 genannten Straftatenkatalog fallen, Steuerhinterziehung genügt bereits. Und die *erste Alternative* (eine Straftat aller Art mit Freiheitsstrafen von mindestens vier bzw. zwei Jahren) kann den gewöhnlichen Steuerbürger sehr wohl treffen. In vielen EU-Mitgliedstaaten ist bereits die „einfache" Steuerhinterziehung mit Freiheitsstrafen im Höchstmaß von mindestens zwei bzw. vier Jahren bedroht. Gemäß Art. 8 des Protokolls kann ferner die Rechtshilfe nicht allein deshalb verweigert werden, weil ein Ersuchen sich auf eine strafbare Handlung bezieht, die vom ersuchten Mitgliedstaat als fiskalische strafbare Handlung betrachtet wird.

Die Möglichkeiten der Mitgliedstaaten, die Rechtshilfe zu Bankkonten mit der Begründung zu verweigern, dass das Ersuchen nicht mit dem eigenen Recht vereinbar ist, sind regelmäßig begrenzt. So darf ein Mitgliedstaat ein Ersuchen nach Art. 1 nicht allein aus dem Grund ablehnen, weil die Vorlage von Informationen über die Existenz von Bankkonten bei strafrechtlichen Ermittlungen im innerstaatlichen Recht nicht vorgesehen ist oder dass die innerstaatlichen Vorschriften über Durchsuchung und Beschlagnahme normalerweise ein höheres als das in obiger Alternative 1 festgelegte Mindeststrafmaß vorsehen. Auch können sich die Mitgliedstaaten nicht auf gesetzlich verankerte Bankgeheimnisse berufen. So bestimmt Art. 7 des Protokolls, dass ein Bankgeheimnis „von einem Mitgliedstaat nicht als Begründung für die Ablehnung jeglicher Zusammenarbeit in Bezug auf ein Rechtshilfeersuchen eines anderen Mitgliedstaats herangezogen werden" darf. Allerdings dürfen die Mitgliedstaaten die Erledigung eines Kontoabrufersuchens von denselben Bedingungen abhängig machen, „die für Ersuchen um Durchsuchung oder Beschlagnahme gelten" (Art. 1 Abs. 5). Damit

---

1 Das Übereinkommen von 1995 über den Schutz der finanziellen Interessen der Europäischen Gemeinschaften und seine Protokolle umfassen:
Betrug zum Nachteil der finanziellen Interessen der Gemeinschaften, vorsätzliche Herstellung oder Bereitstellung falscher, unrichtiger oder unvollständiger Erklärungen oder Unterlagen mit derselben Wirkung (sofern sie nicht bereits entweder als selbständige Straftat oder als Beteiligung am Betrug, als Anstiftung dazu oder als Versuch eines solchen Betrugs strafbar ist), passive Korruption, mit der die finanziellen Interessen der Europäischen Gemeinschaften geschädigt werden oder geschädigt werden könnten, aktive Korruption, mit der die finanziellen Interessen der Europäischen Gemeinschaften geschädigt werden oder geschädigt werden könnten, und Geldwäsche, bezogen auf die oben genannten Erträge aus Betrug – zumindest in schweren Fällen – und aus aktiver und passiver Korruption.

## 6. Internationale Amts- und Rechtshilfe

rücken im Einzelfall die jeweiligen Bestimmungen in den einschlägigen nationalen Rechtshilfegesetzen des ersuchten Staates in den Vordergrund. Diese zwingen im Hinblick auf den Erfolg von Rechtshilfeersuchen über Kontenüberwachungen unter den einzelnen Mitgliedstaaten jeweils zu einer Einzelbetrachtung.

### 6.4.4.2 Anwendung des europaweiten Kontenabrufs bei Steuerhinterziehung im Rechtshilfeverkehr mit Österreich

Eine Steuerhinterziehung mit einem Hinterziehungsbetrag von weniger als 75.000 €[1] führt in Österreich zu keinem Kontenabruf. Wie bereits festgestellt, ist Voraussetzung für einen Kontenabruf nach dem Protokoll vom 16.10.2001 zu dem Übereinkommen über die Rechtshilfe in Strafsachen eine Straftat, die mit einer Freiheitsstrafe oder einer die Freiheit beschränkenden Maßregel der Sicherung und Besserung im Höchstmaß von mindestens vier Jahren im ersuchenden Staat und von mindestens zwei Jahren im ersuchten Staat bedroht ist.[2] Aus der Perspektive der deutschen Finanzverwaltung als ersuchende Behörde würde bei vorsätzlichen Steuerhinterziehungen regelmäßig eine „kontenabruffähige" Straftat vorliegen; in Deutschland gilt für Steuerhinterziehung ein Höchststrafmaß von fünf Jahren.

In Österreich (als ersuchter Staat) können Abgabenhinterziehungen – sofern diese nicht den o.g. Hinterziehungsbetrag überschreiten und in die Zuständigkeit der Gerichte fallen – gem. § 15 Abs. 3 FinStrG nur mit einem Höchstmaß bis zu drei Monaten bestraft werden, so dass im Verhältnis Deutschland-Österreich ein Kontenabruf allenfalls bei vorsätzlicher Steuerhinterziehung „höheren Ausmaßes" möglich ist, die in die Zuständigkeit

---

1 Ein Hinterziehungsbetrag von 75.000 € erfordert bei Kapitalanlegern bei einem Steuersatz von 40 % zu versteuernde Einkünfte aus Kapitalerträgen i.H.v. 187.500 € bzw. bei einer unterstellten Durchschnittsrendite von 5 % ein Anlagekapital von ca. 3,7 Mio. €. Bei der Ermittlung des strafbestimmenden Wertbetrages ist wie folgt vorzugehen: Der deutsche Sachverhalt ist unter das österreichische Steuerrecht zu subsumieren. Danach ist festzustellen, ob ein und dasselbe Finanzamt als Finanzstrafbehörde sachlich und örtlich zuständig wäre. Das wäre dann der Fall, wenn der Steuerbürger mehrere Konten in Österreich im örtlichen Zuständigkeitsbereich eines Finanzamtes hätte. In diesem Fall werden die jeweiligen Hinterziehungsbeträge aus den Kapitalerträgen dieser Konten addiert. Ergibt die Summe einen Betrag von mehr als 75.000 €, wäre die Gerichtszuständigkeit und damit die Pflicht zur Rechtshilfe gegeben.
2 Vgl. Teil II Abschn. 6.4.4, Rechtliche Voraussetzungen für den europaweiten Kontenabruf.

der Gerichte fallen und diese mit einem Strafmaß von bis zu zwei Jahren Freiheitsstrafe geahndet werden können.[1]

Die Anforderungen in formeller und materieller Hinsicht, welche für einen innerösterreichischen Kontenabruf gelten, sind regelmäßig auch maßgeblich für ein Kontenabrufersuchen eines anderen EU-Staates. Zu dem für den Kontenabruf maßgeblichen Protokoll hat Österreich – gestützt auf Art. 1 Abs. 5 des Protokolls – von der Möglichkeit Gebrauch gemacht, eine Erklärung abzugeben, wonach die Gewährung von Rechtshilfe von der Einhaltung des nationalen Rechts abhängig ist. Es wird somit – wie im Protokoll vorgesehen – die Erledigung eines Kontenabfrageersuchens von denselben Bedingungen abhängig gemacht, die für Ersuchen um Kontoauskunft nach § 145a StPO sowie für Durchsuchungs- oder Beschlagnahmehandlungen allgemein gelten. Somit wird Österreich im Verhältnis zu Deutschland einem Kontenabrufersuchen bei einer Steuerhinterziehung mit einem Hinterziehungsbetrag von weniger als 75.000 € selbst unter der Voraussetzung der Erfüllung aller übrigen Voraussetzungen nicht entsprechen. Nur bei einem Steuerdelikt über einen Hinterziehungsbetrag von mehr als 75.000 € dürfte ein Kontoabrufersuchen Aussicht auf Erfolg haben, vorausgesetzt, es besteht ein konkreter Verdacht, dass der deutsche Steuerbürger Bankkonten in Österreich unterhält, die mit der Begehung einer Finanzstraftat i. S. des österreichischen Finanzstrafgesetzes in Zusammenhang stehen.[2]

Ausgenommen vom Kontenabruf sind ebenfalls Finanzordnungswidrigkeiten. Die *Finanzordnungswidrigkeit* entspricht nach der Legaldefinition des § 1 FinStrG einem *Finanzvergehen* i.S. der §§ 33 ff. und stellt nicht allein Ordnungsverstöße im verwaltungs- oder disziplinarrechtlichen Sinne dar. Das Finanzstrafgesetz bezeichnet als Finanzordnungswidrigkeit die in den §§ 49 bis 51 des Gesetzes genannten und mit Geldstrafe bedrohten Handlungen oder Unterlassungen. Einer Finanzordnungswidrigkeit macht sich beispielsweise schuldig, wer Abgaben, die selbst zu berechnen sind, wie Vorauszahlungen an Umsatzsteuer usw., weder entrichtet noch abführt oder durch Abgabe unrichtiger Voranmeldungen ungerechtfertigte Abgabegutschriften geltend macht. Ordnungswidrig handelt auch, wer sich vorsätzlich unter Verletzung der abgabenrechtlichen Offenlegungs- oder

---

1 Vgl. § 33 Abs. 5 FinStrG.
2 Als Verdachtsmomente kommen u. a. in Frage: Geldüberweisungen, aber auch auffällig häufige Reisen nach Österreich, die weder urlaubs- noch berufsbezogen sind.

# 6. Internationale Amts- und Rechtshilfe

Wahrheitspflicht ungerechtfertigte Zahlungserleichterungen, die Entrichtung von Abgabenschulden betreffend, erwirkt, oder eine abgaben- oder monopolrechtliche Anzeige-, Offenlegungs-, Verwendungs-, Wahrheits-, Aufzeichnungs- oder Aufbewahrungspflicht verletzt. Für solche Handlungen oder Unterlassungen kann ein innerösterreichisches Kontenabrufverfahren nicht verlangt werden.

### 6.4.4.3 Anwendung des europaweiten Kontenabrufs bei Steuerhinterziehung im Rechtshilfeverkehr mit Luxemburg

*Einfache Steuerhinterziehung* ruft auch in Luxemburg keinen flächendeckenden Kontenabruf hervor. Hier fehlt es im Rechtshilfeverkehr mit Luxemburg am Grundsatz der beiderseitigen Strafbarkeit.

Der Grundsatz der beiderseitigen Strafbarkeit ist wie gesehen Voraussetzung für die Erledigung eines Auskunftsersuchens zu Bankkonten und Bankgeschäften. Gemäß Art. 1 Abs. 5 des Protokolls können die Mitgliedstaaten „die Erledigung eines Auskunftsersuchens betreffend Bankkonten von denselben Bedingungen abhängig machen, die für Ersuchen um Durchsuchung oder Beschlagnahme gelten". Damit kann Luxemburg bei Auskunftsersuchen aus Deutschland zu Bankkonten eines Deutschen genauso verfahren wie bei Ersuchen um Durchsuchung oder Beschlagnahme. Dies gestattet es dem Großherzogtum, auf dem Grundsatz der beiderseitigen Strafbarkeit und auf der Vereinbarkeit mit dem eigenen Recht zu bestehen, soweit sie diese Anforderungen auf Ersuchen um Durchsuchung oder Beschlagnahme anwenden können.

Luxemburg leistet Rechtshilfe nach Maßgabe des nationalen Rechtshilfegesetzes vom 8.8.2000, des Europäischen Übereinkommens über die Rechtshilfe in Strafsachen vom 20.4.1959 mit Zusatzprotokoll vom 17.3.1978, wobei sich Luxemburg in Bezug auf Kapitel I dieses ersten Zusatzprotokolls[1] vorbehalten hat, Rechtshilfe nur in Fällen zu leisten, in denen:

- ein Steuerbetrug nach Luxemburger Abgabenrecht vorliegt,
- die Bedeutung der Tat die Durchführung des Verfahrens rechtfertigt (Schutz vor übermäßiger Belastung des Staatsapparates in Bagatellfällen),

---

1 Vgl. hierzu zur näheren Erläuterung Teil II Abschn. 6.3, Zwischenstaatliche Rechtshilfe durch Auskunftsaustausch.

- Hoheitsrechte oder wesentliche Interessen nicht gefährdet sind (beispielsweise durch Übermittlung von Bankgeheimnis geschützten Daten).

Des Weiteren knüpft Luxemburg Durchsuchungs- oder Beschlagnahmebegehren an Handlungen, die nach dem Europäischen Übereinkommen über die Auslieferung vom 13.12.1957 auslieferungsfähig sind, und führen diese nur unter der Bedingung aus, dass der Richter einer Erledigung nach luxemburgischem Recht zugestimmt hat. Nach dem europäischen Auslieferungsübereinkommen sind nur solche Delikte auslieferungsfähig, die „sowohl nach dem Recht des ersuchenden als auch nach dem des ersuchten Staates mit einer Freiheitsstrafe oder die Freiheit beschränkenden Maßregel der Sicherung und Besserung im Höchstmaß von mindestens einem Jahr oder mit einer schwereren Strafe bedroht sind".

Das Luxemburger Steuerrecht unterscheidet zwischen einfacher Steuerhinterziehung, als „fraude fiscale simple" bezeichnet, und der „escroquerie fiscale", dem „Steuerbetrug". Als einfache Steuerhinterziehung bezeichnet werden kann z.b. eine inexakte Deklaration, hervorgerufen durch:

- die Angabe zu niedriger Einkünfte,
- durch Nichterklärung bestimmter Einkunftsarten (z.b. Zinseinkünfte),
- durch die Verwertung falscher Informationen oder
- durch Versäumnisse fester Zahlungsfristen.

Einfache Steuerhinterziehung wird in Luxemburg nicht mit Freiheitsstrafen geahndet. Es drohen in aller Regel nur Geldstrafen, die allerdings bis zum Vierfachen der hinterzogenen Steuern festgesetzt werden können. „Fraude fiscale simple" ist weder auslieferungs- noch rechtshilfefähig. Luxemburger Justizbehörden unterstützen die Suche nach ausländischen Bankkonten nur dann, wenn dem Rechtshilfeersuchen ein auslieferungsfähiger Steuerbetrug zugrunde liegt.

Um einen Steuerbetrug handelt es sich im Unterschied zur einfachen Steuerhinterziehung dann, wenn

- die Steuerhinterziehung durch systematische Verwendung betrügerischer Machenschaften vollzogen wird und
- es sich hierbei um beachtliche Beträge handelt, die dem Fiskus vorenthalten werden.

Der Begriff „Steuerbetrug" wurde erstmals durch Gesetz vom 22.12.1993 in den – direkte Steuern betreffenden – dritten Teil der „Luxemburger Abgabenordnung" – „loi générale des impots" – (§ 396 Abs. 5 LGI) eingefügt. Nach dieser Vorschrift liegt Steuerbetrug vor, wenn eine Steuerhinterziehung zur Verkürzung erheblicher Beträge führt, sei es in Form eines absoluten Betrages, sei es im Verhältnis zur Höhe der geschuldeten Jahressteuern, und dies allein dadurch erreicht wurde, dass die Abgabenbehörde durch taktisches und systematisches Vorgehen über steuerlich erheblichen Tatbestände in Unkenntnis gelassen wurde oder dieser gegenüber steuerlich erheblichen Tatsachen bewusst unrichtig oder unvollständig dargestellt wurden.

Steuerbetrug wird nicht allein durch den Versuch begangen, Steuervorteile geltend zu machen, die die Abgabenbehörde bei der Veranlagung letztlich nicht anerkennt. Aus dem Steuerbürger wird auch dann kein Steuerbetrüger, wenn dieser versucht, einen steuerrelevanten Sachverhalt zu seinen Gunsten darzustellen, letztlich aber gegenüber der Steuerbehörde nicht glaubhaft wirkt. Steuerbetrug begeht nicht schon derjenige, der eine inexakte Einkommensteuererklärung nur deshalb abgegeben hat, weil er wider besseres Wissen diverse Einkünfte nicht erklärt oder schlichtweg vergaß.

Des Steuerbetrugs macht sich vielmehr derjenige schuldig, der dem Fiskus ein aus mehreren sich ergänzenden Einzelelementen zusammengesetztes Lügengebäude aufzutischen wagt, das zu einer Verkürzung hoher Steuerbeträge führt. Als Beispiel für ein solches Lügengebäude kann jede Art der Belege- und Urkundenfälschung, einhergehend mit einer auf Gewinnverkürzung abzielenden doppelten Buchführung bezeichnet werden, durch die auf entsprechende Weise künstliche Ausgaben geschaffen und Einkünfte entweder nicht oder falsch – durch Kettenbuchungssätze vertuscht – erfasst werden. Steuerbetrug liegt auch in allen „Modellfällen" des fiktiven Vorsteuerabzugs vor. Steuerbetrug liegt auch überall dort vor, wo „Dritte" in die Machenschaften einbezogen werden, wie beispielsweise eine fiktive ausschließlich zur Scheinfakturierung dienende Briefkastenfirma.

Schließlich ist die Hinterziehung eines verhältnismäßig hohen Betrags an Steuergeldern erforderlich. Das Gesetz spricht hier von einem „montant significatif d'impôt, soit en montant absolu soit en rapport avec l'impôt annuel dû". Hier handelt es sich zweifelsohne um einen dehnbaren Begriff, der dem Ermessen der Ermittlungsbehörden und Gerichte unterliegt. Anhaltspunkt für die Qualifizierung der hinterzogenen Steuern als „montant significatif" kann entweder die absolute Höhe der Steuerhinterziehung oder das Verhältnis der hinterzogenen Steuern zur Jahressteuerschuld sein, wobei im letzteren Fall die persönlichen Verhältnisse des Betreffenden berücksichtigt werden.

Sofern im Einzelfall die Voraussetzungen für einen Steuerbetrug nach Luxemburger innerstaatlichem Recht gegeben sind, könnten andere EU-Staaten, deren Steuerbürger nationale Steuerpflichten in diesem erheblichen Umfang des Steuerbetrugs verletzt haben, in Luxemburg einen flächendeckenden Kontenabruf erreichen.

## 6.5 Zusammenfassende Übersichten

### 6.5.1 Anwendung des EG-Amtshilfe-Gesetzes sowie der Doppelbesteuerungsabkommen[1]

#### 6.5.1.1 Staaten mit großem Auskunftsaustausch

| | Betroffene Steuern | | | | | | | | Bekanntgabe von Auskünften in öffentlichen Gerichtsverhandlungen oder bei der öffentlichen Verkündung von Urteilen | | | Bemerkungen |
|---|---|---|---|---|---|---|---|---|---|---|---|---|
| | ESt | KSt | GewSt | VSt | Grundsteuer | ErbSt | Andere Steuern vom Einkommen und Vermögen | Steuern auf Versicherungsprämien[1] | Verkehrsteuern | gestattet | gestattet nur mit Zustimmung des anderen Staates | nicht gestattet | |
| **I. Mitgliedstaaten der EU** | X | X | X | X | X | | X | X | | X | | | aufgrund des EGAHiG |
| *Zusätzlich aufgrund von DBA und Amtshilfeabkommen:* | | | | | | | | | | | | | |
| Dänemark | | | | | | X | | X | X | | | | Gemäß § 1 Abs. 3 EGAHiG bleibt eine über die in Zeile 1 gekennzeichneten Steuern hinausgehende Amtshilfe aufgrund zwischenstaatlicher Vereinbarungen unberührt. |
| Finnland | | | | | | X | | X | X | | | | |
| Österreich | | | | | | X | | X | X | | | | |
| Polen | | | | | | | | X | | | | | |
| Schweden | | | | | X[2] | | | X | | | | | |
| **II. Andere Staaten** | | | | | | | | | | | | | |
| Aserbaidschan | X | X | X | X | X | X | X | X | X | | | | |
| Australien | X | X | X | X | | | | | | | X | | |
| Island | X | X | X | X | | | | | | | X | | |
| Kanada | X | X | X | X | X | X | X | X | | X | | | |
| Kasachstan | X | X | X | X | | | | | X | | | | |
| Korea Republik | X | X | X | X | | | | | | | X | | |
| Liberia | X | X | X | X | X | | | | | | X | | |
| Neuseeland | X | X | X | X | | | | | | | | | |
| Norwegen | X | X | X | X | X | | | | X | | | | |
| Rumänien | X | X | X | X | | | | | X | | | | |
| Russische Föderation | X | X | X | X | | | | | X | | | | |
| Tadschikistan | X | X | X | X | X | X | X | X | X | | | | DBA UdSSR[3] gilt fort bis einschl. 2004 |
| Türkei | X | X | X | X | | | | | | | X | | |
| Usbekistan | X | X | X | X | | | | | | X | | | DBA UdSSR[3] gilt fort bis einschl. 2001 |
| Vereinigte Staaten | X | X | X | X | | | | | | X | | | |
| | | | | | | X | | | | | | | DBA zu ErbSt |

[1] Versicherungsteuer/Feuerschutzsteuer
[2] entfällt ab 1. Januar 2005
[3] DBA UdSSR (1981) Artikel 21, Austausch von Informationen: Die zuständigen Behörden der Vertragsstaaten teilen einander die in ihren Steuergesetzen eingetretenen Änderungen, soweit erforderlich, mit.

(01/06)

---

1 Quelle: Merkblatt zur zwischenstaatlichen Amtshilfe durch Auskunftsaustausch in Steuersachen, BMF vom 25.1.2006, BStBl 2006 I S. 26.

# 6. Internationale Amts- und Rechtshilfe

## 6.5.1.2 Staaten mit kleinem Auskunftsaustausch

| | ESt | KSt | GewSt | VSt | Grund-steuer | ErbSt | Andere Steuern vom Einkommen und Vermögen | Steuern auf Versicherungs-prämien[1] | Verkehr-steuern | gestattet | gestattet nur mit Zustimmung des anderen Staates | nicht gestattet | Bemerkungen |
|---|---|---|---|---|---|---|---|---|---|---|---|---|---|
| Ägypten | X | X | X | X | | | | | | | X | | |
| Argentinien | X | X | X | X | | | | | | | | X | |
| Armenien | X | X | X | X | X | | | | | | | | DBA UdSSR[3] gilt fort |
| Bangladesch | X | X | X | | | | | | X | | | | |
| Belarus | X | X | X | X | X | | | | | | | | DBA UdSSR[3] gilt fort |
| Bolivien | X | X | X | X | | | | | X | | | | |
| Bosnien und Herzegowina | X | X | X | X | | | | | | | | X | DBA SFRJ[4] gilt fort |
| Brasilien[2] | X | X | X | X | | | | | | | | X | |
| Bulgarien | X | X | X | X | | | | | | | | X | |
| China | X | X | X | X | | | | | X | | | | |
| Côte d'Ivoire | X | X | X | X | | | | | X | | | | |
| Ecuador | X | X | X | X | | | | | X | | | | |
| Georgien | X | X | X | X | X | | | | | | | | DBA UdSSR[3] gilt fort |
| Indien | X | X | X | X | | | | | X | | | | |
| Indonesien | X | X | X | X | | | | | | | | X | |
| Iran, Islam. Rep. | X | X | X | X | | | | | | | | X | |
| Israel | X | X | X | X | | | | | | | | X | |
| Jamaika | X | X | X | X | | | | | | | | X | |
| Japan | X | X | X | X | | | | | | | | X | |
| Kenia | X | X | X | X | | | | | | | | X | |
| Kirgisistan | X | X | X | X | X | | | | | | | | DBA UdSSR[3] gilt fort |
| Kroatien | X | X | X | X | | | | | | | | X | DBA SFRJ[4] gilt fort |
| Kuwait | X | X | X | X | | | | | X | | | | |
| Malaysia | X | X | X | X | | | | | | | | X | |
| Marokko | X | X | X | X | | | | | | | | X | |
| Mauritius | X | X | X | X | | | | | | | | X | |
| Mazedonien | X | X | X | X | | | | | | | | X | DBA SFRJ[4] gilt fort |
| Mexiko | X | X | X | X | | | | | X | | | | |
| Moldau | X | X | X | X | X | | | | | | | | DBA UdSSR[3] gilt fort |
| Mongolei | X | X | X | X | | | | | X | | | | |
| Namibia | X | X | X | X | | | | | X | | | | |
| Pakistan | X | X | X | | | | | | | | | X | |
| Philippinen | X | X | X | X | | | | | | | | X | |
| Sambia | X | X | X | X | | | | | | | | X | |
| Schweiz | X | X | X | X | X | X | | | | | | X | |
| Serbien und Montenegro | X | X | X | X | | | | | | | | X | bis 3.2.2003: Bundesrepublik Jugoslawien; DBA SFRJ[4] gilt fort |
| Simbabwe | X | X | X | X | | | | | X | | | | |
| Singapur | X | X | X | X | | | | | | | X | | |
| Sri Lanka | X | X | X | X | | | | | X | | | | |
| Südafrika | X | X | X | | | | | | | | | X | |
| Thailand | X | X | X | X | | | | | | | | X | |
| Trinidad und Tobago | X | X | X | | | | | | | | | | |
| Tunesien | X | X | X | X | | | | | | | | X | |
| Turkmenistan | X | X | X | X | X | | | | | | | | DBA UdSSR[3] gilt fort (einseitige Vermutung) |
| Ukraine | X | X | X | X | | | | | X | | | | |
| Uruguay | X | X | X | X | | | | | X | | | | |
| Venezuela | X | X | X | X | | | | | X | | | | |
| Vereinigte Arabische Emirate | X | X | X | X | | | | | X | | | | |
| Vietnam | X | X | X | X | | | | | X | | | | |

[1] Versicherungsteuer/Feuerschutzsteuer
[2] gekündigt mit Wirkung zum 1. Januar 2006
[3] DBA UdSSR (1981) Artikel 21, Austausch von Informationen: Die zuständigen Behörden der Vertragsstaaten teilen einander die in ihren Steuergesetzen eingetretenen Änderungen, soweit erforderlich, mit.
[4] Sozialistische Föderative Republik Jugoslawien (SFRJ)

## 6.5.2 Abkommen auf dem Gebiet der Amts- und Rechtshilfe[1]
### 6.5.2.1 Geltende Abkommen

| Abkommen | | Fundstelle | | | | Inkrafttreten | | | | Anwendung |
|---|---|---|---|---|---|---|---|---|---|---|
| | | BGBl. II | | BStBl I | | BGBl. II | | BStBl I | | grundsätzlich |
| mit | vom | Jg. | S. | Jg. | S. | Jg. | S. | Jg. | S. | ab |
| **1. Abkommen auf dem Gebiet der Steuern vom Einkommen und vom Vermögen** | | | | | | | | | | |
| Ägypten | 08.12.1987 | 1990 | 278 | 1990 | 280 | 1991 | 1.042 | 1992 | 7 | 01.01.1992 |
| Argentinien | 13.07.1978/ | 1979 | 585 | 1979 | 326 | 1979 | 1.332 | 1980 | 51 | 01.01.1976 |
| | 16.09.1996 | 1998 | 18 | 1998 | 187 | 2001 | 694 | 2001 | 540 | 01.01.1996 |
| Armenien | 24.11.1981 | 1983 | 2 | 1983 | 90 | 1983 | 427 | 1983 | 352 | 01.01.1980 |
| (DBA mit UdSSR gilt fort, BGBl. 93 II S. 169) | | | | | | | | | | |
| Aserbaidschan | 25.08.2004 | 2005 | 1.146 | | | | | | | 01.01.2006 |
| (In Kraft getreten am 28. Dezember 2005) | | | | | | | | | | |
| Australien | 24.11.1972 | 1974 | 337 | 1974 | 423 | 1975 | 216 | 1975 | 386 | 01.01.1971 |
| Bangladesch[1] | 29.05.1990 | 1991 | 1.410 | 1992 | 34 | 1993 | 847 | 1993 | 466 | 01.01.1990 |
| Belarus (Weißrussland) | 24.11.1981 | 1983 | 2 | 1983 | 90 | 1983 | 427 | 1983 | 352 | 01.01.1980 |
| (DBA mit UdSSR gilt fort, BGBl. 94 II S. 2.533) | | | | | | | | | | |
| Belgien | 11.04.1967/ | 1969 | 17 | 1969 | 38 | 1969 | 1.465 | 1969 | 468 | 01.01.1966 |
| | 05.11.2002 | 2003 | 1.615 | 2005 | 346 | 2003 | 1.744 | 2005 | 348 | 01.01.2004 |
| Bolivien | 30.09.1992 | 1994 | 1.086 | 1994 | 575 | 1995 | 907 | 1995 | 758 | 01.01.1991 |
| Bosnien und Herzegowina | 26.03.1987 | 1988 | 744 | 1988 | 372 | 1988 | 1.179 | 1989 | 35 | 01.01.1989 |
| (DBA mit SFR Jugoslawien gilt fort, BGBl. 92 II S. 1.196) | | | | | | | | | | |
| Brasilien | 27.06.1975 | 1975 | 2.245 | 1976 | 47 | 1976 | 200 | 1976 | 86 | 01.01.1975 |
| (Kündigung vom 7. April 2005) | | | | | | | | | | |
| Bulgarien | 02.06.1987 | 1988 | 770 | 1988 | 389 | 1988 | 1.179 | 1989 | 34 | 01.01.1989 |
| China | 10.06.1985 | 1986 | 446 | 1986 | 329 | 1986 | 731 | 1986 | 339 | 01.01.1985 |
| (ohne Hongkong und Macau) | | | | | | | | | | |
| Côte d'Ivoire | 03.07.1979 | 1982 | 153 | 1982 | 357 | 1982 | 637 | 1982 | 628 | 01.01.1982 |
| Dänemark | 22.11.1995 | 1996 | 2.565 | 1996 | 1.219 | 1997 | 728 | 1997 | 624 | 01.01.1997 |
| Ecuador | 07.12.1982 | 1984 | 466 | 1984 | 339 | 1986 | 781 | 1986 | 358 | 01.01.1987 |
| Estland | 29.11.1996 | 1998 | 547 | 1998 | 543 | 1999 | 84 | 1999 | 269 | 01.01.1994 |
| Finnland | 05.07.1979 | 1981 | 1.164 | 1982 | 201 | 1982 | 577 | 1982 | 587 | 01.01.1981 |
| Frankreich | 21.07.1959/ | 1961 | 397 | 1961 | 342 | 1961 | 1.659 | 1961 | 712 | 01.01.1957 |
| | 09.06.1969/ | 1970 | 717 | 1970 | 900 | 1970 | 1.189 | 1970 | 1.072 | 01.01.1968 |
| | 28.09.1989/ | 1990 | 770 | 1990 | 413 | 1991 | 387 | 1991 | 93 | 01.01.1990 |
| | 20.12.2001 | 2002 | 2.370 | 2002 | 891 | 2003 | 542 | 2003 | 383 | 01.01.2002 |
| Georgien | 24.11.1981 | 1983 | 2 | 1983 | 90 | 1983 | 427 | 1983 | 352 | 01.01.1980 |
| (DBA mit UdSSR gilt fort, BGBl. 92 II S. 1.128) | | | | | | | | | | |
| Griechenland | 18.04.1966 | 1967 | 852 | 1967 | 50 | 1968 | 30 | 1968 | 296 | 01.01.1964 |
| Indien | 19.06.1995 | 1996 | 706 | 1996 | 599 | 1997 | 751 | 1997 | 363 | 01.01.1997 |
| Indonesien | 30.10.1990 | 1991 | 1.086 | 1991 | 1.001 | 1991 | 1.401 | 1992 | 186 | 01.01.1992 |
| Iran, Islamische Republik | 20.12.1968 | 1969 | 2.133 | 1970 | 768 | 1969 | 2.288 | 1970 | 777 | 01.01.1970 |
| | | | | | | 1970 | 282 | | | |
| Irland | 17.10.1962 | 1964 | 266 | 1964 | 320 | 1964 | 632 | 1964 | 366 | 01.01.1959 |
| Island | 18.03.1971 | 1973 | 357 | 1973 | 504 | 1973 | 1.567 | 1973 | 730 | 01.01.1968 |
| Israel | 09.07.1962/ | 1966 | 329 | 1966 | 700 | 1966 | 767 | 1966 | 946 | 01.01.1961 |
| | 20.07.1977 | 1979 | 181 | 1979 | 124 | 1979 | 1.031 | 1979 | 603 | 01.01.1970 |
| Italien | 18.10.1989 | 1990 | 742 | 1990 | 396 | 1993 | 59 | 1993 | 172 | 01.01.1993 |
| Jamaika | 08.10.1974 | 1976 | 1.194 | 1976 | 407 | 1976 | 1.703 | 1976 | 632 | 01.01.1973 |
| Japan | 22.04.1966/ | 1967 | 871 | 1967 | 58 | 1967 | 2.028 | 1967 | 336 | 01.01.1967 |
| | 17.04.1979/ | 1980 | 1.182 | 1980 | 649 | 1980 | 1.426 | 1980 | 772 | 01.01.1977 |
| | 17.02.1983 | 1984 | 194 | 1984 | 216 | 1984 | 567 | 1984 | 388 | 01.01.1981 |
| Kanada | 19.04.2001 | 2002 | 671 | 2002 | 505 | 2002 | 962 | 2002 | 521 | 01.01.2001 |
| Kasachstan | 26.11.1997 | 1998 | 1.592 | 1998 | 1.029 | 1999 | 86 | 1999 | 269 | 01.01.1996 |
| Kenia | 17.05.1977 | 1979 | 606 | 1979 | 337 | 1980 | 1.357 | 1980 | 792 | 01.01.1980 |
| Kirgisistan | 24.11.1981 | 1983 | 2 | 1983 | 90 | 1983 | 427 | 1983 | 352 | 01.01.1980 |
| (DBA mit UdSSR gilt fort, BGBl. 92 II S. 1.015) | | | | | | | | | | |
| Korea, Republik | 10.03.2000 | 2002 | 1.630 | 2003 | 24 | 2002 | 2.855 | 2003 | 36 | 01.01.2003 |
| Kroatien | 26.03.1987 | 1988 | 744 | 1988 | 372 | 1988 | 1.179 | 1989 | 35 | 01.01.1989 |
| (DBA mit SFR Jugoslawien gilt fort, BGBl. 92 II S. 1.146) | | | | | | | | | | |
| Kuwait | 04.12.1987 | 1989 | 354 | 1989 | 150 | 1989 | 637 | 1989 | 268 | 01.01.84 – 31.12.97 |
| | 18.05.1999 | 2000 | 390 | 2000 | 439 | 2000 | 1.156 | 2000 | 1.383 | 01.01.1998 |
| Lettland | 21.02.1997 | 1998 | 330 | 1998 | 531 | 1998 | 2.630 | 1998 | 1.219 | 01.01.1996 |
| Liberia | 25.11.1970 | 1973 | 1.285 | 1973 | 615 | 1975 | 916 | 1975 | 943 | 01.01.1970 |
| Litauen | 22.07.1997 | 1998 | 1.571 | 1998 | 1.016 | 1998 | 2.962 | 1999 | 121 | 01.01.1995 |
| Luxemburg | 23.08.1958/ | 1959 | 1.269 | 1959 | 1.022 | 1960 | 1.532 | 1960 | 398 | 01.01.1957 |
| | 15.06.1973 | 1978 | 109 | 1978 | 72 | 1978 | 1.396 | 1979 | 83 | 01.01.1971 |
| Malaysia | 08.04.1977 | 1978 | 925 | 1978 | 324 | 1979 | 288 | 1979 | 196 | 01.01.1971 |
| Malta | 08.03.2001 | 2001 | 1.297 | 2002 | 76 | 2002 | 320 | 2002 | 240 | 01.01.2002 |
| Marokko | 07.06.1972 | 1974 | 21 | 1974 | 59 | 1974 | 1.325 | 1974 | 1.009 | 01.01.1974 |
| Mauritius | 15.03.1978 | 1980 | 1.261 | 1980 | 667 | 1981 | 8 | 1981 | 34 | 01.01.1979 |

[1] Gilt nicht für die VSt

---

1 Quelle: BMF-Schreiben vom 11.1.2006, nach dem Stand vom 1.1.2006, BStBl 2006 I S. 85.

# 6. Internationale Amts- und Rechtshilfe

| Abkommen mit | vom | Fundstelle BGBl. II Jg. | S. | Fundstelle BStBl I Jg. | S. | Inkrafttreten BGBl. II Jg. | S. | Inkrafttreten BStBl I Jg. | S. | Anwendung grundsätzlich ab |
|---|---|---|---|---|---|---|---|---|---|---|
| (noch 1. Abkommen auf dem Gebiet der Steuern vom Einkommen und vom Vermögen) | | | | | | | | | | |
| Mazedonien | 26.03.1987 | 1988 | 744 | 1988 | 372 | 1988 | 1.179 | 1989 | 35 | 01.01.1989 |
| (DBA mit SFR Jugoslawien gilt fort, BGBl. 94 II S. 326) | | | | | | | | | | |
| Mexiko | 23.02.1993 | 1993 | 1.966 | 1993 | 964 | 1994 | 617 | 1994 | 310 | 01.01.1994 |
| Moldau, Republik | 24.11.1981 | 1983 | 2 | 1983 | 90 | 1983 | 427 | 1983 | 352 | 01.01.1980 |
| (DBA mit UdSSR gilt fort, BGBl. 96 II S. 768) | | | | | | | | | | |
| Mongolei | 22.08.1994 | 1995 | 818 | 1995 | 607 | 1996 | 1.220 | 1996 | 1.135 | 01.01.1997 |
| Namibia | 02.12.1993 | 1994 | 1.262 | 1994 | 673 | 1995 | 770 | 1995 | 678 | 01.01.1993 |
| Neuseeland | 20.10.1978 | 1980 | 1.222 | 1980 | 654 | 1980 | 1.485 | 1980 | 787 | 01.01.1978 |
| Niederlande | 16.06.1959/ | 1960 | 1.781 | 1960 | 381 | 1960 | 2.216 | 1960 | 626 | 01.01.1956 |
|  | 13.03.1980/ | 1980 | 1.150 | 1980 | 646 | 1980 | 1.486 | 1980 | 787 | 01.01.1979 |
|  | 21.05.1991/ | 1991 | 1.428 | 1992 | 94 | 1992 | 170 | 1992 | 382 | 21.02.1992 |
|  | 04.06.2004 | 2004 | 1.653 | 2005 | 364 | 2005 | 101 | 2005 | 368 | 01.01.2005 |
| Norwegen | 04.10.1991 | 1993 | 970 | 1993 | 655 | 1993 | 1.895 | 1993 | 926 | 01.01.1991 |
| Österreich | 24.08.2000 | 2002 | 734 | 2002 | 584 | 2002 | 2.435 | 2002 | 958 | 01.01.2003 |
| Pakistan[2] | 14.07.1994 | 1995 | 836 | 1995 | 617 | 1996 | 467 | 1996 | 445 | 01.01.1995 |
| Philippinen | 22.07.1983 | 1984 | 878 | 1984 | 544 | 1984 | 1.008 | 1984 | 612 | 01.01.1985 |
| Polen | 14.05.2003 | 2004 | 1.304 | 2005 | 349 | 2005 | 55 | 2005 | 363 | 01.01.2005 |
| Portugal | 15.07.1980 | 1982 | 129 | 1982 | 347 | 1982 | 861 | 1982 | 763 | 01.01.1983 |
| Rumänien | 04.07.2001 | 2003 | 1.594 | 2004 | 273 | 2004 | 102 | 2004 | 286 | 01.01.2004 |
| Russische Föderation | 29.05.1996 | 1996 | 2.710 | 1996 | 1.490 | 1997 | 752 | 1997 | 363 | 01.01.1997 |
| Sambia | 30.05.1973 | 1975 | 661 | 1975 | 688 | 1975 | 2.204 | 1976 | 7 | 01.01.1971 |
| Schweden | 14.07.1992 | 1994 | 686 | 1994 | 422 | 1995 | 29 | 1995 | 88 | 01.01.1995 |
| Schweiz | 11.08.1971/ | 1972 | 1.021 | 1972 | 518 | 1973 | 74 | 1973 | 61 | 01.01.1972 |
|  | 30.11.1978/ | 1980 | 751 | 1980 | 398 | 1980 | 1.281 | 1980 | 678 | 01.01.1977 |
|  | 17.10.1989/ | 1990 | 766 | 1990 | 409 | 1990 | 1.698 | 1991 | 93 | 01.01.1990 |
|  | 21.12.1992/ | 1993 | 1.886 | 1993 | 927 | 1994 | 21 | 1994 | 110 | 01.01.1993 |
|  | 12.03.2002 | 2003 | 67 | 2003 | 165 | 2003 | 436 | 2003 | 329 | 01.01.02/01.01.04 |
| Serbien und Montenegro | 26.03.1987 | 1988 | 744 | 1988 | 372 | 1988 | 1.179 | 1989 | 35 | 01.01.1989 |
| (Namensänderung; ehem. Bundesrepublik Jugoslawien) | | | | | | | | | | |
| (DBA mit SFR Jugoslawien gilt fort, BGBl. 97 II S. 961) | | | | | | | | | | |
| Simbabwe | 22.04.1988 | 1989 | 713 | 1989 | 310 | 1990 | 244 | 1990 | 178 | 01.01.1987 |
| Singapur | 19.02.1972 | 1973 | 373 | 1973 | 513 | 1973 | 1.528 | 1973 | 688 | 01.01.1968 |
| Slowakei | 19.12.1980 | 1982 | 1.022 | 1982 | 904 | 1983 | 692 | 1983 | 486 | 01.01.1984 |
| (DBA mit Tschechoslowakei gilt fort, BGBl. 93 II S. 762) | | | | | | | | | | |
| Slowenien | 26.03.1987 | 1988 | 744 | 1988 | 372 | 1988 | 1.179 | 1989 | 35 | 01.01.1988 |
| (DBA mit SFR Jugoslawien gilt fort, BGBl. 93 II S. 1.261) | | | | | | | | | | |
| Spanien | 05.12.1966 | 1968 | 9 | 1968 | 296 | 1968 | 140 | 1968 | 544 | 01.01.1968 |
| Sri Lanka | 13.09.1979 | 1981 | 630 | 1981 | 610 | 1982 | 185 | 1982 | 373 | 01.01.1983 |
| Südafrika | 25.01.1973 | 1974 | 1.185 | 1974 | 850 | 1975 | 440 | 1975 | 640 | 01.01.1965 |
| Tadschikistan | 27.03.2003 | 2004 | 1.034 | 2005 | 349 | 2004 | 1.565 | 2005 | 363 | 01.01.2005 |
| Thailand | 10.07.1967 | 1968 | 589 | 1968 | 1.046 | 1968 | 1.104 | 1969 | 18 | 01.01.1967 |
| Trinidad und Tobago | 04.04.1973 | 1975 | 679 | 1975 | 697 | 1977 | 263 | 1977 | 192 | 01.01.1972 |
| Tschechien | 19.12.1980 | 1982 | 1.022 | 1982 | 904 | 1983 | 692 | 1983 | 486 | 01.01.1984 |
| (DBA mit Tschechoslowakei gilt fort, BGBl. 93 II S. 762) | | | | | | | | | | |
| Tunesien | 16.04.1985 | 1989 | 866 | 1989 | 471 | 1989 | 1.066 | 1989 | 482 | 01.01.1990 |
| Turkmenistan | 23.12.1975 | 1976 | 1.653 | 1976 | 498 | 1976 | 1.927 | 1977 | 4 | 01.01.1976 |
|  | 24.11.1981 | 1983 | 2 | 1983 | 90 | 1983 | 427 | 1983 | 352 | 01.01.1980 |
| (DBA mit UdSSR gilt fort. Bericht der Botschaft Aschgabat vom 11. August 1999 – Nr. 377/99) | | | | | | | | | | |
| Ukraine | 03.07.1995 | 1996 | 498 | 1996 | 675 | 1996 | 2.609 | 1996 | 1.421 | 01.01.1997 |
| Ungarn | 18.07.1977 | 1979 | 626 | 1979 | 348 | 1979 | 1.031 | 1979 | 602 | 01.01.1980 |
| Uruguay | 05.05.1987 | 1988 | 1.060 | 1988 | 531 | 1990 | 740 | 1990 | 365 | 01.01.1991 |
| Usbekistan | 07.09.1999 | 2001 | 978 | 2001 | 765 | 2002 | 269 | 2002 | 239 | 01.01.2002 |
| Venezuela | 08.02.1995 | 1996 | 727 | 1996 | 611 | 1997 | 1.809 | 1997 | 938 | 01.01.1997 |
| Vereinigte Arab. Emirate | 09.04.1995 | 1996 | 518 | 1996 | 588 | 1996 | 1.221 | 1996 | 1.135 | 01.01.1992 |
| Vereinigtes Königreich | 26.11.1964/ | 1966 | 358 | 1966 | 729 | 1967 | 828 | 1967 | 40 | 01.01.1960 |
|  | 23.03.1970 | 1971 | 45 | 1971 | 139 | 1971 | 841 | 1971 | 340 | 30.05.1971 |
| Vereinigte Staaten | 29.08.1989 | 1991 | 354 | 1991 | 94 | 1992 | 235 | 1992 | 262 | 01.01.1990 |
| Vietnam | 16.11.1995 | 1996 | 2.622 | 1996 | 1.422 | 1997 | 752 | 1997 | 364 | 01.01.1997 |
| Zypern | 09.05.1974 | 1977 | 488 | 1977 | 340 | 1977 | 1.204 | 1977 | 618 | 01.01.1970 |

---

[2] Gilt nicht für die VSt

| Abkommen mit | vom | Fundstelle BGBl. II | | BStBl I | | Inkrafttreten BGBl. II | | BStBl I | | Anwendung grundsätzlich ab |
|---|---|---|---|---|---|---|---|---|---|---|
| | | Jg. | S. | Jg. | S. | Jg. | S. | Jg. | S. | |
| **2. Abkommen auf dem Gebiet der Erbschaft- und Schenkungsteuern** | | | | | | | | | | |
| Dänemark[3] | 22.11.1995 | 1996 | 2.565 | 1996 | 1.219 | 1997 | 728 | 1997 | 624 | 01.01.1997 |
| Griechenland | 18.11.1910/ 01.12.1910 | 1912 | 173[4] | – | – | 1953 | 525 | 1953 | 377 | 01.01.1953 |
| Österreich | 04.10.1954/ 15.10.2003 | 1955 2004 | 755 883 | 1955 2004 | 375 714 | 1955 2004 | 891 1.482 | 1955 2004 | 557 1.029 | 08.09.1955 01.01.2003 |
| Schweden[3] | 14.07.1992 | 1994 | 686 | 1994 | 422 | 1995 | 29 | 1995 | 88 | 01.01.1995 |
| Schweiz | 30.11.1978 | 1980 | 594 | 1980 | 243 | 1980 | 1.341 | 1980 | 786 | 28.09.1980 |
| Vereinigte Staaten | 03.12.1980/ 14.12.1998 | 1982 2000 | 847 1.170 | 1982 2001 | 765 110 | 1986 2001 | 860 62 | 1986 2001 | 478 114 | 01.01.1979 15.12.2000 |

**3. Sonderabkommen betreffend Einkünfte und Vermögen von Schiffahrt (S)- und Luftfahrt (L)-Unternehmen[5]**

| | | | | | | | | | | |
|---|---|---|---|---|---|---|---|---|---|---|
| Brasilien (L) (Protokoll) | 17.08.1950 | 1951 | 11 | – | – | 1952 | 604 | – | – | 10.05.1952 |
| Chile (S) (Handelsvertrag) | 02.02.1951 | 1952 | 325 | – | – | 1953 | 128 | – | – | 08.01.1952 |
| China (S) (Seeverkehrsvertrag) | 31.10.1975 | 1976 | 1.521 | 1976 | 496 | 1977 | 428 | 1977 | 452 | 29.03.1977 |
| Hongkong (L) | 08.05.1997 | 1998 | 2.064 | 1998 | 1.156 | 1999 | 26 | 2000 | 1.554 | 01.01.1998 |
| Jugoslawien (S) | 26.06.1954 | 1959 | 735 | – | – | 1959 | 1.259 | – | – | 23.10.1959 |
| Kolumbien (S, L) | 10.09.1965 | 1967 | 762 | 1967 | 24 | 1971 | 855 | 1971 | 340 | 01.01.1962 |
| Paraguay (L) | 27.01.1983 | 1984 | 644 | 1984 | 456 | 1985 | 623 | 1985 | 222 | 01.01.1979 |
| Venezuela (S, L) | 23.11.1987 | 1989 | 373 | 1989 | 161 | 1989 | 1.065 | 1990 | 2 | 01.01.1990 |

**4. Abkommen auf dem Gebiet der Rechts- und Amtshilfe**

| | | | | | | | | | | |
|---|---|---|---|---|---|---|---|---|---|---|
| Belgien[3] | 11.04.1967 | 1969 | 17 | 1969 | 38 | 1969 | 1.465 | 1969 | 468 | 01.01.1966 |
| Dänemark[3] | 22.11.1995 | 1996 | 2.565 | 1996 | 1.219 | 1997 | 728 | 1997 | 624 | 01.01.1997 |
| Finnland | 25.09.1935 | 1936 | 37[4] | 1936 | 94[4] | 1954 | 740 | 1954 | 404 | 01.01.1936 |
| Frankreich[3] | 21.07.1959 | 1961 | 397 | 1961 | 342 | 1961 | 1.659 | 1961 | 712 | 01.01.1957 |
| Italien | 09.06.1938 | 1939 | 124[4] | 1939 | 377[4] | 1956 | 2.154 | 1957 | 142 | 23.01.1939 |
| Luxemburg[3] | 23.08.1958 | 1959 | 1.269 | 1959 | 1.022 | 1960 | 1.532 | 1960 | 398 | 01.01.1957 |
| Niederlande | 21.05.1999 | 2001 | 2 | 2001 | 66 | 2001 | 691 | 2001 | 539 | 23.06.2001 |
| Norwegen[3] | 04.10.1991 | 1993 | 970 | 1993 | 655 | 1993 | 1.895 | 1993 | 926 | 01.01.1991 |
| Österreich | 04.10.1954 | 1955 | 833 | 1955 | 434 | 1955 | 926 | 1955 | 743 | 26.11.1955 |
| Schweden[3] | 14.07.1992 | 1994 | 686 | 1994 | 422 | 1995 | 29 | 1995 | 88 | 01.01.1995 |

---

[3] Die Erbschaftsteuer bzw. Vorschriften zur Rechts- und Amtshilfe sind in den unter I.1. bzw. II.1 aufgeführten Abkommen enthalten.
[4] Angabe bezieht sich auf RGBl bzw. RStBl.
[5] Siehe auch Bekanntmachungen über die Steuerbefreiungen nach § 49 Abs. 4 EStG (und § 2 Abs. 3 VStG):
Äthiopien L (BStBl 1962 I S. 536), Libanon S, L (BStBl 1959 I S. 198),
Afghanistan L (BStBl 1964 I S. 411), Litauen L (BStBl 1995 I S. 416),
Bangladesch L (BStBl 1996 I S. 643), Papua-Neuguinea L (BStBl 1989 I S. 115),
Brunei Darussalam L (BStBl 2005 I S. 962), Seychellen L (BStBl 1998 I S. 582),
Chile L (BStBl 1977 I S. 350), Sudan L (BStBl 1983 I S. 370),
China L (BStBl 1980 I S. 284), Syrien, Arabische Republik S, L (BStBl 1974 I S. 510),
Ghana S, L (BStBl 1985 I S. 222), Taiwan S (BStBl 1988 I S. 423) und
Irak S, L (BStBl 1972 I S. 490), Zaire S, L (BStBl 1990 I S. 178).
Jordanien L (BStBl 1976 I S. 278),
Katar L (BStBl 2006 I S. 3) - anzuwenden ab 1. Januar 2001 -

# 6. Internationale Amts- und Rechtshilfe

| Abkommen mit | vom | Fundstelle BGBl. II Jg. | S. | BStBl I Jg. | S. | Inkrafttreten BGBl. II Jg. | S. | BStBl I Jg. | S. | Anwendung grundsätzlich ab |
|---|---|---|---|---|---|---|---|---|---|---|
| **5. Abkommen auf dem Gebiet der Kraftfahrzeugsteuer** | | | | | | | | | | |
| Armenien | 21.02.1980 | 1980 | 890 | 1980 | 467 | 1980 | 1.484 | 1980 | 789 | 30.11.1980 |
| (DBA mit UdSSR gilt fort, BGBl. 93 II S. 169) | | | | | | | | | | |
| Aserbaidschan | 21.02.1980 | 1980 | 890 | 1980 | 467 | 1980 | 1.484 | 1980 | 789 | 30.11.1980 |
| (DBA mit UdSSR gilt fort, BGBl. 96 II S. 2.471) | | | | | | | | | | |
| Belarus (Weißrussland) | 21.02.1980 | 1980 | 890 | 1980 | 467 | 1980 | 1.484 | 1980 | 789 | 30.11.1980 |
| (DBA mit UdSSR gilt fort, BGBl. 94 II S. 2.533) | | | | | | | | | | |
| Belgien[6] | 17.12.1964 | 1966 | 1.508 | 1966 | 954 | 1967 | 1.748 | – | – | 01.04.1967 |
| Bulgarien | 12.02.1980 | 1980 | 888 | 1980 | 465 | 1980 | 1.488 | 1980 | 789 | 25.10.1980 |
| Dänemark[6] | 19.07.1931/25.07.1931 | – | – | 1931 | 562[7] | – | – | 1954[8] | | 01.11.1953 |
| Finnland[6] | 31.03.1978 | 1979 | 1.317 | 1980 | 64 | 1980 | 212 | 1980 | 788 | 01.03.1980 |
| Frankreich[6] | 03.11.1969 | 1970 | 1.317 | 1971 | 82 | 1971 | 206 | 1971 | 305 | 01.02.1971 |
| Georgien | 21.02.1980 | 1980 | 890 | 1980 | 467 | 1980 | 1.484 | 1980 | 789 | 30.11.1980 |
| (DBA mit UdSSR gilt fort, BGBl. 92 II S. 1.128) | | | | | | | | | | |
| Griechenland[6] | 21.09.1977 | 1979 | 406 | 1979 | 310 | 1979 | 1.049 | 1980 | 63 | 01.08.1979 |
| Iran, Islamische Republik | 17.03.1992 | 1993 | 914 | 1993 | 640 | 1995 | 992 | 1995 | 820 | 12.08.1995 |
| Irland[6] | 10.12.1976 | 1978 | 1.009 | 1978 | 344 | 1978 | 1.264 | 1978 | 460 | 01.10.1978 |
| Israel | 02.12.1983 | 1984 | 964 | 1984 | 615 | 1987 | 186 | 1987 | 374 | 01.02.1987 |
| Italien[6] | 18.02.1976 | 1978 | 1.005 | 1978 | 341 | 1979 | 912 | 1980 | 63 | 04.01.1979 |
| Kasachstan | 21.02.1980 | 1980 | 890 | 1980 | 467 | 1980 | 1.484 | 1980 | 789 | 30.11.1980 |
| (DBA mit UdSSR gilt fort, BGBl. 92 II S. 1.120) | | | | | | | | | | |
| Kirgisistan | 21.02.1980 | 1980 | 890 | 1980 | 467 | 1980 | 1.484 | 1980 | 789 | 30.11.1980 |
| (DBA mit UdSSR gilt fort, BGBl. 92 II S. 1.015) | | | | | | | | | | |
| Kroatien | 09.12.1996 | 1998 | 182 | 1998 | 160 | 1998 | 2.373 | 1998 | 1.426 | 25.06.1998 |
| Lettland[9] | 21.02.1997 | 1998 | 958 | 1998 | 624 | 1998 | 2.947 | 1999 | 164 | 22.10.1998 |
| Liechtenstein | 29.01.1934/27.02.1934 | – | – | 1934 | 288[7] | – | – | 1934 | 288[7] | 01.04.1934 |
| Luxemburg[6] | 31.01.1930/11.03.1930 | – | – | 1930 | 454[7] | – | – | 1930 | 454[7] | 01.04.1930 |
| Moldau, Republik | 21.02.1980 | 1980 | 890 | 1980 | 467 | 1980 | 1.484 | 1980 | 789 | 30.11.1980 |
| (DBA mit UdSSR gilt fort, BGBl. 96 II S. 788) | | | | | | | | | | |
| Niederlande[6] | 31.01/23.04/19.05.1930 | – | – | 1930 | 454[7] | – | – | 1930 | 454[7] | 01.06.1930 |
| Norwegen | 11.11.1983 | 1984 | 674 | 1984 | 486 | 1984 | 1.047 | 1985 | 125 | 01.11.1984 |
| Österreich[6] | 18.11.1969 | 1970 | 1.320 | 1971 | 85 | 1971 | 215 | 1971 | 305 | 16.04.1971 |
| Polen | 19.07.1976 | 1978 | 1.012 | 1978 | 346 | 1978 | 1.328 | 1978 | 589 | 07.10.1978 |
| Portugal[6] | 24.07.1979 | 1980 | 886 | 1980 | 463 | 1982 | 1.186 | 1983 | 17 | 01.01.1983 |
| Rumänien[9] | 31.10.1973 | 1975 | 453 | 1975 | 621 | 1975 | 1.137 | – | – | 01.07.1975 |
| Russische Föderation | 21.02.1980 | 1980 | 890 | 1980 | 467 | 1980 | 1.484 | 1980 | 789 | 30.11.1980 |
| (DBA mit UdSSR gilt fort, BGBl. 92 II S. 1.016) | | | | | | | | | | |
| San Marino | 06.05.1986 | 1987 | 339 | 1987 | 465 | 1990 | 14 | 1990 | 56 | 01.10.1987 |
| Schweden[6] | 15.07.1977 | 1979 | 409 | 1979 | 308 | 1979 | 1.140 | 1980 | 63 | 01.09.1979 |
| Schweiz[10] | 20.06.1928 | – | – | 1930 | 563[7] | – | – | 1930 | 563[7] | 15.07.1928 |
| Slowakei | 08.02.1990 | 1991 | 662 | 1991 | 508 | 1992 | 594 | 1992 | 454 | 27.05.1992 |
| (DBA mit Tschechoslowakei gilt fort, BGBl. 93 II S. 782) | | | | | | | | | | |
| Spanien[6] | 08.03.1979 | 1979 | 1.320 | 1980 | 66 | 1980 | 900 | 1980 | 788 | 01.06.1980 |
| Tadschikistan | 21.02.1980 | 1980 | 890 | 1980 | 467 | 1980 | 1.484 | 1980 | 789 | 30.11.1980 |
| (DBA mit UdSSR gilt fort, BGBl. 95 II S. 255) | | | | | | | | | | |
| Türkei | 30.05.1983 | 1984 | 594 | 1984 | 414 | 1985 | 55 | 1985 | 12 | 01.11.1984 |
| Tunesien | 30.03.1984 | 1984 | 962 | 1984 | 613 | 1986 | 675 | 1986 | 319 | 01.05.1986 |
| Ukraine | 21.02.1980 | 1980 | 890 | 1980 | 467 | 1980 | 1.484 | 1980 | 789 | 30.11.1980 |
| (DBA mit UdSSR gilt fort, BGBl. 93 II S. 1.189) | | | | | | | | | | |
| Ungarn[9] | 12.02.1981 | 1982 | 291 | 1982 | 393 | 1982 | 640 | 1982 | 630 | 11.06.1982 |
| Usbekistan | 21.02.1980 | 1980 | 890 | 1980 | 467 | 1980 | 1.484 | 1980 | 789 | 30.11.1980 |
| (DBA mit UdSSR gilt fort, BGBl. 95 II S. 205) | | | | | | | | | | |
| Vereinigtes Königreich[6] | 05.11.1971 | 1973 | 340 | 1973 | 495 | 1975 | 1.437 | – | – | 01.09.1973 |
| Zypern | 22.04.1980 | 1981 | 1.018 | 1981 | 742 | 1982 | 176 | 1982 | 376 | 01.02.1982 |

---

[6] Siehe auch Artikel 5 der Richtlinie 1999/62/EG vom 17.06.1999 (ABl. EG L 187 S. 42) i.V.m. § 1 Abs. 1 Nr. 2 KraftStG (BGBl. I 2002 S. 3819) und Richtlinie 83/182/EWG vom 28.03.1983 (ABl. EG L 105 S. 59) i.V.m. § 3 Nr. 13 KraftStG.
[7] Angabe bezieht sich auf RGBl bzw. RStBl.
[8] Bundesanzeiger Nr. 123 vom 01.07.1954 S. 2.
[9] Siehe auch Interbus-Übereinkommen, welches bis 30. Juni 2001 zur Unterzeichnung auflag (ABl. EG 2002 L 321 S. 11, 44); gilt ab 1. Januar 2003 zugleich für Litauen und Slowenien.
[10] Siehe auch Verordnungen über die kraftfahrzeugsteuerliche Behandlung von schweizerischen Straßenfahrzeugen im grenzüberschreitenden Verkehr vom 27.03.1985 (BGBl. I S. 615) und vom 18.05.1994 (BGBl. I S. 1076).

## 6.5.2.2 Künftige Abkommen und laufende Verhandlungen

| Abkommen mit[11] | Art des Abkom- | Sachstand[12] | Geltung für Veranlagungs- steuern[13] ab | Geltung für Abzug- steuern[14] ab | Bemerkungen |
|---|---|---|---|---|---|
| **1. Abkommen auf dem Gebiet der Steuern vom Einkommen und vom Vermögen** | | | | | |
| Ägypten | R-A | P: 01.08.2005 | KR | KR | |
| Algerien | A | P: 27.08.2005 | KR | KR | |
| Australien | R-A | V: | | | |
| Belarus (Weißrussland) | A | U: 30.09.2005 | KR | KR | |
| Frankreich | E-P | V: | | | |
| Georgien | A | V: | – | – | |
| Ghana | A | U: 12.08.2004 | | | |
| Iran | R-A | V: | | | |
| Island | R-A | P: 06.07.2005 | – | – | |
| Kirgisistan | A | U: 01.12.2005 | – | – | |
| Kroatien | A | P: 01.07.1999 | KR | KR | |
| Malaysia | R-A | P: 08.07.2003 | – | – | |
| Mazedonien | A | P: 12.09.2002 | KR | KR | |
| Niederlande | R-A | V: | – | – | |
| Oman | A | P: 12.04.2002 | KR | KR | |
| Serbien und Montenegro | A | V: | | | |
| Singapur | R-A | U: 28.06.2004 | – | – | |
| Slowakei | R-A | P: 04.11.2004 | KR | KR | |
| Slowenien | R-A | P: 06.05.1999 | KR | KR | |
| Südafrika | R-A | P: 13.01.1998 | KR | KR | |
| Syrien | A | P: 26.04.2004 | KR | KR | |
| Thailand | R-A | V: | | | |
| Tschechien | R-A | V: | – | – | |
| Turkmenistan | A | V: | | | |
| Venezuela | R-P | V: | | | |
| Vereinigtes Königreich | R-A | V: | | | |
| Vereinigte Staaten | R-A | V: | | | |
| Zypern | R-A | V: | | | |
| **2. Abkommen auf dem Gebiet der Erbschaft- und Schenkungsteuern** | | | | | |
| Frankreich | | P: 06.01.2005 | | | |
| **3. Sonderabkommen betreffend Einkünfte und Vermögen von Schiffahrt (S)- und Luftfahrt (L)-Unternehmen** | | | | | |
| Algerien | A (L) | P: 10.04.1981 | 1969 (S, L)/ | – | |
| | A (S, L) | P: 27.01.1988 | 1988 (S) | | |
| Hongkong | A (S) | U: 13.01.2003 | 1998 (S) | – | Text: BGBl. 2004 II S. 34 |
| Jemen | A (L) | U: 03.03.2005 | 1982 | | |
| Oman | A (S, L) | P: 22.05.2000 | | – | |
| Saudi-Arabien | A (L) | P: 09.01.1996 | – | – | |
| **4. Abkommen auf dem Gebiet der Amtshilfe** | | | | | |
| Österreich | R-A | P: 25.09.2000 | KR | KR | |
| **5. Abkommen auf dem Gebiet der Kraftfahrzeugsteuer** | | | | | |
| Belarus (Weißrussland) | R-A | P: 10.10.2002 | – | – | |
| Marokko | A | V: | | | |
| Slowenien | A | V: | – | – | |

---

[11] A: Erstmaliges Abkommen
R-A: Revisionsabkommen als Ersatz eines bestehenden Abkommens
R-P: Revisionsprotokoll zu einem bestehenden Abkommen
E-P: Ergänzungsprotokoll zu einem bestehenden Abkommen
[12] V: Verhandlung
P: Paraphierung
U: Unterzeichnung hat stattgefunden, Gesetzgebungs- oder Ratifikationsverfahren noch nicht abgeschlossen
[13] Einkommen-, Körperschaft-, Gewerbe- und Vermögensteuer    KR: Keine Rückwirkung vorgesehen
[14] Abzugsteuern von Dividenden, Zinsen und Lizenzgebühren    KR: Keine Rückwirkung vorgesehen

## 7. Der Ermittlungsdienst OLAF gegen Steuerhinterzieher

Der Schutz der finanziellen Interessen der Gemeinschaft haben sich die EU-Finanzminister auf ihre Fahnen geschrieben und 1999 das Europäische Amt für Betrugsbekämpfung (OLAF) gegründet. OLAF ist ein unabhängiger Ermittlungsdienst der Europäischen Kommission, der die Aufgabe hat, Betrug im Zollbereich, die missbräuchliche Verwendung von Subventionen und Steuerhinterziehungen zu Lasten des Gemeinschaftshaushalts der EU zu verfolgen sowie Korruption und andere Straftaten, die den finanziellen Interessen der EU schaden, zu bekämpfen. Sicherlich steht der individuelle Steuerbürger mit Auslandskonten im Regelfall nicht im Focus dieser Behörde. Vielmehr geht es hier um Steuerbetrügereien im großen Stil, wie z.B. den Betrugsfällen im Zusammenhang mit Umsatzsteuerkarussellen.

Doch vereinzelt kann es auch sein, dass das Auslandskonto eines individuellen Steuerbürgers in einem signifikanten Betrugsfall als Transfer- oder Empfängerkonto diente und im Weg der europaweiten Kontenabfrage aufgedeckt werden konnte. Steuerbürger sollten daher die Existenz dieser Behörde im Hinterkopf behalten. Nähere Informationen unter http://europa.eu.int/comm/anti_fraud/index_de.html.

## 8. Die Informationszentrale Ausland im Bundeszentralamt für Steuern

Zum Aufgabenbereich des Bundeszentralamt für Steuern (BZSt) gehört es u.a. auch, Unterlagen über steuerliche Auslandsbeziehungen zu sammeln und auszuwerten. Diese Aufgabe fällt dem Geschäftsbereich „IZA" im Bundeszentralamt für Steuern zu. IZA steht für Informationszentrale für steuerliche Auslandsbeziehungen. Mit der Informationszentrale für steuerliche Auslandsbeziehungen werden die Finanzbehörden bei der Aufklärung von Sachverhalten bezogen auf alle Staaten der Welt unterstützt. Zum Aufgabenbereich der IZA gehört die Erforschung von Geschäftsbeziehungen mit Steueroasenländern oder ausländischen Scheinfirmen zur Gewinnverlagerung. Hierzu erfasst der Arbeitsbereich IZA alle sachdienlichen Informationen, die für die Tätigkeit der Steuerverwaltungen von Bund und Ländern von Bedeutung sein können. Die IZA sammelt und erteilt u.a. Informationen über:

- natürliche und juristische Personen im Ausland, insbesondere auch über ausländische Briefkastenfirmen (Domizil-, Sitz-, Offshore-Gesellschaften);
- die Rechtsprechung und Kommentierung zur steuerlichen Beurteilung der Beziehungen von Steuerinländern zu ausländischen Basis- oder Briefkastengesellschaften;
- Steueroasen- bzw. Niedrigsteuerländer;
- Vergleichswerte für Lizenzgebühren;
- Zinsdaten und Devisenkurse im Ausland.

Die IZA sammelt alle Informationen, analysiert und archiviert diese in verschiedenen Karteien, die den jeweils zuständigen Finanzämtern und auch der Steuerfahndung zugänglich sind. Die IZA unterstützt die zuständigen Finanzämter auch durch Hinweise auf bereits laufende oder abgeschlossene Verfahren, Parallelfälle und ähnliche Beobachtungen bei der steuerrechtlichen Beurteilung von Auslandssachverhalten.

Die IZA bietet folgende Leistungen an:

- Informationen über Rechtsträger im Ausland (z.B. Qualifizierung von Gesellschaften als Briefkastenfirmen) mit entsprechenden Hinweisen auf Rechtsprechung und Literatur zur steuerlichen Beurteilung des Sachverhalts; die Einschätzung der IZA wird durch Unterlagen belegt; ggf. werden von Steuerpflichtigen zum Zweck des Gegenbeweises vorgelegte Unterlagen überprüft;
- Überprüfung der Angemessenheit von Lizenzgebühren oder Zinsen;
- allgemeine Informationen zu wirtschaftlichen und steuerrechtlich relevanten Verhältnissen im Ausland, wie steuer-, handels-, gesellschafts- und registerrechtliche Gegebenheiten.

Im Informationszentrum „Steuern im In- und Ausland" werden darüber hinaus fachliche Informationen (internationale Vergleiche, Auskünfte und Stellungnahmen zu Steuerregelungen im Ausland usw.) für Gesetzgebungsvorhaben und andere Aufgaben des BMF beschafft.

Die IZA kann selbstverständlich nur dann umfassende Informationen anbieten, wenn sie von den Finanzbehörden des Bundes und der Länder laufend und vollständig über sachdienliche Beobachtungen und Feststellungen unterrichtet wird. Die Finanzämter melden der IZA u.a.

## 8. Die Informationszentrale Ausland

- Auslandssachverhalte, die nach § 138 Abs. 2 AO meldepflichtig sind,[1]
- juristische Personen mit Sitz in Steueroasenländern, die als beschränkt Steuerpflichtige aufgenommen werden sollen,
- Gesellschaftsbeziehungen zwischen Steuerinländern (auch juristische Personen) und Rechtsträgern aus Steueroasenländern, oder
- auffällige Rechtsbeziehungen mit Auslandsbezug.

Die Steuerfahndungs- und Außenprüfungsstellen melden Auslandssachverhalte, insbesondere i.V.m. natürlichen oder juristischen Personen in Steueroasenländern; u.a. auch aus dem eigenen Daten-Fundus heraus. Die Steuerfahndung verfügt darüber hinaus über ihre eigene Informationszentrale, der IZ-Steufa. Die Informationszentrale für den Steuerfahndungsdienst bearbeitet Fahndungsfälle, die von besonderer Bedeutung sind, archiviert die Daten und erteilt jedem Finanzamt Amtshilfe.

---

1 Vgl. oben Teil I Abschn. 2.2, Besondere Anzeige- und Mitwirkungspflichten bei internationalen Steuerfällen und bei Auslandsinvestitionen.

# Teil III: Jagd nach Steuersündern und die Bekämpfung schädlicher Steuerpraktiken durch die OECD

Bekämpfung schädlicher Steuerpraktiken durch die OECD (die Zahlen beziehen sich auf die nachfolgenden Abschnitte im Buch)

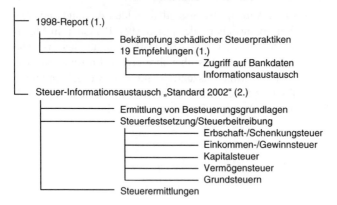

## 1. Allgemeines

Die zunehmende Liberalisierung der Finanzmärkte, welche im Mittelpunkt der Arbeit der Organisation für wirtschaftliche Zusammenarbeit und Entwicklung (OECD) steht, verbessert gleichzeitig auch die internationale Allokation von Spargeldern und Kapital und verringert die Kapitalkosten für Unternehmen. Sie erhöht damit auch die Gelegenheiten, Steuern zu vermeiden bzw. zu umgehen. Der potenzielle Einfluss dieser Entwicklung ist bedeutend. Die OECD schätzt, dass die direkten Investitionen der G7-Länder in einigen Inselstaaten in der Karibik und im Südpazifik, die normalerweise als Steueroasen gelten, sich zwischen 1985 und 1994 mehr als verfünffachten und auf über 200 Mrd. US-$ stiegen, ein Zuwachs, der weit über der gesamten Steigerungsrate der ausländischen Direktinvestitionen insgesamt liegt. In diesem neuen Umfeld entwickelten sich Steueroasen bzw. steuerneutrale Offshore-Finanzzentren, wobei der Begriff „Offshore" im Allgemeinen jenen Bereich bezeichnet, der sich außerhalb der eigenen Landesgrenzen bzw. der Hoheitsgewalt des Ansässigkeitsstaats befindet.[1]

---

[1] Mit Offshore ist in erster Linie gemeint, dass man sich außer Reichweite seines Herkunftslandes bezüglich dessen Steuermacht befindet.

## 1. Allgemeines

Erstmals im Mai 1996 forderten Vertreter der G7-Länder sowie diverser OECD-Staaten[1] die Organisation auf, Maßnahmen zu prüfen und auszuarbeiten, die den verzerrenden Effekt eines volkswirtschaftlich nachteiligen Steuerwettbewerbs (harmful tax competition) auf Investitions- und Finanzierungsentscheidungen sowie deren Auswirkungen auf die jeweiligen nationalen Steuerbemessungsgrundlagen entgegenwirken. In Antwort auf die Aufforderung der Minister begann der OECD-Ausschuss für Steuerfragen mit dem Projekt über volkswirtschaftlich nachteiligen Steuerwettbewerb. Ergebnis dieses Projekts war der sog. „1998-Report". Der 1998-Report gilt als Debüt für die Bekämpfung von schädlichem Steuerwettbewerb („harmful tax competition") und schädlicher Steuerpraktiken („harmful tax practices") der Organisation und legt in 19 umfassenden Empfehlungen Maßnahmen zur Vermeidung dieser Praktiken dar. Besonderes Augenmerk gilt hierbei der Intensivierung der internationalen Zusammenarbeit. Das Fehlen eines effektiven Informationsaustausches gilt als Hauptursache für schädlichen Steuerwettbewerb und das Gedeihen schädlicher Steuerpraktiken. Die für den Steuerbürger unter diesen 19 Empfehlungen delikatesten sind die Empfehlungen Nr. 7 und 8[2] sowie Nr. 12 und 13.[3] Sie zielen alle auf die Beseitigung existierender Bankgeheimnisse ab. Bankgeheimnisse, welche

---

1 OECD-Mitgliedsländer: Australien, Österreich, Belgien, Kanada, Tschechische Republik, Dänemark, Finnland, Frankreich Deutschland, Griechenland, Ungarn, Island, Irland, Japan, Korea, Luxemburg, Mexiko, Niederlande, Neuseeland, Norwegen, Polen, Portugal, Slowakische Republik, Spanien, Schweden, Schweiz, Türkei, Großbritannien, USA.

2 Empfehlung 7: Empfehlungen bezüglich des Zugriffs auf Bankdaten zu Steuerzwecken: Im Rahmen der Bekämpfung des volkswirtschaftlich nachteiligen Steuerwettbewerbs sollten die Länder ihre Gesetze, Bestimmungen und Praktiken, die sich auf den Zugriff auf Bankdaten beziehen, überprüfen, um den Steuerbehörden den Zugriff auf diese Daten zu ermöglichen und Hemmnisse abzuschaffen.
Empfehlung 8: Empfehlungen bezüglich umfassenderen und wirksameren Informationsaustausches: Die Länder sollten Maßnahmen zur Intensivierung des Austausches von Informationen über Transaktionen in Steueroasen und Steuervergünstigungen anbietenden Steuersystemen, die zu volkswirtschaftlich nachteiligem Steuerwettbewerb führen, ergreifen.

3 Empfehlung 12: Empfehlungen bezüglich Unterstützung bei der Eintreibung von Steuerschulden: Die Länder sollten angehalten werden, die gegenwärtigen Bestimmungen über die Durchsetzung von Steuerzahlungsforderungen anderer Länder zu überprüfen. Der Ausschuss soll die Arbeit in diesem Bereich fortsetzen, um Bestimmungen auszuarbeiten, die zu diesem Zweck in Steuerabkommen aufgenommen werden können.
Empfehlung 13: Empfehlungen für Richtlinien und ein Forum über volkswirtschaftlich nachteilige Steuerpraktiken: Die Mitgliedstaaten sollen die im nachstehenden Kasten dargelegten Richtlinien über volkswirtschaftlich nachteilige Steuervergünstigungssysteme billigen und ein Forum gründen, das die Richtlinien und sonstigen Empfehlungen dieses Berichts umsetzt.

unzweifelhaft den Zugang von Steuerbehörden zu für die Steuererhebung notwendiger Daten behindern, stellen im Zusammenhang mit schädlichem Steuerwettbewerb nach Ansicht der Berichtsverfasser eine ernsthafte Behinderung („a serious impediment") hinsichtlich einer gerechten und effektiven Umsetzung von Steuergesetzen dar und haben negative – weil unerwünschte – Auswirkungen auf die geografische Ausrichtung internationaler Finanzströme. Die Berichtsverfasser plädieren für einen umfassenden Informationsaustausch in allen steuerlichen Angelegenheiten.

Die globale Umsetzung der Empfehlung Nr. 14, also die von der OECD geforderte internationale Unterstützung bei der Steuererhebung und Steuereintreibung würde bedeuten, dass deutsche Steuerbehörden bei der Ausforschung von Vermögensverhältnissen eines deutschen Steuerbürgers in Steueroasenländern künftig auf fremdem Oasenterritorium zusammen mit Vertretern der betreffenden ausländischen Steuerbehörden intensiver agieren können. Handeln auf eigene Faust bleibt allerdings weiterhin untersagt[1], wobei die OECD in der bisherigen Tatsache, dass sich jedes Land nur um jeweils eigene Steuereinnahmen kümmert einen Nährboden für schädliche Steuerpraktiken sieht. Die Empfehlung geht nun dahin, dass Schutzmaßnahmen vieler Länder (wie beispielsweise die Anwendung des Territorialitätsprinzips[2]) dann nicht angewendet werden, wenn es offensichtlich ist, dass ein Steuerbürger Vermögen von einem Land in ein anderes der Steuerersparnis wegen verschoben hat. Eine entsprechende Regelung enthält auch das OECD-Musterabkommen 2002 über den Informationsaustausch in Steuersachen.

## 2. Der Steuer-Informationsaustausch nach Standard „OECD 2002"

### 2.1. Allgemeines

Basierend auf den Erkenntnissen aus dem OECD 1998-Report „Harmful Tax Competition: An Emerging Global Issue" präsentierte die OECD im April 2002 ein von einer Sondereinheit der Organisation – der „Global Forum Working Group on Effective Exchange of Information" – ausgearbeitetes „Musterübereinkommen über einen effektiven Austausch von Infor-

---

1 Territorialitätsprinzip vgl. Teil II Abschn. 6, Ausforschung ausländischer Bankkonten und der Vermögensverhältnisse eines deutschen Steuerbürgers im Wege der internationalen Amts- und Rechtshilfe.
2 Territorialitätsprinzip vgl. Teil II Abschn. 6.

## 2. Der Steuer-Informationsaustausch nach „OECD 2002"  247

mationen in Steuersachen" („agreement for effective exchange of information in tax matters"). Dieser Sondereinheit gehören Repräsentanten aller OECD-Länder an sowie Vertreter der „Steueroasenländer" Aruba, Bermuda, Bahrain, Cayman Islands, Zypern, der Isle of Man, Malta, Mauritius, den Niederländischen Antillen, den Seychellen und San Marino (Vorsitz der Gruppe: Malta und die Niederlande). Der Mustertext besteht aus einer „Multilateral Version" und einer „Bilateral Version". Beide Fassungen sollen den Staatengemeinschaften in naher Zukunft als Formulierungshilfe für bi- oder multilaterale Steuer-Informationsaustausch-Übereinkommen dienen. Zielsetzung des Mustervertragswerks ist die Förderung der internationalen Zusammenarbeit in Steuersachen mittels eines effizienten Informationsaustausches. Der in englischer Sprache verfasste Originaltext des „2002-Agreements", welches von OECD und Interessenvertretern als „international standard" bezeichnet wird, ist erhältlich als pdf-Datei auf den Internetseiten der OECD unter http://www.oecd.org/dataoecd/15/43/2082215.pdf.

### 2.2 Die wesentlichen Inhalte im Überblick

Gemäß Art. 1 des Musterübereinkommens sollen die Vertragsstaaten gegenseitige Amtshilfe mittels eines umfassenden Informationsaustausches leisten. Der Auskunftsverkehr soll sämtliches Datenmaterial umfassen, welches voraussichtlich erforderlich ist:

- Zur Ermittlung der Steuerpflicht und der maßgeblichen Besteuerungsgrundlagen („determination"),
- Zur Steuerfestsetzung und Steuerbeitreibung („assessment and collection of taxes"),
- Zur Rückerlangung und Vollziehung bereits verkürzter Steuern („recovery and enforcement of tax claims"),
- Zur Ermittlung oder strafrechtlicher Verfolgung von Steuerangelegenheiten („investigation or prosecution of tax matters").

Unter „voraussichtlich erforderlich" („forseeable relevance") versteht die OECD „möglichst umfassend" , klammert jedoch Ermittlungen ins Blaue hinein („fishing expeditions") ausdrücklich aus.

Der Auskunftsverkehr nach OECD 2002 vollzieht sich als Informationsaustausch auf Anfrage („Exchange of Information Upon Request") und umfasst folgende Steuerarten:

- Einkommen- oder Gewinnsteuern („taxes on income or profits"),
- Kapitalsteuern („taxes on capital"),

- Vermögensteuern („taxes on net wealth"),
- Grundsteuern („estate tax") sowie
- Erbschaft- oder Schenkungsteuern („inheritance or gift taxes").

Die Vertragsstaaten tauschen Informationen aus, wenn Beweismittel oder Angaben im Rahmen einer bestimmten Untersuchung (particular examination), für Nachforschungszwecke (inquiry) oder Ermittlungen (investigation) benötigt werden. Der Begriff „inquiry" schließt auch Vorfeldermittlungen der Steuerfahndung i.S.v. § 208 der AO ein, die sich im Regelfall „gegen Unbekannt" richten. Während die Erforschung von Steuerstraftaten und Steuerordnungswidrigkeiten beginnt, sobald ein konkreter Anfangsverdacht vorliegt, die den Verdacht einer Straftat begründen, genügt für eine „inquiry" wie der Vorfeldermittlung nur ein sog. hinreichender Anlass zum Tätig werden.[1]

Die zur Steuerfestsetzung voraussichtlich erforderlichen Informationen sind vom ersuchten Staat unabhängig von der Tatsache zu übermitteln, ob das dem Ersuchen zugrunde liegende Steuerdelikt nach dem Recht des ersuchten Staates, wäre es dort begangen worden, als Straftat zu qualifizieren wäre (sog. „dual criminal test"). Mit dieser Klausel will die OECD erreichen, dass Steueroasen auf Anfrage der Steuerbehörden aus Hochsteuerländern Informationen auch dann preisgeben, wenn in dem Oasenstaat gar keine der Anfrage gegenständlichen Steuern existieren.

In Kraft befindliche Rechtshilfeabkommen wie z.B. das Europäische Übereinkommen über die Rechtshilfe in Strafsachen vom 20.4.1959[2] sehen vor, dass „die dem Rechtshilfeersuchen zugrunde liegende strafbare Handlung sowohl nach dem Recht des ersuchenden Staates als auch nach dem des ersuchten Staates strafbar sein" muss. An dieser beidseitigen Strafbarkeit („dual criminal test") scheiterten bislang fast alle an Steueroasen gerichtete Rechtshilfeersuchen, da die Hinterziehung beispielsweise von Einkommensteuer auf Kapitaleinkünfte in Staaten, in denen es solche oder vergleichbare Steuern gar nicht gibt, nicht unter Strafe gestellt sein konnte.

Des Weiteren blieben an Steueroasen adressierte Rechtshilfeersuchen schon deshalb bislang ohne Erfolg, weil der ersuchte Staat mangels Existenz und Vollzug gleicher oder ähnlicher Steuern über keinerlei Datenmaterial, Unterlagen und Informationen verfügte und infolgedessen die

---

1 Zum Begriff vgl. Teil I Abschn. 12.2, Der hinreichende Anlass zum Tätig werden.
2 Zum Abkommen vgl. Teil II Abschn. 6.3, Zwischenstaatliche Amtshilfe durch Auskunftsaustausch.

## 2. Der Steuer-Informationsaustausch nach „OECD 2002"

Anlaufstelle für die Auskunftsersuchen („the competent authority") des ersuchten Staates an den ersuchenden Staat keinerlei Daten übermitteln konnte. Um gerade in solchen klassischen Fällen des „schädlichen Steuerwettbewerbs" diesem Einhalt zu gebieten, will die OECD mit ihrem Standard 2002 erreichen, dass die Vertragsstaaten auch dann „ermitteln" und „übermitteln", wenn sie die Erkenntnisse nicht für eigene Steuerzwecke verwerten können.

**Beispiel:**
Auf den Bahamas kennt man keine Einkommensteuer. Ermitteln nun deutsche Behörden wegen Hinterziehung von Kapitaleinkünften und richten diese im Rahmen des OECD-Abkommens an die bahamesischen Behörden ein Rechtshilfeersuchen, müssen diese Ermittlungen anstellen und Auskünfte erteilen, auch wenn der ins Visier der deutschen Steuerfahnder geratene Kapitalanleger – würde er seinen Wohnsitz auf den Bahamas innehaben – gar keine Steuern auf seine Kapitaleinkünfte zu zahlen hätte und in Folge die bahamesische Behörde die von der Bank des Kapitalanlegers gewonnenen Erkenntnisse gar nicht verwerten kann.

Nach dem Mustertext sollen neben Banken auch sonstige Finanzinstitutionen und solche Personen auskunftspflichtig sein, die in einem Treuhandverhältnis stehen, also insbesondere Treuhänder (Nominees) und Trustees. Als zur Bekämpfung des schädlichen Steuerwettbewerbs nützliche Informationen gelten insbesondere:

- Angaben über die Besitzverhältnisse von Unternehmen (ownership of companies), Partnerschaften/Personenvereinigungen (partnerships), Trusts, Stiftungen, Anstalten usw.
- Angaben über sämtliche Eigentümer in einer Eigentümerkette (sog. „ownership chain"). Damit will die OECD diversen „Steuersparkonstellationen" entgegentreten, in denen sog. „Nominees" als im Handelsregister eingetragene rechtliche Eigentümer dem wirtschaftlichen Eigentümer vorgeschoben werden. In Fällen, in denen der rechtliche Eigentümer im Auftrag und Vertretung eines Dritten handelt (als Treuhänder), ist der Dritte der wirtschaftlich Berechtigte!
- Bei einem Auskunftsersuchen gegenständlichen Trusts auch Informationen über den Settlor, Trustees und den Begünstigten;
- Bei Stiftungen Angaben über den Stifter, Mitglieder im Stiftungsrat und den Begünstigten.

Nicht erforderlich oder relevant sind hingegen Angaben über Besitzverhältnisse von börsennotierten Kapitalgesellschaften (publicly traded companies) oder offenen Investmentfonds (public collective investment funds), es sei denn, die Informationen können ohne große Schwierigkeiten beigebracht werden. Der Nachweis der voraussichtlichen Erfordernis (the forseeable relevance) der erbetenen Informationen für Steuerzwecke durch die ersuchende Behörde unterliegt naturgemäß geringen Anforderungen. Es genügt, wenn die ersuchende Behörde dem ersuchten Steueroasenland folgende Angaben übermittelt:

- Angaben zur Person, gegen die ermittelt wird

Ist der Inhaber eines vermutlich schwarzen Kontos nicht namentlich bekannt, sollen die Kontonummer oder ähnliche identifizierende Informationen ausreichen. Diese Erleichterungsregelung trägt dem Erfordernis Rechnung, dass in vielen EU-Ländern – wie auch in Deutschland – zu den primären Aufgaben der Steuerfahndung auch die Aufdeckung und Ermittlung unbekannter Steuerfälle gehört (Vorfeldermittlungen § 208 Abs. 1 Satz 1 Nr. 3 AO).[1] Dieser Aufgabenbereich soll sicherstellen, dass Steuern nicht verkürzt werden. Ein unbekannter Steuerfall ist dann gegeben, wenn sich – anders als in den Fällen der Erforschung von Steuerzuwiderhandlungen – die Anhaltspunkte noch nicht zu einem steuerstrafrechtlichen Verdacht verdichtet haben und sich demzufolge noch kein konkreter Anfangsverdacht für das Vorliegen einer Steuerstraftat oder Steuerordnungswidrigkeit herleiten lässt, sich aber nach den Umständen des Falls die Möglichkeit einer Steuerverkürzung nicht ganz ausschließen lässt. In solchen Fällen muss noch kein konkreter Steuertäter oder eine entsprechende Tätergruppe ermittelt worden sein, um Auskunftsersuchen an Steueroasenländer nach dem OECD-Musterabkommen zu richten; jedoch ist die Grenze zu „Ermittlungen ins Blaue hinein" hier fließend.

- Erklärung, um welche Auskünfte es sich handeln sollte und in welcher Form der ersuchende Staat die Daten übermittelt haben möchte,
- Den steuerlichen Zweck für den die Informationen benötigt werden,
- Gründe zur Annahme, dass die angeforderten Informationen sich im ersuchten Staat befinden bzw. sich die verfahrensgegenständliche Person im ersuchten Staat befindet

**Beispiel:**
Ein deutscher Steuerbürger zieht alle seine Vermögenswerte ein und besucht Banken im Land B und C, kehrt dann wieder nach Deutschland zurück. Deutschland

---

1 Vgl. Teil I Abschn. 12.4, Die Aufdeckung und Ermittlung unbekannter Steuerfälle (Vorfeldermittlungen).

## 2. Der Steuer-Informationsaustausch nach „OECD 2002"

stellt gegenüber den Steueroasenländern B und C ein Auskunftsersuchen, etwa mit folgendem Inhalt: Es besteht der Verdacht, dass Konten eröffnet worden sind in Land B und/oder C. Die Länder B und C können das Auskunftsersuchen nicht zurückweisen, da Deutschland ausreichende Gründe zur Annahme hat, die Gelder könnten in Land B oder C verlagert worden sein (es besteht dieselbe Möglichkeit, dass die Gelder in Land B oder C geflossen sind).

- soweit bekannt Namen und Adressen sämtlicher Personen, die möglicherweise im Besitz der erforderlichen Angaben sind,

- Erklärung dass das Auskunftsersuchen konform mit geltendem Gesetz und Rechtspraxis des ersuchenden Staates ist und dass, wären die erforderlichen Informationen innerhalb des Hoheitsbereichs des ersuchenden Staates, dieser unter Beachtung eigener Gesetze bzw. im normalen Verwaltungsweg in der Lage wäre, diese Auskünfte zu erhalten und dass dies im Einklang mit diesem Abkommen steht,

- Erklärung, dass der ersuchende Staat seine eigenen Ermittlungsmöglichkeiten zur Erlangung der gegenständlichen Informationen ausgeschöpft hat, mit Ausnahme jener, welche nur mit unverhältnismäßigem Aufwand betrieben werden können.

Zur Erfüllung des abkommensgegenständlichen Zwecks eines intensiven Informationsaustausches in Steuersachen sollen die Steuerbehörden aus den Hochsteuerländern mit den Behörden des ersuchten Oasenstaates „Vor-Ort" eng zusammen arbeiten können. Art. 6 (Tax Examinations Abroad) des Musterabkommens sieht für diese Zwecke vor, dass ein ersuchender Vertragsstaat Vertreter für Zwecke der Personenvernehmung und der Sichtung von Unterlagen und Beweismittel in den ersuchten Oasenstaat entsenden darf. Auch für Zwecke einer Steuerprüfung sieht das Musterabkommen Vor-Ort-Ermittlungen durch Behörden des ersuchenden Staates vor.

Auskunftsersuchen in Steuersachen können nach diesem Musterabkommen (Art. 7 Possibility of Declining a Request) nur in bestimmten Fällen zurückgewiesen werden, beispielsweise in Fällen von Selbstbezichtigung zu einer Steuerstraftat. Ein Vertragsstaat kann demnach einem Auskunftsersuchen widersprechen, wenn die Informationen ausschließlich durch Befragung des Tatverdächtigen gewonnen werden könnten. Sofern im ersuchten Staat für Tatverdächtige ein Aussageverweigerungsrecht gilt, kann der ersuchte Staat nicht gezwungen werden, ein Auskunftsersuchen in Umgehung dieses Rechts zu erfüllen.

In der Praxis hat dieses „privilege against self-incrimination" allerdings kaum Bedeutung, da sich Auskunftsersuchen zu Steuerermittlungen im Regelfall an Dritte adressieren wie Banken oder sonstige Finanzintermediäre. Und diese können sich nicht auf ein Bankgeheimnis oder ähnliche Verschwiegenheitspflichten berufen. Das Musterabkommen räumt den Vertragsparteien zwar ein Zurückweisungsrecht für auf die Verletzung von Handels- oder Berufsgeheimnisse gerichtete Rechtshilfeersuchen ein. Denkbar wäre hier die Abweisung der Beschlagnahme der Kreditakten von Banken, aus denen z.b. Informationen über bestimmte urheberrechtlich geschützte Herstellungs- oder Produktionsverfahren eines Kreditantragstellers ersichtlich wären.

Bankgeheimnisgeschützte Informationen über Vermögensanlagen eines Individualkunden enthalten im Regelfall Angaben über unterhaltene Konten, Finanzstatus oder Informationen bezüglich der Identität oder die rechtliche Struktur (legal structure) von Kontoinhabern und den Gegenstellen, mit denen Finanztransaktionen getätigt worden sind und können nicht als solche unter ein Berufsgeheimnis (Bankgeheimnis) fallend betrachtet werden. Im Übrigen gelten nationale Rechtsbestimmungen hinsichtlich diverser Verschwiegenheitspflichten von Bankern und Finanzdienstleistern dem Übereinkommen gegenüber als nachrangig.

Der Auskunftsverkehr nach OECD-Standard 2002 sollte ursprünglich bereits für den Teilbereich Steuerstrafsachen (criminal tax matters) zum 1.1.2004, für alle sonstigen Steuersachen (Besteuerungsverfahren) zum 1.1.2006 in Kraft treten. Beide Starttermine konnten jedoch nicht realisiert werden. Doch aufgeschoben heißt bekanntlich nicht aufgehoben. Vielmehr werden die OECD-Staaten und insbesondere die Hochsteuerländer unter ihnen immer wieder die kleineren Steueroasenländer unter Druck setzen. Und da dieses OECD-Musterabkommen nun einmal existiert, ist es nicht mehr wegzudiskutieren. Immerhin haben sich bereits 33 Länder mittels sog. „Commitment-Letters" dem Vorhaben der OECD, im steuerlichen Bereich für mehr Transparenz und einen effizienteren Informationsaustausch zu sorgen, angeschlossen.[1]

---

1 Anguilla, Cook Islands, Malta, San Marino, Antigua and Barbuda, Cyprus, Mauritius, Seychelles, Aruba, Dominica, Montserrat, St. Lucia, Bahamas, Gibraltar, Nauru, St. Kitts & Nevis Bahrain, Grenada, Netherlands Antilles, St. Vincent and the Grenadines Bermuda, Guernsey, Niue, Turks & Caicos Islands, Belize, Isle of Man, Panama, US Virgin Islands, British Virgin Islands, Jersey, Samoa, Vanuatu, Cayman Islands, Stand: Mai 2006.

# Teil IV: Begünstigte Geldanlageplätze für den gläsernen Steuerbürger

**Begünstigte Geldanlageplätze** (die Zahlen beziehen sich auf die nachfolgenden Abschnitte im Buch)

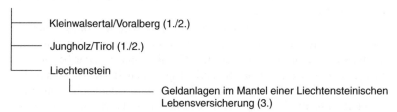

## 1. Allgemeines

Bereits die Ankündigung der Einführung eines automatisierten Kontenabrufs in Deutschland führte zu einer verstärkten Kapitalflucht in Nachbarländer wie Liechtenstein und Österreich. Besonders die bayerischen Genossenschaftsbanken beklagten einen massiven Kapitalabfluss von mindestens 434 Mio. Euro von Ende 2004 bis Anfang 2006.[1] Ein Großteil der Gelder ging dabei nach Österreich u.a. auch in die Zollexklaven Kleinwalsertal/Vorarlberg und Jungholz/Tirol.

Der in Deutschland zum gläsernen Steuerbürger gewordene Geldanleger kann sich besonders den Kreditinstituten in den Zollanschlussgebieten Kleinwalsertal/Vorarlberg und Jungholz/Tirol anvertrauen. Trotz wirtschaftlicher Angliederung der Gemeinden an Bayern sind Kleinwalsertal und Jungholz Bestandteile des österreichischen Hoheitsgebietes und gelten als österreichisches Zollausschluss- bzw. deutsches Zollanschlussgebiet. Es gilt österreichisches Recht, somit auch das strenge österreichische Bankgeheimnis.

Die in den Exklaven ansässigen Banken sind mit den deutschen Börsen direkt verbunden. Dadurch profitiert der Steuerbürger mit einem Konto in den Zollexklaven von besonders günstigen Konditionen. So fallen im Gegensatz zu Innerösterreich in den deutschen Zollanschlussgebieten keine zusätzlichen Auslandsspesen beim An- und Verkauf deutscher Wertpapiere an und die Zeichnung von Daueremissionen des Bundes ist über die Exkla-

---

[1] Quelle: Süddeutsche Zeitung v. 10.3.2006.

venbanken möglich. Auch Depot- oder Kontoführungsgebühren sind in den Zollexklaven vielfach erheblich günstiger als in Innerösterreich. Steuerbürger profitieren in den Zollexklaven auch von günstigen Inkassoprovisionen für die Einlösung von Zinskupons oder der Einlieferung endfälliger Wertpapiere. Die Gemeinden sind im deutschen Gironetz integriert und Überweisungsaufträge zugunsten von Konten bei Exklavenbanken gelten als Inlandsüberweisungen.

Als für den deutschen Geldanleger empfehlenswerter Bankenplatz gilt auch das Fürstentum Liechtenstein. Das Fürstentum lüftet das Bankgeheimnis den Behörden europäischer Nachbarländer weder bei einfacher Steuerhinterziehung noch bei Steuerbetrug. Auch flächendeckende Kontenabrufe nach dem Protokoll vom 16.10.2001 zu dem Übereinkommen über die Rechtshilfe in Strafsachen zwischen den EU-Mitgliedstaaten[1] sind in Liechtenstein nicht denkbar. Nach dem liechtensteinischen Rechtshilfegesetz wird einem Rechtshilfeersuchen grundsätzlich nicht entsprochen, wenn Gegenstand des Verfahrens eine Tat ist, die auf eine Verkürzung fiskalischer Abgaben gerichtet erscheint.[2] Interessant für den „durchleuchteten" Steuerbürger sind auch Geldanlagen im Mantel einer Liechtensteinischen Lebensversicherung.[3]

Ein Wertpapierdepot bei einer der nachfolgenden Geschäftsbanken entbindet den Steuerbürger – dies sei ganz deutlich betont – nicht von seiner Steuerpflicht im jeweiligen Wohnsitzland! Erträge aus Kapitalanlagen in den Zollausschlussgebieten und dem Fürstentum Liechtenstein unterliegen nach denselben Vorschriften der Steuerpflicht wie Erträge aus inländischen Geldanlagen. Der große Vorteil einer Geldanlage im Ausland bzw. eines Wertpapierkontos bei einer Geschäftsbank in den Zollausschlussgebieten bzw. dem Fürstentum Liechtenstein liegt jedoch darin, dass sich der Steuerbürger dort vom Fiskus nicht „in die Karten" sehen lassen muss.

---

1 Vgl. Teil II Abschn. 6.4, Europaweite Bankkontenabfragen durch Finanzbehörden nach dem Protokoll v. 16.10.2001 zu dem Übereinkommen über die Rechtshilfe in Strafsachen zwischen den EU-Mitgliedstaaten.
2 Zur Rechtshilfe des Fürstentums Liechtenstein vgl. ausführlich: Götzenberger, Diskrete Geldanlagen. a.a.O, Teil IV.
3 Vgl. Teil IV Abschn. 3, Geldanlagen im Mantel einer Liechtensteinischen Lebensversicherung.

## 2. Ausgewählte diskrete Geschäftsbanken in den österreichischen Zollausschlussgebieten Kleinwalsertal/Jungholz und dem Fürstentum Liechtenstein

### 2.1 Kleinwalsertal/Jungholz[1]

Steuerbürger, die auf anspruchsvolle, diskrete Beratung und gezielten Vermögensaufbau Wert legen, sind bei der Kleinwalsertal-Filiale der größten Bank Österreichs willkommen. Die *Bank Austria Creditanstalt*[2] verfügt über zahlreiche internationale Verbindungen, die besonders jenen Steuerbürgern nützlich sein dürften, die ihr Vermögen weltweit streuen wollen. Kernkompetenz der Bank bildet das gehobene Anlagegeschäft.

Die *Dornbirner Sparkasse Bank AG*[3], eine der führenden Regionalbanken im Vorarlberger Rheintal (Österreich), eröffnete im Dezember 1984 als einzige österreichische Sparkasse ihre Geschäftsstelle in Riezlern im Kleinwalsertal und hat sich hier auf das Anlagegeschäft privater Anleger spezialisiert. „In jeder Beziehung zählen die Menschen" – dieser Werbeslogan wird wirklich gelebt. Größten Wert wird auf eine diskrete Abwicklung der Beratungsgespräche gelegt.

Die *Hypo Landesbank Kleinwalsertal*[4] ist die größte Filiale der Vorarlberger Landes- und Hypothekenbank AG. Die Bank zählt zu den besten 10 Vermögensmanagern im deutschsprachigen Europa.[5] Bei der Hypo Landesbank steht die ganzheitliche Betrachtung des Kunden im Vordergrund. Hier wird dem Kunden sehr genau zugehört, wenn dieser von seinen Zielen spricht. Auf Basis der aktuellen Vermögens- und Liquiditätslage wird suk-

---

1 Die Auflistung der Banken erfolgt in alphabetischer Reihenfolge.
2 Bank Austria Creditanstalt: Postanschrift: Walserstr. 36, D-87567 / A-6991 Riezlern, Telefon: (Hr. Fussenegger Kurt, Hr. Schuster Lukas, Hr. Wünsche Mathias) 0043/5517/3248; Telefax: 0043/5517/3377, Internet: www.ba-ca.com, E-Mail: filiale.riezlern@ba-ca.com.
3 Dornbirner Sparkasse Bank AG: Postanschrift: Walserstraße 23, 87567 Riezlern, Servicetelefon aus Deutschland: 0180/5147899; Telefon: 0043 50100/74050; Telefax: 0043 500100/974050; E-Mail: riezlern@dornbirn.sparkasse.at; Internet: www.riezlern.sparkasse.at.
4 Landes- und Hypothekenbank Kleinwalsertal: Postanschrift: Walserstr. 31, 87567 Riezlern, Telefon: Filiale Riezlern 0043 5517 5001-0, Filiale Mittelberg 0043 5517 5591, Telefax: 0043 5517 5001 8050, E-Mail: pkriezlern@hypovbg.at, Internet: www.hypo-kleinwalsertal.de.
5 Fuchs Report Tops – Die besten Vermögensmanager für 2006.

zessive ermittelt, ob und wie die Ziele erreichbar sind. Die Vermögensberater der Bank arbeiten Schwächen in der aktuellen Vermögensstruktur heraus, unterbreiten Lösungsvorschläge und stellen Prognoserechnungen an, die dem Kunden einen Überblick über die nächsten 10 Jahre vermitteln. In die Betrachtung gehen auch Dinge wie Nachlassplanung, Unternehmensübergabe oder Wegzugsüberlegungen ein. Die Bank verfolgt eine offene Produktarchitektur, wobei sämtliche Anlageklassen Berücksichtigung finden.

Die *Volksbank im Kleinwalsertal*[1], eine Niederlassung der Vorarlberger Volksbank, gilt seit 1888 als Top-Adresse im gehobenen Private Banking und bietet selbstverständlich auch eine entsprechende Einlagensicherung. Ihre Hauptsäulen sind diskrete, produktunabhängige Beratung und eine professionelle Vermögensverwaltung. Die Vermögensberater der Volksbank im Kleinwalsertal legen größten Wert auf eine persönliche Betreuung sowie klares Erfassen der individuellen Erwartungen und Präferenzen ihrer Kunden. Zur Abrundung ihrer Produktpalette bietet die Volksbank im Kleinwalsertal seit Juni 2005 in Kooperation mit dem Hamburger Bankhaus Berenberg eine individuelle Vermögensverwaltung auf produktneutraler Basis an. Das Vermögensmanagement von Berenberg nimmt seit Jahren die führende Stellung unter 250 Vermögensverwaltern aus Deutschland, Österreich und der Schweiz ein.[2]

In der Zollexklave Jungholz/Tirol präsentiert sich das auf Vemögensberatung und -verwaltung spezialisierte *Bankhaus Jungholz*[3] dem Geldanleger. Als Tochterinstitut der Raiffeisenbank Reutte bietet das Bankhaus die Möglichkeit, Geldanlagegeschäfte sowohl in Jungholz als auch im Vermögensanlage-Center in Reutte der Raiffeisenbank Reutte diskret durchzuführen. Das Haus ermöglicht daneben das Discount-Broking genauso wie die Anlage über eine Schweizer Tochterbank.

---

1 Volksbank im Kleinwalsertal: Postanschrift: Walserstr. 37, D-87567; A-6991 Riezlern, Telefon: +43 5517/6767-3, Telefax: +43 5517/6767-100, E-Mail: kleinwalsertal@vvb.at, Internet: www.volksbank-kleinwalsertal.at.
2 Vgl. Fuchs-Report 2005, Elitereport 2005.
3 Bankhaus Jungholz: Postanschrift: Jungholz 20, 87491 Jungholz, Telefon: +49 (0)180/221 23 23-0 Telefax: +49 (0)180/221 23 23-4800, E-Mail: info@jungholz.at, Internet: www.jungholz.at.

## 2.2 Liechtenstein[1]

Als unabhängige Privatbank hebt sich die *Bank Alpinum*[2] vor allem durch ihre absolute Produkteneutralität ab. Dies bedeutet, dass die Bank selbst über keine eigenen Produkte wie Fonds und dergleichen verfügt. Die Bank Alpinum verfolgt einen ganzheitlichen Beratungsansatz und bietet einen umfassenden Service an. Als Family Office organisiert bietet die Bank nebst einer traditionellen Vermögensverwaltung auch sämtliche Belange rund um das Vermögen der Kundschaft an.

Die *Hypo Investment Bank (Liechtenstein) AG*[3] ist ein in Liechtenstein konzessioniertes Bankunternehmen, welches sich ausschließlich auf die Veranlagung von Kundenvermögen konzentriert. Die Vorarlberger Landes- und Hypothekenbank AG ist alleinige Besitzerin; sie hat die Bonitäts-Bestnote Aaa. Die Unabhängigkeit der Hypo Investment Bank (Liechtenstein) AG gegenüber Fondsgesellschaften und Treuhändern spricht für eine objektive Beratung in allen Investmentangelegenheiten.

Die *Raiffeisen Bank (Liechtenstein) AG*[4] wurde 1998 gegründet. Gesellschafter sind zu 75 % die Raiffeisenbank Kleinwalsertal AG und zu 25 % die Raiffeisenlandesbank Vorarlberg. Der Schwerpunkt der Geschäftstätigkeit liegt im Bereich Private Banking: Die Bank garantiert beste Beratungsqualität und besondere Kundennähe bereits bei mittleren Vermögen. Service und Ambiente einer Privatbank werden mit der Vertrautheit der Marke Raiffeisen verbunden. Die Raiffeisen Bank (Liechtenstein) AG wurde im Fuchs-Report 2006 als bester Vermögensmanager im deutschsprachigen Europa ausgezeichnet.

Die *Verwaltungs- und Privat-Bank AG (VP Bank*[5]*)* wurde 1956 in Liechtenstein gegründet. Kernkompetenz der Bank bildet das umfassende Private Banking. Heute verfügt die VP Bank über Tochtergesellschaften in der Schweiz und Luxemburg, eine Vermögensverwaltungsgesellschaft in Deutschland sowie Repräsentanzen in Moskau und Hongkong. Eine indivi-

---

1 Die Auflistung der ausgewählten Banken erfolgt in alphabetischer Reihenfolge.
2 Bank Alpinum AG, Adresse: Städtle 17, FL-9490 Vaduz, Telefon: +423 239 62 11, Telefax +423 239 62 21, E-Mail: info@bankalpinum.com, Internet: www.bankalpinum.com.
3 Hypo Investment Bank (Liechtenstein) AG: Adresse: Austraße 59, FL-9490 Vaduz, Telefon +423/2655656, Telefax +423/2655699, E-Mail info@hypo.li, Internet www.hypo.li.
4 Raiffeisen Bank (Liechtenstein) AG Austraße 51, FL-9490 Vaduz, Telefon +423/2370707, Telefax +423/2370777, E-Mail info@raiffeisen.li, Internet www.raiffeisen.li.
5 Verwaltungs- und Privat-Bank AG, Aeulestraße 6, FL-9490 Vaduz, Telefon +423 235 66 55, Telefax +423 235 65 00, E-Mail: info@vpbank.com, Internet: www.vpbank.com.

duelle Vermögensverwaltung gibt es für Kunden der VP Bank ab 1 Mio. Schweizer Franken oder ca. 650.000 €. Die VP-Bank-Gruppe hat von Standard & Poor's das Rating „A" (A / stable / A-1) erhalten. Damit ist sie eine der wenigen offiziell bewerteten Privatbanken in Liechtenstein und der Schweiz.

## 3. Geldanlagen im Mantel einer Liechtensteinischen Lebensversicherung

Liechtenstein verfügt über moderne Gesetze: Es existiert ein Versicherungsgeheimnis, absolute Sicherheit der Kundendaten, es existiert ein Konkursprivileg (Unpfändbarkeit).

Des Weiteren ist das liechtensteinische Versicherungsaufsichtsgesetz so flexibel, dass jedem Kunden eine personalisierte Lösung „nach Maß" angeboten werden kann. Für den Steuerbürger bietet sich die Einbringung eines Wertpapierdepots in eine liechtensteinische Lebensversicherung an. Der Steuerbürger stülpt hier sozusagen seinem Vermögen eine (intransparente) Kappe über – den Mantel einer Lebensversicherung.

Der Steuerbürger genießt hier die freie Wahl der Anlagestrategie. Die Kapitalanlage (Prämie) kann durch den persönlichen Bankberater des Versicherungsnehmers verwaltet werden. Es bestehen im Allgemeinen keine Beschränkungen bei der Wahl der zugrunde liegenden Finanzprodukte. Die Zusammensetzung des Wertpapierdepots kann jederzeit mittels einer einfachen Mitteilung an die Versicherungsgesellschaft geändert werden. Die Erlöse aus der Police unterliegen nicht dem EU-Steuerrückbehalt auf Zinsen von Spareinlagen.

Liechtensteinische Lebensversicherungen ermöglichen die spezifische und freie Bezeichnung der Begünstigten, erlauben damit eine maßgeschneiderte Planung der Erbschaft, den Schutz für die Familie oder für Dritte. Eine liechtensteinische Versicherungspolice erfüllt schließlich alle Anforderungen des Steuerbürgers, der eine Alternative zu einer Treuhänderschaft (einem Trust) oder einer Stiftung sucht und stellt eine einfache Lösung für geringere Vermögen dar.[1]

---

1 Vgl. Näheres in den Tarifbestimmungen ausgewählter Versicherungsgesellschaften wie: CapitalLeben Versicherung AG, In der Specki 3, FL-9494 Schaan, Tel: +423 377 70 00, E-Mail: office@capitalleben.com, Kontakt Deutschland: d.eckhardt@capitalleben.com, Internet: www.capitalleben.com sowie ValorLife Lebensversicherung AG, Heiligkreuz 43, FL 9490 Vaduz, Telefon: +423 399 29 50, E-Mail: info@valorlife.li, Internet: www.valorlife.com.

# Anhang

## 1. Grundstücks-Veräußerungsanzeige der Notare an die Finanzverwaltung

| Finanzamt | (wird vom Finanzamt ausgefüllt) | | Anzeigepflichtiger – Name und Anschrift – (bitte durchschreiben) | |
|---|---|---|---|---|
| Geschäftszeichen | | | UR Nr./Geschäftszeichen | Datum der Urkunde |

### Veräußerungsanzeige
**Bezeichnung des veräußerten Grundbesitzes:**

Ort/Datum

Zutreffendes bitte ☒ ankreuzen

| (Wohnungs-/Erbbau-) Grundbuch | Blatt | Gemarkung | Flur | Flurstück/Parzelle | Größe in m² |
|---|---|---|---|---|---|
| | | | | | |

| – nur bei bebautem Grundbesitz auszufüllen – Gemeinde | Straße, Hausnummer |
|---|---|
| | |

**Grundstücksart:**
- ☐ bebaut
- ☐ unbebaut
- ☐ Wohngebäude
- ☐ andere Bebauung

Miteigentumsanteil von _____
verbunden mit Sondereigentum an _____

- ☐ land- und forstwirtschaftlich genutzt
- ☐ _____

**Veräußerer:**

| Name, Vorname/Firma | geboren am * | Anteil |
|---|---|---|
| Straße, Hausnummer | PLZ, Ort | |
| Name, Vorname/Firma | geboren am * | Anteil |
| Straße, Hausnummer | PLZ, Ort | |

**Erwerber:**

| Name, Vorname/Firma | geboren am * | Anteil |
|---|---|---|

Erwerber ist im Verhältnis zum Veräußerer:
- ☐ Verwandter in gerader Linie
- ☐ Ehegatte

| Straße | Hausnummer |
|---|---|
| PLZ | Ort | Zustellbezirk |
| Sonstige Angaben (z. B. Postfach) | |

**Erwerber:**

| Name, Vorname/Firma | geboren am * | Anteil |
|---|---|---|

Erwerber ist im Verhältnis zum Veräußerer:
- ☐ Verwandter in gerader Linie
- ☐ Ehegatte

| Straße | Hausnummer |
|---|---|
| PLZ | Ort | Zustellbezirk |
| Sonstige Angaben (z. B. Postfach) | |

**Rechtsvorgang:**
- ☐ Kauf
- ☐ Tausch
- ☐ Abtretung (Übertr. d. Rechte)
- ☐ Schenkung
- ☐ _____

| Rechtswirksamkeit ist eingetreten ☐ ja ☐ nein | Der Rechtsvorgang bedarf der Genehmigung der/des | Tag d. Übergabe (Verr.-Tag) |
|---|---|---|

**Gegenleistung:** ☐ EUR

a) Kaufpreis/von den Parteien zugrunde gelegter Wert des Tauschgrundstücks und zusätzliche Leistungen
b) Übernommene Belastungen (z. B. Hypotheken, Grundschulden) ..........
c) Sonstige Leistungen (z. B. Rente, Nießbrauch, Wohnrecht, Erbbauzins) – Jahreswert – ..........
d) ..........
e) Von der Gegenleistung entfallen auf Inventar, Betriebsvorrichtungen o. ä.

GrESt 1 A  Veräußerungsanzeige (für Laserdrucker)   *freiwillige Angabe   Oberfinanzdirektion Hannover - www.ofd.niedersachsen.de
(7 Blatt) 11.03

## 2. Formular zum automatisierten Kontenabruf

**Bundesamt für Finanzen**

Das Ersuchen ist in zweifacher Ausfertigung zu stellen.

Bezeichnung der Behörde / des Gerichts

Anschrift der Behörde / des Gerichts

Finanzamt

Aktenzeichen der Behörde / des Gerichts

Bearbeiter / Amtsbezeichnung

Stellenzeichen / Dienststellennummer

Telefonnummer der Behörde / des Gerichts

Telefonnummer des Unterzeichners

**Kontenabrufersuchen nach §§ 93 Abs. 8 i.V.m. § 93 b Abgabenordnung[1]**

Ich bitte, für den nachstehend bezeichneten Betroffenen bei den Kreditinstituten Daten nach § 93 b Abs. 1 AO i.V.m. § 24 c Abs. 1 Kreditwesengesetz abzurufen und mir zu übermitteln:

Name/Firma[2]

Vorname

Geburtsdatum[3]

(relevant bei Kontoinhabern und Verfügungsberechtigten)

PLZ[3]  Ort

(relevant bei abweichend wirtschaftlich Berechtigten)

Straße / Hausnummer

☐ Es wird versichert, dass der Kontenabruf für die Durchführung des folgenden Verfahrens erforderlich ist:

☐ Sozialhilfe ☐ Ausbildungsförderung ☐ Erziehungsgeld
☐ Sozialversicherung ☐ Aufstiegsförderung
☐ soziale Wohnraumförderung ☐ Wohngeld

Rechtsgrundlage (bitte genau angeben):

☐ Es wird versichert, dass der Kontenabruf für die Durchführung des oben genannten Verfahrens geeignet und verhältnismäßig ist, weil (bitte erläutern[4]):

## 2. Formular zum Kontenabruf

☐ Es wird versichert, dass eigene Ermittlungen nicht zum Ziele geführt haben.

☐ Folgende Ermittlungen wurden durchgeführt:

☐ Diese Ermittlungen haben nicht zum Ziele geführt, weil (bitte erläutern):

☐ Es wird versichert, dass eigene Ermittlungen keinen Erfolg versprechen. Gründe (bitte erläutern):

☐ Es wird versichert, dass der Betroffene vor diesem Ersuchen auf die Möglichkeit der Durchführung eines Kontenabrufs hingewiesen wurde[5]. Dieser Hinweis erfolgte am: _____
Form des Hinweises: ☐ schriftlich ☐ mündlich / fernmündlich ☐ _____

[ 29.03.2005 ]

Ort, Datum                                              Unterschrift des Behördenleiters / Richters

---

[1] Das Ersuchen ist, soweit nichts anderes bestimmt ist, an das Wohnsitzfinanzamt des Betroffenen zu richten (vgl. § 19 AO). Ein Exemplar des Ersuchens wird bei Vorliegen der gesetzlichen Voraussetzungen an das BfF weitergeleitet, ein Exemplar ist vom Finanzamt zu den Akten zu nehmen.
[2] Jedes Kontenabrufersuchen muss den Namen und das Geburtsdatum einer natürlichen Person enthalten. Die Felder Name und Vorname sollen getrennt angegeben werden. Ist dies nicht möglich (z. B. weil die Zuordnung eines Namensbestandteils als Vor- bzw. Familienname nicht eindeutig ist), kann die Angabe auch vollständig im Feld 'Name' erfolgen.
[3] Zur Ermittlung von Kontoinhabern und Verfügungsberechtigten werden Name, Vorname und Geburtsdatum herangezogen. Bei abweichend wirtschaftlich Berechtigten sind Name, Vorname und Adresse maßgebend. Hinweis: Bei Antworten die sich auf den Kontoinhaber oder den Verfügungsberechtigten beziehen wird die angegebene Adresse nicht in die Abfrage einbezogen. Im Umkehrschluss kann daher nicht vom Abfrageergebnis auf die angegebene Adresse geschlossen werden.
[4] Vgl. hierzu Nr. 3 des AEAO zu § 93.
[5] Ein Kontenabruf wird nicht durchgeführt, wenn der Betroffene nicht zuvor auf dessen Möglichkeit hingewiesen worden ist. Vgl. Nr. 3.4 Abs. 2 des AEAO zu § 93.
[6] Tragen Sie in dieses Feld die Bezeichnung Ihrer Dienststelle ein.
[7] Wenn sie erstmals ein Kontenabrufersuchen an das BfF stellen, erhalten sie im Rahmen einer Überprüfung ihrer Berechtigung eine Bedarfsträger-Kennung. Sofern noch keine Bedarfsträger-Kennung (z. B. 'F12345') zugeteilt wurde, geben sie hier bitte die postalische Anschrift ihrer Dienststelle an.
[8] Dieses Aktenzeichen ist vom Finanzamt (z. B. fortlaufende Nummerierung) zu vergeben. Die Angabe des Aktenzeichens dient der Feststellung, für welchen Vorgang um einen Kontenabruf ersucht wird.

**Vom Finanzamt auszufüllen:**

Bezeichnung der Finanzbehörde[6]

Bedarfsträger-Kennung der Finanzbehörde[7]

Aktenzeichen des Kontenabrufersuchens[8]

Bundesamt für Finanzen
- Referat St III 5 -
11055 Berlin

Bearbeiter

Stellenzeichen / Dienststellennummer

Telefon

**Kontenabrufersuchen nach § 93 Abs. 8 i.V.m. § 93b AO**

Ich bitte, für den umseitig bezeichneten Betroffenen bei den Kreditinstituten Daten nach § 93b Abs. 1 AO i.V.m. § 24c Abs. 1 Kreditwesengesetz abzurufen und mir zu übermitteln. Das Vorliegen der Voraussetzungen des § 93 Abs. 8 AO wurde plausibel dargelegt.

Ort, Datum                                    Unterschrift

Finanzamt
1. Kontenabrufersuchen an das BfF gesandt am:
2. Antwort des BfF eingegangen am:
3. Antwort an ersuchende(s) Behörde / Gericht gesandt am:
4. zdA

Ort, Datum                                    Unterschrift des Bearbeiters

**Vom Bundesamt für Finanzen auszufüllen:**

Eingang am:                                   Auskunft erteilt am:

Registriernummer:                             Bearbeitungsvermerk:

## 3. Auskunftsersuchen: Ersuchen im zwischenstaatlichen Amtshilfeverkehr

**Finanzamt**  Anlage 3 (DE/EN/FR)

| Steuernummer/Tax number/Numéro fiscal |
|---|
|  |

**Auskunftsersuchen**
im zwischenstaatlichen Amtshilfeverkehr in Steuersachen
**Request for information**
under international administrative assistance in tax matters
**Demande de renseignements**
adressée dans le cadre de l'assistance administrative en matière fiscale

☐ – nach der Richtlinie des Rates der EG Nr. 77/799/EWG vom 19. Dezember 1977 in der Fassung der Richtlinie Nr. 79/1070/EWG vom 06. Dezember 1979, zuletzt geändert durch die Richtlinie Nr. 2004/106 EG vom 16. November 2004.
– in accordance with Council Directive 77/799/EEC of 19 December 1977 as published in Council Directive 79/1070/EEC of 6 December 1979, most recently amended by Council Directive 2004/106/EC of 16 November 2004.
– en vertu de la directive 77/99/CEE du Conseil des Communautés européennes du 19 décembre 1977 modifiée par la directive 79/1070/Cee du 6 décembre 1979 et, en dernier lieu, par la directive 2004/106/CE du 16 Novembre 2004.

☐ – nach Artikel  des deutsch-  Abkommens zur Vermeidung der Doppelbesteuerung
– in accordance with Article  of the German-  Agreement for the avoidance of double taxation
– en vertu de l'article  la convention fiscale germano-  en vue d'éviter les doubles impositions

☐ – nach dem deutsch-  Abkommen über Amtshilfe in Steuersachen
– in accordance with the German-  Agreement on mutual administrative assistance in tax matters
– en vertu de l'accord germano-  sur l'assistance administrative en matière fiscale

**Betroffene Person(en) in der Bundesrepublik Deutschland**
(Name, genaue Anschrift, ggf. Geburtsdatum; beim Ersuchen in die USA ggf. Hinweis, ob Ehegatten zusammen oder getrennt veranlagt werden)
**Person(s) concerned in the Federal Republic of Germany**
(Name, exact address, date of birth where available; in requests to the USA, indication where possible whether married couple is assessed together or separately)
**Personne(s) concernée(s) en République fédérale d'Allemagne**
(Nom, adresse exacte, le cas échéant, date de naissance; pour les demandes adressées aux États-Unis, indiquer le cas échéant si les époux sont imposés ensemble ou séparément)

**Betroffene Person(en) im Ausland**
(Name, genaue Anschrift, ggf. zuletzt bekannte, ggf. Geburtsdatum, Steuernummer, Sozialversicherungsnummer und ähnliche Angaben)
**Person(s) concerned abroad**
(Name, exact or last known address where possible, date of birth where available, tax number, social security number and similar details)
**Personne(s) concernée(s) à l'étranger**
(Nom, adresse exacte, le cas échéant, dernière adresse connue, le cas échéant, date de naissance, numéro fiscal, numéro de sécurité sociale et indications similaires)

**Betroffene Steuern und Jahre**
(bei abweichendem Wirtschaftsjahr Hinweis auf Beginn und Ende des Wirtschaftsjahres)
**Relevant taxes and years**
(Date of beginning and end of fiscal year where different)
**Impôts et années concernés**
(Au cas ou l'exercice diffère de l'année civile, indiquer le début et la fin de l'exercice)

☐ – Gegen den/die in der Bundesrepublik Deutschland Betroffene(n) ist ein Steuerstrafverfahren eingeleitet worden. Die erbetenen Auskünfte dienen der Ermittlung der Besteuerungsgrundlagen.
– Criminal tax proceedings have been initiated against the person(s) concerned in the Federal Republic of Germany. The requested information is required to establish the basis for assessment or tax.
– La (les) personne(s) concernée(s) en République fédérale d'Allemagne fait (font) l'objet de poursuites pénales en matière fiscale. Les renseignements demandés doivent servir à determiner les bases d'imposition.

☐ – Hinweis auf etwaige Aussageverweigerungsrechte nach deutschem Recht:
– Reference is made to the possible right in German law to refuse to give evidence:
– Avertissement concernant d'éventuels droits de refuser de répondre prévus par la législation allemande:

… Anhang

## 4. Auskunftsersuchen: Ersuchen im steuerlichen Auskunftsaustausch über Zahlungen aus deutschen Quellen

**Finanzamt**  
Anlage 4 (DE/EN/FR)

Steuernummer/Aktenzeichen/file number/Numéro fiscal

**Auskunftsersuchen an**  
(ausländischen Staat)

**Ersuchen**  
**Im steuerlichen Auskunftsaustausch**  
**über Zahlungen aus deutschen Quellen**  
Request for information  
on payments from German sources, made under the arrangements for the exchange of tax information  
**Demande de renseignements**  
concernant des versements de source allemande adressée dans le cadre des échanges de renseignements fiscaux

**Ersuchen nach/Request pursuant to/Demande effectuée en vertu**

☐ Artikel 2 der EG-Amtshilfe-Richtlinie/Article 2 of the EC Mutual Assistance Directive/de l'article 2 de la directive communautaire sur l'assistance mutuelle

☐ Artikel / Article / de l'article ... des deutsch- / of the German- / de la convention fiscale germano- ... **Doppelbesteuerungsabkommens / Double Taxation Agreement**

☐ dem deutsch- / the German- / de la convention germano- ... **Abkommen über Amtshilfe in Steuersachen / Agreement on mutual administrative assistance in tax matters / sur l'assistance administrative en matière fiscale**

**Empfänger/Nutzungsberechtigter der Zahlung/Payee/beneficiary/Bénéficiaire des versements**

Name/name/Nom

Anschrift/address/Adresse

**Zahlungsverpflichteter/Payer/Débiteur**

Name/name/Nom

Anschrift/address/Adresse

**Angaben zum Leistungsaustausch/Details of the transaction(s)/Indications concernant l'échange de prestations**

| Lfd. Nr. Ser. No. N° d'ordre | Datum/Date der Rechnung/of the invoice / de la facture | Nr./No/Numéro | Gegenstand der Lieferung/Leistung/Zahlungsgrund Goods delivered/services rendered/reason for payment Objet de la livraison/prestation/motif du paiement | Rechnungsbetrag Invoice amount Montant de la facture (Währung/currency / monnaie) |
|---|---|---|---|---|
| | | | | |
| | | | | |
| | | | | |
| | | | | |
| | | | | |

# 4. Ersuchen über Zahlungen aus deutschen Quellen

| zu lfd. Nr.<br>Ser. No.<br>Rappel N° | Zahlungstag<br>Date of payment<br>Date du paiement | Zahlungsart<br>Method of payment<br>Mode de paiement | Bankverbindung/Bank account/Coordonnées bancaires |
|---|---|---|---|
| | | | |
| | | | |
| | | | |
| | | | |
| | | | |
| | | | |

**Besondere Feststellungen** (z.B. Einschaltung von Steueroasen)/
Remarks (e.g. use of tax havens)/Constatations particulières (par exemple, utilisation de paradis fiscaux)

Da Zweifel bestehen, ob der/die oben aufgeführte(n) Betrag/Beträge zu Recht als Aufwand geltend gemacht worden ist/sind, bitte ich mitzuteilen, ob der Betrag/die Beträge beim Empfänger zugeflossen oder an Dritte weitergeleitet worden oder an den Zahlenden zurückgeflossen ist/sind.
As there is reason to doubt the justification of the claim that the above mentioned amounts are expenditure, please adivse whether the amount(s) have accrued to the payee or whether they have been passed on to third persons or have returned to the payer.
Comme il y a des raisons de douter que la déclaration du/des montant(s) indiqué(s) ci-dessus à titre de charges soit justifiée, je vous prie de bien vouloir m'informer si ce/ces montant(s) est/sont parvenu(s) au bénéficiaire ou s'il(s) a/ont été transmis à des tiers ou été reversé(s) à celui qui l'a/les a payé(s).

**Andere Fragen**/Other questions/Autres questions

Die in diesem Ersuchen enthaltenen Angaben und die aufgrund dieses Ersuchens erteilten Auskünfte unterliegen den Geheimhaltungsbestimmungen der obengenannten Regelung. Sie dürfen nur für die in dieser Regelung genannten Zwecke, beschränkt auf die dort genannten Steuern, verwendet werden.
The information contained in this request and the information funished as a result of this request is subject to the provisions concerning secrecy contained in the above mentioned arrangement. They may be used only for the purposes specified in this arrangement, limited to the taxes named there.
Les renseignements contenus dans cette demande et ceux fournis en réponse à cette même demande sont soumis aux dispositions concernant le secret contenues dans le texte susmentionné. Ils ne peuvent être utilisés qu'aux fins prévues dans le texte en question et uniquement pour les impôts qui y sont visés.

☐ Um kurzfristige Erledigung wird gebeten, weil .../Please answer as soon as possible because .../Je vous prie de bien vouloir donner suite à cette demande dans les plus brefs délais car ...

Im Auftrag/By authority/Par délégation

## 5. Auskunftsersuchen: Ersuchen im steuerlichen Auskunftsaustausch über Steuern auf Versicherungsprämien

Finanzamt Anlage 4a (DE/EN/FR)

Steuernummer/Aktenzeichen/File number/Numéro fiscal

Ersuchen
im steuerlichen Auskunftsaustausch über Steuern
auf Versicherungsprämien

Auskunftsersuchen an
(ausländischen Staat)

**Request for information**
regarding tax on insurance premiums under the arrangements for the exchange of tax information

**Demande de renseignements**
concernant la taxe sur les primes d'assurance adressée dans le cadre des échanges de renseignements fiscaux

**Ersuchen** nach/Request pursuant to/Demande effectuée en vertu

☐ Artikel 2 der EG-Amtshilfe-Richtlinie/Article 2 of the EC Mutual Assistance Directive/de l'article 2 de la directive communautaire sur l'assistance mutuelle

☐ Artikel _____ des deutsch- _____ Doppelbesteuerungsabkommens
Article _____ of the German- _____ Double Taxation Agreement
de l'article _____ de la convention fiscale germano- _____

☐ dem deutsch- _____ Abkommen über Amtshilfe in Steuersachen
the German- _____ Agreement on mutual administrative assistance in tax matters
de la convention germano- _____ sur l'assistance administrative en matière fiscale

Der Versicherer _____

wurde mit beigefügtem Schreiben vom _____ um die Erteilung folgender oder unten angekreuzter Auskünfte gebeten:
The insurer _____ was requested in the enclosed letter dated _____ to provide the information set out or checked below:
Par courrier ci-joint daté du _____, l'assureur a été prié de communiquer les renseignements énumérés ou coché ci-après:

- 
- 
- 

Eine Beantwortung des Schreibens erfolgte nicht. Es wird daher um Ermittlung der angefragten Angaben gebeten.
No response to this letter has been received. You are therefore requested to furnish the requested information.
Ce courrier étant resté sans réponse, l'autorité requise est priée de fournir les renseignements sollicités.

| Bezeichnung<br>Designation<br>Désignation | Eintragungen der ersuchenden Behörde<br>To be filled in by the requesting authority<br>Renseignements fournis par l'autorité requérante | Eintragungen der ersuchten Behörde<br>To be filled in by the requested authority<br>Renseignements fournis par l'autorité requise |
|---|---|---|
| Name des Versicherers<br>Name of insurer<br>Nom de l'assureur | | |
| Handelsname, Firma<br>Trading name<br>Désignation commerciale, raison sociale | | |
| Anschrift<br>Address<br>Adresse | | |
| Steuernummer für Steuern auf Versicherungsprämien im fragenden Mitgliedstaat<br>Registration number for tax on insurance premiums in requesting Member State<br>Numéro d'enregistrement pour la taxe sur les primes d'assurance dans l'Etat membre requérant | | |
| Steuernummer für Steuern auf Versicherungsprämien im befragten Mitgliedstaat<br>Registration number for tax on insurance premiums in requested Member State<br>Numéro d'enregistrement pour la taxe sur les primes d'assurance dans l'Etat membre requis | | |

## 5. Ersuchen über Steuern auf Versicherungsprämien 267

| Bezeichnung<br>Designation<br>Désignation | Eintragungen der ersuchenden Behörde<br>To be filled in by the requesting authority<br>Renseignements fournis par l'autorité requérante | Eintragungen der ersuchten Behörde<br>To be filled in by the requested authority<br>Renseignements fournis par l'autorité requise |
|---|---|---|
| Versicherungsnummer<br>Policy number<br>Numéro de la police d'assurance | | |
| Name des Versicherungsvermittlers<br>Broker's name<br>Nom de l'agent d'assurance | | |
| Firma des Versicherungsvermittlers<br>Trading name of broker<br>Raison sociale de l'agent d'assurance | | |
| Anschrift des Versicherungsvermittlers<br>Address of broker<br>Adresse de l'agent d'assurance | | |
| Nummer der Versicherungspolice des Vermittlers<br>Broker policy number<br>Numéro de la police de l'agent d'assurance | | |
| LPSO/XIS<br>Unterzeichnungsnummer (nur für Londoner Märkte)<br>Signing number (for London markets only)<br>Numéro de souscription (uniquement pour les marchés londoniens) | | |
| Wert der gezahlten Prämie (mit Währungsangabe)<br>Value of paid premium (please specify currency)<br>Montant de la prime (prière de préciser la monnaie) | | |
| Zeitraum für den die Prämie gezahlt wird (Monat, Quartal, Jahr,...)<br>Period for which premium is paid (month, quarter, year,...)<br>Période d'assurance (mois, trimestre, année,...) | | |
| Falls variable Prämie: Wie wird die Prämie bestimmt (nach Umsatz, Anzahl der Beschäftigten, ...)?<br>Variable premium: On what basis is the premium fixed(turnover, number of employees, ...)?<br>Prime variable: Sur quelle base est-elle fixée (chiffre d'affaires, importance des effectifs, ...)? | | |
| Name des Versicherungsnehmers<br>Name of policy-holder/named insured<br>Nom de l'assuré | | |
| Anschrift des Versicherungsnehmers<br>Address of policy-holder/named insured<br>Adresse de l'assuré | | |
| Versicherungsbeginn<br>Inception date of insurance<br>Date de prise d'effet de la garantie | | |
| Ablauf der Deckung<br>Expiry date of cover<br>Date d'expiration de la garantie | | |
| Versicherungszweig/-sparte (so genau wie möglich, z.B. All-Risk-Sachversicherung oder Produkthaftpflichtversicherung)<br>Class of insurance (as detailed as possible, e.g. property all risk insurance or product liability insurance)<br>Type d'assurance (aussi précisément que possible: assurance propriété 'tous risques'ou assurance responsabilité civile 'produits', par exemple) | | |
| Bei Risiken in Bezug auf Fahrzeuge:<br>Liegt eine Eintragung in ein amtliches/amtlich anerkanntes Register vor? Wenn ja, in welches?<br>Vehicle-related risks: Is the vehicle entered in an official/officially recognised register? If so, in which register?<br>Risques concernant les véhicules de toutes sortes:<br>Le véhicule est-il inscrit sur un registre officiel/officiellement reconnu? Dans l'affirmative, sur lequel? | | |

# Anhang

| Bezeichnung<br>Designation<br>Désignation | Eintragungen der<br>ersuchenden Behörde<br>To be filled in by the<br>requesting authority<br>Renseignements fournis<br>par l'autorité requérante | Eintragungen der ersuchten<br>Behörde<br>To be filled in by the requested<br>authority<br>Renseignements fournis par<br>l'autorité requise |
|---|---|---|
| Falls möglich Einzelheiten zu den versicherten Dingen angeben (z.B. Name der durch die Versicherung versicherten Person, Anschrift des gedeckten Eigentums). Eventuell gesondertes Blatt benutzen.<br>If possible, give details of what is insured (e.g. name of person covered by policy, address of property covered by policy). Use extra sheets if necessary.<br>Fournir si possible des précisions sur l'objet de l'assurance (nom de la personne assurée, adresse de la propriété couverte par la garantie, par exemple). Utiliser un feuillet séparé si nécessaire. | | |
| Name des anfragenden Beamten<br>Name of querying officer<br>Nom du fonctionnaire auteur de la demande | | |
| Kontaktangaben des anfragenden Beamten<br>Contact details of querying officer<br>Coordonnées du fonctionnaire auteur de la demande | | |

Bitte durch Ankreuzen des links der Frage angrenzenden Kästchens genau angeben, welche Fragen der Vervollständigung bedürfen und das Frei-Text-Kästchen am Ende dieses Formulars mit jeglicher Zusatzinformation oder Fragen ausfüllen.
Please specify which questions need completing by ticking the adjacent box to the left of the question and complete the free text box at the end of this form with any additional information or queries.
Prière de cocher les cases situées dans la colonne de gauche en regard des questions qui demandent à être complétées et d'ajouter dans le dernier cadre du présent formulaire toutes les informations supplémentaires ou questions éventuellement nécessaires.

| Hier<br>ankreuzen<br>Tick here<br>Cocher ici | | Standardfragen<br>Standard questions<br>Questions générales |
|---|---|---|
| ☐ | 1 | Bitte bestätigen Sie, dass dieser Betrieb für das Entrichten/Abführen von Versicherungsprämiensteuer in Ihrem Land eingetragen ist.<br>Please confirm that this business is registered to pay tax on insurance premiums in your country.<br>Prière de confirmer que l'entreprise concernée est prise en compte dans votre pays en tant que redevable de la taxe sur les primes d'assurance. |
| ☐ | 2 | Bitte bestätigen Sie, dass diese Gesellschaft noch im Versicherungsgeschäft tätig ist.<br>Please confirm that this business is still writing insurance.<br>Prière de confirmer que la compagnie concernée exerce encore l'activité d'assureur. |
| ☐ | 3 | Bitte geben Sie an, falls das Unternehmen keine neuen Versicherungen ausgibt, aber noch die bestehenden Versicherungen bearbeitet.<br>Please indicate if this business is no longer writing new insurance, but is still handling existing insurance (i.e. in « run-off »)<br>Prière de signaler, le cas échéant, que l'entreprise ne vend plus de nouveaux contrats d'assurance, mais continue de gérer les contrats en cours. |
| ☐ | 4 | Mitversicherung: Bitte geben Sie Einzelheiten über die Aufteilung zwischen Ihrem Unternehmen und den anderen Mitversicherungsunternehmen bezüglich dieses Vertrags an (falls notwendig, zusätzliche Seiten beifügen).<br>Co-insurance: Please give details of the split between your company and the other co-insurance companies on this policy (attach additional pages if necessary).<br>Coassurance: Prière de fournir des précisions sur la répartition des responsabilités entre votre entreprise et les autres coassureurs sur le contrat concerné (utiliser des feuillets supplémentaires si nécessaire). |
| ☐ | 5 | Wo ist das Risiko belegen? Bitte geben Sie weitere Informationen hierzu an.<br>(Bitte entsprechend Art. 2 d) RL 88/357/EWG und Art. 46 Abs. 2 RL 92/49/EWG beantworten.)<br>Where is the risk located? Please give details.<br>(Please answer according to Art. 2 d of Directive 88/357/EEC and Art. 46 Par. 2 of Directive 92/49/EEC.)<br>Où est situé le risque ? Prière de fournir de plus amples renseignements.<br>(Prière de répondre conformément à l'art. 2, point d), de la directive 88/357/CEE et à l'art. 46, par. 2, de la directive 92/49/CEE.) |

# 5. Ersuchen über Steuern auf Versicherungsprämien

| | | |
|---|---|---|
| ☐ | 6 | Wir glauben, dass diese Police aufgeteilt worden ist. Bitte machen Sie zu folgenden Punkten detaillierte Angaben für jedes Jahr des Vertrages: (falls notwendig, zusätzliche Seiten beifügen)<br>We believe that this policy has been apportioned. Please supply detailed information on each of the following points for each year of the policy: (attach additional pages if necessary)<br>Nous pensons que la police concernée a été répartie entre plusieurs coassureurs. Prière de fournir des renseignements détaillés concernant les points suivants pour chaque année du contrat: (utiliser des feuillets supplémentaires si nécessaire) |
| ☐ | a) | alle Länder (weltweit) auf die die Police aufgeteilt wurde<br>All countries (worldwide) where the policy is apportioned<br>tous les pays [dans le monde entier] entre lesquels la police est répartie |
| ☐ | b) | prozentualer Anteil der Umlage für jedes oben aufgeführte Land (bitte angeben, falls sich diese während der Vertragslaufzeit geändert haben)<br>Percentage of apportionment in each of the countries listed above (Please give details if these have changed during the course of the policy)<br>le prorata de participation pour chacun des pays cités ci-dessus (prière d'indiquer les changements survenus au cours du contrat concernant le prorata de participation) |
| ☐ | c) | die in jedem oben aufgeführten Land gezahlten Geldbeträge<br>Monetary amounts paid in each of the countries listed above<br>les montants versés dans chacun des pays cités ci-dessus |
| ☐ | d) | in jedem Jahr des Vertrags versicherter Gesamtbetrag.<br>The total sum insured each year of the policy.<br>le montant total assuré pendant chaque année de validité de la police. |
| ☐ | 7 | Welches Verfahren wurde angewandt, um die Police aufzuteilen? (Bitte fügen Sie Einzelheiten bei.)<br>What method was used to apportion the policy? (Please attach details)<br>Quel système a été utilisé pour répartir les participations à la police concernée? (Prière de fournir des indications détaillées.) |
| ☐ | 8 | Bitte übersenden Sie Kopien der folgenden Unterlagen zum o.g. Versicherungsvertrag:<br>Please send copies of the following documents regarding the above-mentioned insurance contract:<br>Prière de fournir copie des documents suivants concernant le contrat d'assurance visé ci-dessus:<br><br>☐ Vertragstext     Wording     Texte du contrat<br>☐ Nachträge     Endorsements     Avenants<br>☐ Anhänge/zusätze     Riders     Annexes<br>☐ Nebenabreden     Sideletters     Clauses accessoires<br>☐ Übersichten/Tabellen     Schedule     Tableaux<br>☐ Prämienrechnungen/     Premium accounts/     Factures/<br>    -abrechnungen     Premium statements     Décomptes de primes<br>☐ Gewinnbeteiligungen     Profit sharings     Participations aux bénéfices |
| ☐ | 9 | Raum für weitere Informationen im Zusammenhang mit Ihrer Anfrage und für Fragen, die nicht durch die oben stehenden Musterfragen (Frage 1-8) abgedeckt sind (falls notwendig, zusätzliche Seiten beifügen).<br>Space for additional information in connection with your request and on issues not covered by the above questions (questions 1-8) (please attach additional sheets as necessary).<br>Prière d'utiliser cet espace pour fournir des informations complémentaires concernant votre demande et pour les points qui n'auraient pas été traités dans le cadre des questions à caractère général ci-dessus (questions 1-8) (utiliser un feuillet séparé si nécessaire). |

# 6. Auskunftsersuchen: Ersuchen im deutsch-österreichischen Auskunftsverkehr

**Finanzamt** Anlage 5

| Steuernummer | | Datum | |
|---|---|---|---|
| | | Bearbeiter | |
| ☐ | Eilsache (vgl. Begründung im Ersuchen) | Telefon | |
| | | E-Mail | |

| Über ☐ | Oberfinanzdirektion/ Sonstige zuständige Landesbehörde | Aktenzeichen der OFD/sonstige zuständige Landesbehörde |
|---|---|---|
| | | Datum, Sichtvermerk |

| Über ☐ | Finanzminister/Finanzsenator | Aktenzeichen des FM/FS |
|---|---|---|
| | | Datum, Sichtvermerk |

**An**
☐ Bundeszentralamt für Steuern    mit 1 Anlage
53221 Bonn    (2-fach)

**An**
☐ Steuer- und Zollkoordination des    mit 1 Anlage
Bundesministeriums für Finanzen    (2-fach)
Fachbereich Internationales Steuerrecht
Aignerstraße 10
5026 SALZBURG
ÖSTERREICH

**Zwischenstaatlicher Auskunftsaustausch in Steuersachen;**

Auskunftsersuchen an: _____

Name und Anschrift des Steuerpflichtigen _____

Ich übersende in doppelter Ausfertigung
☐ ein Auskunftsersuchen.
☐ einen Vorschlag einer zeitlich abgestimmten Außenprüfung.
☐ eine Voranfrage.
☐ Der Steuerpflichtige ist
  ☐ von dem Auskunftsersuchen/der geplanten zeitlich abgestimmten Außenprüfung unterrichtet worden und hat
    ☐ keine Einwendungen erhoben.
    ☐ die aus der Anlage ersichtlichen Einwendungen erhoben.
  ☐ nicht unterrichtet worden, weil

☐ Zur Beschleunigung des Verfahrens verzichte ich zunächst auf eine Übersetzung der Antwort.

Im Auftrag

## 7. Spontanauskünfte: Mitteilung über Zahlungen aus deutschen Quellen

**Finanzamt**  Anlage 6 (DE/EN/FR)

Steuernummer/Aktenzeichen/file number/Numéro fiscal

**Mitteilung/Spontanauskunft an**
(ausländischen Staat)

**Mitteilung/Spontanauskunft
im steuerlichen Auskunftsaustausch
über Zahlungen aus deutschen Quellen**

**Information**
on payment from German sources, made under the arrangements for the exchange of tax information

**Communication**
concernant des versements de source allemande adressée dans le cadre des échanges de renseignements fiscaux

**Mitteilung/Spontanauskunft** nach/Information supplied pursuant to/Communication effectuée en vertu

☐ Artikel 4 der EG-Amtshilfe-Richtlinie/Article 4 of the EC Mutual Assistance Directive/de l'article 4 de la directive communautaire sur l'assistance mutuelle

☐ Artikel / Article / de l'article  —  des deutsch- / of the German- / de la convention fiscale germano-  —  Doppelbesteuerungsabkommens / Double Taxation Agreement

☐ dem deutsch- / the German- / de la convention germano-  —  Abkommen über Amtshilfe in Steuersachen / Agreement on mutual administrative assistance in tax matters / sur l'assistance administrative en matière fiscale

**Empfänger/Nutzungsberechtigter der Zahlung/Payee/beneficiary/Bénéficiaire des versements**

Name/name/Nom

Anschrift/address/Adresse

**Zahlungsverpflichteter/Payer/Débiteur**

Name/name/Nom

Anschrift/address/Adresse

**Angaben zum Leistungsaustausch**/Details of the transaction(s)/Indications concernant l'échange de prestations

| Lfd. Nr.<br>Ser. No.<br>N° d'ordre | Datum/Date<br>der Rechnung/of the invoice /<br>de la facture | Nr./No/Numéro | Gegenstand der Lieferung/Leistung/Zahlungsgrund Goods<br>delivered/services rendered/reason for payment<br>Objet de la livraison/prestation/motif du paiement | OECD-Schlüssel<br>OECD-Code<br>OCDE-Code | Rechnungsbetrag<br>Invoice amount<br>Montant de la facture<br>(Währung/currency /<br>monnaie) |
|---|---|---|---|---|---|
| | | | | | |
| | | | | | |
| | | | | | |
| | | | | | |
| | | | | | |
| | | | | | |
| | | | | | |
| | | | | | |
| | | | | | |

| zu lfd. Nr. Ser. No. Rappel N° | Zahlungstag Date of payment Date du paiement | Zahlungsart Method of payment Mode de paiement | Bankverbindung/Bank account/Coordonnées bancaires |
|---|---|---|---|
| | | | |
| | | | |
| | | | |
| | | | |
| | | | |

**Besondere Feststellungen** (z.B. Einschaltung von Steueroasen) /
Remarks (e.g. use of tax havens)/Constatations particulières (par exemple, utilisation de paradis fiscaux)

Soweit Sie bei der **Auswertung dieser Mitteilung** feststellen, dass der oder die aufgeführten Beträge dem Empfänger nicht zugeflossen sind, ganz oder zum Teil an Dritte weitergeleitet worden oder ganz oder zum Teil an den Zahlenden zurückgeflossen sind, bitte ich um Unterrichtung. Entsprechendes gilt für sonstige Feststellungen, die für die Besteuerung in der Bundesrepublik Deutschland von Bedeutung sein können.
If when **evaluating this information** you discover that the above mentioned amount(s) have not accrued to the payee, have been passed on to third persons in whole or in part or have returned to the payer in whole or in part, please advise me of this fact. The same applies to any other information you may gain which is likely to be relevant to taxation in the Federal Republic of Germany.
Si, lors de **l'exploitation des renseignements communiqués**, vous constatez que le ou les montants indiqués ci-dessus, ne sont pas parvenus au bénéficiaire, ont été transmis en totalité ou en partie à des tiers ou vous ont été reversés en totalité ou en partie à celui qui les a payés, vous êtes prié de bien vouloir m'en informer. Ceci vaut également pour toutes autres constatations susceptibles de présenter de l'importance pour l'imposition en République fédérale d' Allemagne.

**Sonstige Mitteilungen**/Further information/Autres communications

Die in dieser Mitteilung enthaltenen Angaben unterliegen den Geheimhaltungsbestimmungen der obengenannten Regelung. Sie dürfen nur für die in dieser Regelung genannten Zwecke, beschränkt auf die dort genannten Steuern, verwendet werden.
The information communicated herewith is subject to the provisions concerning secrecy contained in the above mentioned arrangement. They may be used only for the purposes specified in this arrangement, limited to the taxes named there.
Les renseignements communiqués sont soumis aux dispositions concernant le secret contenues dans le texte susmentionné. Ils ne peuvent être utilisés qu'aux fins prévues dans le texte en question et uniquement pour les impôts qui y sont visés.

Im Auftrag/By authority/Par délégation

# 8. Mitteilung über Vergütungen aus unselbständiger Arbeit

## 8. Spontanauskünfte: Mitteilung über Vergütungen aus unselbständiger Arbeit

**Finanzamt**　　　　　　　　　　　　　　　　　　　　　　　　　　Anlage 7 (DE/EN/FR)

| Steuernummer/Aktenzeichen/file number/Numéro fiscal |
|---|
|  |

| Mitteilung/Spontanauskunft an<br>(ausländischen Staat) | Mitteilung/Spontanauskunft<br>im steuerlichen Auskunftsaustausch<br>über Vergütungen aus unselbständiger<br>Arbeit |
|---|---|
|  | **Information**<br>under the exchange of information on tax matters<br>concerning income from dependent employment |
|  | **Communication**<br>concernant des revenus d'activité salariée effectuée dans<br>le cadre des échanges de renseignements fiscaux |
|  | OECD-Schlüssel/OECD-Code/OCDE-Code:　　15 |

**Mitteilung/Spontanauskunft** nach/Information supplied pursuant to/Communication effectuée en vertu de

☐ Artikel 4 der EG-Amtshilfe-Richtlinie/Article 4 of the EC Mutual Assistance Directive/l'article 4 de la directive communautaire sur l'assistance mutuelle

☐ Artikel / Article / l'article des deutsch- / of the German- / de la convention fiscale germano-　　Doppelbesteuerungsabkommens / Double Taxation Agreement / en vue d'éviter les doubles impositions

☐ dem deutsch- / the German- / l'accord germano-　　Abkommen über Amtshilfe in Steuersachen / Agreement on mutual administrative assistance in tax matters / sur l'assistance administrative en matière fiscale

**Arbeitnehmer/Vergütungsempfänger**/Employee/beneficiary/Salarié/bénéficiaire des rémunérations

| Name/name/Nom | Geburtsdatum/Date of birth/Date de naissance |
|---|---|
|  |  |

| Anschrift in Deutschland/address in Germany/Adresse en Allemagne |
|---|
|  |

| Anschrift im Tätigkeitsstaat/address in country of employment/Adresse dans le pays où est exercée l'activité |
|---|
|  |

**Arbeitgeber**/Employer/Employeur

| Name/name/Nom |
|---|
|  |

| Anschrift/address/Adresse |
|---|
|  |

| Anschrift der Betriebsstätte im Tätigkeitsstaat/Address of permanent establishment in the country of employment/Adresse de l'établissement stable dans le pays où est exercée l'activité |
|---|
|  |

**Angaben zur ausgeübten Tätigkeit**/Details of work performed/Indications concernant l'activité exercée

| Zeitraum des Aufenthalts im Tätigkeitsstaat/Dates of stay in country of employment/<br>Dates de séjour dans le pays où est exercée l'activité | Tätigkeitsort/Place of work/lieu où est exercée l'activité | Anteilige Vergütung/<br>Pro rata remuneration/<br>Rémunérations correspondantes<br>(Währung/currency/monnaie) |
|---|---|---|
|  |  |  |
|  |  |  |
|  |  |  |
|  |  |  |
|  |  |  |
|  |  |  |

An den vorstehenden Vergütungen steht dem Tätigkeitsstaat nach dem geltenden Doppelbesteuerungsabkommen mit Deutschland ein Besteuerungsrecht zu, da
Under the current Double Taxation Agreement with Germany, the country of employment has the right to tax the above remuneration because
Conformément aux dispositions de la convention fiscale en vigueur avec l'Allemagne, le pays où est exercée l'activité possède un droit d'imposition sur les rémunérations visées ci-dessus, dès lors que

☐ sich der Arbeitnehmer länger als 183 Tage im Tätigkeitsstaat aufgehalten hat./the employee was present in the country of employment for a period exceeding 183 days./le salarié a séjourné plus de 183 jours dans le pays où est exercée l'activité.

☐ die Vergütungen von oder für einen im Tätigkeitsstaat ansässigen Arbeitgeber gezahlt werden sind./the remuneration was paid by or on behalf of an employer resident in the country of employment./les rémunérations ont été versées par ou pour le compte d'un employeur résident du pays où est exercée l'activité.

☐ die Vergütungen von einer Betriebsstätte oder einer festen Einrichtung des Arbeitgebers im Tätigkeitsstaat getragen worden sind./the remuneration was borne by a permanent establishment or a fixed place of business of the employer in the country of employment./les rémunérations proviennent d'un établissement stable ou d'une base fixe que possède l'employeur dans le pays où est exercée l'activité.

Soweit Sie bei der Auswertung dieser Mitteilung Feststellungen treffen, die für die Besteuerung in der Bundesrepublik Deutschland von Bedeutung sein können, bitte ich, mich zu informieren.
If you make any findings in evaluating this information which could be of significance for taxation in the Federal Republic of Germany I should be grateful if you could notify me accordingly.
Si l'exploitation des renseignements communiqués donne lieu, de votre part, à des constatations susceptibles de présenter un intérêt pour l'imposition en République fédérale d'Allemagne, vous êtes prié de bien vouloir m'en informer.

**Sonstige Mitteilungen/Further information/Autres communications**

|  |
|  |
|  |
|  |
|  |

Die in dieser Mitteilung enthaltenen Angaben unterliegen den Geheimhaltungsbestimmungen der oben genannten Regelung. Sie dürfen nur für die in dieser Regelung genannten Zwecke, beschränkt auf die dort genannten Steuern, verwendet werden.
The information communicated herewith is subject to the provisions concerning secrecy contained in the above mentioned arrangement. They may be used only for the purposes specified therein, limited to the taxes named there.
Les renseignements figurant dans la présente communication sont soumis aux règles de confidentialité prévues par les dispositions visées ci-dessus. Ils ne peuvent être utilisés qu'aux fins et que pour les impôts qui y sont mentionnés.

Im Auftrag/By authority/Par délégation

_____

## 9. Spontanauskünfte: Mitteilung über Zahlungen aus deutschen Quellen durch Geschäftsbeziehungen zu deutschen Kreditinstituten

Finanzamt                                                                                           Anlage 8 (DE/EN/FR)

Steuernummer/Aktenzeichen/file number/Numéro fiscal

|  |  |
|---|---|
| **Mitteilung/Spontanauskunft an** <br> (ausländischen Staat) | **Mitteilung/Spontanauskunft** <br> im steuerlichen Auskunftsaustausch über Zahlungen aus deutschen Quellen durch Geschäftsbeziehungen zu deutschen Kreditinstituten <br><br> **Information** <br> on payments from German sources through business with German banks, supplied under the arrangements for the exchange of tax information. <br><br> **Communication** <br> concernant des revenus (paiement) de source allemande versés par des établissements de crédit allemands, effectuée dans le cadre des échanges de renseignements fiscaux |

**Mitteilung/Spontanauskunft** nach/Information supplied pursuant to/Communication effectuée en vertu de

☐ Artikel 4 der EG-Amtshilfe-Richtlinie/Article 4 of the EC Mutual Assistance Directive/l'article 4 de la directive communautaire sur l'assistance mutuelle

☐ 
| Artikel  | des deutsch- | Doppelbesteuerungsabkommens |
| Article  | of the German- | Double Taxation Agreement |
| l'article | de la convention fiscale germano- | en vue d'éviter les doubles impositions |

☐ 
| dem deutsch- | Abkommen über Amtshilfe in Steuersachen |
| the German- | Agreement on mutual administrative assistance in tax matters |
| la convention germano- | sur l'assistance administrative en matière fiscale |

**Kunde des deutschen Kreditinstituts**/Customer of the German bank/Client de l'établissement de crédit allemand

Name/name/Nom

Anschrift/address/Adresse

**Deutsches Kreditinstitut**/German bank/Établissement de crédit allemand

Name/name/Nom

Anschrift/address/Adresse

**Angaben zum Geschäftsvorfall**/Details of the transaction/Indications concernant l'opération

| Lfd. Nr. <br> Ser. No. <br> N° d'ordre | Datum/Date | Bankgeschäft (Ein-, Auszahlung, Überweisung, Geldanlage, Wertpapiergeschäft usw.) <br> Transaction (inpayment, outpayment, transfer, money deposit, securities transaction etc.) <br> Nature de l'opération bancaire (versement, retrait, virement, placement, opérations sur valeurs mobilières etc.) | Betrag <br> Amount <br> Montant <br> (Währung/currency/monnaie) |
|---|---|---|---|
|  |  |  |  |
|  |  |  |  |
|  |  |  |  |
|  |  |  |  |
|  |  |  |  |
|  |  |  |  |

**Besondere Feststellungen** (z.B. Einschaltung von Steueroasen)/Remarks (e.g. use of tax havens)/Constatations particulières (par exemple, utilisation de paradis fiscaux)

Zeitpunkt der Entdeckung der Tat/Time of detection of the operation/Date à laquelle l'opération a été constatée

Soweit Sie bei der **Auswertung dieser Mitteilung** feststellen, dass der oder die aufgeführten Beträge dem Empfänger nicht zugeflossen sind, ganz oder zum Teil an Dritte weitergeleitet wurden oder ganz oder zum Teil an den Zahlenden zurückgeflossen sind, bitte ich um Unterrichtung. Entsprechendes gilt für sonstige Feststellungen, die für die Besteuerung in der Bundesrepublik Deutschland von Bedeutung sein können.

If when **evaluating this information** you discover that the above-mentioned amount or amounts, have not accrued to the payee, have been passed on to third persons in whole or in part or have returned to the payer in whole or in part, please advise me accordingly. The same applies to any other information you may gain which is likely to be relevant to taxation in the Federal Republic of Germany.

Si, lors de **l'exploitation des renseignements** communiqués, vous constatez que le ou les montants indiqués ci-dessus, ne sont pas parvenus au bénéficiaire, ont été transmis en totalité ou en partie à des tiers ou ont été reversés en totalité ou en partie à celui qui les a payés, vous êtes prié de bien vouloir m'en informer. Ceci vaut également pour toutes autres constatations susceptibles de présenter de l'intérêt pour l'imposition en République fédérale d'Allemagne.

**Sonstige Mitteilungen**/Further information/Autres communications

Die in dieser Mitteilung enthaltenen Angaben unterliegen den Geheimhaltungsbestimmungen der o.g. Regelung. Sie dürfen nur für die in dieser Regelung genannten Zwecke, beschränkt auf die dort genannten Steuern, verwendet werden.

The information communicated herewith is subject to the provisions concerning secrecy contained in the above-mentioned arrangement. It may be used only for the purposes specified in this arrangement, limited to the taxes named there.

Les renseignements communiqués sont soumis aux règles de confidentialité prévues par la directive ou les conventions visées ci-dessus. Ils ne peuvent être utilisés qu'aux fins et que pour les impôts qui y sont mentionnés.

Im Auftrag/By authority/Par délégation

# 10. Mitteilung über unentgeltliche Vermögensübertragungen

## 10. Spontanauskünfte: Mitteilung über unentgeltliche Vermögensübertragungen

**Finanzamt**

Anlage 9 (DE/CZ/EN)

Steuernummer/Aktenzeichen/daňové číslo/ file number

| | |
|---|---|
| | **Mitteilung/Spontanauskunft im steuerlichen Auskunftsaustausch über unentgeltliche Vermögensübertragungen** |
| **Mitteilung/Spontanauskunft an** (ausländischen Staat) | **Sdělení/podání informací** v daňové věci ohledně bezplatného převodu majetku |
| | **Information** under the exchange of information on tax matters concerning gratuitous transfers of property |

**Mitteilung/Spontanauskunft** nach/Sdělení/podání informací podle/ Information supplied pursuant to

☐ Artikel 4 der EG-Amtshilfe-Richtlinie/článku 4 směrnice ES o vzájemné úřední pomoci/Article 4 of the EC Mutual Assistance Directive

| ☐ Artikel | des deutsch- | Doppelbesteuerungsabkommens auf dem Gebiet der Erbschaft- und Schenkungssteuern |
|---|---|---|
| článek | německo - | Smlouvy o zamezení dvojího zdanění v oblasti dědické a darovací daně |
| Article | of the German- | Double Taxation Agreement with respect to taxes on estates, inheritances and gifts |
| ☐ Artikel | des deutsch- | Doppelbesteuerungsabkommens auf dem Gebiet der Steuern vom Einkommen und vom Vermögen |
| článek | německo - | Smlouvy o zamezení dvojího zdanění v oblasti daně z příjmu a majetku |
| Article | of the German- | Double Taxation Agreement with respect to taxes on income and property |

**Angaben zur unentgeltlichen Vermögensübertragung/Údaje o bezplatném převodu majetku/Details on the gratuitous transfer of capital**

**Erwerber/Nabyvatel/acquirer**

Name/jméno/name

Anschrift/adresa/address

**Erblasser/Schenker/Zůstavitel/Dárce/ deceased/donor**

Name/jméno/name

Anschrift/adresa/ address

Todestag/Tag der Schenkung/datum úmrtí/datum darování/date of death/date of donation

Die in der **Anlage** aufgeführten Vermögensgegenstände waren Gegenstand einer unentgeltlichen Vermögensübertragung.
Majetek uvedený v **příloze** byl předmětem bezplatného převodu.
The assets listed in the **annex** were the object of a gratuitous transfer of property.

☐ Die Mitteilung erfolgt zur Auswertung für **Erbschaft- und Schenkungsteuerzwecke**./Podané informace slouží k vyhodnocení údajů pro **účely dědické a darovací daně**./This information ist supplied for the purposes of evaluation with regard to **estate, inheritance and gift taxes**.

☐ Die Mitteilung erfolgt zur Auswertung für **Ertrag- und Vermögensteuerzwecke**./Podané informace slouží k vyhodnocení údajů pro účely **daně ze zisku a z majetku**./This information ist supplied for the purposes of evaluation with regard to **taxes on earnings and property**.

**Besondere Feststellungen**/Zjištění o zváštních skutečnostech/remarks

Soweit Sie bei der Auswertung dieser Mitteilung/Spontanauskunft Feststellungen treffen, die für die Besteuerung in der Bundesrepublik Deutschland von Bedeutung sein können, bitte ich mich zu informieren.

Zjistíte-li při vyhodnocení tohoto sdělení skutečnosti, jež by mohly mít význam pro zdanění ve Spolkové republice Německo, žádám Vás o vyrozumění.

Should you uncover any facts in evaluating this information which could be of significance for taxation in the Federal Republic of Germany, I should be grateful if you could notify me accordingly.

Die in dieser Mitteilung/Spontanauskunft enthaltenen Angaben unterliegen den Geheimhaltungsbestimmungen der oben genannten Regelung. Sie dürfen nur für die in dieser Regelung genannten Zwecke, beschränkt auf die dort genannten Steuern, verwendet werden.

Informace podané v tomto sdělení podléhají ustanovením o zachování služebního tajemství ve výše uvedeném předpise. Je možno, použít je pouze k účelům v tomto předpise uvedeným a ohledně daní zde vyjmenovaných.

The information communicated herewith is subject to the provisions concerning secrecy contained in the above mentioned arrangement. They may be used only for the purposes specified in this arrangement, limited to the taxes named there.

Im Auftrag/Z pověření/By authority

## 11. Spontanauskünfte im deutsch-österreichischen Auskunftsverkehr

**Finanzamt**  Anlage 10

| Steuernummer | Datum |
| --- | --- |
|  | Bearbeiter |
|  | Telefon |
|  | E-Mail |

| Über ☐ | Oberfinanzdirektion/ Sonstige zuständige Landesbehörde | Aktenzeichen der OFD/sonstige zuständige Landesbehörde |
| --- | --- | --- |
|  |  | Datum, Sichtvermerk |

| Über ☐ | Finanzminister/Finanzsenator | Aktenzeichen des FM/FS |
| --- | --- | --- |
|  |  | Datum, Sichtvermerk |

| An ☐ | Bundeszentralamt für Steuern 53221 Bonn | mit 1 Anlage (2-fach) |
| --- | --- | --- |
| An ☐ | Steuer- und Zollkoordination des Bundesministeriums für Finanzen Fachbereich Internationales Steuerrecht Aignerstraße 10 5026 SALZBURG ÖSTERREICH | mit 1 Anlage (2-fach) |

**Zwischenstaatlicher Auskunftsaustausch in Steuersachen;**

hier: Mitteilung/Spontanauskunft betreffend _____

_____

Ich übersende eine Mitteilung/Spontanauskunft über einen Sachverhalt, der für die Besteuerung in

_____

erheblich sein kann. Der inländische Beteiligte

☐ ist angehört worden und

  ☐ hat keine Einwendungen erhoben.

  ☐ hat die aus der Anlage ersichtlichen Einwendungen erhoben.

☐ ist nicht angehört worden, weil _____

_____

☐ Weitere Hinweise: _____

_____

Im Auftrag

## 12. Protokoll zum Übereinkommen von 2000 über die Rechtshilfe in Strafsachen zwischen den Mitgliedstaaten der Europäischen Union

Amtsblatt der Europäischen Gemeinschaften vom 21.11.2001 C 326/1 (Auszug Art. 1 bis 8)

**PROTOKOLL**

**– vom Rat gemäß Artikel 34 des Vertrags über die Europäische Union erstellt – zu dem Übereinkommen über die Rechtshilfe in Strafsachen zwischen den Mitgliedstaaten der Europäischen Union**

Die hohen Vertragsparteien dieses Protokolls, Mitgliedstaaten der Europäischen Union –

Unter Bezugnahme auf den Rechtsakt des Rates vom 16. Oktober 2001 über die Erstellung des Protokolls zu dem Übereinkommen über die Rechtshilfe in Strafsachen zwischen den Mitgliedstaaten der Europäischen Union,

In Anbetracht der auf der Tagung des Europäischen Rates in Tampere am 15. und 16. Oktober 1999 angenommenen Schlussfolgerungen sowie der Notwendigkeit, diese Schlussfolgerungen unverzüglich in die Tat umzusetzen, so dass das Ziel der Schaffung eines Raums der Freiheit, der Sicherheit und des Rechts erreicht wird,

Unter Berücksichtigung der Empfehlungen der Sachverständigen anlässlich der Vorlage der Berichte zur gegenseitigen Begutachtung, die entsprechend der Gemeinsamen Maßnahme 97/827/JI des Rates vom 5. Dezember 1997 betreffend die Schaffung eines Mechanismus für die Begutachtung der einzelstaatlichen Anwendung und Umsetzung der zur Bekämpfung der organisierten Kriminalität eingegangenen internationalen Verpflichtungen[1] erstellt wurden,

In der Überzeugung, dass zusätzliche Maßnahmen auf dem Gebiet der Rechtsfhilfe in Strafsachen für die Bekämpfung der Kriminalität, insbesondere der organisierten Kriminalität, der Geldwäsche und der Finanzkriminalität, erforderlich sind –

Haben folgende Bestimmungen vereinbart, die dem Übereinkommen vom 29. Mai 2000 über die Rechtshilfe in Strafsachen zwischen den Mitglied-

---

[1] ABl. L 344 vom 15.12.1997 S. 7.

staaten der Europäischen Union[1] – nachstehend „Rechtshilfeübereinkommen von 2000" genannt – beigefügt werden und die Bestandteil jenes Übereinkommens sind:

**Artikel 1 Auskunftsersuchen zu Bankkonten**

(1) Jeder Mitgliedstaat ergreift nach Maßgabe dieses Artikels die Maßnahmen, die erforderlich sind, um auf Antrag eines anderen Mitgliedstaats festzustellen, ob eine natürliche oder juristische Person, gegen die strafrechtliche Ermittlungen laufen, eines oder mehrere Bankkonten gleich welcher Art bei einer in seinem Gebiet niedergelassenen Bank unterhält oder kontrolliert; wenn dies der Fall ist, übermittelt er alle Angaben zu den ermittelten Konten.

Die Informationen erstrecken sich ferner – falls darum ersucht wurde und soweit die Informationen innerhalb einer angemessenen Frist geliefert werden können – auf Konten, für die die Person, gegen die ein Verfahren läuft, eine Vollmacht besitzt.

(2) Die Verpflichtung nach diesem Artikel gilt nur insoweit, als die kontoführende Bank über die diesbezüglichen Informationen verfügt.

(3) Die in diesem Artikel festgelegte Verpflichtung gilt nur, wenn die Ermittlung Folgendes betrifft:

– eine Straftat, die mit einer Freiheitsstrafe oder einer die Freiheit beschränkenden Maßregel der Sicherung und Besserung im Höchstmaß von mindestens vier Jahren im ersuchenden Staat und von mindestens zwei Jahren im ersuchten Staat bedroht ist, oder

– eine Straftat, die in Artikel 2 des Übereinkommens von 1995 zur Errichtung eines Europäischen Polizeiamtes (Europol-Übereinkommen) oder im Anhang zu jenem Übereinkommen in der geänderten Fassung aufgeführt ist, oder

– soweit sie nicht unter das Europol-Übereinkommen fällt, eine Straftat, die in dem Übereinkommen von 1995 über den Schutz der finanziellen Interessen der Europäischen Gemeinschaften oder in dem dazugehörigen Protokoll von 1996 oder in dem dazugehörigen Zweiten Protokoll von 1997 aufgeführt ist.

---

1 ABl. C 197 vom 12.7.2000 S. 3.

(4) Die ersuchende Behörde
- gibt in dem Ersuchen an, weshalb die erbetenen Auskünfte für die Aufklärung der Straftat wahrscheinlich von wesentlichem Wert sind;
- gibt in dem Ersuchen an, weshalb sie annimmt, dass die Konten von Banken in dem ersuchten Mitgliedstaat geführt werden, und – soweit dies möglich ist – welche Banken möglicherweise betroffen sind;
- teilt in dem Ersuchen die verfügbaren Informationen mit, die die Erledigung des Ersuchens erleichtern können.

(5) Die Mitgliedstaaten können die Erledigung eines Ersuchens nach diesem Artikel von denselben Bedingungen abhängig machen, die für Ersuchen um Durchsuchung oder Beschlagnahme gelten.

(6) Der Rat kann gemäß Artikel 34 Absatz 2 Buchstabe c) des Vertrags über die Europäische Union beschließen, den Anwendungsbereich von Absatz 3 zu erweitern.

**Artikel 2 Auskunftsersuchen zu Bankgeschäften**

(1) Auf Antrag des ersuchenden Staates übermittelt der ersuchte Staat die Angaben über bestimmte Bankkonten und über Bankgeschäfte, die während eines bestimmten Zeitraums im Zusammenhang mit einem oder mehreren in dem Ersuchen angegebenen Bankkonten getätigt wurden, einschließlich der Angaben über sämtliche Überweisungs- und Empfängerkonten.

(2) Die Verpflichtung nach diesem Artikel gilt nur insoweit, als die kontoführende Bank über die diesbezüglichen Informationen verfügt.

(3) Der ersuchende Mitgliedstaat gibt in seinem Antrag an, warum er die erbetenen Auskünfte für die Aufklärung der Straftat für wichtig hält.

(4) Die Mitgliedstaaten können die Erledigung eines Ersuchens nach diesem Artikel von denselben Bedingungen abhängig machen, die für Ersuchen um Durchsuchung oder Beschlagnahme gelten.

**Artikel 3 Ersuchen um Überwachung von Bankgeschäften**

(1) Jeder Mitgliedstaat verpflichtet sich, dafür zu sorgen, dass auf Ersuchen eines anderen Mitgliedstaats Bankgeschäfte, die während eines bestimmten Zeitraums im Zusammenhang mit einem oder mehreren in dem Ersuchen angegebenen Bankkonten getätigt werden, überwacht werden können, und übermittelt die betreffenden Ergebnisse dem ersuchenden Mitgliedstaat.

(2) Der ersuchende Staat gibt in seinem Antrag an, warum er die erbetenen Auskünfte für die Aufklärung der Straftat für wichtig hält.

(3) Die Entscheidung über die Überwachung wird in jedem Einzelfall von den zuständigen Behörden des ersuchten Mitgliedstaats unter gebührender Berücksichtigung seines innerstaatlichen Rechts getroffen.

(4) Die praktischen Einzelheiten der Überwachung werden zwischen den zuständigen Behörden des ersuchenden und des ersuchten Mitgliedstaats vereinbart.

**Artikel 4 Vertraulichkeit**

Jeder Mitgliedstaat ergreift die erforderlichen Maßnahmen, um zu gewährleisten, dass die Banken den betroffenen Bankkunden oder sonstige Dritte nicht davon in Kenntnis setzen, dass dem ersuchenden Staat eine Information gemäß den Artikeln 1, 2 oder 3 erteilt worden ist oder dass Ermittlungen durchgeführt werden.

**Artikel 5 Informationspflicht**

Wenn die zuständige Behörde des ersuchten Mitgliedstaats bei der Erledigung eines Rechtshilfeersuchens zu der Auffassung gelangt, dass es zweckmäßig sein könnte, die Ermittlungen, die anfänglich nicht vorgesehen waren oder die zum Zeitpunkt des Ersuchens nicht hatten spezifiziert werden können, durchzuführen, setzt sie die ersuchende Behörde hiervon unverzüglich in Kenntnis, damit diese weitere Maßnahmen ergreifen kann.

**Artikel 6 Ergänzende Rechtshilfeersuchen**

(1) Stellt die zuständige Behörde des ersuchenden Mitgliedstaats ein Rechtshilfeersuchen, das ein früheres Ersuchen ergänzt, so braucht sie keine Informationen zu übermitteln, die bereits im Rahmen des ursprünglichen Ersuchens übermittelt wurden. Das ergänzende Ersuchen muss alle zur Identifizierung des ursprünglichen Ersuchens notwendigen Angaben enthalten.

(2) Wirkt die zuständige Behörde, die das Rechtshilfeersuchen gestellt hat, gemäß den geltenden Bestimmungen an der Erledigung des Ersuchens im ersuchten Mitgliedstaat mit, so kann sie unbeschadet des Artikels 6 Absatz 3 des Rechtshilfeübereinkommens von 2000 während des Aufenthalts im ersuchten Mitgliedstaat ein ergänzendes Ersuchen direkt an die zuständige Behörde dieses Staates richten.

## Artikel 7  Bankgeheimnis

Das Bankgeheimnis darf von einem Mitgliedstaat nicht als Begründung für die Ablehnung jeglicher Zusammenarbeit in Bezug auf ein Rechtshilfeersuchen eines anderen Mitgliedstaats herangezogen werden.

## Artikel 8  Fiskalische strafbare Handlungen

(1) Rechtshilfe kann nicht allein deshalb verweigert werden, weil ein Ersuchen sich auf eine strafbare Handlung bezieht, die vom ersuchten Mitgliedstaat als fiskalische strafbare Handlung betrachtet wird.

(2) Hat ein Mitgliedstaat die Erledigung eines Ersuchens um Durchsuchung oder Beschlagnahme der Bedingung unterworfen, dass die dem Ersuchen zugrunde liegende strafbare Handlung auch nach seinem Recht strafbar ist, so ist diese Bedingung in Bezug auf die strafbaren Handlungen nach Absatz 1 erfüllt, wenn die Handlung nach seinem Recht einer strafbaren Handlung derselben Art entspricht.

Das Ersuchen darf nicht mit der Begründung abgelehnt werden, dass das Recht des ersuchten Mitgliedstaats nicht dieselbe Art von Abgaben oder Steuern oder keine Abgaben-, Steuer-, Zoll- oder Devisenbestimmungen derselben Art wie das Recht des ersuchenden Mitgliedstaats vorsieht.

(3) Artikel 50 des Übereinkommens zur Durchführung des Schengener Übereinkommens wird aufgehoben.

# Stichwortverzeichnis

Die Zahlen verweisen auf die Seiten.

**A**

Ablaufhemmung 52
Abwendungsbefugnis 137
Amtshilfe, siehe Internationale Amts- und Rechtshilfe 191
anonyme Anzeigen 158
Anzeigepflichten
– Behörden 82 f.
– der dt. Konsuln 84, 175
– der Genehmigungsbehörden 86
– der Zulassungsstellen 76
– Gemeinden 75
– Gerichte 82 f., 85
– Notare 82 f.
– öffentlich-rechtliche Rundfunkanstalten 74
– private Versicherungsunternehmen 71
– Standesämter 84
– v. Banken beim Tod eines Kontoinhabers, siehe Banken 69
Aufgebote 94
Aufgebotsverfahren 94
Auskunftsersuchen „ins Blaue hinein" 38
Außenprüfung, siehe Betriebsprüfung, digitale 52
Außenwirtschaftsverkehr
– Meldvorschriften für den bargeldlosen Zahlungsverkehr 173

**B**

Bahamas 249
Banken
– Anzeigepflicht beim Tod eines Kontoinhabers 69, 174
– Auskunftspflichten als andere Personen 38
– Durchsuchungshandlungen bei 135
– Gläubiger- und Bevollmächtigtenverzeichnis 144
– Identifizierungs- und Aufzeichnungspflichten nach dem Geldwäschegesetz 143
– Meldepflichten der unselbstständigen ausländischen Niederlassungen 174
Bankgeheimnis (Deutschland) 24
Bankleitzahlen-Research 108
Bargeld-Grenzkontrollen 164
– Übermittlung an Finanzbehörden 169
– Verhaltensregeln 167
Bargeldtransfer und Bargeldbewegungen nach EU VO 1889/2005 170
– meldepflichtige Barmittel 171
Belgien
– EU-Zinssteuer 177
Benfordsches Gesetz 115
Berichtigungsanzeige nach § 153 AO 53
Beteiligungen an ausländischen Kapitalgesellschaften
– Meldepflichten 30
Beteiligungserwerb
– Mitteilungspflichten 30
Betriebseröffnungsbogen 76
Betriebsprüfung, digitale
– Abgleichmethoden und Plausibilitätsprüfungen 113
– Benfordsches Gesetz 115
– Datenträgerüberlassung 111
– Fernabfrage 112
– graphischer Zeitreihenvergleich 112, 120
– Größenklassen 110
– international koordinierte 212
– mittelbarer Datenzugriff 111
– Prüfsoftware IDEA 112, 121

– Prüfungsschwerpunkte 109
– Rechtsfolgen 109
– Richtsatzsammlungen 113
– unmittelbarer Datenzugriff 29, 111
Betriebstätte
– Meldepflichten 30
Bundesanstalt für Finanzdienstleistungsaufsicht 41 f., 66, 102, 149
Bundeskriminalamt 142, 148 f.

**C**

Cash-Kreditkartenkonten 67
Chiffre-Anzeigen 91, 130

**D**

Doppelbesteuerungsabkommen 192, 194, 204, 234
– Auskunftsarten 199
– automatische Auskünfte 199
– großer Auskunftsaustausch 197
– Informationsaustausch, Rechtsgrundlage 194
– kleine Auskunftsklausel 197
– Luxemburg, siehe dort 200
– Österreich, siehe dort 202
– Spontanauskünfte 199

**E**

ECHELON-Netz 99
EG-Amtshilfe-Gesetz 192, 204, 207
– automatischer Auskunftsaustausch 209
– grenzübergreifende Ermittlungshandlungen 211
– Spontanauskünfte 208
– System-Richtlinie 210
EG-Amtshilfe-Richtlinie 163, 192
Einzelfahrtennachweise, siehe LKW-Maut 151
elektronischer Einkommensnachweis (ELENA) 158
Energieversorger
– als auskunftspflichtige Dritte 70

Erbauseinandersetzungen
– Vereinbarungen u. Anzeigepflichten an F-Ämter 84
Erbschein
– Erteilung von - u. Anzeigepflichten an F-Ämter 84
Ermittlungen „ins Blaue hinein" 40
Europäisches Amt für Betrugsbekämpfung (OLAF) 241
Europäisches Übereinkommen über die Rechtshilfe in Strafsachen, siehe Internationale Amts- und Rechtshilfe 215
europaweiter Bankkontenabruf, siehe Kontenabruf, europaweiter 218
EU-Zinsrichtlinie 176
– besonderes Meldeverfahren 184
– Ein-Mann-Fonds als Vermeidungsstrategie 180
– Grundsätze für die Erstellung eines Richtlinienformulars 186
– Meldefelder 186
– Meldeverfahren 180
– Standardformular 186
– standardisiertes Meldeverfahren 183
– Zahlstelle 180
– Zahlstelle als Meldestelle 183
– Zahlstelle kraft Vereinnahmung 184

**F**

Fahrzeughistorie (Datei des Kraftfahrt-Bundesamtes) 87
Festsetzungsverjährung 50, 52
Finanzbehörden
– interne Zusammenarbeit und Vernetzung 88
Freistellungsauftrag
– automatisierter Datenabgleich 65
– Datenabgleich F-Ämter - Sozialleistungsträger 86
– Kontrollmeldungen 64

– Meldedaten 64

## G

Geldwäsche
– Aufzeichnungs- und Identifizierungspflichten bei Bargeldtransaktionen 68
– Begriff 139
– Structuring 141
– Verdachtsanzeigen 147
– Verdachtsanzeigen und ihre steuerl. Auswertung 149 f.
– Verdachtsmomente 141
– vs Steuerhinterziehung 139
– zentrale Analyse- und Informationsstelle 142, 148

Geldwäschegesetz, deutsches
– Feststellung des wirtschaftlich Berechtigten 144

Gemeinschaftskonten und -depots (Kontrollmitteilungen) 90

Gesellschaftsverträge
– Anzeigepflicht an F-Ämter bei Änderungen 85

Gläubiger- und Bevollmächtigtenverzeichnis, siehe Banken 144

grenzüberschreitender Bargeldverkehr, siehe Bargeld-Grenzkontrollen 164

Grundstückseigentümerwechsel
– Anzeigepflichten an F-Ämter 83

Grundstücksgeschäfte
– Anzeigepflichten an F-Ämter 83

## H
Host 160

## I
IDEA (Prüfsoftware) 112, 114, 121

Immobilienmakler
– Identifizierungs- und Aufzeichnungspflichten nach dem Geldwäschegesetz 147

Informationszentrale Ausland 30 f., 241

Internationale Amts- und Rechtshilfe
– Begriff 191
– Doppelbesteuerungsabkommen, siehe dort 192
– EG-Amtshilfe-Gesetz, siehe dort 192
– EG-Amtshilfe-Richtlinie, siehe dort 163
– europäisches Übereinkommen über die Rechtshilfe in Strafsachen 215
– international koordinierte Außenprüfungen 212
– Protokoll vom 16. Oktober 2001 zu dem Übereinkommen über die Rechtshilfe in Strafsachen zwischen den EU-Mitgliedstaaten, siehe Kontenabruf, europaweiter 163
– Territorialitätsprinzip, siehe dort 162
– verdeckte Ermittlung 193
– Zusammenarbeits-Verordnung, siehe dort 192

Internet
– als Informationsquelle 105
– eigene Website 107
– Website-Watcher, siehe dort 107
– Xpider Recherchesoftware, siehe dort 105

Internetrecherche
– Bundeszentralamt für Steuern 105

IP-Adresse 160

ISDN-Technik 97

## J
JobCard-Verfahren 157

Jungholz/Tirol 174, 253

Juweliere
– Identifizierungs- und Aufzeichnungspflichten nach dem Geldwäschegesetz 146

## K

Kleinwalsertal/Vorarlberg 174, 253
Kontenabfrage, europaweite 164
Kontenabruf, automatisierter 41, 70 f., 253
– Ablauf 45
– Abschluss von Renten- oder Lebensversicherungen 54
– Anlass für einen K-Abruf 54
– Bankgeheimnis 47
– bei ungeklärter Herkunft von Geldmitteln 48
– einstweilige Anordnung 57
– Ermessen der Finanzbehörde 46
– Formular 260
– Gestaltungsempfehlungen 56
– in Kombination zum europaweiten Kontenabruf 218
– Kontostammdaten 41
– Luxemburg 231
– nach Vermögenszuwachsrechnung 55
– nichtsteuerliche Zwecke 60
– Österreich 229
– Rechtsmittel 57
– rückwirkender 50
– Selbstanzeige nach einem K-Abruf, siehe dort 56
– Subsidiaritätsprinzip, siehe dort 43
– Treuhand-/Anderkonten 49
– Unterlassungsklage 57
Kontenabruf, europaweiter
– Auskunftsersuchen nach Bankkonten 221
– Auskunftsersuchen zu Bankgeschäften 224
– bei einfacher Steuerhinterziehung 228
– bei schweren Straftaten 226
– Eingriffsverfahren, dreistufiges 221
– geheimer K-Abruf 226
– Gesetz zur Umsetzung des Protokolls vom 16. Oktober 2001 zu dem Übereinkommen über die Rechtshilfe in Strafsachen 217
– Luxemburg 224, 231 ff.
– Österreich 221
– treuhänderisch gehaltene Vermögenswerte 221
– Überwachung von Bankgeschäften 225
Kontenscreenig 39, 145
Kontenwahrheit 142 f.
Kontomitteilungen 26
Kontrollmitteilungen 26 f., 54, 88 f., 113, 164
– an Erbschaftsteuerstellen bei Gemeinschaftskonten 91
– an für die Erbschaftsteuer zuständigen Finanzämter 89
– bei Banken 26
– der Betriebsprüfer 75
– der Erbschaftsteuerstellen 88
– der Erbschaftsteuerstellen an die Wohnsitzfinanzämter 70
Kraftfahrt-Bundesamt
– Datenbank Fahrzeughistorie, siehe dort 87
– Mitteilung von Fahrzeug- und Halterdaten 86
Kredit- und Finanzinstitute, siehe Banken 143
Kreditinstitute, siehe Banken 143

## L

Lebensversicherungen
– Erfassung des Steuerbürgers nach dem GwG 145
Liechtenstein 68, 177, 179, 253 ff., 257 f.
– EU-Steuerrückbehalt 178
LKW-Maut
– automatische Kontrolldaten 151
– Einzelfahrtennachweise 151
– fahrtbezogene Daten 150

– Verwertung der Mautdaten für steuerliche Zwecke 152
Lohnsteuer-Meldeverfahren 155
Luxemburg
– EU- Zinssteuer 177
– Informationsaustausch im DBA 200
– Kontenabruf 231
– Rechtshilfe 231
– Steuerbetrug 232
– Zusatzprotokoll zum EURHüK 216

**M**
Mehrwertsteuer-Informations-Austauschsystem MIAS 35, 164, 212 f.
Mitteilungsverordnung 73 f.

**N**
Nachlassverwaltung
– Anzeigepflichten an F-Ämter 84
Namensaktien 159
– Meldungen beim Tod eines Namensaktionärs an ErbSt-FÄ 159

**O**
Oder-Konto 90
OECD
– 1998-Report 245
– Auskunftsaustausch im MA 2003/MA 2005 195
– Musterabkommen 2002 über den Informationsaustausch in Steuersachen 246 f.
Österreich
– Bankkontenabfragen 221
– D-Ö-Vertrag über Rechtsschutz und Rechtshilfe 204
– EU-Zinssteuer 177
– Finanzordnungswidrigkeiten 230
– Informationsaustausch im DBA 202
– Kontenabruf, europaweiter 229
– Transformationsregel 205

– Zusatzprotokoll zum EURHüK 216
Offshore (Begriff) 244
On Board Unit 151 f.

**P**
Personenstands- und Betriebsaufnahmen 75
Pressegeheimnis 91
Pressemitarbeiter (Zeugnisverweigerungsrecht der -) 92
Protokoll vom 16. Oktober 2001 zu dem Übereinkommen über die Rechtshilfe in Strafsachen zwischen den EU-Mitgliedstaaten, siehe Kontenabruf, europaweiter 163
Prüfungsrechte nach § 50b EStG 61 f.

**R**
Rasterfahndung 40, 44
Recht auf informationelle Selbstbestimmung 93, 95 f., 157
Rechtsanwälte
– Identifizierungs- und Aufzeichnungspflichten nach dem Geldwäschegesetz 146
Rechtshilfe, siehe Internationale Amts- und Rechtshilfe 191
Rentenbezugsmitteilungen 78

**S**
Schenkungen
– Anzeigepflichten an F-Ämter 85
Schuldbuchgeheimnis 24
Schutz von Bankkunden, siehe Bankgeheimnis (Deutschland) 25
Schweiz 179, 198, 219
– EU-Steuerrückbehalt 178
Selbstanzeige 53, 57 ff., 81 f., 109, 131, 218
– nach d. Kontenabruf 58
– Tatentdeckung 59
– Vorfeldermittlung 59

Sozialleistungsträger
– Leistungsbescheinigungen 155

Spielbanken
– Identifizierungs- und Aufzeichnungspflichten nach dem Geldwäschegesetz 145

Spontanauskünfte 158

Sterbefälle
– Anzeigepflichten an F-Ämter 84

Steuerberater
– Identifizierungs- und Aufzeichnungspflichten nach dem Geldwäschegesetz 146

Steuerbetrug, siehe Luxemburg 232

Steuerbürger
– Auskunfts- und Anzeigepflichten 28
– Beweismittelbeschaffungs- und -vorsorgepflichten 29

Steuerfahndung 25, 28, 53, 68, 89, 94, 112, 126 ff., 137 f., 150, 153 f., 158, 175, 193, 242 f., 248, 250
– Bingo-Suchsystem 137
– Durchsuchungen bei d. Bank d. Steuerbürgers 135
– Durchsuchungshandlungen beim Steuerbürger 134
– Erforschung von Steuerstraftaten und Steuerordnungswidrigkeiten 131
– hinreichender Anlass zum Tätig werden 130
– Vorfeldermittlung, siehe dort 132

Steuerhinterziehung
– Begriff 139
– gewerbsmäßige und bandenmäßige 140

Steuer-Identifikationsnummer 78

Steuerzahler-Identifikationsnummer 31, 78

Subsidiaritätsprinzip 27 f., 37, 43, 47 f., 67, 133

T

Telekommunikationsgesetz 101

Telekommunikationsüberwachung
– abfragbare Telekommunikationsverbindungsdaten 101
– automatisiertes Auskunftsverfahren 103
– Berechtigungskennungen 101
– ISDN 97
– Kundendateien, bereitzustellende Daten 102
– Recht auf informationelle Selbstbestimmung 96
– Straftaten 99
– Worterkennungssystem 98

Territorialitätsprinzip 162 f., 174 f., 211

Testamentsvollstreckerzeugnisse
– Anzeigepflichten an F-Ämter 84

Trust 184

U

Unfallversicherungen
– Erfassung des Steuerbürgers nach dem GwG 145

V

Vermögensverwalter
– Identifizierungs- und Aufzeichnungspflichten nach dem Geldwäschegesetz 146

Vermögenszuwachsrechnung 55

Versicherungen mit steuersignifikanten Beitragsprämien 145

Versicherungsunternehmen
– Identifizierungs- und Aufzeichnungspflichten nach dem Geldwäschegesetz 145

Vorfeldermittlung 25 f., 68, 93, 133, 158, 193, 248, 250

W

WebSite-Watcher 107

Wertpapierhandelsgesetz
— Meldepflichten f. Banken 66
Wirtschafts-Identifikationsnummer 31 ff.
Wirtschaftsprüfer
— Identifizierungs- und Aufzeichnungspflichten nach dem Geldwäschegesetz 146

**X**
Xpider 105

**Z**
Zahlstelle 180, 183

Zentrale Analyse- und Informationsstelle, siehe Geldwäsche 142
Zentrale Zulagenstelle für Altersvermögen 78
Zeugnisse über die Fortsetzung von Gütergemeinschaften
— Anzeigepflichten an F-Ämter 84
Zusammenarbeits-Verordnung 164, 192, 212 ff.
Zusammenfassende Jahresbescheinigung 62
Zusatzprotokoll zum EuRHÜK 216